U0495534

创新型省份建设与江苏的探索

徐南平 洪银兴 刘志彪 主编

南京大学出版社

图书在版编目(CIP)数据

创新型省份建设与江苏的探索 / 徐南平,洪银兴,刘志彪主编. —— 南京：南京大学出版社,2015.3
ISBN 978-7-305-14101-0

Ⅰ.①创… Ⅱ.①徐… ②洪… ③刘… Ⅲ.①区域经济—技术革新—研究—江苏省 Ⅳ.①F127.53

中国版本图书馆CIP数据核字(2014)第246388号

出版发行	南京大学出版社		
社　　址	南京市汉口路22号	邮　编	210093
出 版 人	金鑫荣		

书　　名　**创新型省份建设与江苏的探索**
主　　编　徐南平　洪银兴　刘志彪
责任编辑　唐甜甜　　　　　　　编辑热线　025-83594087
照　　排　南京南琳图文制作有限公司
印　　刷　南京大众新科技印刷有限公司
开　　本　710×1000　1/16　印张 21　字数 312 千
版　　次　2015年3月第1版　2015年3月第1次印刷
ISBN 978-7-305-14101-0
定　　价　59.00元

网址：http://www.njupco.com
官方微博：http://weibo.com/njupco
官方微信号：njupress
销售咨询热线：(025) 83594756

＊版权所有，侵权必究
＊凡购买南大版图书，如有印装质量问题，请与所购图书销售部门联系调换

目　录

推进创新型省份建设的实践与思考（代前言） ················ 徐南平 i

第一章　总　论 ··· 1
一、创新型省份：基本概念与特征 ··························· 1
二、江苏创新型省份建设的运行特征 ························ 11
三、江苏创新型省份建设的目标、取向与措施 ················ 19
四、江苏创新型省份建设的空间布局 ························ 28

第二章　创新型省份的内涵和评价 ······················ 36
一、创新型省份的内涵 ···································· 36
二、从创新能力角度评价创新型省份 ························ 37
三、从创新投入角度界定创新型省份 ························ 38
四、从创新产出的角度界定创新型省份 ······················ 40
五、从体制和机制角度界定创新型省份 ······················ 42

第三章　创新型经济的文献与国际经验 ·················· 45
一、创新型经济 ·· 45
二、创新型国家 ·· 58
三、创新型区域 ·· 84
四、创新型城市 ·· 95

第四章　创新型经济的省际比较 ························ 124
一、六省市经济发展现状和基础条件比较 ···················· 126

i

二、区域创新能力比较 ················· 139
三、比较结论:对江苏的评价和建议 ·········· 154

第五章 建设创新型省份的目标与空间布局 ········· 162
一、创新型省份的评价 ················ 162
二、江苏创新型省份的建设目标 ············ 239
三、江苏创新型省份建设的空间布局 ·········· 258

第六章 建设创新型省份的战略取向与路径 ········· 268
一、战略概述 ···················· 268
二、战略取向 ···················· 270
三、主要路径 ···················· 275
四、大力发展科技金融:一条特别路径 ········· 288
五、结束语 ····················· 301

参考文献 ······················· 304

后　记 ························ 316

图目录

图 3-1 科学、技术、创新政策之间的关系 ⋯⋯⋯⋯⋯⋯⋯⋯⋯⋯ 51
图 3-2 完整的钻石体系 ⋯⋯⋯⋯⋯⋯⋯⋯⋯⋯⋯⋯⋯⋯⋯⋯⋯ 62
图 3-3 创新系统的主要构成 ⋯⋯⋯⋯⋯⋯⋯⋯⋯⋯⋯⋯⋯⋯⋯ 67
图 3-4 全球创新指数体系 ⋯⋯⋯⋯⋯⋯⋯⋯⋯⋯⋯⋯⋯⋯⋯⋯ 71
图 3-5 政府的科技管理与研究机构 ⋯⋯⋯⋯⋯⋯⋯⋯⋯⋯⋯⋯ 82
图 3-6 创新型城市概念模型图 ⋯⋯⋯⋯⋯⋯⋯⋯⋯⋯⋯⋯⋯⋯ 98
图 3-7 创新型城市的内部创新要素构成图 ⋯⋯⋯⋯⋯⋯⋯⋯⋯ 99
图 3-8 创新型城市建设的外驱动力 ⋯⋯⋯⋯⋯⋯⋯⋯⋯⋯⋯⋯ 100
图 4-1 2010~2013年六省市国民生产总值季度累计值增长率(%) ⋯⋯ 128
图 4-2 区域创新系统的省际比较 ⋯⋯⋯⋯⋯⋯⋯⋯⋯⋯⋯⋯⋯ 141
图 4-3 人力资本投入的省际比较 ⋯⋯⋯⋯⋯⋯⋯⋯⋯⋯⋯⋯⋯ 142
图 4-4 资金投入的省际比较 ⋯⋯⋯⋯⋯⋯⋯⋯⋯⋯⋯⋯⋯⋯⋯ 143
图 4-5 企业创新强度的省际比较 ⋯⋯⋯⋯⋯⋯⋯⋯⋯⋯⋯⋯⋯ 146
图 4-6 科研机构创新强度的省际比较 ⋯⋯⋯⋯⋯⋯⋯⋯⋯⋯⋯ 147
图 4-7 产品创新产出的省际比较 ⋯⋯⋯⋯⋯⋯⋯⋯⋯⋯⋯⋯⋯ 148
图 4-8 技术创新产出的省际比较 ⋯⋯⋯⋯⋯⋯⋯⋯⋯⋯⋯⋯⋯ 149
图 4-9 绿色创新产出的省际比较 ⋯⋯⋯⋯⋯⋯⋯⋯⋯⋯⋯⋯⋯ 151
图 4-10 新兴产业成长的省际比较 ⋯⋯⋯⋯⋯⋯⋯⋯⋯⋯⋯⋯⋯ 152
图 4-11 科技创新整体省际比较 ⋯⋯⋯⋯⋯⋯⋯⋯⋯⋯⋯⋯⋯⋯ 153
图 5-1 基于区位商的江苏产业规模与技术水平分类结果(2011) ⋯⋯ 184
图 5-2 2006~2011年全国部分省市高技术企业总产值年增长率 ⋯⋯ 188
图 5-3 2011年江苏省高技术企业分行业产值占比 ⋯⋯⋯⋯⋯⋯ 188
图 5-4 2011年江苏省高技术企业专利情况 ⋯⋯⋯⋯⋯⋯⋯⋯⋯ 189

图 5-5	2006~2011年江苏省高技术企业新增固定资产投资情况(亿元)	191
图 5-6	2011年全国部分省市高技术企业投资额(亿元)	191
图 5-7	各城市创新活力指数排序	202
图 5-8	各城市发明专利占专利授权的比例指数排序(%)	203
图 5-9	各城市人居环境指数排序	204
图 5-10	各城市文化氛围指数排序	205
图 5-11	各城市三大指数的分布结构	205
图 5-12	江苏省R&D占GDP比重(%)	206
图 5-13	江苏省企业研发经费占R&D经费总额的比重(%)	206
图 5-14	江苏省每万人R&D人员数量(人)	207
图 5-15	江苏省大中型企业R&D人员比重(%)	208
图 5-16	江苏各市千人计划按年份分布图	208
图 5-17	各城市R&D经费占GDP比重(%)	209
图 5-18	各城市企业R&D支出占R&D支出总额的比重	210
图 5-19	各城市每万人R&D人员数(人)	211
图 5-20	南京市R&D经费占GDP比重(%)	211
图 5-21	南京市企业研发经费占R&D经费总额比重(%)	212
图 5-22	南京市每万人R&D人员数(人)	212
图 5-23	南京市大中企业R&D人员比重(%)	213
图 5-24	无锡市R&D经费占GDP比重(%)	213
图 5-25	无锡市企业研发经费占R&D经费总额的比重(%)	214
图 5-26	无锡市每万人R&D人员数(人)	214
图 5-27	无锡市大中企业R&D人员比重(%)	214
图 5-28	无锡"530计划"按年份分比率指标图	215
图 5-29	常州市R&D经费支出占GDP比重(%)	216
图 5-30	常州市企业研发经费占R&D经费总额比重(%)	216
图 5-31	常州市每万人R&D人员数(人)	216
图 5-32	常州市大中企业R&D人员比重(%)	217
图 5-33	苏州市R&D经费支出占GDP比重(%)	217
图 5-34	苏州市企业研发经费占R&D经费总额比重(%)	217

图5-35	苏州市每万人R&D人员数（人）	218
图5-36	苏州市大中企业R&D人员比重（%）	218
图5-37	徐州市R&D经费支出占GDP比重（%）	219
图5-38	徐州市企业研发经费占R&D经费总额的比重（%）	220
图5-39	徐州市每万人R&D人员数（人）	220
图5-40	徐州市大中企业R&D人员比重（%）	220
图5-41	南通市R&D经费支出占GDP比重（%）	221
图5-42	南通市企业研发经费占R&D经费总额的比重（%）	221
图5-43	南通市每万人R&D人员数（人）	222
图5-44	南通市大中企业R&D人员比重（%）	222
图5-45	江苏国家和省级重点实验室数量（个）	223
图5-46	江苏国家和省级工程技术中心数量（个）	223
图5-47	江苏国家和省级科技公共服务平台（个）	223
图5-48	江苏各类科技创业园孵化面积（万平方米）	224
图5-49	江苏各类科技创业园在孵企业数量（个）	224
图5-50	江苏科研与综合技术服务业新增固定资产比重（%）	228
图5-51	江苏万人国际互联网用户数（户/万人）	228
图5-52	江苏地方科技拨款占一般预算支出比例（%）	229
图5-53	江苏万名就业人口专利授权量（件/万人）	230
图5-54	江苏技术市场成交金额（万元/万人）	231
图5-55	江苏科技人员平均工资与全社会平均工资比例系数（%）	231
图5-56	江苏大专以上学历人口比例（%）	232
图5-57	教育财政支出占GDP的比重（%）	232
图5-58	2001~2011年江苏、上海、浙江国外技术引进合同数的对比	234
图5-59	2001~2011年江苏、上海、浙江国外技术引进合同金额的对比	235
图5-60	2001~2011年江苏、上海、浙江技术市场成交合同金额对比	238
图5-61	2001~2011年江苏、上海、浙江技术市场流向地域合同金额	239
图6-1	科技金融支持创新型省份建设的作用机理	289
图6-2	科技金融支持创新型省份建设的发展路径	293
图6-3	江苏科技金融体系的构建和完善	295

表目录

表 3-1	考虑 R&D 和创新政策制定的公约模式的特征	62
表 3-2	中国创新指标体系框架	73
表 3-3	美国科技创新组织	77
表 3-4	德国科技行政关联机构设置	79
表 3-5	日本科技厅部门设置与主要工作	84
表 3-6	区域创新能力指标体系	88
表 3-7	Pinto & Guerreiro 区域创新评价指标体系	92
表 3-8	创新型城市建设监测评价指标(试行)	105
表 3-9	创新型城市建设评价考核指标(省辖市)	106
表 4-1	近年来中文核心期刊创新型省区指标研究前六位上榜频率	125
表 4-2	六省市主要经济数据情况和全国排名	126
表 4-3	2012年各省市宏观经济数据	127
表 4-4	2011年各省市人力资源数据	130
表 4-5	2011年各省市行业集中度和区位商	133
表 4-6	2012年中国500强企业在六个省市的地域分布	135
表 4-7	科技创新整体评价	153
表 5-1	创新型省份评价的指标体系集	178
表 5-2	2010年、2011年江苏的制造业集中度和区位商(以2011年集中度按降序排列)	181
表 5-3	2011年新产品产值占工业增加值及占全国的比重	183
表 5-4	基于区位商的江苏产业规模与技术水平值	185
表 5-5	2006~2011年全国部分省市高技术产业企业数(个)	187

表 5-6	2006~2011 年全国部分省市高技术企业当年价总产值(亿元)	187
表 5-7	2011 年江苏省高技术企业分行业总产值及占比	188
表 5-8	2011 年江苏省高技术产业企业办研发机构情况	189
表 5-9	2011 年江苏省大中型企业 R&D 及相关活动	190
表 5-10	2011 年江苏省高技术企业投资情况	191
表 5-11	2011 年江苏省主要城市创新相关指标数据	199
表 5-12	2011 年江苏省主要城市创新相关指标标准化数据	200
表 5-13	2006~2011 年无锡"530 计划"	215
表 5-14	2007~2012 年苏州市"姑苏人才计划"	219
表 5-15	2011 年江苏省创新平台相关指标数据	222
表 5-16	全国国家重点实验室数量排序	225
表 5-17	江苏省国家级重点实验室	225
表 5-18	江苏省省级重点实验室	226
表 5-19	江苏省创新环境指标相关数据	227
表 5-20	FDI 占固定资产投资比重及进出口贸易额占工业总产值比重	233
表 5-21	2001~2011 年国外技术引进合同数和国外技术引进合同金额	234
表 5-22	2001~2011 年大中型工业企业新产品销售收入及占主营业务收入比重	235
表 5-23	2001~2011 年高技术产业总产值及占工业总产值比重	236
表 5-24	2001~2011 年大学 R&D 经费内部支出、大学 R&D 经费内部支出中企业经费及占比	237
表 5-25	2001~2011 年江苏和全国技术市场的成交合同金额和技术流向地域合同金额	238
表 5-26	区域优势产业和科技创新能力融合发展路径	243

推进创新型省份建设的实践与思考

代前言

党的"十八大"深刻指出,科技创新是提升社会生产力和综合国力的战略支撑,必须摆在国家发展全局的核心位置。当前,我省人均GDP已超过12 000美元,正处于"投资驱动"向"创新驱动"转换的关键阶段,科技创新的推进力度、人才队伍的建设成效,直接影响到全面小康和现代化建设的进程。必须坚定不移地实施创新驱动核心战略、科教与人才强省基础战略,全面推进技术、体制、管理等各方面创新,在全国率先建成创新型省份,使江苏成为创新型经济蓬勃发展、创新人才加速集聚、创新载体功能完善、创新活力充分释放的地区。

一、建设创新型省份是江苏的重大战略抉择

一个国家和地区的现代化,关键是科学技术的现代化。当今时代,新一轮科技革命和产业变革步伐明显加快,依靠科技创新培育新的增长点、抢占未来发展制高点,已经成为大势所趋。科学技术作为经济社会发展中最活跃、最具革命性的因素,比以往任何时期都更加深刻地决定着经济发展、社会进步、人民幸福。

在创新中促转型、在转型中谋发展,这样的努力始终贯穿于江苏的改革发展实践之中。上世纪80年代,以乡镇企业异军突起为标志,江苏实现了从农业经济向工业经济的第一次转型,"苏南模式"引领全国,实现了由农到工的转变,其实质是农民资金、农村土地、农业劳动力与"星期日工程师"技术的组合。上世纪90年代,以扩大对外开放为动力,实现了由内向型经济向开放型经济的第二次转型,江苏成为全球重要的制造业基地,实现了由内到外的转变,其实质是低成本劳动力、廉价土地、市场、优惠政策等要素与国际先进产业技术的新组合。从前两次发展方式的转变中可以看出,每一次转变都必然伴随着发展要素的重新组合,通过思想解放冲破所有制的束缚,通过理念创新促进企业家队伍的成长,通过体制机制变革构建开放高效的良好环境,进而推动了江苏经济的跨越式发展。

当前,我省正处于第三次转型的关键阶段,核心是要实现由低到高、由大到强的转变,关键就是发展创新型经济。与前两次相比,难度更大,进一步发展面临的矛盾和困难也更加突出。从经济学规律来分析,一个国家或地区的经济发展通常经历要素驱动、投资驱动、创新驱动和财富驱动四个阶段,每个阶段支撑经济增长的动力不同,要素配置的方式不同,具体发展的特点也不尽相同。"十二五"时期,江苏处于人均 GDP 超过 1 万美元的重要阶段,经济增长的传统动力正逐步衰减,科技进步与创新日益成为经济发展的主导力量,经济发展迫切需要由主要依靠物质消耗、学习模仿向主要依靠创新驱动转变。从发展的阶段性特征来分析,江苏人口密度全国最高、人均资源全国最少、单位面积污染负荷全国最重,正面临着日益强化的资源环境约束。比如,全省建设用地占土地面积比重接近 20%,苏南部分地区超过 25%,远高于国际平均水平,新增建设用地空间有限,必须依靠创新破解资源环境瓶颈制约。从与发达国家和地区的比较来分析,江苏要率先基本实现现代化,竞争的视野应当面向国际,发展的坐标也应瞄准世界先进水平。对照发达国家,江苏发展的差距更多地体现在产业层次、资源利用效率和发展质量效益上,制造业增加值率仅为 20% 左右,远低于世界平均水平,每万元 GDP 能耗是美国的 4 倍、日本的 6 倍、韩国的 2 倍,远高于世界平均水平。这些差距,既是我们面临的巨大挑战,也是创新驱动发展的巨大空间。江苏所处的发展阶段和特殊的省情,决定了必须以创新寻求新的增长动力,走创新驱动发展道路,否则可持续发展就难以为继,未来发展就难有出路。

正是基于这样的战略考虑,省委、省政府坚持把科学技术放在优先发展的战略位置,明确发展重点、落实关键举措,举全省之力加快建设创新型省份,在工作部署上形成了"四个重要标志":一是 2006 年省委、省政府召开全省科技创新大会,在全国率先提出到 2015 年基本建成创新型省份的奋斗目标,标志着创新型省份建设正式启动;二是进入"十二五",省委、省政府把创新驱动战略确定为经济社会发展的核心战略,把科教与人才强省战略确定为基础战略,并于 2011 年召开"实施创新驱动战略、推进科技创新工程、建设创新型省份大会",标志着创新型省份建设进入加速推进阶段;三是在开启"两个率先"新征程的关键时期,省委、省政府于 2012 年召开全省科技创新大会,研究提出深化科技体制改革、加快技术创新体系建设的一系列重大举措,标志着创新型省份建设进入攻坚阶段;四是党的十八大召开后,江苏成为全国首个创新型省份建设试点省,省政府研究制定创新型省份建设推进计划(2013~2015 年),确保到 2015 年率先基本建成创新型省份,标志着创新型省份建设进入冲刺阶段。这一系列重要决策部署,既是江苏立足现实、面向未来、面向现代化做出的战略抉择,更是破解资源环境约束难题、推进经济发展方式转变、加快构筑新的战略优势的必然选择。

二、江苏创新型省份建设站在新的历史起点

建设创新型省份,核心是科技创新。"十二五"以来,江苏坚持把实施科技创新工程作为落实创新驱动战略的重要抓手,作为加快建设创新型省份的重大举措,研究提出"一个环境、两个支撑、三个体系、四个落脚点"的总体推进思路,即加强制度和政策创新,加快建立与市场经济体制相适应、符合科技创新规律的动力机制;强化科技投入和科技人才支撑,夯实创新发展的基础;构建富有竞争力的产学研合作体系、科技服务体系、科技投融资体系,提升创新体系整体效能;坚持主体是企业、方向在产业、重心下基层、服务于民生,确保每年都有新进展、五年实现大突破,使科技创新更好地支撑引领经济社会发展,更好地服务"五位一体"总体布局,更好地造福全省人民。

第一,着力强化企业技术创新主体地位。毫不含糊地把增强企业创新能力作为全部科技工作的重中之重,研究制定加快技术创新体系建设的 20 条重要举措,实施科技企业培育"百千万"工程。切实将创新资源引入企业,健全产业技术创新战略联盟、校企联盟等创新合作组织,到 2013 年底,全省企业与国内 980 多家高校院所建立稳定的合作关系,建有校企联盟 9 300 多个,推动成千上万科技人员到企业创新创业。切实将技术研发机构建在企业,把企业研发机构建设作为战略任务来抓,确立"两推进、双提升"的目标方向,引导企业加大研发机构建设力度,推动企业完善研发体系,2013年,大中型工业企业研发机构建有率达85%,高出全国平均水平50个百分点。切实将科技服务覆盖到企业,加强技术公共服务、技术成果转化、融资服务、社会化人才服务四大平台建设,全省科技服务机构近1700家、从业人员19万人,分别是2010年的1.4倍和1.7倍;切实将创新政策落实到企业,运用普惠式的政策支持企业创新,是符合国际规则的通行做法。2009年,省政府主要领导对科技创新政策落实情况进行了调研,提出"落实政策比制定政策重要"的要求。这几年,科技部门大力实施"千人万企"行动,选派1600多名科技政策辅导员深入1.9万家企业开展创新政策咨询和辅导服务;2013年推动企业实现税收减免230亿元,约占全国的1/6,创新免税额度超过政府财政资金对企业的支持力度,实现了政府科技管理从项目驱动到政策驱动的历史性转变。

第二,着力推进高新技术研发与产业发展。坚持把产业技术创新作为主攻方向,紧紧围绕产业升级"三大计划"部署创新链,巩固和提升江苏实体经济优势,加快形成具有国际竞争力的现代产业体系。大力推进产业技术前沿创新,整合设立前瞻性研究专项资金,组织云计算、3D打印、石墨烯、未来网络等前瞻先导专项,抢占产业创新制高点。纳米科技、生命科学、太阳能光伏、物联网等跻身国际前沿,碳纤维、海工平台、智能电网、深海潜水器等取得战略突破。大力加强科技成果转化,聚焦重大需求,采取联合招标、海外招标等多种方式,累计下拨经费107亿元,实施重大项目1118个,有150多家项目承担企业成功上市。大力培育战略性新兴产业,坚持"一区一战略性产业"的布局要求,沿国家级高新区初步形成一批具有国际竞争力的高技术新兴产业,获批7个国家创新型产业集群试点,建立121个国家级高新技术特色产业基地,数量全国领先。2013年,我省高新技术产业规模超过5万亿元,其中医药产业销售收入占全国的14%,物联网产业产值突破千亿元大关,光伏产业产值占全国55%、全球22%;苏州被评为世界微纳领域具有国际代表性的八大区域之一。

第三,着力激发基层创新创造活力。推动基层创新是我省创新型省份建设的一大特色。近年来,我省大力推动科技管理工作重心下移,省政府召开全省基层科技工作会议,统筹推进创新型城市、创新型县(市、区)和创新型乡镇建设,加强分类指导,合理布局资源,努力形成各具特色、优势互补的创新发展格局。到2013年底,我省拥有10个国家创新型试点城市,居全国第一。加快完善区域空间布局,抓住建设苏南现代化建设示范区的重大机遇,大力推进苏南自主创新示范区建设,打造具有国际影响力的创新高地、产业高地和人才高地。引导苏中地区更大力度集聚创新要素、培育特色产业,加快形成创新发展新优势。实施苏北科技与人才支撑工程,支持苏北地区大力引进技术和人才,加强科技成果转化和产业化,努力以科技创新支撑跨越发展。加快提升创新型园区发展水平。明确高新园区是创新驱动发展的主阵地,加大高新区建设力度,我省国家级高新区数量跃居全国第一。2013年,全省23家省级以上高新区集聚了全省40%以上的高新技术企业、60%以上的国家"千人计划"创业类人才,创造了全省20%的地区生产总值。大力推动人才等创新资源下基层。从2008年开始,启动"科技镇长团"工作,到2013年年底累计选派1 782人次的高层次人才到全省79个县(市、区)的623个乡镇、街道和开发区任职,首创的企业院士工作站、省级博士后企业工作站、研究生工作站,推动千名科技管理干部、万名研究生、8万多名专家教授常年活跃在基层和企业一线,有力提升了基层科技管理水平。

第四,着力提升创新体系整体效能。江苏高校、科研院所众多,科技和人才资源丰富,产业支撑能力比较强,当务之急是要提高资源整合利用水平,重点是完善三个体系:一是完善产学研合作体系。设立产学研联合创新资金,强化产学研合作载体建设,积极与以色列、芬兰等国建立政府间产业研发合作机制,探索发展与美国麻省理工学院的技术合作关系。目前我省省级以上产学研合作载体达2 000多个,来江苏企业开展合作的科技人员达8万多人。二是完善科技服务体系。建设苏州自主创新广场等省级科技服务业示范区,做大做强"研发设计、创业服务、成果转化转移、科技咨询"等核心业务。目前省级以上大学科技园达到33个,其中国家级11个,占全国的1/9左右;拥有科技企业孵化器446个,其中国家级107个,实现了县(市)和城市主城区全覆盖。2013年全省成交技术合同3.1万项,成交额585.6亿元。三是完善科技投融资体系。创建全国首个促进科技和金融结合试点省,设立首期2亿元的省天使投资引导资金,建立政府引导资金和社会资本共同支持种子期、初创期企业成长的联动机制,全省直接用于科技金融方面的财政资金超过20亿元,建有26个省级科技金融合作创新示范区,科技支行、科技小贷公司实现省辖市和高新区全覆盖,各类创业投资机构达573家、管理资金规模1672亿元。

第五,着力做好知识产权工作。坚持把知识产权制度作为创新驱动发展的基本制度摆在战略地位予以高度重视。2009年,省政府首次召开全省知识产权工作会议,对知识产权工作做出全面部署,同时颁布实施知识产权战略纲要,并与国家知识产权局合作创建全国唯一的"实施知识产权战略示范省"。加强知识产权创造,加大对创新成果申请知识产权的扶持力度,成为我国首个专利申请总量突破百万件的省份,累计达216万件。提升知识产权服务水平,国家知识产权局专利局专利审查协作江苏中心、中国知识产权维权援助中心等一批国家级重大平台落户我省,成为我国东部地区重要的知识产权服务中心。加大知识产权保护力度,与美、韩等知识产权强国签署合作协议,颁布实施省专利促进条例和软件产业促进条例,推动"三审合一"改革试点。五年来,我省知识产权工作获得很大发展,综合增长率位居全国第一,综合实力从第四位跃居第二,仅次于北京;专利申请量和授权量、企业专利申请量和授权量、发明专利申请量等核心指标始终保持全国领先,江苏已成为名副其实的知识产权大省。

第六,着力打造高层次创新创业人才高地。在创新型省份建设中,坚持人才优先发展战略。突出人才引进,在全国率先实施引才专项计划,累计引进1.5万名高层次人才,入选国家"千人计划"达480人,其中创业类占全国近30%,稳居第一。注重人才培养,支持高校院所发挥创新源头作用,实施高校优势学科建设工程,启动建设59个高校协同创新中心,其中入选国家"2011计划"的3家。设立杰出青年基金和青年基金专项,采取及早选苗、重点扶持、跟踪培养等特殊措施,累计投入3.9亿元资助1550位青年科研骨干,储备优秀学术带头人。支持人才创业,举办科技创业大赛,发展创业孵化载体,各类孵化器数量和孵化场地面积均占全国1/3,年均入驻企业4000

家以上,形成了引进高层次人才、创办高科技企业、发展高技术产业的链式效应。同时,创新人才发展机制,选聘200多位优秀科技企业家到高校担任"产业教授",组织40名行业专家担任企业"科技副总",加快产学研间的人才互动交流。

第七,着力促进农业和民生科技创新。坚持把科技进步与增进民生福祉、创新社会管理紧密结合起来,着力解决关系民生的重大科技问题,更好地使科技造福人民群众。突出抓好农业科技创新,2013年农业科技进步贡献率达63.2%。过去三年育成并推广农作物新品种118个,育成超级稻品种占全国近1/6,为我省粮食产量"十连增"提供了科技支撑。抓好民生科技产业,过去三年累计实施节能减排、太湖治理、科技强警、绿色建筑等重点科技项目近800项,建设16个临床医学中心。抓好科技社区建设,到去年底,建有18个可持续发展实验区、80个科技社区。此外,着力开展文化科技创新,不断满足人民群众的精神文化需求。

经过全省上下的共同努力,江苏科技投入持续大幅增加,科技实力显著增强,创新型省份建设取得新的重要进展,区域创新能力实现"五连冠",科技进步贡献率达57.5%,全社会研发投入占地区生产总值比重达2.42%,高新技术产业产值占规模以上工业总产值的比重达到38.5%,国家级高新区数量、创业投资规模、国家级大学科技园数量、国家级高新技术特色产业基地数量等均居全国首位,总体进入科技创新活跃期,已经成为我国创新活力最强、创新成果最多、创新氛围最浓的省份之一。实践证明,科技创新带动了产业升级,促进了经济转型,惠及了人民生活,增强了发展后劲,正在成为江苏经济社会发展的强大驱动力。

但也要看到,放在全球的坐标系上去衡量,放在中央的最新要求中去对照,江苏依然存在着一些深层次的矛盾和问题。主要是:创新动力仍显不足,企业和地方政府创新投入强度还不够,高校院所科技人员创业力度还不大,社会资本对新兴领域、初创期企业供给意愿还不强;创新能力有待提升,尤其是企业创新产出质量不够高、整合资源的能力比较弱;创新机制不够顺畅,市场配置资源的决定性作用尚未充分发挥,科技创新仍比较多地依靠政府主导、政策拉动;科技与经济社会发展结合得还不够紧密,我省区域创新能力"五连冠"的光环与产业、企业发展水平处于中、低端的现状形成较大反差。究其原因,有创新体系建设和创新制度完善的问题,更在于企业的创新主体地位尚未真正确立,亟须通过深化改革寻求新的突破,进一步打通科技创新和经济社会发展之间的通道,让科技更好地服务发展、造福人民。

三、以改革精神进一步深化创新型省份建设

党的"十八届三中全会"明确提出,经济体制改革的核心问题是处理好政府和市场的关系,使市场在资源配置中起决定性作用,同时更好地发挥政府作用。对江苏来说,企业是市场的主体,推动企业成为技术创新的主体,形成企业整合创新资源的体制机制是市场化改革的主攻方向;更高起点、更高水平谋划创新体系和知识产权制度建设,构建充满活力的区域创新体系和创新制度,既是政府的责任,也是更好发挥政府作用的着力点。必须坚持用改革的思路和办法大力推进工作创新,找准具有全局意义的突破口,探索形成符合国家要求、具有时代特征、体现江苏特色的创新型省份建设新路。

推进原则上,考虑到创新型省份建设是一项复杂的系统工程,关键在科技,基础在教育,核心在人才,成效在企业。为此,当前和今后一段时间,实施创新驱动战略、建设创新型省份,必须认真贯彻落实"十八届三中全会"和"省委十二届六次全会"精神,聚焦"深化科技体制改革、加快创新驱动发展"这一主线,紧扣"两个推进、一个提升"这一目标方向,着力推进区域创新体系建设,优化创新环境,提高科技创新体系整体效能;着力推进知识产权制度建设,营造激励创造、保护产权的制度环境,形成激发全社会创新创造活力的动力机制;全面提升企业自主创新能力,让企业真正成为技术创新的主体和创新驱动发展的主导者,促进科技与经济紧密结合,切实依靠科技进步提升经济发展的质量和效益,把实施创新驱动战略不断引向深入。

建设思路上,创新型省份建设应更加体现全局性、阶段性和突破性。必须重视系统化设计,站在全局的高度,以国际化视野、大科技的思路进行顶层设计,制定接轨国际、符合规律、面向需求的整体规划和指标体系,指导建设实践工作。突出制度化安排,把创新型省份建设的着力点放在改革上,既充分发挥市场配置资源的基础性作用,又注重发挥政府的宏观引导和政策服务作用,以体制机制创新促进科技创新,实现创新驱动发展。加强持续化推进,创新型省份建设是一个渐进式、阶段性的过程,需要不断研究、不断深化、不断建设,因此,加强发展规划、评价指标和理论研究也应成为重要工作内容。

战略取向上,创新型省份建设必须体现目标导向和问题导向,关键解决好"三大问题"。首先最重要的是要解决地位问题,让各级党委政府把科技摆上核心位置,主要领导高度重视科技、关心支持科技、专题研究科技,真正确立科技创新在发展全局中的核心地位;其次是要解决主体问题,要在政策上最大限度地支持企业创新,真正形成企业主导的创新体制机制,这也是创新驱动发展的根本要求;第三是要解决环境问题,政府的职责最主要的就体现在环境建设上,真正创造一个要素持续产生和充分流动、创新活力最大限度激发的良好环境,让创新成为全社会的广泛共识和自觉行动。

奋斗目标上,要努力实现"两个确保、一个突破"。即到"十二五"末,通过全面推进创新型省份建设,确保我省区域创新能力全国前列的位置,率先基本建成创新型省份;通过全面推进知识产权强省建设,确保我省知识产权发展综合水平稳步提升,构建与国际接轨的知识产权体制机制;集成全省科技资源,努力在企业创新方面取得实质性突破,形成以百家创新型领军企业、千家科技型拟上市企业、万家高新技术企业为核心的创新型企业集群。

路径方法上,坚持"横向到边、纵向到底"。横向到边,主要是在创新工作部署上,加强创新驱动发展的顶层设计,密切部门之间的协调配合,强化上下之间的衔接沟通,集成各级科技资源和力量,充分调动各方面的积极性、创造性,形成共同推动科技创新的强大合力。纵向到底,主要是在创新资源布局上,针对江苏区域生产力分布特点,一方面充分发挥中心城市,特别是国家级创新型试点城市的示范引领作用,另一方面千方百计调动基层创新活力,把创新部署延伸到基层,把创新动力传导到各个层面,加快建设富有活力和竞争力的区域创新体系。

组织方式上,强调"整体推进"与"重点突破"相结合。整体推进就是要一张蓝图绘到底,创新省份建设和知识产权强省建设要注重整体性,高起点规划,高标准推进,激发创新驱动发展的系统活力。同时又要抓住关键环节,采取工程化、项目化方式实现重点突破,尤其是要旗帜鲜明地支持企业创新,毫不含糊地确立企业主体地位,抓住关键环节,动员和集成一切科技资源和社会力量,攻坚克难,推动企业真正成为创新驱动发展的主导者。目前已经初步凝练了一些重点方向,包括以科技企业"小升高"为突破口,旗帜鲜明地把高新技术企业作为科技创新主力军,促进一批成长期小微企业加快成为高新技术企业,打造创新型企业集群;以建设高水平企业研发机构为突破口,培育建设百家左右国家级企业研发机构、千家左右省重点企业研发机构、万家左右市级企业研发机构,全面提升企业研发能力;以建设产业技术研究院为突破口,尽快形成高校科研机构、企业研发机构和产业技术研究院的"三驾马车"社会研发体系;以建设风险补偿资金池为突破口,通过省、市、县联动,引导各类资本投向科技型小微企业,在市场失灵之处更好地发挥政府的引导作用;以激励人才创业为突破口,千方百计优化创业环境,最大限度支持和帮助科技人员创新创业;以落实科技政策为突破口,放大政策倍数效应,切实做到应减则减、应免尽免,促进企业主要依靠创新政策的激励做大做强;以加快高新区建设为突破口,鼓励先行先试,强化综合服务功能和科技创新促进功能,打造创新型企业栖息地;以培育国际化企业为突破口,营造企业整合全球创新资源的体制机制和环境,努力提升创新全球化水平。

实施创新驱动战略、推进科技创新工程、建设创新型省份,需要全社会的共同努力,必须进一步解放思想、大胆探索,真正通过创新型省份建设,促使科学技术成为江苏发展的主要资源,自主创新成为江苏发展的核心动力,科技创新成为民生幸福的关键支撑,推动江苏在要素结构、产业层次、体制机制和创新环境等方面实现新的更大跨越,为江苏"两个率先"提供更加有力的科技支撑,为全国发展大局做出更大贡献。

中国工程院院士

徐南平

第一章
总　论

科技创新是提高社会生产力和综合国力的根本途径,必须摆在国家发展全局的核心位置。党的"十八大"明确到2020年,全国全面建成小康社会的同时也要建设成为创新型国家。江苏作为有条件继续走在全国现代化事业前列的发达地区,为了实现"中国梦"江苏篇章的宏伟目标,有率先建成创新型省份的要求。

创新型省份虽然是创新型国家大系统中的一部分,但是前者在某些方面的特征可能更加明显。如果说创新型国家建设可以较多地借鉴发达国家的经验教训,那么建设创新型省份在理论和实践上都是一件新事物,在国际上也缺少可供省级行政区借鉴的经验,因此需要以超前的创新性研究作为智力支撑。

江苏建设创新型省份,至少必须从理论和实践上回答三个问题:一是具有什么样创新特征的区域可以称之为"创新型省份"?即创新型省份是什么的问题。二是江苏创新型省份建设得怎么样了?即江苏创新型省份运行的特征、问题与深层次原因。三是怎么办,即如何从战略取向和具体政策方面,推动创新型省份的建设。

本书试图对上述几个问题作出定性和定量的分析。

一、创新型省份:基本概念与特征

目前国内外理论界有创新型国家、创新型区域和创新型城市等概念,我们以创新型国家和创新型区域为基准,在与创新型国家和创新型区域概念和范畴的比较研究中,界定创新型省份的概念、内涵与特征。

(一) 创新型省份:概念

根据经济合作与发展组织、欧盟、世界经济论坛等的界定,创新型国家主要表现为:整个社会对创新活动的投入较高,重要产业的国际技术竞争力较强,科技投入产出的绩效较高,科技进步和技术创新在产业发展和国家财富增长中起着重要的作用。目前全球大约有20个左右国家和地区符合创新型国家的特征。具体描述如下:

一是研发投入强度高。R&D经费占GDP的比例一般在2%以上,如2007年美国为2.6%,日本、韩国、瑞典、芬兰和爱尔兰为3%,以色列则多年保持在4%以上。

二是自主创新能力强。核心技术自给率高,对外技术依存度在30%以下,高技术产业在国际上具有明显竞争优势。

三是创新产出能力强。人均发明专利拥有量和知识创新成果居全球前列。

四是科技进步贡献高。科技进步对经济增长的贡献率普遍在70%以上。

五是具有支持创新的基础设施和社会文化。教育比较发达,信息等科技设施发展水平高,知识产权保护比较充分,社会文化支持创新,风险投资等金融体系有力支撑科技创新。

六是国家创新体系完善。具有支持创新的良好科技管理体系,企业是技术创新主体,政府财政对科技创新发挥基础性作用,大学和科研院所的原始创新能力较强。

创新型省份作为创新型国家的子系统,既具备创新型国家的基本特征,又具有行政区域范围所决定的自身的独特性,主要表现为:

第一,从系统的层次性看,创新型省份受国家创新体系的约束和影响,反过来也直接反映和影响着国家创新体系的质量和效率。

第二,从创新资源的流动性看,由于文化、地理和制度等方面的约束,创新要素和资源在区域内流动相对较容易,更容易形成要素集聚和产业集中,更容易形成创新网络,创新能力往往高于全国平均水平,有的甚至成为全球创新中心。

第三,从创新活动的定位看,区域着重于应用研究和开发,可从区外甚至国外直接获取技术源。区域并不一定要强调知识创新,而更应该强调技术创新和产业化;国家创新体系必须重视基础研究,更要建立一个知识创新、技术创新、扩散和产业化的完整体系。

第四,从产业结构的完整性看,创新型省份着重支持形成有竞争优势的产业,而并不一定非要强调产业门类的系统性与均衡发展;创新型国家则必须从国家整体利益出发,构建一个比较完备的、系统的由基础研究和应用研究支撑的产业体系。

第五,从创新模式的角度看,基于国家安全和应对技术壁垒等因素,国家创新体系必须有自主创新能力,而区域创新体系可以采用自主创新、引进和模仿创新并重模式,并以市场为导向、以绩效为标准。创新型省份需要围绕本地区的特点进行研发,并充分利用国内外的科技成果。

第六,从创新成果的空间布局看,国家创新体系在产业发展方面的成果,往往表现为形成若干有国际竞争力的产业集群,这些产业集群的布局是区域创新体系形成的主要标志,但是它们并不一定与省级创新体系完全对应。也就是说,作为省级行政管理体系的边界,有国际竞争力的产业集群可能密集地分布在一个省的行政边界内,也有可能跨省分布在一个经济区域内。

这样,我们就可以把创新型省份定义为:在优越的社会文化、制度与体制、政策与法规的保障下,通过充分利用本省要素禀赋和国内外创新资源,以创新要素高度集聚、产学研紧密结合、创新主体充满活力为基本动力,形成拥有核心知识产权和国际竞争力的新兴产业集群区域,从而在省级行政区范围内实现科技创新驱动经济社会发展。

从这个定义中可以看到,创新型省份这个概念所具有的基本要素如下。

(1)通过拥有优越的且有特色的创新文化和制度环境成为创新高地的保障。硅谷的包容性文化和全球最发达的科技金融、深圳的兼容并蓄文化和中国最发达的风险投资体系、温州的勤(勤于劳作)和群(善于抱团)文化和发达的民间金融,是这些区域竞争优势的源泉。

(2) 创新源丰富,或者是拥有丰富的禀赋科教资源,或者是通过有效的机制和制度吸引国内外丰富的技术成果,更重要的是充分利用国内外创新资源,在全球创新价值链中占据有利的地位。美国的硅谷、波士顿128公路、印度的班加罗尔、中国的深圳都是国内外技术、资金、企业家等创新资源的汇聚地。

(3) 创新的动力来自高水平的研究大学和各类创新型人才高度集聚、广泛分布的科技创新平台、紧密结合的产学研协同创新。美国的硅谷有斯坦福、伯克利等世界一流大学,波士顿128号公路有哈佛大学、麻省理工、波士顿大学等世界一流大学,台湾的新竹有技术应用能力强的台湾工业技术研究院。

(4) 不仅拥有某领域技术领导者的全球性公司,还拥有一大批创新型中小企业和发达的知识密集型服务企业,由此形成一族具备国际竞争力的新兴产业集群。作为全球创新发动机的硅谷不仅涌现出众多产业领军型企业,更形成领导全球的电子、生物医药等新兴产业群;类似地,北卡"三角区"的生物医药、台湾的集成电路、班加罗尔的软件业、伦敦的金融服务业等都形成了拥有国际竞争力和掌握产业话语权的产业集群。

(5) 强调行政区范围内的政府在制定创新政策、鼓励创新文化、空间布局科技资源等方面的一系列制度与政策安排,发挥地方政府在科技创新中的基础性作用。通常意义上的创新型区域概念,更多地强调依靠市场经济的力量,而相对忽略了地方政府在创新中的能动性。

(二) 创新型省份:内涵

1. 具有良好的创新环境

创新型省份的创新环境,是指制定和落实一系列鼓励创新的财税、人才流动、技术市场、技术奖励、技术标准、知识产权保护及高新技术产业发展等政策,从而形成对创新活动的强大的、系统性的激励。创新环境中最重要的软实力在于创新文化的形成,它不仅包括尊重知识、尊重人才和尊重创造的文化,还包括鼓励创新和允许失败的文化。具体表现为:

（1）在全省范围内实施创新驱动的发展战略，经济发展方式转向依靠科技进步、劳动者素质提高和管理创新；

（2）在全省范围内制定并实施系统完备的激励各产学研主体创新的政策，如产学研合作互利共赢的创新收益分配体制；

（3）在全省范围内形成激励创新的公共服务环境和充分竞争的市场制度；

（4）在全省范围内制定并有效执行知识产权保护制度；

（5）拥有鼓励创新，敢于创新，包容失败的创新创业文化；

（6）拥有吸引高端创新创业人才的宜居宜研环境；

（7）拥有良好的社会治安和法制环境。

2. 形成良好的科技成果转化体系，以及重要的创新平台和载体

创新型国家是研究型大学、科研院所、企业和政府共同促进知识创造与技术扩散的有机系统，包括知识创新体系和技术创新体系两个方面；而创新型省份重点是处理好技术创新体系（企业为主体）、知识创新体系（大学为主体）之间的有效衔接和协同。当代的创新不只源于以科学新发现为源头的"正向"创新路径（由大学的知识创新、孵化高新技术到企业将高新技术转化为现实生产力的模式），还源于市场拉动、产业发展到技术升级的"逆向"创新路径。其中，孵化高新技术和新技术产业化，是产学研合作的关键性环节，因为它是连接知识创新和技术创新的桥梁和纽带。创新型省份需要一个充满活力的创新体系，尤其是科技成果转化体系。具体表现为：

（1）在全省范围内建立多个有影响力的国家级和省级大学科技园，吸引省内外研究型大学进入建立大学研究院；

（2）在全省范围内普遍建立研究型大学和企业共同参与的产学研协同创新平台，大学与企业、研发机构与大学实验室、科学家和企业家之间的互动成为制度性常态；

（3）全省拥有一批科技创新平台和载体，包括产学研协同创新平台，孵化器，以及公共性、公益性科技服务平台；

（4）各种创新要素向产学研协同创新平台集聚，孵化和研发新技术成为创新投资的重点环节，政府的引导性创新资金重点投向产学研协同创新平

台,"政产学研金"共同建设的科技孵化器产生明显成效;

(5) 在全省范围内科技与金融深度融合,一批达到规模的专业服务科技创新的风险投资公司活跃于全省各地,各级金融机构有足够大的资金投入科技创新领域;

(6) 全省拥有一批科技服务机构,包括金融服务、软件服务、文化创意、科技服务、科技中介。

3. 吸引全球创新要素集聚,形成高端的创新价值链

知识具有公共物品的性质,重大突破性技术扩散的社会效应远远高于技术应用本身。创新型省份强调自主创新,但自主创新不等于封闭创新,而是开放式创新。开放式创新即各个国家选择相关的科技领域进行主攻,所产生的新知识、新科技在世界范围内传播,在这一过程中吸收和引进新发明、新技术,可降低研发成本,加速进入世界技术前沿。国外技术引进的消化吸收再集成创新,也属于自主创新范畴。江苏有开放型经济的优势,通过开放式创新平台建设,有助于吸引全球创新要素集聚,形成高端的创新价值链。具体包括:

(1) 引进外资不只是追求数量,更要追求外资技术和产业的先进性,需要吸引在全球处于产业链高端或具有前沿产业技术的跨国公司;

(2) 利用中国性价比高、综合素质高的科学家和工程师队伍,积极吸引跨国公司在本区设立研发机构,增加本土企业向外资研发机构的学习机会;

(3) 利用中国强大的生产制造能力、巨大的市场潜力,吸引国外新技术在本区产业化,孵化和培育全球领先的新兴产业;

(4) 依托良好的基础设施和制度设计,吸引国际一流的创新创业人才到本地集聚,实现从注重吸引资本到注重吸引高端人才的转变;

(5) 除了"引进来"之外,还需要积极"走出去",包括在国外设立研发机构,雇佣国外先进技术研发人员,充分利用国外的创新要素,"不求所有,但求所用"。

4. 建设创新资源集聚、辐射力强的创新型城市

城市是区域经济社会发展的中心,是创新要素和资源的集聚地,是创新和现代文明的"摇篮"。创新型城市是指依靠科技、知识、人才、文化、体制等创新要素,以科技创新驱动发展并对周边具有较强辐射和引领作用的城市。创新型城市往往依托丰富的科教资源,但科教资源丰富的城市不一定是创新型城市,科教资源禀赋不丰富的城市也可能成为创新型城市(如深圳)。在江苏,南京是全国科教资源最丰富的城市之一,苏州、无锡、常州拥有良好的基础设施和产业基础,产业技术创新在全国具有一定的影响力,这四个城市已经被国家批准为创新型城市,未来需要进一步发挥这些城市的作用,同时在苏中苏北再建若干个创新型城市。具体来说,创新型城市需要具备:

(1)良好的创新基础设施,包括完备的交通通讯网络,特别是智慧化国际性的信息网络通道;

(2)良好的教育与培训体系,居民素质普遍较高,不仅拥有国际一流人才,而且拥有众多的高素质的科学家与工程师、熟悉技术的工人;

(3)国内领先,甚至达到国际水平的大学、研究院所,提供原创性基础研究成果,并为产业输送技术、管理等各类人才,还通过产业发展论坛、前沿技术论坛等方式启发企业技术选择;

(4)发达的服务业,包括直接服务于创新创业的生产性服务业,及完备的消费性服务业和优越的公共服务业;

(5)环保、宜居的城市环境,不仅作为创新创业的载体,还提供绿色、环保、宜居的生态环境,吸引创新创业人才在此定居生活;

(6)多元、包容的文化氛围,形成特色的创新文化,鼓励创新,包容失败。

5. 涌现创新型企业及国际竞争力的产业集群

企业是创新活动的主体,能够有效地整合技术、人才、资金等资源,提高产业技术水平。建设创新型省份,关键在于培育创新型企业。处于创新体系核心地位的企业有效地整合内部资源,并与大学和科研机构合作,是提高产业技术能力和国际竞争力的关键。以增强企业创新能力为突破口,才能形成具备全球竞争优势的产业。芬兰的纸浆业和通信业、瑞士的医药业、荷兰的造船业,韩国的电子、造船、钢铁、汽车等产业,我国台湾的ICT产业等,都拥有一批创新型企业及国际竞争力的新兴产业集群。具体来说:

(1)全省范围内企业是技术创新的主体,普遍设立技术研发机构,不仅是技术应用主体,而且是研发新技术的主体,创新和学习已成为企业发展的宗旨和根本途径；

（2）一批拥有自主知识产权和核心技术，整体技术水平居同行业领先地位，在市场竞争中处于标杆地位的企业；

（3）众多通过技术学习和模仿，或者在细分领域创新能力强的中小企业，如"隐形冠军"企业（效益佳的专业化中小企业）、新兴企业（国家优先扶持的创新型科技企业）、快速成长企业（增长性快的企业）等，与核心大企业共同构成创新型企业集群；

（4）企业创新活跃，不仅包括硬件的技术创新，还包括管理创新和文化创新，特别是商业模式创新，通过改变现有竞争领域的竞争规则取胜，如苏宁云商等的经营模式；

（5）在主导产业拥有多个产业技术共性平台，能提供产业基础性、公共性的重大攻关技术，形成产业创新的制高点；

（6）通过众多创新型企业，最终形成有自主知识产权、自主品牌和核心竞争力强的新兴产业集群，能够掌握全球产业技术的话语权。

（三）创新型省份：特征

创新型省份主要特征为：创新要素高度集聚，产学研协同创新平台广泛分布，创新活动极为活跃，区域创新体系高效运行，创新成果源源不断，战略性新兴产业形成集群。

从创新投入要素的角度看，在创新型省份内部，创新源丰富或者是拥有丰富的禀赋科教资源，或者是通过有效的机制和制度吸引丰富的技术成果；

从创新主体的角度看，在创新型省份，企业真正成为技术创新的主体，科技创新平台广泛分布，产学研协同创新紧密结合；

从创新要素的流动看，创新型省份不仅充分有效地利用本地的创新资源，而且能有效地吸引省外及国外技术、资金、企业家等创新资源，在全球创新价值链中占据有利的地位；

从创新文化和制度环境看，创新型省份真正转向和实施创新驱动战略，建立起完备的创新激励制度、科技政策等支撑环境；

从创新的绩效看，创新型省份在全球形成有竞争力的新兴产业集群，有领导本行业的标杆型创新型企业,有原创性成果的创新源城市,科技进步贡献率高且是经济社会持续发展的根本动力。

1. 高强度的创新投入

创新型国家的重要标志是研究开发活动投入的经费和人力规模大、强度高。创新型省份作为创新型国家的创新源,一般具有更高强度的创新投入。具体表现为:一是创新型省份的 R&D 资金投入占 GDP 的比重要在 3%以上。世界上主要创新型国家的这一标准都在 3%左右,江苏研发投入的比重应该高于创新型国家的平均水平,至少以 3%作为目标值。二是人力资本投入强度。研发投入不仅要看数量,而且更为重要的是看投入结构,特别是高端创新创业人才,因为创新驱动发展模式中,人力资本比物质资本更重要。三是研发机构的数量和水平处于国家前列。研发机构作为创新的直接载体,其数量,特别是研发机构的质量是关键的因素,美国的硅谷有斯坦福、伯克利等世界一流大学,波士顿 128 号公路有哈佛大学、麻省理工、波士顿大学等世界一流大学和 IBM 等全球最知名的企业研发机构。四是科技与金融的深度融合。创新具有高风险和高收益的特点,除财政、银行的支持外,更需要风险资本的介入,需要发展科技金融,推动科技与金融深度融合,尤其是在孵化新技术环节。在孵化新技术阶段集聚的金融资本数量越来越成为衡量一个地区是否成为创新型区域的重要标志。

2. 高密度的创新活动

高密度的创新活动是创新型省份的活力所在。相对于创新型国家,创新型省份由于地理接近性、一致的区域文化、技术关联的产业集群,形成专业性技术和人才的高度集聚、较低的交易成本、众多专业化公司的相互关联、方便进入与退出的机制、资源的高度流动性及隐性知识的便捷传播。因此,创新型省份更容易激发创新主体的互动,创新活动的密度更高。当代创新活动不只是指企业内所进行的研发新技术新产品的活动,而是多层次的网络式创新和开放式创新。具体表现为:一是大学的知识创新活动,除了其承担的重大课题研究外,科学家的国际流动、国际性科技信息交流、国际科技会议、学术研讨活动和各类科技讲座都很活跃。二是技术创新活动,突出表现为科技成果向新技术的孵化和转化活动。与此相关的有产学研的协同创新活动、科技咨询以及科技创业活动。三是基层的创新活动，如大学生的创新活动、企业中工人的创新活动，甚至乡镇中的各种创新活动。同时支撑上述各类科技创新活动的各种类型的人才培训也极为活跃。

3. 高水平的创新产出

与创新型国家的创新产出标准相比，创新型省份的创新产出更强调技术应用及其对区域经济社会发展的贡献。高水平的创新产出主要表现为科技进步贡献率、高技术产业和绿色GDP，当然，并不排斥和拒绝科技论文、发明专利等原始性创新。具体来说：首先，科技进步对经济增长的贡献率大幅上升，是进入创新型国家行列的基本要求，更是创新型省份的要求。科技进步贡献率是创新产出对经济增长作用的综合反映，目前江苏的科技进步贡献率为50%~60%，与创新型国家相比还有明显的差距。其次，高技术产品和产业竞争力。高技术产品和产业竞争力直接来源于科技创新成果的产业化，是一个区域技术应用能力的直接表现。只有拥有具备自主知识产权和国际知名品牌的高技术企业，才能拥有国际竞争优势产业。世界上创新型国家或有影响的创新型区域都拥有一个或若干个全球性高技术产业集群。对江苏来说，发展高技术产业不仅是创新型省份建设的需要，更是江苏产业转型升级的内在要求。再者，绿色产出。正因为创新型省份的科技水平高，众多产业都获得"绿色"技术的改造，实现低碳、低排放、低能源消耗，环境和生态得到根本性改善，创新型省份也是生态文明省份。最后，关于原创性创新成果。科技论文是知识创新的产出，是原始创新的来源；发明专利是应用研究的产出，是原始创新的成果。原始性创新是创新型省份的保障，创新型省份虽然不过分强调但需要必要的原创性科技论文，特别是反映原始创新成果的发明专利。拥有大量的、充足的发明专利，才具备获取自主知识产权技术的保障。

4. 高效运行的创新体系

创新是一个复杂的系统，既包括科技资源的投入总量及其结构，又包括产出类型及其结构量。创新型省份相对于通常的区域创新体系，往往具有更高的效率，主要是因为创新型省份能有效地吸引国内外创新要素的集聚，地理接近性、创新文化的相容性、技术的融合性，使创新活动的密度更高，因而具有更高的产出效率。从创新的成功率看,创新型省份高效运行的创新体系表现在拥有"三高"的成功率:一是在创新型省份内进行科技创新的成功几率高,能够产出一批进入国际前沿的基础研究和应用性研究成果;二是到创新型省份进行科技创业,成功的几率高;三是科技创新的成果在创新型省份内转化为现实生产力的成功几率高。

二、江苏创新型省份建设的运行特征

(一) 相对于全国及省际比较的主要特征

我们选择广东、浙江、山东、北京和上海五个省市,作为江苏创新型省份建设的比较对象。比较的结论如下。

1. 总量指标

(1) 江苏宏观经济指标在全国各省市中都位居前三名,发展前景良好。其中GDP总量位居全国第二,人均GDP增速和GDP增速位居第一,税收收入、第二产业总值和进出口总额都处于第二位。总体而言,江苏经济发展态势相对于全国其他各省市来说表现良好。

(2) 江苏创新机构和人才发展领先于其他省市。科研机构数量居于第一位,高校人才储备居于第二位,拥有良好的人力资源基础。2011年,江苏每万人中普通高校在校生与毕业生数量是227人,仅低于北京的287人;政产学研平台数量为1805,在全国范围内居于第一位;科研机构数与规模以上工业企业数的比例为12.3%,仅低于浙江和北京,对江苏的产业创新形成了有力支撑。江苏专利申请数与科技活动人员之比为0.77件/人,在全国范围内居于第一位;新产品销售收入与科技活动人员之比为326.1万元/人,仅次于上海和山东。但是,江苏省人力资源吸收效率不高,每万名全社会就业人员中科技人员人数仅为96人,规模以上工业企业每万名员工中科学家与工程师人数为201人,远远落后于北京和上海。

(3) 江苏制造业行业竞争力领先于其他省市,处于第一位,拥有较好的工业基础。从集中度和区位商看,江苏行业竞争力在全国处于前列。在高新技术行业中,江苏虽然具有一定优势,但与其他省份相比,并不十分突出。江苏的行业竞争力优势主要集中在传统领域。

(4) 在全国五百强企业中,江苏数量上排名第二,但企业主要集中在传统制造业中,新兴产业发展落后于北京、上海和广东。虽然江苏进入500强的企业数名列第二,但营业收入超过500亿元的特大型企业不多。而且大多数集中在传统制造业和传统服务业,少有高科技产业。浙江和江苏产业结构相似,500强企业中传统产业占据了大多数。

2. 分项指标

(1) 江苏区域创新系统建设名列全国第一。从区域创新体系来看,江苏远超过其他省市,但江苏在创新体系上领先得益于其拥有较多的政产学研平台及国家级科技孵化器,这些平台主要由政府提供,由企业提供的较少。江苏国家级企业技术中心数量仅排名第三,反映出企业在区域创新体系中参与不足。江苏知识产权保护体系不健全,知识产权保护强度仅排名第五。

(2) 江苏创新要素投入名列全国第三。创新要素投入不足,仅名列第三,其中人力资本投入尤其不足,每万名全社会就业人员中科技活动人员数大约仅为上海的一半、北京的1/3,规模以上工业企业每万名员工中科学家与工程师人数只有上海的一半,不到北京的1/8。虽然在每万元 GDP 对应国家产业化计划项目落实资金上排第一,但地方财政科技拨款与地方财政支出之比仅排名第四,地方财政科技拨款与全社会科技支出之比排名第三,科技经费支出与全社会投资总额之比仅排名第五。

(3) 江苏产学研协同创新平台数名列第一。江苏产学研平台或项目数远高于其他省市,具体数据为:江苏1 805个、浙江1 686个、广东383个、山东789个、上海146个、北京258个。

(4) 江苏的创新活动排名第三。无论是企业创新强度还是科研机构创新强度,江苏都排名第三,高于广东、山东和浙江。但江苏技术改造经费支出与工业增加值之比,以及技术引进经费支出与工业增加值之比偏高,间接反映出江苏自主创新投入不足。

(5) 江苏科技创新强度在六省市中排名第二,仅次于北京。其中江苏制度性基础设施最为完善,政府提供了较多的平台,同时江苏较多的高校和科研机构,以及发达的工业基础使得江苏的新产品(新服务)数量、高新技术企业占比增长率都远高于其他省市,高新技术企业有很好的成长性。从科技创新的产出效率看,江苏产品创新效率不高,且自主创新效率不高。江苏创新性产业成长情况仅好于山东和浙江,还有待提升。而科技要素投入远低于北京和上海,江苏在保持科研机构研发优势的同时,需要加大和企业的合作,提升企业自主创新能力,进而提高江苏整体科技创新水平。

(6)江苏的创新成果排名第三。可从产品成果、技术成果、绿色产出、新兴产业成长等角度衡量创新成果。从产品成果看,在各细分指标中江苏均居于中游水平,并不具备突出优势。从技术成果看,江苏技术创新效率排名第一,但优势主要集中于高校和科研院所,企业技术创新效率,特别是自主创新效率不高。在绿色产出方面,江苏发展绩效不高,工业能耗和污染物过多,但江苏凭借在循环经济和污染治理方面的努力使得发展绩效得以改善。江苏的新兴产业成长排名第三。在新兴产业成长上,江苏表现出如下特点:高新技术产业产值占比和高新技术企业占工业企业比例,江苏仅高于山东和浙江,但从高新技术产品进出口占比和高新技术产品出口占比来看,江苏仅在高新技术产品出口占比上低于上海,反映出江苏经济的外向型特征。

3. 评价

(1)江苏有科教资源优势,但与企业结合不足。江苏拥有数量众多的高校和科研院所,2011年,江苏每万人中普通高校在校生(与毕业生)数量是227人,远远高于浙江、山东和广东。这也使得江苏专利申请数与科技活动人数之比也远高于其他省份,而技术市场成交金额与GDP之比、国际科技论文数量与科技活动人员之比、每万名全社会就业人员中科技活动人员数和研究机构R&D经费支出与GDP之比,仅低于北京和上海。虽然江苏拥有科教资源优势,但与企业结合不足,规模以上工业企业每万名员工中科学家与工程师人数不仅远远低于北京和上海,还低于浙江。

(2)开放型经济比例高,但以加工贸易为主。江苏是典型的开放型经济,2011年进出口总额5 397.6亿美元,远高于北京、上海、山东和浙江,但江苏外向型企业以加工贸易为主。2011年,江苏高新技术产品进出口总额占比远高于其他省市,高新技术产品出口占比虽然低于上海,但也远高于其他省市。但江苏工业增加值率只有21.27%,低于广东、山东和上海。

(3)企业有创新,但自主创新不足。江苏企业的创新,主要集中在技术改造和技术改进上。2011年,江苏企业技术改造经费支出与工业增加值之比是2.69%,高于其他省市;技术引进经费支出与工业增加值之比,江苏为0.29%,也高于广东、山东和浙江,使得江苏对外技术依存度远高于广东、山东和浙江。同时由于江苏企业R&D经费支出与工业增加值之比与广东、山东、浙江相差无几,使得江苏用于自主创新的经费支出比例低于广东、山东和浙江。

(4)工业基础雄厚,但高新技术企业比例不足。2011年,江苏规模以上工业企业主营业务收入107 030.1亿元,规模以上工业企业数量43 368家,都高于其他省市。江苏工业基础雄厚,但2011年江苏高新技术企业占工业企业比例只有9.4%,低于北京、广东和上海。高新区企业工业总产值与工业总产值之比也低于北京、广东和上海。

(5)科技经费政府有投入,但低于兄弟省份。2011年,地方财政科技拨款与全社会科技支出之比,江苏是20.03%,低于浙江和上海,且与广东和北京相差无几。而地方财政科技拨款与地方财政支出之比,江苏是3.43%,仅高于广东和山东。科技经费支出与全社会投资总额之比,江苏是3.99%,仅高于山东。

(二)省内的结构性特征

从产业技术能力、创新型企业、创新型城市、创新资源集聚、创新环境与机制、省内创新体系六个方面分析江苏创新能力的结构性特征。

1. 产业优势与技术能力

产业的竞争优势主要涉及产业集聚度、产业技术能力(新产品产值率)两方面指标。根据产业规模和技术能力将江苏制造业分为"产业强、科技强"、"产业强、科技弱"、"产业弱、科技强"、"产业弱、科技弱"四类,发现江苏在多数中高技术领域产业规模大、技术能力强(如电气机械及器材制造业,通信设备、计算机及其他电子设备制造业,仪器仪表及文化、办公用机械制造业),在传统产业具有明显优势(如纺织业,纺织服装、鞋、帽制造业,化学原料及化学制品制造业,化学纤维制造业,金属制品业),在资源及其加工行业处于劣势(如农副食品加工业,有色金属冶炼及压延加工业),说明江苏产业优势和技术能力在全国具有良好的基础和优势,甚至在全国领先。

但是,由于江苏的产业规模及产业技术优势主要集中在中高技术领域和传统产业领域,而在新兴的高技术产业,如生物医药、航空航天、高铁、新材料等产业关联性、带动效应大,整体技术水平高的领域却并没有竞争优势。如在国民经济中占据较大比重的两个产业——医药制造业、交通运输设备制造业——在江苏属于"产业弱、科技弱"类型,这两个产业严重拖了江苏经济发展的"后腿"。因此江苏需重新调整未来产业发展规划方向,亟待集中力量,培育出有广阔市场前景、新兴技术领域的优势产业,避免重蹈医药制造业、交通运输设备制造业滞后的覆辙。

2. 创新型企业

创新型企业主要涉及高技术企业的行业分布、R&D 及相关活动、新产品及专利产出三方面指标。2007~2011 年江苏高技术产业企业数在 4 000 左右,仅低于广东省(5 000 左右),远高于北京(1 000 左右)、上海(1 000 左右)、浙江(2 500 左右)和山东(1 800 左右),期间高技术产业企业平均产值规模在 3 亿元左右,与广东的 3.3 亿元接近,低于上海的 4.55 亿元,但明显高于浙江、山东高技术企业的平均规模,高技术产业产值增长率保持在 10% 以上的增速,处于全国领先地位;从产值的行业分布看,电子及通信设备制造业、电子计算机及办公设备制造业在江苏高技术产业中具有明显优势。同时,江苏共有 943 家企业拥有研发机构,研发机构人员共 62 594 人,经费支出近 140 亿元,特别是电子及通信设备制造业独占鳌头,研发机构数量、人员和经费支出都居于首位。

江苏创新型企业发展的不足表现在:一是以中等规模企业为主,缺少创新的"标杆"企业。江苏除了在智能电网领域的国电南瑞和国电南自等少数拥有自主知识产权的企业外,在通信设备制造、高铁制造、生物医药、汽车制造、飞机制造、工程机械等众多领域,缺少像中兴、华为、联想、三一重工、西飞国际、东方电气等这样在全国乃至全球有竞争优势的领军型企业,缺少创新的"标杆"。二是外资企业在江苏企业创新中占主导地位,而国有及国有控股、民营企业的创新活动不足。如外资企业 R&D 人员占所有企业的一半，在 R&D 经费、新产品开发经费和新产品产值方面，外资企业也处于主导地位，遥遥领先于国有及国有控股企业、港澳台企业和内资企业，特别是国有及国有控股企业明显处于落后地位。这说明江苏过分重视吸引外资，而对本土企业的培育不够，缺乏本土创新能力。政府需要审视这个问题，需要调整外资政策，要由"引资"向"引智"转变。

3. 创新型城市

创新型城市主要涉及创新产出、创新文化两方面指标。江苏省 13 个城市综合创新能力的排名是：无锡、苏州、南京、常州、扬州、镇江、南通、泰州、徐州、淮安、连云港、盐城、宿迁。目前，南京、苏州、无锡、常州四市已成为国家创新型城市试点，江苏还将选择一批产业基础好、创新能力强的市县开展省级创新型城市试点。

江苏科技资源空间分布存在以下不足：一是科教资源与产业空间分布不匹配。南京科教资源集中，但企业研发和成果转化能力不足，苏锡常企业研发投入较多，但缺乏国内一流大学，导致科技资源与科技成果转化之间阻隔（如不同行政区利益的纠葛），需要打破行政界线，鼓励科技成果跨行政区转化；苏锡常还需要吸引国内外知名大学入驻，加强知识创新。二是相对于北京、上海，南京和苏锡常都难以吸引到国际一流人才，江苏需要加强对国际一流人才的引进。三是江苏的科教资源集中在少数中心城市，苏北如宿迁等地级市科教资源严重缺乏，即使在苏南一些经济基础好、产业经济强的县级市（江阴、常熟等），也相对匮乏。

4. 创新要素的集聚

创新要素集聚主要涉及创新型人才、R&D 经费、创新平台三方面指标。截至 2013 年，国家"千人计划"已公布 9 批入选名单共 3 319 人，江苏省共有 385 人入选，占全国总数的 11.6%，位居全国第三；其中创业类 173 人，占全国创业类总数的 29.7%，位居全国第一。从苏南、苏中与苏北的对比看，国家"千人计划"等高层次人才引进主要集中在苏州、南京、无锡三市，而苏北除徐州外，几乎没有引进国家"千人计划"等高层次人才；这表明高层次人才主要集聚于苏南，而苏中和苏北相对匮乏。从 R&D 经费看，2012 年南京、苏州、无锡、常州的R&D经费占GDP的比例分别为2.96%、2.51%、2.64%、2.46%,高于全国及江苏平均水平;苏中的南通、泰州、扬州等R&D经费占GDP的比例在2%左右,而苏北的徐州、宿迁、连云港等R&D经费占GDP的比例在1.8%以下,明显低于全国及江苏平均水平。在创新基础设施方面,2011年江苏拥有的国家和省级重点实验室92个,国家和省级工程技术研究中心1 639个,近五年增长近8倍;从科技产业化平台来看,2011年全省拥有科技创业园、大学科技园、软件园、创业服务中心等各类科技创业载体349家,总量居全国第一位,孵化场地1 945万平方米,在孵企业超过了20 000家。

目前江苏在创新要素集聚上的突出问题是:一是产学研协同创新的效果还有待提高。江苏拥有丰富的科教资源,而且创新平台的数量在全国领先,但是这些平台主要由政府提供,由企业提供的较少,反映出企业在区域创新体系中参与不足,产学研相对分离,协同效应不明显。二是普通科技人员待遇的吸引力在降低。江苏普通科技人员的平均工资相对于全社会平均工资并不具优势,甚至逐步下降,难以吸引人才。2007年全省科技人员平均工资与全社会平均工资比例系数为182.92%,到2011年下降为159.96%,下降了22.96个百分点,说明近年来科技人员的工资增长速度低于全社会平均工资的增速,科技人员的待遇优势在逐步消失。短期来看,可能有助于降低企业成本,但长期看则不利于激励科技人员的供给,也不利于调动科技人员的积极性。另外,近年来大量优秀毕业生争相到垄断部门就业,如银行、电信、电力等,而企业的技术研发、财务、管理等对优秀毕业生的吸引力在降低。因此,江苏需要加大对企业吸引人才的支持力度。

5. 创新环境

创新环境主要涉及制度环境、市场环境两方面指标。在创新制度环境方面,江苏省逐步从重视GDP向重视IP(知识产权)转变,2011年江苏省政府知识产权联席会议专门制定了《江苏省知识产权"十二五"发展规划》,全省13个省辖市、大部分县(市、区)和开发园区出台了知识产权战略纲要或实施意见,知识产权保护正在有力地推进。

江苏在创新环境方面存在以下不足：一是长期以来江苏经济多处于高位平稳发展之中，导致江苏敢于"冒险"的创新创业精神不足，创新型经济是创造性破坏，需要容忍失败和试错，需要形成包容的创新文化氛围；二是强势政府的发展模式未必适合创新型经济，在投资驱动的增长模式下，政府主导的模式是有效的，但创新型经济是以市场为导向的经济，政府主导则未必适合，江苏在保障政府基础性作用的同时，需重视发挥市场在创新型经济中的作用。

6. 区域创新体系

创新体系主要涉及国外要素向江苏的流入、省内产学研之间要素流动两方面指标。江苏要素流入主要通过 FDI 和进出口贸易，这是江苏吸引国外创新资源的主要渠道。江苏国外技术引进合同数和引进合同金额都处于不断上升状态，说明江苏在对外技术合作不断加深的同时，对国外技术依赖程度较大。因此，需要政府转变吸引国外资源的观念和方式，从过去片面强调"引资"向"引智"转变，同时从过去以"引进来"为主转向"引进来，走出去"并重。

省内产学研之间要素流动，主要通过大学 R&D 经费内部支出中企业的经费来反映，2001~2011 年江苏全省大学 R&D 经费内部支出中来自企业的经费占比为 40% 左右，说明大学和企业之间科研合作相对稳定，但是相对于珠三角吸引北京等地科技成果转化的力度（如联想、方正的 ICT 生产基地都在珠三角），江苏产学研合作还需要进一步加强。从技术市场的角度看，2001~2011 年流向江苏的技术合同平均占全国 5% 左右，并呈"V"形变化趋势，说明江苏的技术市场处于成长阶段，有较大的发展潜力，但是北京中关村、上海张江高科、武汉东湖国家级自主创新示范区拥有"三板"市场的股权交易体系，江苏在科技成果流动上相对滞后，需要积极争取国家政策扶持。

三、江苏创新型省份建设的目标、取向与措施

(一) 目标

1. 总体目标

紧紧围绕党中央关于建设创新型国家的战略部署,以实现中国梦的江苏篇章为目标,贯彻"自主创新、重点跨越、支撑发展、引领未来"的科技工作方针,促进科技发展与经济建设紧密结合,大幅提升自主创新能力,努力形成高层次人才集聚、国际合作研发紧密、产学研结合密切、高新技术产业主导、全面协调可持续发展的省区,主要创新指标在远景规划期要达到世界创新型国家和地区的水平,使江苏成为亚太地区乃至全球重要创新中心。

2. 分阶段目标

围绕总体目标,采取"引领全国"和"三步走"战略:中期(到2020年),实现"全面突破,使整体水平领先全国,达到或接近新兴工业化国家或地区创新能力"的格局;中远期(到2030年),实现"基本达到世界创新型国家和地区的水平,成为亚太地区重要的创新中心"的格局;远期(到2050年),实现"达到全球最先进创新型区域水平,成为全球重要创新中心"的格局。主要指标如下:

(1) 到2020年(江苏在全国率先基本实现现代化的目标期),江苏创新型省份在全国率先建成,成为全国的表率。其中,科技进步贡献率达到65%,全社会研发经费支出占GDP比重达到3%以上,高新技术产业产值占工业的比重在50%以上,百亿元GDP专利授权数达到500件,服务业增加值占GDP比重达到55%,万元GDP综合能耗年均下降2%;苏南五市成为亚太地区最富创新能力地区之一,全省创新能力达到新兴工业化国家或地区水平。

(2) 到2030年(全国基本实现现代化的目标期),江苏创新型省份建设在全国率先达到世界创新型国家的水平。江苏的科技进步贡献率达到75%,全社会研发经费支出占GDP比重达到3.5%以上,服务业增加值占

GDP比重达到65%以上,高新技术研发能力达到亚太地区领先水平,全省形成以服务业和高技术产业研发为主导的产业结构,经济发达、生态环境优美、创新能力达到世界发达国家水平。

(3)到2050年(建国100周年和全国达到中等发达国家水平的目标期),江苏成为全球最具活力的创新型区域之一,区域创新能力进入全球领先水平,科技水平和创新能力达到美国东海岸城市带等全球最发达的科技经济密集区水平,成为全球知识创新、高技术产业研发、知识密集型服务业集聚的中心。

3. 分项目标

创新型省份的分项目标包括知识创新体系、技术创新体系、现代产业创新体系、创新载体、人才支撑体系、科技管理与政策保障体系的全方位提升。

(1)知识创新体系。依托江苏的高校、科研院所、中央企业及大企业,建设和引进国家实验室、国家重点实验室、国家工程实验室、国家工程技术研究中心、国家工程中心、国家企业技术中心,实现国家级高端研发平台建设的新突破,深度参与国家创新体系建设工作,努力把江苏建设成为国家基础科学和战略高技术研究的重要基地,国内高水平的知识创新基地和国内外一流人才培养高地。

(2)技术创新体系。依托国家和省级研发机构建设,围绕江苏的优势产业和优势产业技术,建设和引进科技与产业创新对接的平台,重点是关键共性技术研发与公共服务平台、行业技术与产品开发平台、跨国机构区域性研发中心,打造更加便捷的科技成果产业化通道。

(3)现代产业体系。依托产业新技术、新产品、新工艺的研究与开发,优化提升江苏的优势产业,重点培育新兴产业和现代服务业,加快形成具有江苏特色的现代产业体系。

(4)载体建设体系。突出创新研发、技术转移、创业服务三大功能建设,整合和利用江苏高等院校、科研院所、企业和园区资源,引进一批国际、国内一流的专业研发机构,鼓励企业与高校科研院所联合建立产学研合作联盟、产学研合作产业基地或中试基地,搭建一批科技与产业创新对接平台,建设国家级高新技术开发区、大学科技创新园区、省(市)级高技术园区、国家和省(市)级经济技术开发区、特色产业园区,构建江苏科技创新竞争力的空间载体。

(5)人才支撑体系。实施各类科技人才支撑计划,着力构建政策优势突出、服务环境一流、创业氛围浓厚、与产业发展相契合的人才集聚高地,为加快转型发展、创新发展、跨越发展提供强大的人才和智力支撑。

(6)科技管理与政策保障体系。设立全省科技创新管理高位协调机构,建立专业性综合型跨部门的协调机制,统一组织协调创新平台建设、产业化载体建设、人才队伍建设,加快发展技术市场,形成创新资源优化配置、科技与产业联动发展的新型科技创新管理体系。

(二) 战略取向

在建设创新型省份的过程中,江苏在全球经济竞争舞台上的角色,将会由目前的追赶者变为赶超者,甚至变为领跑者;在功能上,则会由技术标准的遵循者变成制定者;在市场地位上,将由弱势的追随者变成市场的垄断者或寡头竞争者,由全球价值链的低端代工者变成价值链的"链主"。为此,省级层面发展战略的转型、形成追求财富促进创新的效应氛围、严厉的知识产权保护体系和定期垄断的专利制度、通过服务业全球化集聚高端人才、提升开放型经济水平、建设创新文化等,就成为决定创新经济发展水平的几个关键问题。

(1)以战略转型带动体制机制转型,确保把创新上升到综合战略层面,确保创新的政府投入。江苏要建成创新型省份,必须把创新上升为全省层面最重要的综合战略之一,在资源配置上和方向引领上,确保把推动创新作为省级层面政府推动发展的第一方略。为此要以战略转型带动体制机制转型,从而激励创新驱动发展方式的确立。过去江苏是采取学习模仿驱动战略,在全球经济竞争舞台上的角色主要是追赶者,目标是千方百计缩小与先进国家之间的差距。长期实施这种战略在实践中极易形成追求数量和规模的政绩考核方式,因而容易忽略发展的质量和效率。一般来说,战略决定体制,体制决定机制,机制决定活力,活力决定效益,效益决定发展,因此只有战略转型才有可能真正实现发展方式的转型。具体的战略转型内容包括的重点：一是加大对创新活动的投入，以抓投资、抓项目同样的态度甚至更为积极的态度抓创新、抓创新投入，确保R&D投入占GDP的比重三年内显著上升，并走在全国的前列；二是出台推动创新的一系列相关促进计划，涵盖技术创新、产业创新、企业创新、城市创新等，明确相关目标；三是加强对各个地方和各个部门工作的考核，对创新成效的考核要重于对GDP和财政收入的考核，形成以创新驱动支撑科学发展的新政绩观和考核观。

（2）以全球创新型国家为重要标杆，充分吸取标杆国家的有益经验。为了缩短创新建设过程中的"学习曲线"，减少路径选择上的失误，更好地借鉴国际经验，一个可以借鉴的战略思维方式，就是可以选择若干个先进国家作为创新型省份建设的标杆对象，以起到参照系和实际比照的作用。省级创新行政区域的建设虽然与国家层面的创新体系建设有很大的不同，但是某些自然条件和经济社会规模与江苏接近的国家，尤其是新型的发达市场经济国家，它们在建设创新型国家过程中的经验是值得借鉴的。从近中期看，结合国情、省情等因素，我们认为应重点以韩国作为重要参展系和比照标杆，尤其是重点借鉴韩国自上世纪90年代中期以来紧紧跟踪世界先进技术前沿方向、加快产业创新步伐的做法与经验。

（3）激活创新要素、集聚高端创新要素，创造持续创新的源泉。江苏是全国创新要素最为丰富、最为集中的省份之一，关键是要能激活这些创新要素，并在创新活动中发挥其应有的作用，最大限度地调动一切创新要素的潜能。具体的创新政策应当围绕激活创新要素尤其是创新人才这一关键要素来展开，使之成为最为活跃的创新能量。我们认为实现这一目标的最重要的方式和途径，是要通过财富效应来驱动创新效应，激励发展主体的内在能量和力量。市场经济是利益驱动的，它是市场和人的天性。创新驱动并不一定是人的天性，也不是市场固有的特征，人的天性在这方面绝大多数时候表现为"趋利避害"的特征，而不是主动承担风险。因此创新驱动自身也要有驱动，即驱动创新。创新和利益结合的机制就是财富驱动效应。通过财富效应来驱动创新效应，才能形成一个真正市场化的、全方位的、可持续的、健康的创新态势。财富驱动效应的主要实现机制是通过金融市场化解创新者的市场风险并为其迅速积累财富。这种示范效应一旦在社会成员间显现,将具有无比巨大的、比任何说教更为有力的驱动创新的力量。

(4) 高水平地保护知识产权,激励以创新打破垄断并建立新的垄断的氛围建设。如何利用适度的垄断来为创新服务,是支持创新的基础性制度建设的重要内容。国际经验证明,这就要求我们更高水平地保护知识产权,鼓励通过创新打破垄断而形成新的垄断,即建立动态的垄断制度来鼓励创新经济发展。我国创新经济在实践中遇到的主要问题是对创新行为和成果保护不足。除了直接侵权行为屡见不鲜外,主要表现为以下几种:企业里掌握技术诀窍的职工跳槽,技术骨干被竞争对手挖走,企业高管另谋他就或创办新的同类企业,这些都严重影响企业进行高水平创新投资的积极性,是竞争政策要解决的关键问题之一。

(5) 突出科技创新、推动产业创新,全面提升创新能力。科技创新在创新活动中最具有生命力,对创新成效的影响最为直接,必须把科技创新作为各种创新活动的重中之重,以科技创新作为创新型省份建设的主攻方向。同时要看到,江苏是经济大省、产业大省,产业发展在全省具有重要地位。在战略上,产业的转型升级是核心、是关键,也是江苏寻求创新驱动发展的最主要标志,创新型省份的建设一定要在战略层面上突出产业创新,以产业创新带动全面创新。抓住了江苏的产业创新并取得实质性突破,就是抓住了江苏创新型省份建设的要害,就是抓住了江苏创新工程的引领方向,就能够有力地促进江苏向创新驱动发展模式转换,就能够很好地彰显江苏创新发展的标志,为全国其他省份创新型区域建设积累经验,做出表率。首先,要努力培育发展一批能引导未来科技发展方向的关键产业,着力培育能够在今后 20 年发挥大的引领作用的新兴产业。其次,要齐力推进江苏产业发展整体性的转型升级。构成创新型省份的产业基础不可能仅仅是若干个高新技术产业,而应该是一大批能够涌现新产品、新技术和新工艺的各类产业。第三,要着力淘汰与创新型经济发展不相容的落后产能。第四,重点选择和加快发展一两个具有标志意义的关键产业,作为江苏产业创新的代表,以引导其他产业加快创新。

(6) 以市场机制决定创新资源的配置,在竞争中锻造一大批以创新取胜的企业。强调主要由市场决定创新资源的配置,就是要真正做到让企业成为技术创新的主体,锻造一大批以创新取胜的企业。企业是经济运行的微观基础,也是保证产业创新取得成功的源泉,从某种意义上讲,企业还是构建创新型省份的动力主体。因此,创新型省份的建设离不开企业的创新,必须把促进企业增强创新活力,打造一批依靠创新取胜的知名企业作为建设创新型省份的一条重要路径。要促进企业由依靠经营成本取胜向依靠创新取胜转变。重点选择若干个能够代表江苏创新水平的重点企业予以适当扶持,加强引导,成就一批创新能力强的标志性"明星企业"。江苏现在缺少创新能力引领国内产业并在市场上独树一帜的大型企业,更缺乏在国际上技术领先、品牌知名、管理优秀的标志性大型创新企业。建设创新型省份,要把战略重点下移,下移至企业的微观层面,推动企业的创新促进计划,使江苏涌现出一大批真正依靠创新取胜的企业。

(7) 实施服务业全球化战略,建设我国高端创新人才集聚的"新型特区"。现代服务业尤其是现代生产性服务业,是把知识、技术、人力资本引入商品和服务生产过程的"飞轮",是制造业的聪明的脑袋、起飞的翅膀和心脏。因此,在这个意义上来说,发展现代服务业等同于发展知识经济和创新驱动型经济。为了大力发展研发密集度高的现代生产性服务业,我们要突破服务业本地化的局限,用全球化眼光建立全球化的高端产业平台,以此广泛地吸引全球的高端人才,以人才引领产业升级。为此,我们的开放策略要有所调整,过去的外向型经济重点是招商引资,是利用优惠政策搞开发区吸引物质资本,现在深度开放的重点是招才引智,需要运用特殊政策和花大价钱吸引人力资本,建设高端创新人才集聚的"新型特区"和人才集聚平台。

(8) 在扩大开放中提高创新能力,推动科技创新的国际合作。在创新方面显示出后发优势的国家,无一不是通过对外开放最终走向创新之路的。由于体制的原因和创新文化的相对缺失,不走对外开放的道路难以真正建成创新型省份,不在全球范围内实现创新资源配置,也很难达到高水平的创新。因此,江苏的创新型省份建设必须要实现创新要素的国际流动,必须要以创新活动的高水平对外开放为重要路径。推动创新活动的高水平对外开放,关键在于实现在全球范围内配置创新资源,促进创新要素的国际流动,主要是采取不同方式使国际先进创新要素为江苏的创新能力提供服务。通过创新的对外开放,赋予对外开放以创新的新内涵,可以明显加快创新发展的步伐。江苏是经济开放大省,对外开放具有很好的经验做法,成效显著,现在需要在战略上从经济对外开放向创新的对外开放进一步升级,确立创新型省份建设中的开放战略,并在对外开放中促进自主创新。坚持在扩大开放中提高创新能力,就是要在开放的环境下开展创新活动,适合于走开放道路、通过国际合作解决创新问题的尽量采取国际合作方式。凡是在国际上无法获得的先进技术,应当立足于自主创新,并在自主创新中借鉴国际经验;凡是能够通过国际合作获得的先进技术,应当首先考虑采用国际合作的方式,以提高创新的国际标准。

（9）通过创新文化的建设,构建创新经济的"精气神"。创新型省份的建设要有创新文化的支持,创新文化是一个具有创造性生命力的社会的微观基础和基本单元。在缺少创新文化支持的社会中,构建充满活力的创新经济体系只能是政府的一厢情愿。以色列的创新型国家建设的经验表明,一个受危机感驱动的民族创新精神非常重要,成为一个创新型民族比什么都宝贵。为此我们要破除扼杀创新精神的官本位意识和小农意识,鼓励全社会尊重和敬畏创新、创业、创意的企业家精神,切实树立"优秀的企业家是我们这个民族和时代的英雄"的观念。这一观念在我们这个官本位意识浓厚的国家里长期难以确立,是我们现在遭遇创新动力不足的主要原因之一。

（三）战略措施

建设创新型省份的总体思路是要坚持以企业为主体、市场为导向、政府为支撑、产学研紧密结合为保障,优化配置创新要素资源,聚焦关键技术,整体推进与局部领先相结合,以创新型经济构建一流的区域创新体系。通过自主研发和引进重大科技成果,攻克一批产业核心技术,确立高端产业技术优势;加大投入力度,加快重大科技项目建设,建设创新创业载体,推进科技成果产业化,积极培育战略性新兴产业;加大深化体制机制改革力度,加快科技创新体系建设,使江苏科技成果转化、科技创新与产业结合、领军型高端人才引进及成果孵化成效明显提高;积极推进苏南产业升级,加快宁镇扬产业转型,支持沿海开发战略,加快苏北赶超步伐,促进区域经济协调发展,为建设创新型江苏奠定坚实基础。

（1）提高研发投入强度。投入更大的财力支持全省上下的创新活动，引导社会资金流向创新领域，形成创新资金投入增长高于经济增速的递增机制。一是加强政府科技投入。确保财政科技投入增幅明显高于财政经常性收入增幅，力争在2020年之前全省科技投入的经费增长速度超过财政收入的增长速度，形成财政资金支持科研创新活动的增长刚性机制。还要选择重要行业及优先发展领域，调整财政科技投入结构。二是提高企业自主创新投入。江苏企业虽然科技投入不低，但主要集中在技术引进和技术改造上，自主创新投入不足。需要引导、激励企业增大对自主创新的投入，政府应制定有利于企业自主创新投入的法规和实施办法，要综合运用税收政策等相关手段，从激励自主创新的角度，研究流转税、所得税等环节的支持政策，研究完善地方税政策，有效调动企业和社会发展战略性新兴产业的积极性。

（2）形成在全球有竞争力的优势产业群。对江苏"产业强、科技强"类优势产业，优先发展，努力培育在全国乃至全球有竞争力的优势产业；对于"产业强、科技弱"类产业，重点是补充产业技术能力，以适应产业对技术的要求；对于"产业弱、科技强"的产业，重点延伸产业链和做大产业规模，提高科技转化能力。同时，把握全球技术轨道，重点发展技术前景明确、市场潜力大的战略新兴产业，如生物医药、智能电网、新能源等。

（3）培育具有核心能力的创新型企业。积极支持企业以技术创新为核心，加强研发、生产、品牌三位一体互动的机制，通过"百佳"（全省"隐形冠军"500佳所引导的效益最佳的专业化中小企业）、"百新"（指全省创业板和"三板"优先扶持的创新型科技企业）、"百快"（全省成长最快的企业）和"百强"（借鉴全国100强超大型领袖企业）等方式的引导，形成有自主知识产权、自主品牌，核心竞争力强的创新型企业集群。

（4）构建利于创新主体互动的体系。一是充分利用国内和国际创新资源，"引进来，走出去"，实现网络互动式创新和开放式创新，特别是鼓励有实力的本土企业在国外设立研发机构，即使是服务业，也可借鉴"中国好声音"、"非诚勿扰"等研发模式。二是进一步加强省内产学研合作，鼓励企业将研发机构设在高校,或与高校共同建立研发机构,还需要调整大学的考核机制,既有助于减少企业研发活动的费用,又能调动大学研究人员的积极性。三是积极支持创新要素的流动,科技型企业家、技术市场、风险投资、科技创新与科技金融的互动等,利用苏南国家自主创新示范区上升为国家发展战略区的契机,努力争取在苏州、南京设立"三板"市场的股权交易中心,将有助于江苏科技成果的流动。

(5) 营造良好的创新环境。一是在创新基础设施方面,积极培育有国际影响力的大学、研究所、国际一流的国家实验室、国家工程技术中心、国家技术创新中心等硬件设施;同时,加强基础教育、职业技术教育,形成高等教育、职业教育、初等教育相互支持的教育培训体系。二是在科技政策方面,全面落实国家和省鼓励和促进科技创新创业的各项政策,改进企业研发费用计核方法,合理扩大研发费用加计扣除范围;推进高校院所科技成果处置和收益权改革试点;完善鼓励引进技术消化吸收再创新、促进科技成果转化应用的政策措施;探索改革公共财政支持企业创新发展的方式;完善落实科技人员成果转化的股权、期权激励和奖励等收益分配政策。三是鼓励敢于冒险的创新创业文化,继续支持新兴产业的研发活动,如支持丹阳、武进、常熟等新材料产业园区发展,以允许失败的心态努力培育战略新兴产业。四是规范政府在创新型经济中的定位与作用,定位是提供公共物品和半公共物品性质的科技平台、规范的制度环境、透明的政策法规,减少对经济活动的直接干预,以充分发挥市场在创新型经济中的作用。五是建立高效健全的知识产权保护体系,包括:政府要进一步健全和完善知识产权创造、保护、开发的机制和环境;企业要建立完善的知识产权创造和保护体系;建立技术转移机构,促进高校、科研单位与企业的合作。

(6) 建立吸引科技人才的体制机制环境。一是引进和资助重点项目,引领创新创业团队的整体建设。二是形成合理的团队人才结构,实现高端引领与整体开发相结合。三是完善创新创业人才信息系统,建立创新创业人才统计体系。四是落实企业引才主体,以人才结构调整带动产业结构调整。五是完善创新创业团队服务体系,创新高层次人才工作体制。

(7) 大力发展科技金融,积极引导社会资金投向创新领域。首先,促进科技银行、科技信贷的发展与创新,包括创新科技金融风险管理技术、建设科技金融中介服务平台、健全科技金融信息共享平台、加大科技金融财政投入、大力创新科技金融产品与信贷模式、建立健全科技型企业信用担保体系等。其次,促进科技保险的发展与创新,包括加大宣传力度和政府协调力度,使高科技企业充分认识到科技保险的必要性,鼓励保险公司进行金融创新,加强对国外科技保险的研究和经验借鉴等。再者,促进科技证券资本的发展与创新,包括:加快形成多层次的科技资本市场,拓宽战略性新兴产业发展的投融资渠道;大力培育和挖掘新兴产业的策源地——创新创业资源,形成新兴产业企业资源库;制定新兴产业企业上市行动计划,推动战略性新兴产业企业在境外上市,加快做好国家级高新区的各项准备工作,力争第一批进入新三板扩大试点范围,加快开展新三板试点的准备工作;健全科技产权交易市场,扩大科技企业债券市场融资,加大对战略性新兴产业企业政策支持力度,对发行费用给予一定补贴,准确定位政府创业投资引导基金,引导创业风险投资在来源上更多走向社会资本。

四、江苏创新型省份建设的空间布局

江苏作为行政区域建设创新型省份,还有一个优化科技资源空间布局的问题。科技资源布局的总体目标,是要在全省培育在全国乃至全球有重要影响力的创新极。

1. 空间布局的原则

(1)科技与经济相结合。科技引领和支撑经济社会发展是我国科技明确的发展方向,江苏发展区域科技必须解决科技体系与经济社会发展需求脱节的问题。通过采取新建和改组的方式重组区域科技体系,建立与经济社会发展相适应的江苏省区域科技体系。

(2)科技资源优化配置。江苏虽然是我国经济大省,但苏南面临着追赶和超越发达国家的挑战,苏北是欠发达地区,需要加快建设小康社会,因此,都必须要在区域有限的财力等资源条件下,优化配置科技资源,提高科技资源利用效率。

(3) 效率与社会公平兼顾。按照市场机制,资源总是向配置效率高的区域流动。苏锡常、宁镇扬等中心城市科技效率比较高,而徐淮盐连宿和基层县(县级市)的科技效率较低。因此,一方面,要遵循市场规律,积极引导资源的合理流动,另一方面,政府要发挥纠正市场失灵的功能,在科技资源配置中兼顾效率与社会公平,为缩小区域之间、城乡之间的差距,促进区域协调发展做出贡献。

(4) 发展模式多样化。由于经济基础、产业结构、自然条件等方面的差异,区域科技的发展模式也会多种多样,关键是要选择切合自身实际的模式,而不应该刻板地模仿。因此,针对江苏的现实特征(沿沪宁线的高新技术产业带是全国创新高地、沿江正在形成制造业的创新发展高地、沿海地区是发展海洋经济与港口经济的天然空间、东陇海线的加工工业带是苏北振兴的坚实依托),各地区科技创新的方向与侧重点也应有所区别。

(5) 推进多层次区域创新体系建设。利用上海作为国际性大都市的条件,加强苏南与上海的交流、合作,形成经济技术密切联系的经济区创新体系;还要全省统筹,扎实建设省级区创新体系;发挥市场机制的作用,与经济发展密切结合,建设各具特色和优势的省内子区域创新体系。同时加强硬环境和软环境的建设,整合区域科技资源,促进科技资源流动,推动科技合作与交流,提高资源配置效率。

2. 空间布局的思路

根据江苏区域特色和特征类型,因地制宜,分类指导与实施,形成各具特色、各具竞争优势的区域发展格局。实施科技集聚战略和中心城市带动战略,强化和提升科技集聚区的科技能力,把南京培育成为国家基础研究和战略高技术研究的重要集聚区,把苏南培育成为战略新兴产业、产业共性技术平台研发和重大战略产品开发的基地,乃至全国创新型经济发展的依托基地。在南京、苏锡常、徐州等中心城市建立一批创新型高地,而其他地级市要进一步依托科技走新型工业化道路,并发挥其示范与带动效应。

(1) 多层次的创新战略。包括国家自主创新示范区战略、中心城市带动战略、地级市科技示范战略和基层科技提升战略四个不同层次的科技发展战略。利用国家自主创新示范区的契机,积极吸引国内外优质科技资源,加大自主创新能力建设,成为国家战略高技术的主力区域、产业共性技术平台研发和重大战略产品开发的基地,乃至成为国际科技竞争力的依托基地。中心城市科技带动战略要积极发挥中心城市科技基础较好、辐射面广的优势,在江苏省内建立一批创新型城市。地级市科技示范战略要推动那些经济基础较好的中小城市进一步依托科技走新型工业化道路,并发挥其示范与带动效应。基层县(市)科技提升战略要加强县(县级市)基本的科技能力和管理能力建设,为农业和农村发展提供科技支撑。

(2)优先发展科技经济密集区。基于科技能力在江苏的差异化分布,科技发展不可能采取"齐步走"的模式,而必须实行错位发展,优先发展科技经济密集区是现实的选择。在科技经济密集的区域优先发展和突破,进而带动区域整体推进。密集区分三个层次建设:国家层次上的科技集聚区(苏南自主创新示范区);具有一定创新能力的中心城市;科技经济密集的大学科技园区、高新技术产业开发区、产业集群区、农业科技园区、经济技术开发区及其他工业园区。

(3)制定和实施各具特色的分类发展战略。按江苏科技经济的特征分类,制定和实施各具特色的分类发展战略:第一类是科技经济发达的苏南区,努力建成高技术产业生产与研发基地;第二类是科技领先经济发展的苏中区,重点是提高科技转化能力;第三类是沿海国家开发区域,突出海洋经济等特色经济,发展专业化的科技经济融合区;第四类是苏北欠发达地区,重点是发展特色产业集群的技术支撑区。根据江苏区域的特色和特征类型,因地制宜,分类指导与实施,形成各具特色、各具竞争优势的区域发展格局。

3. 分区重点任务

科技资源空间布局的总体方案。包括:一是以"产业创新"为重点的苏锡常(宁镇)国家自主创新示范区,发挥示范引领作用。努力建成高技术产业生产与研发基地。二是宁镇扬泰科技成果转化示范区,突出"科技成果的转化",释放南京科技资源,辐射苏中乃至全省。三是连盐通沿海特色创新区,发挥沿海的区位优势和资源,以海洋经济为依托,大力发展海洋技术创新与产业化。四是徐宿淮创新能力提升区,优化现有产业布局,突出发展产业集群和产业基地,提升创新能力,加快跨越发展战略的落实。

(1) 苏南国家自主创新示范区。按照科学发展的要求,建设"四个高地",实现"三个提升"。"四个高地",就是真正把苏南国家级创新区建设成为全国的示范区,包括建设成为产业高地、创新高地、人才高地、创新环境高地。"三个提升",就是提升自主创新能力、国际竞争力和可持续发展能力。

◇ 高水平建设重大产业创新平台。围绕前沿技术,重点建设南京微结构国家实验室、南京通信技术国家实验室、苏州纳米等重大基础研究平台。支持苏州独墅湖高教研发区、无锡国家传感网创新示范区、南京无线谷等示范基地建设。加快建设苏南联合产权交易所、国家专利审查协作江苏中心、苏州自主创新服务广场、国家"千人计划"创投中心等综合性科技公共服务设施,加速人才、资金、技术的集聚流动和开放共享。

◇ 建设区域性科技金融创新中心。创新科技与金融合作机制,建立多层次、多功能的科技金融服务体系;引导和推动金融资源集聚,大力发展创业投资,建立天使投资联盟;积极推动非上市股份公司代办股份转让系统试点。加快科技支行、科技信贷业务部、科技小额贷款公司等专营机构建设,推进科技金融产品和服务创新,建立健全科技贷款风险补偿机制;加快发展科技金融中介服务,形成立足苏南、服务长三角的科技金融创新中心。

◇ 增强高新园区辐射带动作用。加强创新核心区建设,完善创新政策,健全管理体制,吸引科教资源进入园区,集中力量建设重大创新平台,大力培育新兴产业集群,构建"一区一主导产业"的发展格局。推动镇江、武进等省级高新区创建国家级高新区,赋予高新区市(县)级经济管理权限。

◇ 完善创新服务体系。整合创新创业服务资源,进一步完善科技咨询、技术转移转化、技术产权交易、科技评估评价、知识产权服务等中介服务。增强大学科技园和孵化器创新服务能力,鼓励社会资本参与孵化器建设与运营。鼓励以企业为主体、市场为基础的创新型社会组织的发展。建立开放共享机制,推动科技资源向社会开放。

(2) 宁镇扬泰科技成果转化示范区。依托本区内丰富的科教资源,利用南京、镇江等地大学科技园等孵化器、技术产权交易、科技评估评价、知识产权服务等中介服务机构,加强科技成果的转化,将本区科教资源的优势转化为产业优势。

◇ 南京科技创新中心城市建设。南京,作为江苏省的省会城市和区域首位城市,集聚省内多所知名高等院校和研发机构,具有总部优势和研发优势,大力发展总部经济、研发中心、高技术产业的核心制造和有自主创新能力的高技术企业,将其打造成区域经济、金融、研发、教育中心,辐射宁镇扬乃至整个江苏省以及邻省安徽的商贸、交通等的中心城市。

◇ 镇扬泰设立各具特色的创新平台。镇江,除了发展装备制造业技术外,在镇江南山区设立一个省级的"润南综合商务与科技创新示范区",致力于高技术产业生产、研发和特色生产服务业示范区,成为吸纳国外、上海和南京等高技术产业的生产集聚地,熨平苏锡常和南京都市圈之间的"洼地"。扬州,重点发展特色高新技术产业制造,特别是"三新"——新能源、新材料和新光源产业。泰州,以国家医药高新技术产业开发区为主体,进一步优化生物技术和新医药产业,大力提升产业发展的集约化水平,构建特色医药产业集聚,同时,在南京师范大学泰州分校等基础上,再吸引几家国内知名高校来泰州建分校。

◇ 发展装备制造业的产业技术,提升沿江产业带加工制造业的附加值。在制造业方面,加大科技攻关的力度,针对产业的关键性共性技术加强科技攻关;加紧攻克制造业信息化关键技术和关键产品的研究开发和应用试点示范的核心技术,提高制造业的核心竞争力;把发挥先进制造业技术作为制高点,进一步向核心技术进军;装备制造业,特别是加工装备制造业是沿江产业带的重点产业之一。沿江产业带要发挥科技优势和产业优势,要根据自身的特色在大型数控机床、机电一体化、精密机械设计及精密制造技术、智能电网装备等方面加强自主研发和制造能力。

(3) 沿海特色海洋经济创新区。以江苏沿海开发的国家战略实施为契机,建设江苏沿海科技产业开发示范带。在国家发展规划指导下,编制《江苏沿海开发科技创新实施方案》,以海洋资源、能源开发利用与环境保护的关键科学技术和工程技术研究为重点,进一步加强海洋科学技术的研究与开发,加快产学研一体化发展,加强科技进步对海洋经济发展的带动作用。

◇ 依托高等院校、科研院所和骨干企业,优化配置海洋科技资源,加快建设国家海洋局(江苏)海涂研究中心、中国科学院海洋研究所(南通)、江苏省(连云港)沿海港口工程设计研究院、江苏省(盐城)海上风电研究院等一批国家级、省级海洋科技创新平台,增强海洋科技创新能力和国际竞争力。围绕港口物流、海洋工程装备、风电装备、高技术船舶、海洋生物医药等领域,组建国家级或省级工程技术研究中心,建设一批设计服务、检验检测等科技公共服务平台。支持国家级科研机构在江苏设立海洋科研基地,吸引一批境外科研院所到江苏落户或参与研发。扶持一批海洋战略规划、勘测设计、海域评估等中介机构。完善国际科技交流合作机制,加强与日、韩及欧美的海洋科技交流合作。

◇ 以加快突破核心技术瓶颈、显著增强竞争力为目标,以培育自主知识产权为重点,优先支持具有自主知识产权的重大科技成果转化,鼓励企业对自主拥有、购买、引进的专利技术等进行转化,不断提升海洋产业创新能力。组织优势科技力量,在海水增养殖、海水综合利用、海洋新能源、海洋工程装备制造、海洋生态环境保护与修复等重点领域研究攻关,取得一批重要科技成果并实现产业化。加快构建产业技术创新联盟,加强产学研结合,推动企业联合创新,提升海洋特色产业发展水平和整体竞争力。

◇ 整合功能园区资源。依托深水海港和丰富的海洋资源,重点支持沿海县(市、区)设立和建设海洋产业园区,达到标准的优先升格为省级开发区。海洋产业园区按产业链引导布局,突出产业链的延伸、耦合、配套,形成上下游企业相邻布局的产业发展模式,积极推进海洋产业集群化步伐。

◇ 适当扩大在苏高等院校的涉海院系办学规模,加强海洋专业学院建设,构建门类齐全的海洋学科体系。支持有条件的高校增设涉海专业,鼓励沿海三市高校结合自身优势和市场需求,选择发展特色海洋学科专业。加大海洋教育设施和研究设备的投入力度,加强海洋重点学科建设。整合海洋教学科研力量,为组建综合性海洋大学积极创造条件。在投资、财政补贴等方面加大对海洋职业技术教育的支持力度,高质量建设涉海类职业院校,培养大批应用型海洋人才。积极开展海洋教育国际合作交流,支持高校与国内外知名院校及科研机构建立合作院校、联合实验室和研究所。

◇ 推进沿海信息基础设施建设,发展下一代互联网等先进网络,加快云计算机和物联网发展。加快三网资源整合,构建功能强大的网络信息化基础平台。加快发展海洋电子政务和电子商务,提升海洋事业信息化水平。实施"数字海洋"工程,建立海洋空间资源基础地理信息系统,完善海洋信息服务系统。加强海洋安全信息化体系建设,重点加强海洋自然灾害预警预报信息系统建设。适度发展微波和卫星通信,作为沿海地区光缆传输的重要补充和应急手段,提高海上作业和海上救助通讯保障能力。提升电子口岸信息系统服务功能,加快港口物流信息服务平台建设,扩大物流公共信息互联互通范围。强化海域动态监管系统建设,提高海域管理水平和能力。建成并运行海洋经济运行监测与评估系统,为海洋经济管理与调控提供决策支持。

(4) 苏北特色产业集群创新能力提升区。利用本地区的资源优势、区位优势和其他独特优势,围绕传统的加工制造业,以加强科技对传统产业的技术改造为重点,加强制造业的信息化建设,努力增强新产品、新技术的吸引、消化、吸收和开发能力;围绕主导产业加强产业集群建设,形成从研发到规模应用的产业链和企业群;围绕可持续发展和循环经济,促进清洁生产、洁净能源和环保产业的发展;注重对有前景的新产品、新技术,及设备和管理经验的引进,培育名牌产品,提高在国内外的市场竞争力;有选择地发展高新技术产业,优化本区域的产业结构和对新技术的吸收储备能力。

◇ 集中科技资源联合攻关。由于本地科技能力普遍不足,需要借助外力。有条件的地(市)科技部门可促进和组织常驻本地的高校,部省属研究单位,市、局(公司)研究所和重点企业技术中心以及民营科技企业组成联合科研开发机构,对有关重大关键技术进行攻关,对成熟的先进实用技术进行推广应用,尽快突破技术难关,扩散科技成果。同时促进联合成立科技咨询服务公司,为生产单位提供有效的服务。积极开展地(市)内横向科技协作交流,促进城乡科技网络的形成。

◇ 促进科技成果的推广应用。科技示范战略的一个重点内容就是抓好科技成果的推广应用,为科技成果输出开辟新的渠道。抓好成果推广是搞好地(市)科技工作的关键。在推广本地科技成果的同时,加强引进外来的科技成果,如优良品种的推广应用等。农业技术推广是地市(包括县级)科技工作的重要内容之一。在加强示范县、示范乡、示范村、示范点建设的同时,对农业推广体系进行改革,调动农民、企业等社会力量参与农业技术推广工作,逐步形成国家扶持和市场导向相结合的新型农业技术推广体系,切实解决生产第一线科技力量薄弱的问题。要实现推广行为社会化、推广队伍多元化、推广形式多样化,真正把推广工作落到实处。

◇ 加强地(市)级科研机构的能力建设。有条件的地市要建立各类科技园区、工程技术研究中心、重点实验室、各类数据库、定位观测站等,改善地(市)科技工作的条件。加强科技基础性工作,保持科技工作的稳定性,加强标准化体系和动态监测网络建设,提高整体科技水平。

◇ 加强人才培训,稳定科技队伍。这项工作是地(市)级科技工作的重中之重。特别是在欠发达地区,这项工作显得更为重要。发展科技、振兴经济,人才是根本。要制定有关优惠政策,留住人才,发挥人才的作用。创造良好的工作环境,使各类优秀人才有用武之地。要积极培养科技中介人才,通过执行项目,锻炼中介人才,推进中介机构的建设,同时为中小企业发展提供人才保障,为农业科技推广服务体系培养大批优秀人才。

(执笔:刘志彪　洪银兴)

第二章
创新型省份的内涵和评价

"十八大"明确2020年当我国全面建成小康社会时要进入创新型国家的行列,江苏提出建设创新型省份的目标就有率先建成创新型省份的要求。我国目前有创新型国家,创新型城市和创新型企业等概念。创新型省份是一个较新的概念,需要在与创新型国家的比照中清晰地识别其内涵和要求。

一、创新型省份的内涵

科技创新成为经济发展的主要动力是成为创新型国家的重要标志。如何评价一个国家或一个地区成为创新型国家或者创新型地区(省份或城市)?这里既有先进国家的国际标准,又有理论上的科学界定,还要考虑我国的实际情况,需要综合起来,研究客观的评价标准。根据"十八大"精神,科技创新是提高社会生产力和综合国力的战略支撑,必须摆在国家发展全局的核心位置。科技进步对经济增长的贡献率大幅上升,是进入创新型国家行列的基本要求,也是创新型省份建设的应有之义。

创新型省份有区域特征,既不同于创新型城市,也不同于创新型企业。所谓创新型省份是指具有以下表征的行政区域:区域创新体系高效运行,创新要素高度集聚,产学研协同创新平台广泛分布,创新活动极为活跃,创新成果源源不断,战略性新兴产业形成集群。具有这些特征的省份的基础条件主要有以下三个方面:一是省内各地真正转向了创新驱动发展方式并实施创新驱动战略,建立起了系统完备的创新激励制度。二是区域内创新源丰富,或者是拥有丰富的禀赋科教资源,或者是在缺乏禀赋科教资源的地区,以有效的机制和平台吸引到了丰富的科教资源。三是省内企业大多数成为技术创新的主体。

相比其他地区,一个省要成为创新型省份,必须有三个成功率"最高":一是在该省进行的科技创新,成功的几率最高,产出一批进入国际前沿的基础研究和应用性研究成果。二是到该省进行科技创业,成功的几率最高。三是科技创新的成果到该省转化为现实的生产力,成功的几率最高。

创新型省份是行政区域,不完全是经济区域,并且具有较大尺度范围。在这个尺度范围内,不同地区经济和科技发展水平不平衡。从创新系统的层次性看,创新型省份应属创新型国家之子系统。作为创新型省份包含多个创新型城市和一大批创新型企业,但是创新型城市和创新型企业分布也不均匀。在此背景下,作为创新型省份,共同点是全省各地都有明确的创新驱动发展的战略和政策,但不要求全省各地县县、乡乡都从事同样内容的创新和创业。各地会根据各自的创新能力和供求条件分别从事科技创新、科技创业和科技创新成果的产业化。

目前苏南作为国家确定的现代化示范区规划的重要方面是成为创新驱动先行区。南京是国家级科技创新试点城市,江苏拥有全国数量最多的大学,科教资源最为丰富。所有这些优势进一步扩大,使得江苏有条件率先建成创新型省份。

二、从创新能力角度评价创新型省份

对创新型省份的评价,最为重要的是评价其创新能力。区域创新能力涉及区域创新创业的生态环境,包括人才环境、创新成果供给环境、创新文化环境和制度环境。突出表现在以下几个方面。

一是拥有若干个在省内分布较为均匀的创新型城市。这是创新型省份的带领者、火车头。区域经济中,城市是发展极,是发展的中心,也是区域科技创新的策源地。创新资源(包括人才和创新机构)一般都集聚在城市。因此建成创新型省份首先要求建成几个创新型城市。在江苏,苏南苏中苏北都要建成若干个创新型城市。依靠创新型城市向周边辐射创新成果,就能带动全省建成创新型省份。所谓创新型城市,是指主要依靠科技、知识、人才、文化、体制等创新要素驱动发展,对周边科技创新具有较强辐射和引领作用的城市。这里需要明确,创新型城市需要充分的科教资源,但科教资源丰富的城市不一定是创新型城市(如香港),禀赋科教资源不丰富的城市也可能成为创新型城市(如深圳)。

二是创新资源高度集聚。拥有很多具备科研能力的大学和研究机构,它们源源不断地提供实验结果、创新成果和科学突破。拥有一批科技企业家,从而拥有一批创新型企业。拥有一批科技服务机构,包括金融服务、软件服务、文化创意、科技服务、科技中介,尤其是专事创业投资的风险投资机构高度集聚。

三是具备激励创新和创业的软硬件环境。科技创新平台和载体高度集聚,包括大学科技园,产学研协同创新平台,孵化器,以及公共性、公益性科技服务平台。拥有智慧化的城市基础设施,拥有吸引高端创新创业人才的宜居宜研环境,以及拥有开放并激励创新的文化和制度。

这样,对创新能力的主要评价指标就涉及:创新机构(研发中心和创投公司,对江苏来说,还应包括外资在江苏的研发机构)的集聚度;创新要素(人才、风投、科技金融和服务)的集聚度;科技孵化器的集聚度。

三、从创新投入角度界定创新型省份

一般说来,创新型国家的重要标志是国家在研究开发活动中投入的经费和人力规模大、强度高。创新型省份的主要标志是高强度的创新投入。提升创新能力不仅要求足够的经费投入,还要有足够的从事研发的人力投入。只有这样才有高密度的研发活动。具体体现在以下四个方面。

一是创新型省份的 R&D 资金投入占 GDP 的比重要在 3% 以上。就创新型国家标准来说,以 2007 年为例,日本和美国的 R&D 投入分别占其 GDP 的 3.44% 和 2.68%,瑞典和芬兰也都超过了 3%。就江苏来说,作为创新型省份,研发投入的比重就应该高于创新型国家的平均水平(2%),应该以 3% 左右作为目标值。这里 3% 的研发投入,尽管需要政府投入,但更需要企业有足够的研发投入,创新型企业一般都有占其销售额8%以上的研发投入。

二是研发人员和研发机构的数量和水平处于国家前列。创新型省份的一个重要特征是创新资源高度集聚,其中最为突出的是创新创业人才和创新机构的集聚。一个区域研究开发人员和机构的数量直接反映该区域的研发水平。以硅谷为例,以高技术从业人员的密度而论,硅谷居美国之首,2006年硅谷总共有225 300个高技术职位。每1 000个在私营企业工作的人里有285.9人从事高科技。创新型省份不只对研发人员的数量和水平提出要求(以每万人中研发人员数量为评价指标),同时也要对研发机构的数量和水平提出要求。例如在硅谷有斯坦福、伯克利等世界一流大学,128号公路有哈佛、麻省理工等世界一流大学。企业成为技术创新主体的一个重要指标是企业中建立的研发机构的数量及其人数。

三是人力资本投入强度。从提升创新能力考虑,研发投入不仅是数量问题,而且更为重要的是投入结构问题。创新驱动以人才为依托,不仅需要提高劳动者素质,更需要高端创新创业人才。因此转向创新驱动,人力资本比物质资本更重要。增加人力资本供给就能驱动创新。在这里需要改变对低成本发展战略的认识。低成本战略理论强调发展中国家以低廉的劳动力和土地成本作为比较优势。这种低成本比较优势在贸易领域可能是有效的,但在创新型经济中就不适用了。低价位的薪酬只能吸引低素质劳动力,只有高价位的薪酬才能吸引到高端人才,才能创新高科技和新产业,从而创造自己的竞争优势。

四是科技与金融融合的深度。为保证足够的研发投入,需要更多的金融支持,而不仅是要求更多的风险性创业投资公司的介入。这就要发展科技金融,推动科技与金融深度融合。通过科技和金融的深度融合,更多的金融资金进入科技创新环节,尤其是孵化新技术环节。在孵化新技术阶段集聚的金融资本数量越来越成为衡量一个地区是否已成为创新型区域的重要标志。

四、从创新产出的角度界定创新型省份

创新型省份的一个重要特征是高密度的创新活动。创新活动不仅指企业内所进行的研发新技术、新产品的活动,根据科技创新的路线图,科技创新活动还包括多个层次。首先是大学的知识创新活动,除了其承担的重大课题研究外,科学家的国际流动、国际性科技信息交流、国际科技会议、学术研讨活动和各类科技讲座都应很活跃。其次是技术创新活动,突出在科技成果向新技术的孵化和转化活动。与此相关的有产学研的协同创新活动、科技咨询以及科技创业活动。第三是基层的创新活动,如大学生的创新活动、企业中工人的创新活动,甚至乡镇中的各种创新活动。同时支撑上述各类科技创新活动的各种类型的人才培训也最为活跃。

基于上述活跃而且高密度的创新活动,创新型省份有高水平的创新产出。

科技进步对经济增长的贡献率大幅上升,是进入创新型国家行列的基本要求,同样也是成为创新型省份的基本要求。目前美国、日本平均科技贡献率已达到80%左右,英国、法国、德国等西欧国家为50%~60%。根据已有的分析资料,我国目前的平均科技进步贡献率为30%~40%,即使是创新能力处于全国前列的江苏也才50%多一点,显然离创新型国家、省份还有较长距离。但是像江苏这样的科教资源最为丰富的省份所要明确的创新型省份的目标,按照目前的算法,科技进步贡献率目标可以定在60%以上。

科技进步贡献率是各类创新产出对经济增长作用的综合反映。创新产出主要表现在科技论文、发明专利和高技术产业产出三个方面。对创新型省份来说,以下三个方面产出特别重要。

一是原创性创新成果。科技论文是知识创新的产出,其中相当多的是原始创新的来源。发明专利是应用性研究的产出,是原创性创新成果。建设创新型省份不仅要求多出反映国际水平的科技论文,提供原始创新的成果,同时要产出更多的发明专利,提高发明专利在全国的份额。

二是高技术产品和产业。高技术产品和产业来源,有的是直接从国外

引进的技术,有的是自主创新的。后者包括原创性成果和引进消化吸收再创新成果。高技术产品和产业的来源由前者转向后者体现了"中国制造"转向"中国创造"。因此创新型国家和创新型省份特别关注拥有自主知识产权的新技术及以此为基础产生的新产品和新产业。这就要求科技创新的成果(科技论文和发明专利)更多地转化为现实生产力,推动科技创新成果的产业化,提高高技术产业在全国乃至世界市场的份额,尤其是具有自主知识产权的技术、产品和品牌的份额,有若干个高技术产业处于世界领先水平。这样,科技创新成果的转化率就成为创新型省份的重要评价指标。

三是绿色产出。所有产业都得到创新的绿色技术的改造,实现低碳、低排放、低能源消耗。环境和生态得到根本性改善。依靠科技创新,创新型省份同样也是生态文明省份。

概括起来,创新型省份会源源不断地产生具有自主知识产权并达到国际水平的科技创新成果。主要表现:

(1)知识创新部门创造出一批达到国际水平的科研成果,并且有一批成果成为原始创新的源泉。

(2)创造出一批达到国内一流、国际领先水平的发明专利,江苏的发明专利数居全国前列。

(3)全省范围内各个产业和企业都拥有自主知识产权的核心技术和关键技术;产生一批有自主品牌的竞争力强的创新型企业。培育出若干个类似华为、中兴那样有国际影响力的具备自主知识产权技术和品牌的创新型企业。

(4)在全省范围内形成多个知识密集并且绿色的高新技术产业集群。区域创新力的现实表现是创新产业。由于创新的新兴产业能够带动整个产业结构的优化升级。一个国家和地区在某一时期的竞争力和竞争优势,就看你有没有发展这个时代处于领先地位的新兴产业,形成具有自主创新能力的现代产业体系。依靠科技创新成果,在重点领域占领世界科技和产业的制高点。这是一个国家和地区的竞争力处于领先地位的标志,也可以说是创新型省份的标志性成果。

五、从体制和机制角度界定创新型省份

科技创新的体制和机制与国家创新体系相关。国家创新体系理论将企业、大学与国家科技政策之间的互动作为国家创新体系的核心,其研究的重点是知识的创造对国家创新体系的影响,并将企业、研究型大学和政府实验室等促进知识创造与扩散的组织视为创新的主要来源。

我国的科技创新体系包括知识创新体系和技术创新体系两个方面。企业是技术创新的主体,大学是知识创新的主体。作为创新型省份,需要解决好两个创新体系和两个创新主体之间的有效衔接和协同。这是建设高效运转的创新体制和机制的关键。

首先是创新体制和环境的建设。政府在其中的作用在于:一是政府创新,建立推动和激励知识创新、技术创新,以及两者有效衔接和协同的制度。二是政府引导,建立大学科技园和产学研协同创新平台和机制,建立顺畅的创新成果的转移和扩散机制,包括技术交易和流动的市场和平台。三是政府推动,形成创新文化和氛围。首先是尊重知识、尊重人才和尊重创造的文化;其次是鼓励创新,允许失败的文化。这样,在全省建立起一个良好的创新环境和体制。主要表现:

(1) 全省范围内实施创新驱动的发展战略,经济发展方式基本转向主要依靠科技进步,劳动者素质提高,管理创新。

(2) 全省范围内制定并实施系统完备的激励产学研各个主体创新的政策措施,包括产学研各方互利共赢的创新收益分配体制。

(3) 全省范围内形成激励创新的公共服务环境和充分竞争的市场制度。

(4) 全省范围内制定并有效执行知识产权保护制度。

(5) 全省范围内建立智慧化国际性的信息网络通道。

(6) 全省范围内创新要素尤其是高端创新创业人才高度集聚。

(7) 拥有吸引高端创新创业人才的宜居宜研环境。

其次是创新体系和机制建设。现阶段的科技创新更多地依靠科学新发现所转化的新技术。以科学新发现为源头的创新路线图涉及:由大学的知识创新，到孵化高新技术，再到企业将高新技术转化为现实生产力的创新阶段。孵化高新技术即科技创新的中游环节，从产学研合作角度分析是关键性环节，它是连接知识创新和技术创新的桥梁和纽带。越来越多的新技术、新产品和新企业在这个阶段产生，就成为创新驱动经济发展的重要表现。问题是我国产学研长期脱节，大学的原始创新研究成果大部分不能转化为现实生产力，大学中聚集的创新人才不能充分发挥科技创新作用。这意味着我国转向创新驱动关键是解放这部分科技生产力。其主要路径就是推进由大学和企业共同参与的产学研结合，建立产学研紧密结合的协同创新机制。基于这些认识，创新型省份需要建立起一个充满活力的创新体系，尤其是科技成果转化体系。主要表现：

（1）全省范围内的企业普遍成为技术创新的主体，不仅是采用新技术的主体，而且是研发新技术的主体。涌现出一大批创新型企业和创新企业家。

（2）在全省范围内普遍建立国家级和省级大学科技园，吸引省内外研究型大学进入建立大学研究院。

（3）在全省范围内普遍建立研究型大学和企业共同参与的产学研协同创新平台。大学和企业、研发机构和大学实验室、科学家和企业家之间的交流和互动成为制度性常态。政产学研金共同建设的科技孵化器产生明显成效。

（4）在全省范围内，实现科技与金融深度融合。一批达到规模的专业服务科技创新的风险投资公司活跃于全省各地。各级金融机构有足够大的资金投入科技创新领域。

（5）拥有一批科技创新平台和载体，包括产学研协同创新平台、孵化器，以及公共性、公益性科技服务平台。

（6）各种创新要素向产学研协同创新平台集聚。孵化和研发新技术就成为创新投资的重点环节。政府的引导性创新资金也重点投向产学研协同创新平台。

（7）拥有一批科技服务机构，包括金融服务、软件服务、文化创意、科技服务、科技中介机构。

第三是开放式创新平台建设。江苏有开放型经济的优势。自主创新不等于封闭创新。对引进的国外技术进行消化吸收再创新本身即属于自主创新的重要途径。除此以外,提升创新能力需要调整开放战略。所谓开放式创新,是指各个国家主攻相同方向的科技,所产生的新知识、新科技可以在世界范围内传播。在主攻同一创新方向过程中吸收和引进新发明、新技术,可降低研发成本,并进入世界前沿。开放式创新平台建设主要有以下几个方面:

(1) 引进外资不再是追求数量,而是注重进入的外资的技术和产业的先进性和高科技性。外资进入环节向价值链的高端环节和研发环节延伸,由利用一般的劳动力和土地资源转向主要利用人力资本,不仅提高科技含量,也提高附加值。

(2) 科技和产业的时代划分以许多国家所共有的创造发明为依据。鼓励外资研发机构进入。鼓励大学、研发机构及企业与高技术外资合作创新,创造出处于国际先进水平的新技术和新产业。

(3) 在要素驱动增长阶段,要素跟着资本走,因此引进国际要素以外资为主。现在要创新驱动,各种创新要素跟着创新人才走。高端人才相当多聚集在发达国家,利用开放型经济的基础,着力从发达国家引进高端科技人才,就能同时引来其他创新要素。

(执笔:洪银兴)

第三章
创新型经济的文献与国际经验

现代经济增长理论表明,技术进步与知识积累是决定经济增长的重要因素(Romer,1990)。改革开放30多年来,中国经济以制造业为主驱动并参与国际分工,成功地打造出"中国制造"的品牌。但我们的制造业企业远未摆脱技术依赖症,并未获得技术领先与产业领先优势。大部分中国本土企业存在技术劣势,外国公司比国内的本土公司表现出更为活跃的自主创新行为(安同良,2003,2006)。提高自主创新能力已作为中国国家发展战略写进"十一五"规划。党的"十七大"、"十八大"进一步强调提高自主创新能力、创新驱动"是国家发展战略的核心,是提高综合国力的关键"。中国从2010年起在GDP总量上已成为全球第二大经济体,作为世界经济大国,在科技和产业创新上不能再像过去那样实施跟随战略,需要依靠自主创新,与其他发达国家进入同一创新起跑线,在重点领域取得突破(洪银兴,2010)。为此,创新驱动已是中国经济发展的必由之路。

一、创新型经济

创新概念最早由Schumpeter在上世纪20~30年代提出,他也被视为现代创新研究的奠基人。但创新思想可追溯到亚当·斯密的《国富论》与马克思的《资本论》。后来Freeman在解释熊彼特创新理论时把创新概念扩大到包括发明、创新和创新扩散三重概念,并于1982年首次使用"国家创新体系"的概念。新增长理论以Paul M. Romer(1987)为代表,将知识作为一个独立的要素引入增长模型,并认为知识的积累是现代经济增长的重要因素

(OECD,1997)。Michael Porter(2003)尤其关注国家竞争优势,他认为"国家的竞争力在于其产业创新与升级的能力"。Stiglitz(1998)特别提出熊彼特创新理论的贡献及其创新理论的局限性,他从创新机制的角度指出标准的市场经济理论不包含创新的理论缺陷,并依据其信息不完全理论,提出了只是在竞争条件下不能解决创新动力不足的问题,由此出发,他提出了激励创新的体制和机制安排问题。

在新经济增长理论的影响下,国际经合组织(OECD)于1996年最早给出了知识经济(knowledge based economy)的定义(Foray&Lundvall,1996):建立在知识的生产、分配和使用(消费)之上的经济。知识经济,强调以知识为基础,与农业经济、工业经济是相对应的一个概念。随后,英国政府1998年首次对"创新驱动型经济"进行了定义(CITF,1998):那些从个人的创造力、技能和天分中获取发展动力的企业,以及那些通过对知识产权的开发可创造潜在财富和就业机会的活动。Florida&Tinagli(2004)从一国经济增长的主要动力出发,把经济社会发展分为农业经济时代、工业经济时代、服务经济时代与创新驱动型经济时代。相较于知识经济,创新驱动型经济强调将知识、技术、企业组织制度和商业模式等无形要素与资本、劳动力和物质资源等有形要素相融合产生"新组合"(洪银兴,2011)。

国外的知识经济、创新驱动型经济概念与创新型经济的概念较为接近。目前,国内有两位学者提出了创新型经济的概念。学者吴晓波(2006)认为:创新型经济是指以信息革命和经济全球化为背景,以知识和人才为依托,以创新为主要推动力,持续、快速、健康发展的经济。其内涵包括:① 不同于单纯依靠劳动力投入或资本的增加,以严重消耗资源作为代价的"增长型经济",创新型经济是以现代科学技术为核心,以知识的生产、存储、分配和消费为最重要因素的可持续发展的经济;② 不同于单纯依靠引进设备和技术,以照搬外来技术为主要推动力的"模仿型经济",创新型经济是注重培育本国企业和R&D机构的创新能力,发展拥有自主知识产权的新技术和新产品,以自主创新为目标和主要推动力的经济;③ 创新型经济不仅强调企业和国民经济的发展,也重视创新带来的居民生活水平的改善,追求社会与经济的和谐统一。洪银兴(2009)则做了更为深刻和本质的阐述,认为创新型经济体现资源节约和环境友好的要求,是以知识和人才为依托,以创新为主要驱动力,以发展拥有自主知识产权的新技术和新产品为着力点,以创新产业为标志的经济。创新型经济有以下特征:① 技术进步模式的创新;② 产学研合作创新;③ 企业主体地位的延伸;④ 开放战略由比较优势转向竞争优势(卫兴华,2011)。

目前,经济发展由要素驱动和投资驱动转向创新驱动已成为发达国家的共识。由欧洲工商管理学院(INSEAD)和世界知识产权组织(WIPO)发布的全球创新指数(Dutta,2012)以及世界经济论坛发布的《2012~2013全球竞争力报告》(Sala-i-Martínetal,2012)可以看出:在全球范围内,发达国家的创新能力独占鳌头,竞争力名列前茅,人均收入水平一马当先。

(一)创新型经济的特征

首先,在产业内容上,表现为知识密集型产业和绿色技术产业在经济中占据主导地位。目前,创新型国家的信息产业、生物医药及电工电子业等对一国经济贡献很大的高端产业无一不是知识密集型的,环保技术也相当发达。在美国,即使是服务业,很大程度上也都是知识密集型的,如美国纽约的金融、出版、广播和广告业。经济危机之后,世界经济发展进入一个新的周期,经济发展由新的技术革命及由此产生的创新型产业推动,生物医药、新能源、新材料、环保技术等产业都可能成为未来推动世界经济增长的主要力量。加快创新型经济发展,必然伴随着传统产业的转型与升级过程。传统产业可以通过与高新技术相结合,实现向高端、高效、低碳、低能耗的方向发展,提高生产效率和产品技术含量,增强市场竞争力;同时,传统产业也可以进入相关创新型产业领域,发挥自身优势,实现企业价值链转型升级,完成从传统产业向创新型产业的飞跃。传统产业要加快实现产业转型升级,产业结构不断优化(刘志彪等,2010)。

其次,在产业结构上,要求现代生产者服务业的发展与完善(刘志彪等,2010)。生产者服务业与制造业相辅相成,创新型经济的发展需要高水平的生产者服务业的支撑,创新型经济所内含的技术、知识和人力资本,很大程度上来源于现代生产者服务业对创新型产业的中间投入。创新型企业融资、科技成果转化、创新型产品推广,都需要现代生产者服务业的支持。生产者服务业的发展,能够有效降低创新型经济的发展成本,提高创新型要素投入的品质,实现创新型经济的快速高效发展。从发展现代生产者服务业的高度来推进创新型产业的快速发展,是在知识经济和全球化条件下的必然选择。

第三,在产业形态上,创新型产业应高度专业化,呈集群式发展(洪银兴,2011)。专业化既是产业集群形成和发展的基本原因,也是产业集群的竞争优势所在。创新型产业技术密集度高,创新频率较快,通过上下游企业的密切交流、专业化分工,能够促进产业链条各个环节的创新,增强对不确定的外部环境变化的应对能力。而产业集群则使企业共享基础设施、劳动力市场乃至营销渠道和集群地的产业知名度,从而减少分散布局导致的额外投资,并降低运输成本、交易成本与学习成本,实现规模经济与速度经济。

对创新型经济而言:一方面,产业集群能够为企业提供一种良好的创新氛围。企业显性或潜在的竞争压力迫使企业不断进行技术创新和组织管理创新,而集群内由于空间接近性和共同的产业文化背景,技术扩散效应放大,一家企业的知识创新很容易外溢到区内的其他企业,从而提升整个集群的创新能力。另一方面,产业集群可以降低企业创新的成本。由于地理位置接近,企业之间可以低成本或无成本地频繁交流,同时集群良好的基础设施,也有效降低了企业进行新产品开发和技术创新的成本。

第四,在创新链条上,实现知识创新—技术创新—产业创新的有效转化和互动反馈。长期以来,在基础研究方面,中国大部分的研究成果在发表论文、评奖、评职称以后就被锁进了抽屉,被转化为现实生产力的研究成果的比例微乎其微(朱旭东,2012);知识产权的商业化在取得相当进展的同时,还存在系统性的障碍。在创新经济时代,知识创新、技术创新和产业创新必须实现有效转化,科技转化为生产力的速度成为竞争力的重要指标,对发展高科技的创新机制的关注点也由关注技术进步本身,转向关注技术进步的源头及科学技术的成果转化。因此,需要提高大学、科研机构与产业部门的合作水平。企业直接从大学等科研机构获取最新科研成果并进行产业化,有助于消除在一些高科技产业领域的国际差距。通过推进产学研结合,建立知识创造和知识转化的上中下游联系,一方面可以解决大学等研究机构的商业化价值实现问题,另一方面也能解决企业对创新型科技研究进行投资的风险性问题,从而有助于实现创新型经济的快速发展(刘志彪等,2010)。

第五,发展创新型经济,制度创新是重要保障。创新型经济需要政府提供利于创新的法律制度,其中最为重要的是严格的知识产权保护制度,使国民对知识产权属性产生认同。在美国位于前500名的公司中,所拥有的资产形态,超过80%的部分是无形资产,知识产权致富已深入美国的国民意识,这对美国的创新行为产生了很强的正向激励(朱旭东,2012)。缺乏知识产权的保护,无法使创新者得到足额的创新收益,长此以往将不利于创新型经济的发展。

最后,创新型经济的关键在于创新型人才。创新型人才是发展创新型经济的强大动力,因此需要有集聚创新型人才的制度安排和载体。特别要关注产业高地—人才高地—创新高地的相关性,产业高地吸引高端人才,高端人才建立产业高地。创新型经济与过去其他类型经济的区别在于发达地区和不发达地区几乎都在同一个起跑线上,胜出的关键是能否吸引到高端创新人才。因此,各个地区要重视对海外高端人才及其研发团队的引进,为之提供创业、研发的基础设施和良好的生活环境。

在一般人眼中,"创新"与"发明"是两个很相近的概念。然而,在创新经济学的视域中,它们却有着完全不同的含义。"发明"是指首次提出一种新产品或新工艺的想法;"创新"则是指首次尝试将这个想法付诸实施(詹·法格博格,2009)。毫无疑问,"提出想法"和"实施想法"之间存在巨大的鸿沟。因此,发明可以诞生在许多场合——大学、公共研究机构,乃至私人家中,但一般来说,创新总是发生在企业里。基于此,对创新型企业的研究,就是创新经济学的一项重要课题。

(二)创新型经济的政策

首先,最为重要的是对创新环境的培养与引领。美国前总统布什于2006年2月2日正式签署《美国竞争力计划——在创新中领导世界》(赵中建,2007),承诺要在创造力上引领世界,与创新和竞争力相关的文件一次又一次地向国民释放出唯有"创新"才能制胜的理念;美国总统每周演讲时经常提及"创新",促进国民创新意识的培育。

其次,适时出台有针对性的创新政策,构建由政府引领的战略合作创新系统——国家创新体系,实施精准的促进创新的产业政策。创新成果具有公共产品特征,容易导致市场失灵,需要国家政策调节。科学政策、技术政策和创新政策的内容和侧重点是不同的,这就需要政府在实施创新政策之前对经济运行有充分的调研。而现在技术领先国家实施的多为创新政策(Lundvall等,2009),具体见图3-1。

具体而言,当经济体有了一定的基础时,要将科学和研究训练的发展放在特别优先的位置(金麟洙、尼尔森,2011),应重视大学和研究实验室的建设。因为科学发现和知识创新处在科技创新路线图的上游(洪银兴,2011),决定了下游技术创新的质量。在技术政策方面,政府可通过公共采购、对战略性产业的公共支持、建立机构间的联系(研究与产业之间)、设立标准、技术预测和对产业部门进行基准测试等手段实现对产业技术知识的进步和商业化的支持。此外,政府还应从改进获取信息的渠道、进行环境管制、设立竞争规制以及改进区域发展的社会资本(集群和工业区)等方面提高经济中创新的绩效(詹·法格博格等,2009)。

基于工业化过程中"固有"的壁垒,如学习的外部性、规模报酬递增导致的市场规模的外部性,需要政府的积极引导(罗德里克,2009)。目标是以科学的产业技术政策(张春霖等,2009)与自主创新发展战略、企业技术能力的高度化为手段,构建一揽子完整的基于能力提升的自主创新宏微观政策体系,推动从"中国制造"到"中国创造"这一自主创新的路径升级。设计出的产业政策框架,必须能最大化产业政策对自主创新能力的促进作用,同时最小化它可能产生的浪费以及寻租等各种风险。难点在于给出具体操作的思路时,又要避免落入给出极其细微的做法及推荐适合所有制度的、千篇一律战略的陷阱中(安同良等,2012)。

```
科学政策
重点：产生科学知识
手段：
• 以竞争的方式批准公共研究资金
• 公共(半公共)的研究机构
  （比如：实验室、大学、研究中心……）
• 对企业的税务激励
• 高等教育
• 知识产权

技术政策
重点：产业技术知识的进步和商业化
手段：
• 公共采购
• 对战略性产业的公共支持
• 建立机构之间的联系(研究与产业界之间)
• 劳动力培训和提高技能
• 设立标准
• 技术预测
• 对产业部门进行基准测试

创新政策
重点：经济中创新的总体绩效
手段：
• 改进个人技能和学习能力(通过普通教育和劳动培训)
• 改进组织绩效和学习(比如 ISO9000 标准、质量监控等)
• 改进获取信息的渠道：信息社会
• 环境管制
• 生物伦理规制
• 企业法
• 竞争规则
• 消费者保护
• 改进区域发展的社会资本：集群和工业区
• 智能基准测试
• 智能、灵活性和民主性预测
```

图 3-1 科学、技术、创新政策之间的关系

第三，建立科学技术和创新政策实施的效果评估系统。虽然创新政策可以借鉴，但由于不同国家的制度、社会基础、创新资源存在差异以及经济环境在不断地变化，政府的适宜政策一般要"试错"才能获得。因此，建立良好的创新政策评估系统，记录、分析和评价在不同条件下不同政策实施的效果，将对创新资源的利用和新政策的制定大有裨益。

(三) 创新经济的 8"I"模式

罗伯特·D. 阿特金森等(2012)在《创新经济学》中提出了 8"I"创新政策。阿特金森为美国信息技术与创新基金会的创始人及主席,奥巴马政府任命他为国家创新和竞争力战略咨询委员会顾问。在《创新经济学》中,作者认为美国已经失去了在创新竞赛中的领导地位,而众多美国政治精英尚未认识到美国面临的竞争与问题,美国应从其他国家吸取教训,实行严格的产业振兴政策。要想在基于创新的竞争中取胜,作者提出了 8 个以"I"开头的创新政策:抱负(inspiration)、目标(intention)、自知力(insight)、激励(incentive)、投资(investment)、制度创新(institutional innovation)、信息技术化(information technology transformation)和国际创新体系(international framework for innovation)。

第一个"I"是抱负(inspiration)。树立宏伟目标,通过设定创新目标克服美国政府现有的短视、党派不和以及对创新的矛盾心理。

第二个"I"为目标(intention),强调了将基于创新的竞争力作为国家重心。作者在书中指出,面对来自创新和竞争的经济安全挑战,美国精英并没有表现出应有的强硬和团结,而是长期沉迷于华盛顿共识的错误观念中。然而,美国面临的经济环境发生了巨变,应建立新的华盛顿共识,包括实施更加积极的财税政策,保护美国在国际上的经济利益以及进行创新激励等。

第三个"I"为自知力(insight),提高对于国家创新表现的认识。作者指出美国对自身能力和挑战不自知,批判了国家统计体系对于创新、生产力和竞争力的不透明与局限性。为建立国家创新和竞争战略,首先要致力于对贸易部门竞争性核心因素的分析;其次,联邦政府应该开始实施更多的增强高附加值部门竞争性的战略。

第四个"I"为激励(incentive),鼓励美国本土的创新、生产和就业。针对美国投资外流现象,作者指出奥巴马政府高法定税率限制对外投资的同时,伤害了美国公司的国际竞争力,税制自由受到挟制。为激励创新投资,美国需要:① 将 R&D、员工培训和设备投资减免税扩大并固定下来;② 成立单独的创新与投资税机构。

—第三章 创新型经济的文献与国际经验—

第五个"I"为投资（investment），增加创新与生产的公共基金，强调美国需要提供更多对于研发、商品化、技术、教育和培训的支持，并且要将基金更多地用于以支持工业创新为目标的项目；同时帮助同一产业中的企业实现联合研发以帮助整个产业的发展，建立国家—联邦创新体系，以及国家创新基金。此外，应对能源创新重点关注，用增加清洁能源 R&D 的方式激发能源创新革命。

第六个"I"为制度创新（institutional innovation），做新事情用新方法。适应性效率是增长和竞争力的关键，组织创新与技术创新同等重要。为促进组织创新，可使用一些普遍适用的政策手段：为激励创新的组织提供现金奖励，建立更具有竞争性的市场环境，要求厂商提供公开信息，政府直接建立新机构，增加创新专项基金，建立专门的创新保护部门，将基金与绩效而非过程挂钩。

第七个"I"为信息技术化（information technology transformation）。经济的成功取决于数字传输加快以及信息技术在经济各部门的应用，国家需要建立"数字化平台"。作者列举了宽带、4G 无线网络、卫生信息技术、智能交通系统、智能电网和非接触手机支付系统等六个关键数字化平台，认为联邦政府应该承担起建立平台的义务。这些平台的构建离不开政府的支持，事实上，一些国家走在世界前列，正是由于政府与私人部门的巧妙合作，美国也应如此。

第八个"I"为国际创新体系（international framework for innovation）。他再次呼吁美国政府在国际贸易中采取强硬政策，坚定地与创新重商主义（特别但不仅仅是与中国）作斗争，维护贸易规则。具体来讲，美国应该实行美元贬值，对以扩大出口尤其是高附加值、基于创新的部门为目的的国家和组织施加压力，以及抑制美国经济利益被国际化。面对世界的威胁，美国应该向出口商提供更多的出口财政补贴，吸引高技术人才移民美国。

8"I"创新政策完全围绕美国自身的利益要求，以一种警醒的态度，以中国为假想敌，涵盖了创新目标、思想认识到具体的财税政策等创新政策。既有对于现状的分析认识，也提出了具体可行的创新策略。这种防微杜渐的危机意识以及全面科学的政策思考，对于理论研究和创新战略的制定，都极具借鉴意义。

(四) 创新型企业

创新型经济的基础是创新型企业,或者说企业成为创新型企业是形成创新型经济的基础。

熊彼特认为,企业内部对各种资源的分配与整合,很大程度上依赖于企业家的个人能力。他将企业家分配与整合资源的活动称为"企业家职能"。熊彼特认为:在创新实践中,"企业家职能"具有核心重要性(Schumpeter,1934)。熊彼特甚至把创新定义为企业家"意志的体现"。由于过度重视企业家个人的作用,在早期,企业创新理论一度重点关注了"富不过三代"这个问题(Marshall,1961)。也就是说,在家族遗传型的企业中,企业的创新能力将随着第一代企业家的离去而逐渐消退,最终导致企业的衰落。当然,之后的经济史表明,职业经理人制度成功地解决了这个问题。被钱德勒等人称为"管理革命"的变化,其核心就是企业所有权与经营权的分离(Chandler,1990;Chandler 等,1997)。

上世纪 80 年代以来,许多学者从资源的视角研究创新,他们认为,创新型企业拥有某些特定的珍贵资源(比如某些特定人才等),这是其他竞争者难以获得或仿制的。然而,这些理论无法回答:为什么只有特定的企业才能拥有这些资源?这些企业又是怎样获得这些资源的?为此,纳尔逊和温特提出了以组织能力为基础的新理论。该理论认为:创新型企业的持续发展是以组织的能力为基础,以隐性知识为特征,并且根植于组织的日常活动中。"企业之间持久且不易效仿的区别并非来源于各自所掌握的特殊技术的差别,而是来源于组织上的差异"(Nelson 和 Winter,1982)。基于组织的视角,一些学者把企业创新的能力以及从创新中获利的能力,界定为"企业整合建立以及重塑内外部竞争力以适应不断迅速变化的环境的能力"(詹·法格博格,2009)。

基于组织认知与学习理论,创新型企业可被视为一个智力型的、创造型的、具有高效学习能力的、能够创造新知识的组织。一些学者把组织中的创新行为视为"将解决问题的新理念引入实际应用的过程"(Kanter,1983;Amabile,1988),亦有学者认为组织创新行为是一种"非常规的、不连续的、重大的组织变革行为,这体现了与该组织目前的业务概念不一致的新观念"(Mezias 和 Glynn,1993)。

近些年,一些学者对学习与创新型组织进行了分类,并提出了两种基本模式,分别是"J 型"(Aoki,1988)与"团队式结构"(Mintzberg,1979)。前一种类型的企业擅长累积性学习,其创新能力主要来自对组织特定的集体能力和解决问题规程的不断开发。这类企业的典型大多是日本式企业。后一种类型的企业则依赖于团体中的项目团队,这些团队是以市场为基础灵活设置的,能够对知识与技能的变化做出灵活反应。项目团队因项目而设置,其成员往往来自企业中的不同部门。在"团队式结构"的企业组织中,员工的职业生涯通常由一系列不连续的项目连接起来。"团队式结构"的代表企业是硅谷中的高科技企业。

在现实世界中,创新型企业往往拥有一套行之有效的体系及企业特质,以此鼓励员工的创新行为。英国弗里曼(1982)列举了创新型企业的十大特征:① 企业内部研究与开发能力相当强;② 从事基础研究或相近的研究;③ 利用专利保护自己,与竞争对手讨价还价;④ 企业规模足够大,能长期高额资助 R&D(研究与开发);⑤ 研制周期比竞争对手短;⑥ 愿意冒风险;⑦ 较早且富于想象地确定一个潜在市场;⑧ 关注潜在市场,努力培养、帮助用户;⑨ 有着高效的协调研究与开发、生产、销售的企业家精神;⑩ 与客户和科学界保持密切联系。建设以企业为主体、市场为导向、产学研相结合的技术创新体系,其关键是培育大批创新型企业。

除此之外,戴尔等(2013)从创新型企业体系中提炼出一套基本宗旨:① 创新是每个人的职责,而非研发部门的职责;② 破坏性创新是公司创新业务的一部分;③ 调遣许多组织得当的创新项目小分队;④ 巧妙冒险。

当然,对企业组织的关注,并不意味着研究者不再关注企业家个人。近期的创新经济学理论把企业家(及其他高管)视为企业中的"战略控制者"。他们必须能够识别企业现有技能基础的竞争优劣势,并且,当面临竞争者的挑战时,能够了解怎样改进原有的技能基础。此外,战略控制者还必须能够动用相应的资金来维持对技能基础的投资。技能总是与特定的人才结合在一起,面对企业内部的科层制分工,负责战略控制的人还必须确定雇员如何在不同的科层之间流动(詹·法格博格,2009)。

创新型企业的另一条研究线索与经济史密切相关。一些学者研究了创新企业的发展史。在19世纪末,英国成为世界工业中心,涌现出大批创新型企业。研究表明,当时,熟练的蓝领技术工人是创新的主要来源,在企业内部,技术工人做了无数决策以改进产品和工艺。此外,"英国工业区"的出现极大地推动了创新型企业的发展。在工业区内,企业分布的集中促成了垂直专业化分工,这反过来又推动了企业往专业化方向发展,并导致了激烈的横向竞争,促进了企业对其产品或工艺进行改进。一些学者认为,从某种意义上说,在19世纪末,创新主体是整体的工业区,而非其中的单个企业(詹·法格博格,2009)。

到了20世纪上半叶,美国成为世界工业领袖,职业经理人制度的建立、所有权与经营权的分离,解决了创新型企业的继承问题。之后,在20世纪七八十年代,日本企业迅猛发展,一度对美国的经理制企业构成严重挑战。然而很快,90年代,以硅谷为代表的新经济兴起,美国重执世界经济牛耳。有研究者指出:"激烈的,而且常常是非正式的、超出企业边界的学习网络造就了硅谷的成功(Annalee Saxenian,1994)。"此外,硅谷的成功尤其得益于风险投资的蓬勃发展。风险资本不仅为许多初创企业提供融资支持,而且帮助其招募职业经理人。对于由风险投资支撑的企业来说,面对企业规模的迅速成长,关键就在于对不断壮大的技术与管理人才队伍进行组织整合。硅谷的新经济企业,普遍采取了优先认股权的形式,以此取代现金激励,吸引并留住人才。

从实际创新的流程看,有学者把创新分为三个互有交叉的阶段,分别是:科学与技术知识的生产;将知识转化为产品;回应并影响市场需求。在创新的不同阶段,企业承担并扮演着不同的角色(詹·法格博格,2009)。

就第一阶段而言,大企业中的R&D实验室,以及大量的从事专业化产品生产的中小企业,与大学等公共研究机构一道,构成了知识生产的源泉。目前的趋势是:私有知识由企业发展和应用,公共知识由大学等研究机构生产并加以扩散。

大企业中的R&D实验室,是20世纪最主要的创新源泉之一。R&D实验室一方面产生了大量实用性的技术知识,另一方面,这类机构是相关领域的"前沿监视器",帮助企业从外部学习与获取知识。一般的理论认为:R&D活动及其成果,具有高度的资产专用性,必须整合入大企业内部,而不能以合同的形式外包出去(詹·法格博格,2009)。然而近期的一些实践表明,合作研发、开放式创新已成为企业创新的主流范式(亨利·切萨布鲁夫等,2006)。

对许多中小企业来说,无需专门的 R&D 中心,生产过程本身推动着工艺创新。这主要表现在生产过程中的"技术融合与垂直分离"。

就第二阶段而言,对创新型企业来说,一个主要的难点在于复杂产品的创新往往涉及大量(而非单一)的新技术,企业在设计这类产品时,要把握所有相关技术领域内的进步是十分困难的。为了应对这种困境,目前的策略是采取"模块化生产方式",将零部件和界面进行标准化,从而分离了相关部件之间的相互依存性,可以在满足产品总体架构的情况下,将零部件或子系统的设计与生产外包出去。此外,在模块化生产方式下,凭借标准化的界面,各类模块之间,可以快速插合或分离并重组,从而为快速搭建新产品提供了便利。

至于第三阶段,这在很大程度上是一个匹配的问题(Mowery 和 Rosenberg,1979)。不仅包括创新产品必须匹配市场需求,而且包括企业组织、售后服务与市场需求的匹配。这要求创新型企业:① 与潜在顾客保持联系;② 与知识或技能的外部来源保持联系;③ 企业组织的集权程度要与技术和市场试验的成本协调一致。在这一阶段,由于涉及技术、市场、内部管理等不同的领域,那些能够跨越组织障碍、学科障碍和职业障碍进行沟通的人是无价之宝。

在全球化的背景下,创新行为也呈现出全球化的趋势。创新全球化主要包括:国内创新的国际拓展(如出口创新产品,跨国转让专利许可等);跨国界创新(如跨国公司在东道国设立 R&D 实验室等);全球科技合作(如大学间的联合科技项目等)。在创新全球化的浪潮中,跨国企业发挥着不可替代的作用。跨国企业通过 FDI 等机制,促进跨国知识流动,并影响跨国界创新的发展与扩散。在这方面,一些研究者重点关注了企业进行跨国界创新的动机,主要有两方面:① 改善企业现有使用资产的方式;② 战略资产扩大活动。前者指的是跨国公司充分利用东道国的本地化条件,拓展其技术资产的用途。比如,基于东道国当地的资源条件、市场需求等因素,对产品或生产工艺进行改进。此时,基础性的 R&D 活动等战略决策依然保持在母国。后者主要是指跨国公司直接在东道国建立全新的技术资产(比如设立 R&D 实验室等)(Kuemmerle,1996)。

创新型企业未必仅仅集中于高技术产业,在广大中低技术产业中,同样可能涌现出创新型企业。与高技术企业相比,中低技术企业的创新行为有着不同的驱动力。主要有以下几个方面:① 需求差异,包括迎合消费者的新趣味,改进产品质量等;② 利用新技术改进老产品。这是指某些新技术可能溢出它所在的原始行业,并为其他老行业所利用。

二、创新型国家

(一) 创新型国家的概念、内涵及特征

从国家发展战略来看,国家可以分为三类:一是资源型国家,主要依靠自身丰富的自然资源增加国民财富,如中东产油国家;二是依附型国家,主要依附于发达国家的资本、市场和技术,如一些拉美国家;三是创新型国家,把科技创新作为基本战略,大幅度提高自主创新能力,形成日益强大的竞争优势,国际学术界把这一类国家称之为创新型国家。创新型国家的核心是自主创新能力。当前,公认的创新型国家主要有美国、芬兰、丹麦、日本、德国、英国、瑞典、瑞士、加拿大、荷兰、新加坡、法国、奥地利、以色列、比利时、澳大利亚、冰岛、挪威、爱尔兰、意大利等 20 个国家。上述这些创新型国家都是创新能力较强的发达国家,也都是创新绩效较高的国家。

创新型国家的内涵、外延与创新能力强国是不同的,与创新能力强国概念相比,创新型国家概念的内涵更丰富,外延更宽。宋河发等(2010)认为,创新型国家是指自主创新能力强,并以创新驱动经济和社会发展的国家。创新型国家不仅要求创新能力强,创新效率高,而且要求具有支持创新的良

好经济社会环境和完善的国家创新体系,创新能够支撑经济社会发展的需要。

罗吉、王代敬将创新型国家分为三类:"一类是以美国为代表,在强大而坚实的基础研究之上构建完善且和谐的国家创新系统,以支撑持续的技术创新与经济发展的创新型国家;一类是以欧盟国家为代表的通过成员国之间的科技合作、联合创新,从而跨入创新型国家行列的国家;一类是以日本为代表的强调引进、吸收、消化再创新,奉行'技术引进—技术改进—技术普及'路径的创新型国家。"贾根良、王晓蓉认为:创新型国家获得成功的共同经验包括创造经济发展的新路径,保护新知识,组织创新以及国家发挥重要作用。根据文献的总结得出创新型国家主要有如下六个基本特征。

(1) 研发投入能力强。国家在研究开发活动中投入的经费和人力规模较大,强度较高,并且在科学研究及高技术产业领域的产出均处于世界领先水平。R&D 资金投入占 GDP 的比重都在 2% 以上。以 2007 年为例,日本和美国的 R&D 投入分别占其 GDP 的 3.44% 和 2.68%,瑞典和芬兰也都超过了 3%。根据世界银行统计,在全球 R&D 投入中,美国、欧盟、日本等发达国家份额占 86%。

(2) 创新产出能力强。创新产出能力主要表现在科技论文、发明专利和高技术产业产出三个方面。具体表现在:三大检索机构收录的本国科技论文数居世界前列,本国科技论文影响因子较高;人均居民发明专利申请量较多;高技术产业创新能力较强。世界公认的 20 个创新型国家拥有的发明专利总数占全世界的 99%,而仅占全球 15% 的人口的富国却拥有世界上几乎所有的技术创新成果,科学成果在世界级科技出版物中占的比例高达 87%。

(3) 科技进步贡献率高。科技创新作为促进国家发展的主导战略,其对经济社会发展支撑力强,技术自给率较高,对外部技术的依赖性较小,科技进步对经济发展的贡献率较大,一般在 70% 左右。

(4) 自主创新能力强。自主创新能力代表了一国的创新能力。国家创新能力用来衡量一个国家长期促进新技术产业能力的高低。国家创新能力不仅对一个国家产业竞争力尤其是高技术产品的国际市场份额产生直接影响,而且还决定着一个国家未来的经济发展潜力(Furman 等,2002)。研究表明,目前的创新型国家,对引进技术的依存度均在30%以下。

(5) 具有支持创新的基础设施和社会文化。具体体现为:教育比较发达,教育投入占GDP比例较高,互联网渗透率代表的信息技术发展水平较高,知识产权保护比较充分,社会文化支持创新,企业在与政府官员和其他企业打交道时不符合法律规定的行为较少,企业较容易得到风险资本投资。

(6) 国家创新体系完善。国家创新体系比较完善是指,能把各种资源有效整合起来,具有支持创新的科技管理体制;政府财政科技汲取能力较强;大学和科研院所的原始创新能力较强;企业是技术创新的主体,企业研究开发经费在全部研究开发投入中的比例较高。

(二) 国家创新理论研究

国家的创新活动是影响一国创新的开发、扩散和使用的因素。Edquist在早期学者分析的基础上,结合自己关于国家创新过程和它们决定因素的知识,以一国创新过程的知识输入为开始,到需求方要素、国家创新系统要素的提供,以对国内创新企业的支持服务为结束,总结如下:① 主要负责工程、医药和自然科学领域的研究与开发(R&D),创造新知识。② 培养在创新和R&D活动中使用的劳动力的竞争力(提供教育和培训、人力资本创造、生产和再生产的技能、个人学习)。③ 确定新产品市场的形式。④ 明确关于新产品来自需求方质量要求的清晰度。⑤ 组织的创造和变化需要的创新领域开发。⑥ 创新过程涉及(潜在地)不同组织之间通过市场和其他机制网络相互学习。⑦ 制度的创造和变化。例如环境和安全规则、R&D投资程序等,通过提供创新的激励或障碍影响创新组织和创新过程。⑧ 孵化活动,例如为创新努力提供基础设施,管理支持等。⑨ 创新过程和其他活动的财政支持,以方便知识的商业化和采用。⑩ 为创新过程提供相关的咨询服务。例如,技术转移、商业化信息和合法的建议。以上活动并非一成不变,将随着我们关于一国内部创新过程决定因素的知识增加而被修改。此外,创新活动集合可能在大多数国家创新体系中是重要的,但是不可避免地存在一些活动在某些国家创新体系中是很重要的,而在其他国家创新体系中重要性略低。

以英国的弗里曼等为代表的技术创新经济学者,提出了政府的科学技术政策对技术创新起重要作用的理论。弗里曼在将技术创新看作经济增长的主要动力的同时,更强调技术创新对劳工就业的影响,强调科学技术政策对技术创新的刺激作用,为政府提出了相关的科学技术政策,用以刺激技术创新、扩大劳工就业。弗里曼的技术创新政策体系,为国家创新理论的提出奠定了理论基础。美国经济学家兰斯·戴维斯和道格拉斯·诺斯继承了熊彼特关于制度创新对经济发展的作用的观点和方法,运用"制度创新"来解释美国等国的经济增长。他们认为:所谓"制度创新"是指经济的组织形式或经营管理方式的革新。例如股份公司、工会制度、社会保险制度、国有企业建立等,都属于"制度创新"。这种组织和管理上的革新是历史上制度变革的原因,也是现代经济增长的原因。这从另一方面为国家创新理论的产生奠定了基础。

国家创新理论的主体由三个理论演化而成(Jeffrey L. Furman,Michael E. Porter,Scott Stern,2002),包括技术驱动的内生增长理论(Romer,1990),基于国家产业竞争优势理论基础上的集群理论(Porter,1990)和国家创新系统理论(Freeman,1987;Nelson,1992;Lundvall,1993)。

以罗默、卢卡斯等为代表的内生增长理论,将知识作为一个独立的要素引入增长模型,并认为知识的积累是一国经济增长的重要因素(OECD,1997)。技术创新和技术进步作为一国经济增长的内在动力和源泉取决于R&D活动的投入及知识存量的有效利用。而开发和应用新技术的能力取决于一个国家人力资本的平均水平(Lucas,1988)。内生增长理论表现在以知识创新、技术进步、人力资本等高附加值要素为核心的创新要素为后续创新型国家的研究奠定了基础。迈克尔·波特(1990)认为国家的竞争力在于其产业创新与升级的能力,从而将技术进步和创新意义拓展到国家宏观层面。波特理论强调国家产业集群创新的环境基础(包括需求与供应、支撑体系和地区竞争强度等),并建立了钻石理论模型(diamonds theory model)(见图3-2)。

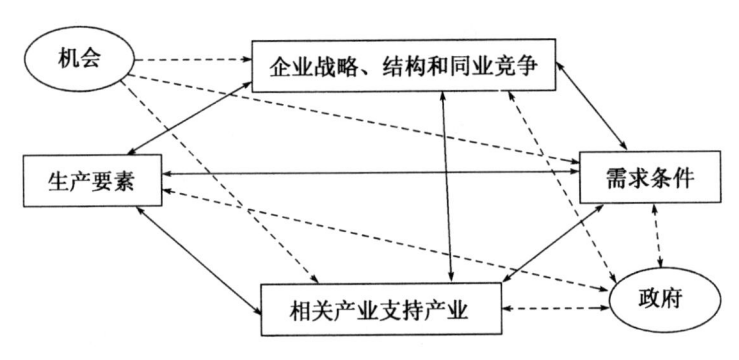

图 3-2 完整的钻石体系

Caroline Lanciano-Morandat，Rric Verdier(2010)总结出四种公约模式："科学共和国"、"国家作为企业家"、"国家作为协调者"、"国家作为推动者"（关于技术项目）。其特征分别如表3-1所示。

表 3-1 考虑 R&D 和创新政策制定的公约模式的特征

相关程度	科学共和国	国家作为企业家	国家作为协调者	国家作为推动者
最主要的原则：研究道德准则	科学的进步	国家服务和国家利益	市场：股东价值	方案：技术创造
国家规则的层次	纪律（当地机构）	国家的	区域集成（"欧洲"）	多层次
私人—公众关系的管理	学术机构独立	被中心国家控制：部门或机构	企业化的大学和公司的共同决定	负责协调科技的代表
组织的构建	学术界（机构）	大项目（等级管理和组织）	合约（个人或组织之间的协商）	关系网络（在关系网中的相互作用和联盟）
协调者的种类	著名的科学人物	管理和政治上的精英	科学家在私人和公共范围的个人流动性	作为大学和公司中介的行动者的多样性
核心能力	多学科的知识	精英卓越	个人多样性的运用	跨学科的合作能力
激励机制	同伴评价（公开和优先标准）	科学和产业发展之上的力量	产权、专利和分红制	工资增长和优先认股权

(续表)

相关程度	科学共和国	国家作为企业家	国家作为协调者	国家作为推动者
融资机制	公众拨款和私人费用	公众补助和政府规定	高等教育和公司的共同贡献	资源和融资层次的多样性
劳动力机制	职业性的劳动力市场	公众和私人内部市场	外部的劳动力市场	为关系网络所特有的劳动力市场

(1)"科学共和国"以"开发编码知识"为目标(Merton，1973)，突出了科学在社会中的积极作用。它把科学机构和管理机构进行了严格的区分。在这个模式中，公共干预及其优先权必须在科学机构的准则框架之内，政府得确保那些"共有"资源对社会是开放的。"优先权模式"指奖励首创，授予首创者商品"道德上的所有权"，是一种能产生原始知识的激励。更一般地说，在"共和国"保护下，创新能力是超出学术界的。工程师的培训要基于一个具体的学术化准则，而这些学术化准则是劳动力市场基础。通过劳动力市场的方式贯穿个人职业生涯非常重要，在这个劳动力市场中，专业的社会团体确保了技术的可靠性和标准化。

(2)"国家作为企业家"构成一个"以任务为导向"的公共政策(Ergas，1992)，且与彻底地革新项目相关。这些项目的目标是追求国家利益，它的主要特征是：决策的集中化，在国家或联邦政府监管下创立一个拥有放大的自由处置权，负责活动协调的特殊政府机构。科学—创新的关系基于一个类似于"Colbertist"的模型而明确建立起来(Barre 和 Papon，1988)。

此模式突出了这样一个事实，即一个"从上到下"的创新模型，"适用于在大型公共框架下复杂的技术品"(Barre 和 Papon，1988)。这个公约被证实对于公共部门市场中高技术含量的物品尤其有效(如航空学、空间、军事、核武器、电信等)。

它的组织是基于"大技术项目"模型，包括一个公共机构、一个研究机构和一个被一系列分包商支持的大产业团体(或几个特许的经营者)。项目的目标、参与其中的行动者、经营和安排事先被严格定义。作为国家引导现代化方法的一部分，这个"个体"和"管理"概念在很大程度上是基于以下两者的协调,即清晰界定的专家和学术精英(比如领先的研究性大学的毕业生,即法语"Grandes Ecoles")和应用型研究实验室,而这些实验室是为了更好地执行政府政策,它类似于"外部的国家"公约。Stoper 和 Salais(1997)指出:"国家制定出一种方法去评估公共利益(它无可争议地被事先定义)的不同之处,并事先干预以尽可能地修正这些不同之处。每个人照惯例地遵守规则。"(Salais,1988)卓越精英是基于对最好的学校入学申请者的筛选,接近于典型的法语"Grands corp de l'Etat"。这些精英把技能和组织力很好地融合在一起,在政府管理和大公司沟通时是必不可少的,为的是运行大的技术项目。大的技术项目几乎都是在一个国家合约和公共市场的框架之下进行融资和管理,旨在推动国家产业科技进步,从而成为一国的竞争优势。

(3)"国家作为协调者"推动了科学结论转移到私人部门。它也确保了基本研究的目标是被"市场"和企业界的预期所激发或产生的。然而先前的公约(即国家作为企业家)被限制在一个国家的规模范畴内,因为多国技术动态与日俱增,此处扩展到超国家的范畴。公共研究的质量和它与私人部门的合作关系逐渐成为争论的关键。因此,此公约是为了确保公共研究资源的使用和市场动态之间保持有效平衡。此平衡意味着公共—私人关系的管理方式是公司和企业性质的大学伙伴关系,两者通过合伙人代表协商产生一个合约来共同遵守。作为一个协调者,国家不得不确保关系的平衡,甚至意味着必要时要动用政治权力以实现目标。

(4)"国家作为推动者"。在过去的十年,有关科学和创新经济的文献强调了在科学和技术发展中,不同的参与者相互作用的重要性。参与者包括:政府、高等教育或研究机构、有 R&D 能力的公司,以及涉足协调在不同"世界"间融资的组织。科学家、管理者和政府当局,被认为是"三股螺旋"(Etzkowitz 和 Leydesdorff,1997,2000)。这个知识共同生产的模型处于三个相互影响的制度性领域——大学和研究组织、产业、政府当局——交叉处。

该模型的目标是创造一个以大学或研究组织作为衍生品的公司,实现知识经济增长的三重首创:不同规模和技术水平的创新主体达成战略联盟,包括公共实验室、大学研究小组。通过建立超出传统制度范畴(公共—私人,学术—应用等)的 R&D 组织,在局部范围内创立科技产业园区(Porter,

1988),这些公共干预与微观、中观、宏观经济水平上的创新力相关。这个模型的动态化意味着在这三个领域中,其各自创新主体角色的转变,以及彼此关系的强化。

CLanciano-Morandat,EVerdier 分析了英国、德国和法国传统的创新公共政策的转变历程。实践证明,"国家作为企业家"和"科学共和国"的比重逐步缩小,"国家作为协调者"和"国家作为推动者"比重加大,由此制定的政策导致集中行动愈发多元化,且相比之前更少依赖于国家制度,而更多的是依靠协作网络或局部配置。在局部配置中多国公司开展的实践活动不能单纯地以一个全球化战略来解释。如果我们想继续提及"国家的体系",必须更多地把它当做一系列网络和配置的结果,而这些配置的连贯性仅仅部分源于国家机制的直接影响。

(三) 国家创新体系的组成及其相互关系

"国家创新系统"概念的提出,首先见于 Freeman Chris(1987)关于日本经济起飞的经验研究。它由企业、科研机构和高等院校组成,基本含义是由与知识创新和技术创新相关的机构和组织构成,包括公共和私有部门构成的组织和制度网络系统,其活动是为了创造、扩散和使用新的知识和技术,终极目的是推动企业的技术创新。他特别强调该系统的四个因素:政府政策的作用,企业及其研究开发的作用,教育和培训的作用以及产业结构的作用。继弗里曼提出国家创新系统理论后,伦德瓦尔(Lundvall)认为国家创新系统是一个在新知识价值创造的过程中,随着知识的生产、扩散和使用而根植于一国领域内的、相互作用的一系列要素和关系构成的集合体。伦德瓦尔将国家创新体系的研究置于国家生产体系的框架下,他认为"生产结构"和"制度"是界定创新系统的两个最重要的维度;伦德瓦尔的方法论侧重于从微观创新活动的角度来分析国家创新体系,"互动学习"、"用户—生产商互动"和"创新"是其研究的主要内容,研究考察了国家行为对"用户—生产商互动"的影响以及这种影响会如何左右一国的经济绩效,并由此发展出一种不同于新古典经济学的研究范式。

1993 年,美国经济学家纳尔逊(Nelson)在研究美国和日本等国家与地区资助技术创新的国家制度体系之后,特别是在发现知识经济初现端倪之后,进一步完善了国家创新体系的概念。他将企业、研究型大学和政府实验室等促进知识创造与扩散的组织视为创新的主要来源,并将企业、大学与国家科技政策之间的互动作为国家创新体系的核心,其研究的重点是知识的创造对国家创新体系的影响。在纳尔逊看来,每个国家都有其国家创新系统的结构;与此相适应,国家创新体系中不同主体所发挥的作用、所要解决的问题、资助国内企业的程度以及资助来源的属性也各不相同。这在一定程度上解释了国家间经济绩效差别的成因,另一方面则暗示各国政府需要努力寻找各自创新体系的特点与不足,优化创新资源的配置,协调国家的创新主体的互动来改善一国的经济,建设创新型国家。

他们三人对于国家创新体系的理解并不完全相同,因而在国家创新体系的实际研究中形成了创新型国家理论研究的三种不同学术视角,因而有着三种不同的学术传统,即以纳尔逊为代表的美国传统、以弗里曼为代表的英国传统和以伦德凡尔为代表的北欧传统。

一个更广泛的国家创新体系的概念包括"所有重要的经济、社会、政治、组织、制度和其他影响创新发展、传播和应用的因素"(Edquist,1997)。各个国家的创新过程不仅受体系构成要素的影响,而且受这些要素之间关系的影响,其所表现出的非线性特征,被视为创新系统方法最重要的特征,从而为创新型国家的研究提供了一个新的视角。

国内大部分学者将自主创新能力的提升作为建设创新型国家的核心问题进行深入的研究。陈劲(1994)认为对国外技术不能仅限于引进、吸收,他将在吸收、技术改进后继续对国外技术进行优化的行为称为自主技术创新。其后,柳卸林、傅家骥、周寄中等分别从自主知识产权归属、国内部门自身努力、原始创新等方面对自主创新进行了分析。洪银兴(2010)将自主创新全过程分为三个环节:上游环节,即知识创新环节;中游环节,即创新的知识孵化为新技术的环节;下游环节,即采用新技术的环节。其中,技术创新主要是在中下游环节的创新;知识创新主要是在上游环节即知识创造领域的创新,这是技术创新的源泉。吴贵生等(2006,2010)对自主创新的内涵进行深入分析后认为:自主创新是在创新主体主导下的创新,其中,自主是前提,创新是目的,获取核心技术和知识产权是关键,提高创新能力是核心。安同良等(2012)也倾向于用权属关系进行界定,认为自主创新是创新主体主导下的具有自主知识产权的创新。

建设创新型国家需要我们在一个国家创新体系的框架中进一步深入研究与分析。Edquist 和 Johnson(1997)提出组织和制度经常被认为是创新系统的主要要素。国家创新系统中重要的组织有:企业,大学,合资经营企业和负责创新政策、竞争政策或药品规则的公共代理。制度是管制个人、团体和组织之间的联系及相互作用的普通习惯、标准、程序、确定的惯例、规则或法律的集合(Edquist 和 Johnson,1997)。Fischer,Diez 和 Snickars(2001)的研究更加具象化,将国家创新体系总结归纳为四个组成部门:生产部门、科学研究部门、生产者服务供应商和公共机构部门,并研究了它们之间的交互关系(如图 3-3)。其中生产部门包括生产企业和研发实验室,是国家创新

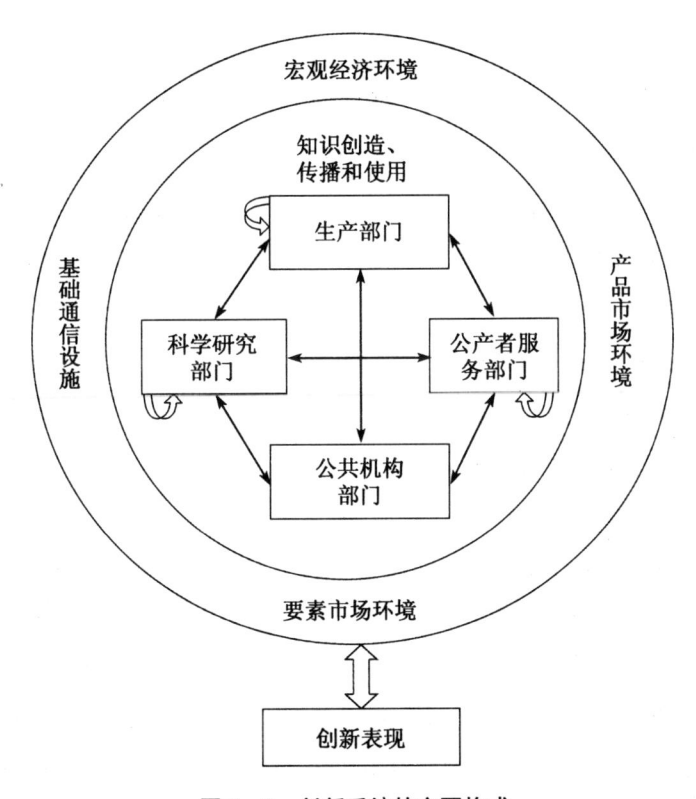

图 3-3 创新系统的主要构成

体系的核心参与者。科学研究部门包括了教育和培训组织、大学及其他研究组织。生产者服务供应商（创新支持单位）为行业内的企业提供帮助或支持，如经济援助、技术建议或专家顾问、实体支持（装备、软件、计算机设备）、与新技术或新工艺有关的营销或培训等。公共机构部门协调系统参与者之间的关系、提高它们的创新能力、处理冲突与合作。图3-3中显示了这些组成部分之间的内部关系。系统之间差异的第一个来源可以归结为宏观经济环境、信息和通信基础设施的质量以及要素市场环境和产品市场环境之间的差异。国家层面的创新特别取决于依赖制度的公司个体以及其他组织的特征和能力，但是它更核心的是受到公司个体以及组织之间的不同关系（它们之间以及制度之间的交互方式）的影响。部门内部和部门之间的关联可以用知识和信息流动、投资资金流动、权威人士流动以及劳动流动（科学家、技师、工程师和其他熟练工人）的方式来说明，这是隐形知识转移的重要机制。Fischer，Diez，Snickars（2001）主张对于特定的案例运用网络分析确认4个构成部分的中心参与者，以及确认信息的类型和交流知识。

Fischer，Diez 和 Snickars 认为公共部门的结构变化是一个难题，经济的交互模式是由不同类型的标准、惯例和既定的准则组成的，其对公司和其他组织内部，以及它们之间的知识创造和学习有着非常重要的影响。对于组织间的协调有很多方式，每种方式都涉及不同种类的行为。一般可以分为市场协调和非市场协调，市场协调取决于市场制度的种类；而非市场协调则利用了范围更广的制度安排。Edquist 和 Johnson（1997）区分了制度安排和非制度安排。制度安排包括雇员协会，法律和规章的框架；非制度安排包括准则、惯例和标准的主要规定，这些准则、惯例和标准规定了行为的角色，形成预期。相关安排都要根据具体的实证而定。

尽管创新体系一般都认为企业及公共部门是其主要组成部分，但不同的创新系统间存在较大的差异，尤其是考虑到产出的专业化、R&D 来源等问题。国家创新系统研究主要是以发达国家和地区为背景和原型，与发展中国家的现实差距较大，于是，Edquist（2001）在国家创新系统（SI）的基础上，提出了"发展型创新系统"（system of innovation for development，SID）的概念，即专门适用于发展中国家现状和问题特点的国家创新系统，并总结了"发展型创新系统"与国家创新系统的四个关键性区别:对于产品结构的影响,产品创新比工艺创新更重要;渐进性创新比根本性创新更容易获得成果;对扩散技术的吸收比进行原始性创新更重要;在中低技术领域的创新比高技术领域的创新更易取得突破。发展型创新系统更加强调公共创新政策在发展中国家中的作用。发展中国家市场不完全,市场失灵现象较发达国家更加严重;知识水平低,教育与培训对于知识经济发展的作用也更大;经济水平低,缺乏自我更新升级的物质基础及动力,因此,政府应该制定合理的政策解决现存的经济与社会问题,为产出结构升级提供机会和动力,为创新发展提供条件。发展型创新系统更加适用于发展中国家的国情,对于发展中国家政策制定具有重要的理论价值。

(四)创新型国家评价指标

1. 全球创新记分牌

欧洲创新记分牌(European Innovation Scoreboard,EIS)由欧盟创新政策研究中心制定,从 2001 年开始对欧盟各国的国家创新能力进行全面评价,到目前为止已经修订了 6 次。EIS 被认为是当前最全面最成熟的国家创新能力评价体系。在"欧洲创新记分牌"的基础上,欧盟于 2006 年推出全球创新记分牌(The Global Innovation Scoreboard,GIS),对全球主要国家的创新能力进行了评估。除欧盟国家外,还评价了美国、日本等发达国家,以及包含中国在内的"金砖四国"等新兴经济体。

"2006 全球创新记分牌"从创新驱动力、知识创造、知识扩散、知识应用和知识产权 5 个方面,对国家创新能力进行评估。全球创新记分牌的选择样本超出了欧洲的范围,跨国数据收集比较困难,因此仅用了 EIS24 个指标中的 12 个二级指标来进行评价。"2008 全球创新记分牌"进行了进一步修订,将 5 个支柱因素合并为 3 个,即公司活力和产出、人力资源以及基础设施和吸收能力。EIS 和 GIS 一直延续了创新能力评价的投入产出框架,突出科技人员数目、高等教育水平、R&D 强度、信息基础设施和知识产权等要素。"2008 全球创新记分牌"对全球 48 个典型国家在 1995 年和 2005 年的创新绩效进行了统计分析,按照 2005 年创新指数和这十年中创新指数的增长率两个维度,将这些国家分为4个群组:第一类是创新领导型,包括瑞典、瑞士、芬兰、以色列、日本和美国;第二类是创新跟随型,包括丹麦、韩国、加拿大、德国、荷兰、新加坡、法国、奥地利、挪威、英国、比利时、澳大利亚、卢森堡和欧盟27国;第三类是中等创新型,包括新西兰、爱尔兰、西班牙、斯洛文尼亚、意大利、捷克共和国、爱沙尼亚和俄罗斯联邦、葡萄牙、希腊、立陶宛和匈牙利;第四类是创新追赶型,包括中国、塞浦路斯、斯洛伐克共和国、保加利亚、土耳其、波兰、巴西、墨西哥、阿根廷、印度、拉脱维亚和罗马尼亚。2005年我国还属于创新追赶型的国家,在全球创新能力排名中处于第34位,与第一组群的创新领导型国家存在很大差距。但是,在1995～2005年的十年中,我国是创新指数上升最快的国家,上升了8位。另外几个上升较快的国家分别是:葡萄牙、新加坡、西班牙、塞浦路斯、土耳其和巴西。

最新的创新国家评价指标为全球创新指数(GII),由欧洲工商管理学院(INSEAD)和印度工业联合会(The Confederation of Indian Industry,CII)于2011年共同研制,旨在评估各国和各地区针对创新挑战做出的反应,为企业领袖与政府决策者了解国家竞争力可能存在的缺失与改进方向提供参考。全球创新指数体系由投入和产出两大部分构成(见图3-4)。在投入部分中有5个支柱性指标,分别是机构及政策变量、人力资源能力、信息通讯及其他基础设施、市场成熟度和商业成熟度。投入指标旨在衡量一个国家创造新思想,以及将新思想转化为新产品和服务的能力。在产出部分中有3个支柱性指标,分别是知识、竞争和财富,产出指标隐含了运用知识激发全球竞争、促进经济繁荣的假设。"全球创新指数报告"共有93个定性和定量指标。定量指标的数据来源于世界经济论坛、经合组织、世界银行和国际电讯联盟,定性数据来源于各国的创新调查。这些数据最后统一换算成1～7的分值,将所有分指标的值求和,就得到该国的总创新指数。

GII超越了过去以研究开发经费和专利数目等作为衡量创新能力的指标的传统方法,尤其强调各经济体为创新提供的支持因素,包括政策、人力资源、科技与信息基础设施、市场与商业管理先进程度等。同时,也衡量创新所产生的经济效果,包括知识的创造、竞争力以及财富的创造等方面。GII除了为企业家、政策制定者和普通公众提供可进行跨国比较的、全面的创新

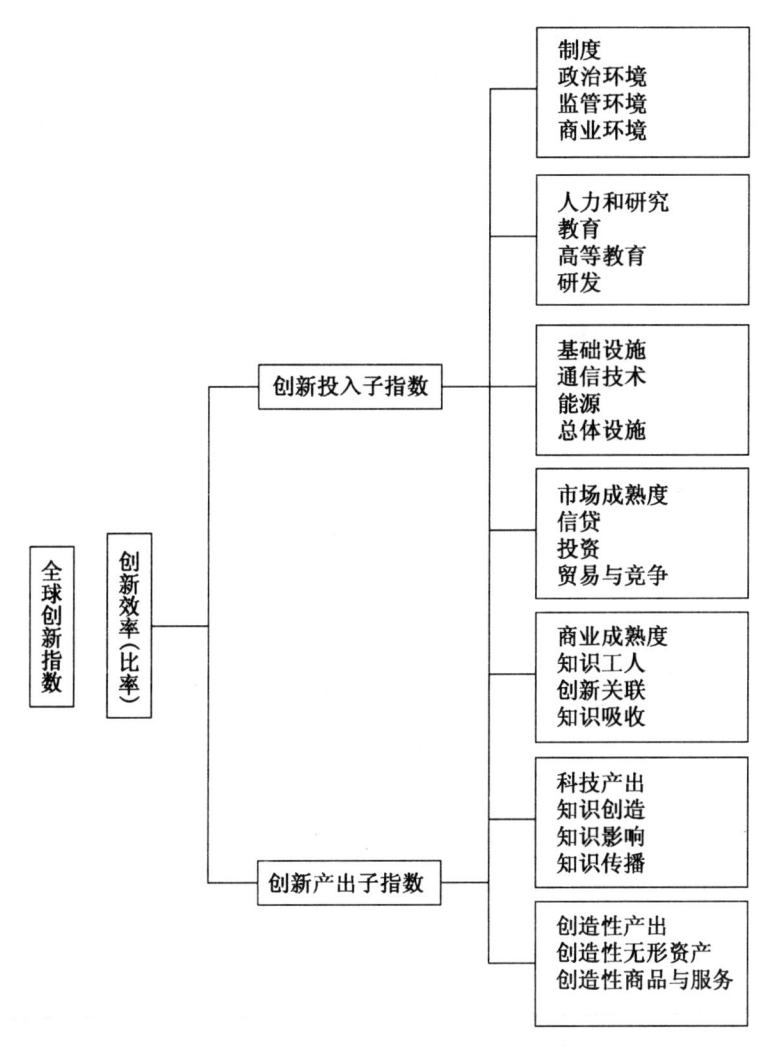

```
全球创新指数 ─ 创新效率(比率) ┬ 创新投入子指数 ┬ 制度
                                              │  政治环境
                                              │  监管环境
                                              │  商业环境
                                              │
                                              ├ 人力和研究
                                              │  教育
                                              │  高等教育
                                              │  研发
                                              │
                                              ├ 基础设施
                                              │  通信技术
                                              │  能源
                                              │  总体设施
                                              │
                                              ├ 市场成熟度
                                              │  信贷
                                              │  投资
                                              │  贸易与竞争
                                              │
                                              └ 商业成熟度
                                                 知识工人
                                                 创新关联
                                                 知识吸收
                              └ 创新产出子指数 ┬ 科技产出
                                                 知识创造
                                                 知识影响
                                                 知识传播
                                              └ 创造性产出
                                                 创造性无形资产
                                                 创造性商品与服务
```

图 3-4　全球创新指数体系

统计分析外,另外一个目的就是与世界上著名的科技和创新指数,如欧盟创新记分牌和世界经济合作与发展组织(OECD)的科学技术工业记分牌建立联盟。GII(2013)显示,在全球 130 个国家和地区排行榜上,创新能力排名前 10 位的国家和地区依次为瑞士、瑞典、英国、荷兰、美国、芬兰、中国香港、新加坡、丹麦、爱尔兰(Cornell University,INSEAD 和 WIPO,2013),中国大陆排名第 35 位,在八大支柱因素中,我国最弱的支柱因素是制度,排在第 113 位。

这样,创新型经济的标杆是多方位的,可简略归纳为:① 资源禀赋相似型标杆,经济规模和富裕程度在决定创新体系方面起着十分重要的作用(理查德·R.纳尔逊,1996);② 路径依赖相似型标杆,即历史发展道路相似的标杆,如技术追赶型国家,包括韩国等;③ 特定发展策略相似型标杆,以某些国家、地区、城市、企业的成功策略为借鉴对象,如日本的技术立国战略、硅谷的以科学园区为创新发展的载体、伦敦的创意城市建设、三星的模仿创新等;此外,在全新的创新经济态势下,人类面临从未有过的新产业、新路径,此时全世界各国站在同一新的起跑线,大家没有相似型标杆可依赖。

2. 科技部:创新型国家评价指标体系

科技部(2009)制定的"创新型国家评价指标体系",由创新资源、知识创造、企业创新、创新绩效和政策环境5个方面构成,包括5个一级指标和31个二级指标。前4个一级指标对应20个二级指标(定量统计硬指标);第5个一级指标"创新环境"由11个调查指标(定性评分软指标)组成,全部采用《全球竞争力报告》中的调查数据(11个软指标)。20个定量硬指标中,总量指标4个,相对指标16个。科技部创新指数显示,从综合评价指数得分看,我国在世界主要国家中处于中游水平,2006年(指主要采用2006年数据)在40个国家中排在第26位。在前4个定量一级指标综合得分上,我国排在第24位。其中,"创新绩效"得分,居第16位;"企业创新"其次,居第17位;"创新资源"和"知识创造"均处于下游水平,在40个国家中均位居第37位,仅仅高于墨西哥、巴西和印度;在第5项定性指标"创新环境"上,中国排在第23位。

3. 中国创新指数(CII)研究

为落实党的"十八大"报告提出的"实施创新驱动发展战略"精神,客观反映建设创新型国家进程中我国创新能力的发展情况,国家统计局社科文司"中国创新指数(CII)研究"课题组研究设计了评价我国创新能力的指标体系和指数编制方法,并对2005～2011年中国创新指数(China Innovation Index,CII)及四个分指数(创新环境指数、创新投入指数、创新产出指数、创新成效指数)进行了初步测算。测算结果表明,2005年以来我国创新能力稳步提升,在创新环境、创新投入、创新产出、创新成效四个领域均取得了积极进展。具体如表3-2所示。

表 3-2　中国创新指标体系框架

	指标名称	计量单位	权数
创新环境 (1/4)	经济活动人口中大专及以上学历人数	人/万人	1/5
	人均 GDP	元/人	1/5
	信息化指数	%	1/5
	科技拨款占财政拨款的比重	%	1/5
	享受加计扣除减免税企业所占比重	%	1/5
创新投入 (1/4)	每万人 R&D 人员全时当量	人年/万人	1/6
	R&D 经费占 GDP 比重	%	1/6
	基础研究人员人均经费	万元/人年	1/6
	R&D 经费占主营业务收入的比重	%	1/6
	有研发机构的企业所占比重	%	1/6
	开展产学研合作的企业所占比重	%	1/6
创新产出 (1/4)	每万人科技论文数	篇/万人	1/5
	每万名 R&D 人员专利授权数	件/万人年	1/5
	发明专利授权数占专利授权数的比重	%	1/5
	每百家企业商标拥有量	件/百家	1/5
	每万名科技活动人员技术市场成交额	亿元/万人	1/5
创新成效 (1/4)	新产品销售收入占主营业务收入的比重	%	1/5
	高技术产品出口额占货物出口额的比重	%	1/5
	单位 GDP 能耗	吨标准煤/万元	1/5
	劳动生产率	万元/人	1/5
	科技进步贡献率	%	1/5

创新指数包含创新资源、攻关能力、技术实现、价值实现、人才实现、辐射能力、持续创新和网络能力 8 个创新要素，下设 39 个具体指标，它们又可以用自主创新综合产出能力和创新网络组织活动能力两个因子来解释，共同构成综合指数、创新因子、要素指数和创新指数等多个层面的创新研究公共信息平台。

中国创新指标体系分成三个层次。第一个层次反映我国创新总体发展情况,通过计算创新总指数来实现;第二个层次反映我国在创新环境、创新投入、创新产出和创新成效四个领域的发展情况,通过计算分领域指数来实现;第三个层次反映构成创新能力各方面的具体发展情况,通过上述四个领域所选取的 21 个评价指标来实现。

根据创新能力指数排名,我国 31 省区市创新能力明显分为三个梯队。第 1 梯队:沪、京、苏、粤 4 省市;第 2 梯队:津、鲁、浙、辽、鄂、陕、川、闽 8 省市;第 3 梯队:其他 19 个省区。

(五) 创新型国家的国际案例

1. 美国

美国富有创新的文化传统,适应自由市场经济的政治体制,各种规范的法规、科技政策的保证,以总统为首的科技领导机构,研发和教育的高投入,以及能包容多元文化、鼓励自由思考、独自创新的社会环境系统,使美国成为一个创新型科技强国,形成了当今世界最为全面的国家创新体系。

(1) 美国的传统优势。根据麦迪逊等人整理的数据可知,美国的人均收入水平从 19 世纪末赶超英国后就一直处于世界第一的位置。大部分学者认为美国的优势来源于资源的供给和有效的国内需求(Wright,1990)。美国在石油化工行业的领先地位最初源于其国内丰富的石油资源,其在机器工具制造业的优势则源于它最早采用了大规模生产技术。这也同时证明了美国本土劳动力的稀缺及其强大的国内市场。反之,规模生产、长距离、便宜的土地以及城市密度低也解释了美国早在 20 世纪 20 年代就能在汽车制造和使用方面取得领先地位。相应地,巨大的汽车市场也使得人们对汽油的需求大量增加,进而促进了石油和石化产业的发展。

(2) 重视本国国民教育和研究型大学的发展。美国在产业研发与大学研究的紧密结合方面的优势毋庸置疑。1910~1940 年的一系列中央和地方政策使美国成为第一个普及中学教育的国家,也使美国的大学入学率达到了战后最高水平。美国拥有世界上最发达的高等教育,在世界大学前 100 强排名当中,美国的大学要占到一半以上,即使是经济衰退时期,美国各私立和公立大学仍然是最成功的出口行业,可以从美国相对于其他国家的领先优势以及对世界各地学生的吸引力上体现出来。大学研究所、政府资助的公共研究机构以及行业的私人科研机构之间有效紧密的结合,对美国取得信息技术方面的领先地位起到了至关重要的作用。硅谷坐落在斯坦福大学旁边,而另一个计算机软件、硬件公司以及生物技术公司的汇集地就位于波士顿地区麻省理工学院和哈佛大学旁边,这些现象并不是巧合。

美国教育优势的另一个很重要的方面是它很早就发展了商学院并且几乎在这方面的教育形成了垄断,在融资和整体战略管理的教育上有很大的优势,并在20世纪七八十年代逐渐显露,促进了风险资本的应用以及新兴网络公司的发展;美国有着比其他地方多得多的MBA,他们具有良好的金融方面的知识、创新精神和风险承受能力。另外,美国的商学院使得美国的投资银行、会计师事务所和管理咨询公司在国际上处于领先地位。

(3) 政府资助军用和民用研究。研究表明,美国战后在制药和生物医药方面取得的领先地位和国家的公共卫生政策有很大关系。国防研究的需要和政府的扶持政策帮助美国在半导体、计算机软件硬件开发、生物技术和因特网等领域取得领先地位。而政府的反垄断政策则是美国的软件产业得以脱离硬件产业而独立发展的原因。

对于高等教育和基础研究的支持,美国所采用的方法与欧洲各国如法国、德国和英国有很大不同。首先,美国的私立大学与公立大学的混合机制促进了大学之间的竞争,并且给予那些顶级的私立大学充足的财政预算自由,使它们能够提供高薪水、建造先进的实验室以及保证高质量的教学,这些又反过来吸引许多世界各地的高水平的教师和学生。其次,美国中央政府所支持的研究项目都要经过严格的审核,政府的支持倾向于那些拥有真正实力和精力充沛的年轻研究学者,并不倡导精英主义或者继续支持那些已经没有什么新创意的著名教授。而在欧洲大部分学校和研究机构都倾向于公平分配的统一预算办法,对于学术的激励不足,也很少对研究项目进行严格的审核。

(4) 健全的科技立法体系。美国拥有健全的科技立法体系,尽可能地为企业和个人营造创新的政策环境,大力推动美国产业的技术创新和科研成果的产业化。美国是世界上实行知识产权制度最早的国家之一,已基本建立起一套完整的知识产权法律体系,美国通过对其知识产权在全球范围内实施保护,为企业和个人营造了创新的环境,并维护了本国的利益。美国半导体行业以及计算机软件行业的领先地位就归功于对知识产权和许可协议的重视和规范化(Bresnahan 和 Melerba,1999;Mowery,1999)。同时,建立企业技术创新退税政策;实施一系列政府—企业伙伴关系计划,鼓励出口贸易,推动中小企业的技术创新;通过立法推动联邦技术转让,促进科研成果向产业界的转化。

(5) 完善的资本市场。在 20 世纪 80 年代,美国资本市场似乎是造成美国产业弱势的原因之一,因为人们只关注短期的利润最大化,而当时的日本由于能够从银行获得低息贷款从而在半导体行业暂时处于领先地位。但是美国的资本市场在日后逐渐显示出了其优势。证券法长期以来都要求公司信息公开以及允许股票分析师了解其公司的内部消息,这些规定培育出了一个巨大并且充满活力的公共投资市场,这一市场和后来兴起的风险资本市场在 20 世纪 90 年代中期即因特网发展初期为许多新兴网络公司提供了大量的资金支持。Lerner 指出了促进这一风险资本市场形成的政策上的重要变化,即允许社会保障基金对风险资本公司进行投资。

在美国创新型国家建设的过程中,军事 R&D 及其溢出机制极为重要,其大量私营企业的 R&D 经费由政府提供,而且主要用于军事技术的研发,并由几个大公司完成(苔莎·莫里斯-铃木,1994;理查德·R.纳尔森,1996)。美国通过不断完善政府和国会的科技创新组织,形成了高效运行的科技创新宏观管理机制,具体内容可见表 3-3。除此之外,美国还有健全的国家科学院系统,由美国国家科学院、美国国家工程院、美国国家医学院及美国国家研究理事会组成。容易忽视但值得一提的是美国的非营利机构,它们是企业和高校等常规创新主体的重要补充力量,例如:为各类科研机构提供项目资助的洛克菲勒基金会、福特基金会、卡内基基金会、比尔与美琳达·盖茨基金会;为政界、军界和工商界提供咨询服务的兰德公司;承接政府和企业委托项目的巴特尔研究所,以及像"美国科学促进会"等众多的社团组织。这些非营利机构每年投入和使用的科研经费并不大,但它们在促进科技信息交流、搜集和传递科技情报、联络科技人员和普及科技知识等方面,是任何其他机构都无法取代的(章亮等,2010)。

表 3-3 美国科技创新组织

机构名称	组织内容及主要任务
国家科学技术委员会	总统担任主席,主要成员包括副总统、总统科技事务助理、国务卿及各部长; 确立国家科技发展目标,制定、协调科技政策
总统科技顾问委员会	主要成员为非政府机构的专家、学者; 从民间角度对国家科技委的政策进行评述,并提供反馈意见,促使这些计划更加合理可行
白宫科技政策办公室	主要成员由总统任命,并由参议院批准; 为总统及其他国家领导人提供科技政策咨询; 负责协调政府各部门制定和实施科技政策; 确定和落实科技预算,加强各级、各类科技创新主体的合作关系
预算管理局	与白宫科技政策办公室一起制定每年的科技创新活动预算
国家科学基金会	美国政府机构中唯一专职从事科技管理的部门; 促进科技进步,增强创新能力,资助基础科学研究; 每年从大学和其他科研机构申报课题中,遴选出 2 万余个项目给予经费资助
国会科技机构	参议院下设航空、通信、消费者事务与涉外商务及旅游、海洋和渔业、科技与空间、陆运与海运等六个分委员会; 众议院下设基础研究、航天航空、能源与环境、技术和标准四个分委员会
政府设立的科研机构	由各部门的研究院、实验室组成。例如,国防部的国防先进研究项目局,卫生部的国立卫生研究院,能源部的劳伦斯伯克利国家实验室、洛斯阿拉莫斯国家实验室、阿贡国家实验室和布鲁克海文国家实验室等; 根据本部门主要职责,提出相关研发创新计划,争取国家科研项目经费

注:资料由章亮等(2010)研究整理而成。

1. 德国

德国地处中欧,人口 8 000 多万,人均 GDP 已达 4 万余美元,国土面积不到 40 万平方公里。德国属于自然资源相对贫乏的国家,在工业原料和能源方面主要依靠进口。矿物原料(钢、铝土矿、锰、磷酸、钨和锡)对外依赖度特别大。德国拥有少量铁矿和石油,天然气需求量的 1/3 可以由国内满足,硬煤、褐煤、钾盐的贮量较丰富。农业发达,机械化程度很高。农业用地约占德国国土面积的一半,农业就业人口约占总就业人数的 2%。在完成统一后,德国进入高速发展阶段,成为高度发达的工业国,世界最有影响力的汽车品牌奔驰、宝马、大众都属于德国,其医疗产业和技术创新能力名列世界前茅。

目前,德国形成了以企业研发为主线,以大学研究及其他非营利研究机构为重要支撑,技术服务中介起链接作用的科技创新体系(孙殿义,2010)。德国研发投入的2/3来自企业,80%的大企业拥有独立研发机构,中小企业成立了联合研究机构,实现资源共享,以降低研发成本。大学研究机构是基础理论和应用研究发展的重要推动力,同时也是为国家培养后备科研队伍、保障科研可持续发展的基地。非营利研究机构是德国从事科技创新的专业力量。除马普学会(MPG)、弗朗霍夫协会(FHG)、赫尔姆霍茨协会(HGF)和莱布尼茨学会(WGL)四大骨干国家科研机构外,德国还有工业技术联合会(AIF)和为政府部门提供专门研发服务的专业研究机构。德国国家技术创新与创业中心联盟及史太白技术转移中心在引导企业和科研机构的技术创新、与市场进行顺利对接的过程中起到了"润滑剂"的作用。

此外,德国的产业创新能力突出。德国的汽车制造业、电子电气工业、化学工业和机械制造业技术一直在世界范围内处于领先地位,相关产品做工细腻、品质精良。德国65%的工业企业属于创新型企业,明显高于欧盟东扩前15国的水平;48%的服务业企业属于创新型企业,在欧盟15国中仅次于卢森堡(张卫平,2007)。在产业形态上,工业经济呈集群式发展。鲁尔区是德国的传统煤钢工业区。慕尼黑(宝马汽车总部所在地)、汉堡、斯图加特(奔驰和保时捷总部所在地)、沃尔夫斯堡(大众汽车总部所在地)都形成了强大的制造业集群。柏林、莱比锡、德累斯顿则是德国东部的工业重镇。慕尼黑一带集中了新兴工业。

德国科技创新体系中职能机构的特色主要体现于科技行政管理部门、科技行政关联机构与公共科研机构。德国的科技发展行政管理职能基本按照基础研究和应用研究的界限集中于少数几个部门,其他部门虽然也存在科研活动,但规模较小,大都只是为了满足本部门工作要求,在科技发展中的作用相对有限(陈强、鲍悦华,2011)。德国联邦教育与研究部(BMBF)是负责科研与教育活动的主要部门,BMBF下属的德国研究共同体(DFG)是联邦政府促进德国高校和基础研究活动的主要机构,对所有科学领域内的研究活动提供资助,并协调大型公共研究协会的研究。联邦经济与技术部(BMWI)的科技发展职责范围涵盖能源、航空、交通等领域,并通过德国工业技术联合会(AIF)促进中小企业的发展。德国围绕科技政策的制定、实施、评价全过程,普遍建立起了较为完善的科技行政关联机构体系。

表 3-4 德国科技行政关联机构设置

政策制定机构		跨部委政策制定、实施部门		政策评价机构
劝告机构	支援机构（分析、调研）	协调机构	负责部门	基于评价的劝告机构
德国科学委员会(WR)	弗朗霍夫学会系统与创新研究院(Fraunhofer ISI)	科学联席会(GWK)德国科学委员会(WR)	联邦教育与研究部(BMBF)联邦经济与技术部(BMWI)	德国科学委员会(WR)

注:资料由平澤冷等(1998)研究整理而成。

其中,德国科学委员会(WR)同时承担着科技政策咨询建议、评价和协调等多重职能。它主要关注科研机构和国家创新体系这两大领域的发展,通过对科研机构的绩效评估和对一些专业领域、学科的评价,为联邦高校和国家科研活动的发展提供建议。作为协调机构,WR还同时协调着科技政策制定者—科技界和联邦—州政府这双重关系。另外,公共科研机构在德国创新体系中发挥着不可替代的作用。在德国存在着大量自治的公共研究机构,它们是受政府机构资助的不完全公共组织,通常以集团化的形式存在,集团中存在着位于政府与这些研究机构之间的中间组织,即"学会",代表了德国科学研究的核心力量。通常学会间也有良好的分工,分别从事不同使命与性质的研究任务。学会主要包括从事国际顶尖基础研究的马普学会(MPG),从事能源、环境、健康、材料结构等领域重大问题研究的赫姆霍兹学会(HGF),从事应用和战略研究的弗朗霍夫学会(FHG)以及从事人文与社会科学、空间科学与生命科学、环境科学研究的莱布尼兹学会(WGL)。每年,德国政府除了资助高等教育部门外,有很大一部分研发经费都投入了这些公共科研机构(陈强、鲍悦华,2011)。

2. 以色列

以色列地处中东,人口 800 万,人均 GDP 已达 3 万多美元,国土面积仅 2 万多平方公里。土地贫瘠、资源短缺的以色列,坚持走科技强国之路,重视教育和人才的培养,使经济得以较快发展。以色列高新技术产业发展举世瞩目,特别是在电子、通讯、计算机软件、医疗器械、生物技术工程、农业以及航空等领域拥有先进的技术和战略优势。

1990 年代前后,以色列接纳一百万来自世界各地的犹太移民,其中大多数是教育程度很高、充满创投精神的高科技人才。在这波科技和人才带动之下,加上 2004 年以后一系列市场改革,以色列经济发展一日千里。今天,全球顶尖企业,包括英特尔、IBM、微软、惠普、雅虎、Google 等,在以色列都有研发中心。以色列赶上全球绿色潮流,集中力量,誓在干净科技领域开辟一片天地。2006 年,股神巴菲特斥资 40 亿美元买下以色列金属大厂 Iscar 的 80% 股份,这是巴菲特第一笔美国境外投资。

以色列政府对于科学和科技的发展贡献相当重大。自建国以来,以色列一直致力于科学和工程学的技术研发,以色列的科学家在遗传学、计算机科学、光学、工程学,以及其他技术产业上的成绩都相当杰出。以色列研发产业中最知名的是其军事科技产业,在农业、物理学和医学上的研发也相当知名。高科技产业在以色列经济中举足轻重,尤其是在过去十年中。以色列有限的自然资源以及对于教育的高度重视使得高科技产业扮演的角色越来越重要。以色列在软件开发、通信和生命科学领域都步入世界顶尖国家行列,经常被称为第二个硅谷。

2004 年以后,以色列获得的风险投资总额超过任何一个欧洲国家,并且有着世界最高的 VC/GDP 比率。除了美国与加拿大以外,以色列有着全世界最多的纳斯达克上市公司,超过 75 家。以色列出产的学术论文数量就人均来算也是全世界最高的,平均 10 000 人里有 109 篇。以色列还是专利权申请档案数量世界最高的国家之一。在研究和开发(R&D)花费指数上,以色列排名第三,在科技准备(产业界在 R&D 上的花费、科研社群的创造力、个人电脑和网络覆盖率)上排名第八,在科技创新上排名第 11,在高科技出口总额上是第 16。

3. 韩国

韩国地处东北亚,人口 5 000 万,国土面积 10 万平方公里,人均 GDP 已达 2 万多美元。20 世纪 60 年代,韩国经济开始起步。70 年代以来,经济持续高速增长,人均国民生产总值从 1962 年的 87 美元增至 1996 年的 10 548 美元,创造了"汉江奇迹"。如今,韩国经济实力雄厚,钢铁、汽车、造船、电子、纺织等已成为韩国的支柱产业,其中造船和汽车制造等行业更是享誉世界。大企业集团在韩国经济中占有十分重要的地位,三星、现代汽车股份有限公司、SK、LG 和 KT(韩国电信公司)等大企业集团创造的产值在其国民经济中所占比重超过 60%。

韩国的创新属于大公司主导研发的创新模式。韩国的经济模式是大财阀主导型的,这种经济导致新生企业很难获得公平的竞争环境,以至于小规模的竞争者往往只能充当其供货商,无力创新(范硕、李俊江,2011)。在产业集群方面,当属韩国大德科技园最为有名。大德科技园区重视基础研究等创新研发活动,其主导产业处于价值链的上游,企业以创新和研发活动为主。作为大德谷的研发核心区,大德科技园区是韩国最大的产学研基地和产业圈。经过近 40 年的发展,大德研发特区已发展成为可与美国硅谷、日本筑波相媲美的科学城。它是韩国最大也是亚洲最大的产、学、研综合园区,被称为韩国科技摇篮和 21 世纪韩国经济的成长动力(刘志彪等,2010)。

韩国的科技创新体系由科技管理机构与科技研究机构两大块组成(见图 3-5)。与此同时,政府强调产学研的联合创新。科学技术部主要负责制定科技发展政策,管理协调政府各部门、研究机构及企业的研发活动,促进核心技术、未来技术及大型技术的研究开发,科技发展预测,人才培养,信息提供及开展国际合作等(曹丽燕,2007)。2004 年,韩国科技部长被提升为副总理级别,科技部下成立科技创新本部(副部级),科技部地位与管理权限的提高从体制上解决了以往国家在科技管理上存在的条块分割、各自为政、重复投资等问题,提高了国家科技资源的利用率。国家科技审议委员会的职能主要是制定、实施和调整国家科技远期规划,对政府对研究机构(基础技术研究会、公共技术研究会、产业技术研究会及其下属机构)资助的效果进行评价等。国家科技咨询委员会的职能是提出促进科技发展的有关制度建议,讨论总统关注的科技领域的有关事项并答复总统的询问等。

为促进研发项目中技术难题的有效解决,韩国政府提供了财政和行政方面的援助和支持,并制定了一系列法律及优惠政策,激励产学研的互动合作。目前已经在共同研究、技术指导、技术培训、科研器材共用、关键技术信息服务及专利使用等方面有了较为频繁的合作。

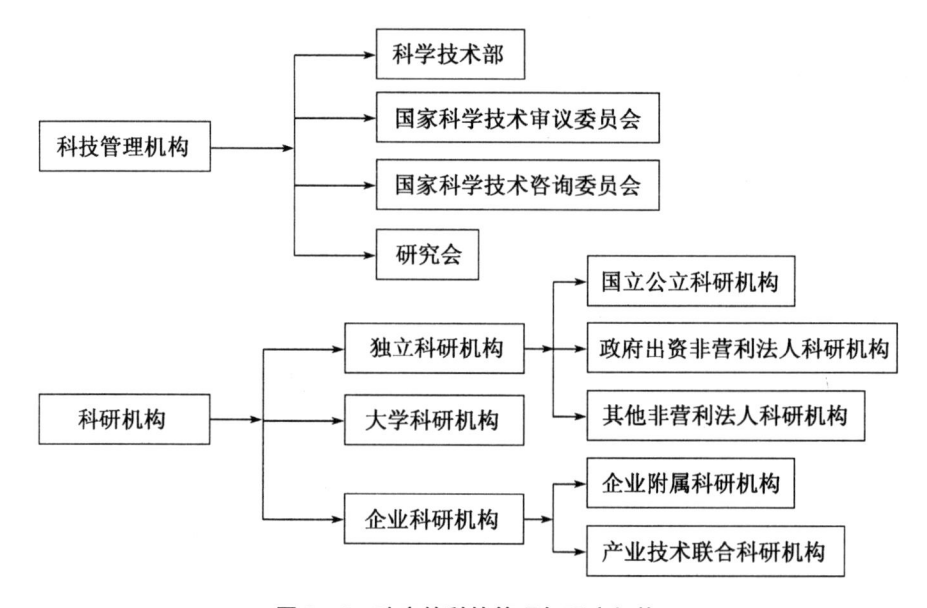

图 3-5 政府的科技管理与研究机构

4. 日本:从模仿跟踪到创新立国

日本在短短 100 多年的时间里从一个落后的东亚小国发展成为世界第二经济科技强国,究其原因,是其根据本国国情,成功地选择了先模仿后独创、先低科技后高科技的发展战略。日本科技创新的主要特点如下:① 研发投入大。据文部省近年发表的白皮书,日本每年用于研究开发的总经费约 16.5 万亿日元,仅次于美国,超过英、法、德三国之和。② 企业研发能力强。私人部门对研发持续不断地进行高投资,企业成为大部分研究经费的提供者和使用者。③ 政府发挥重要的指导作用。日本政府通过制定长期规划、积极的投资与教育政策等,在推动企业增强创新能力方面发挥了重要作用。尤其在完善国家创新体系、科研基础设施建设、组织产官学合作、促进国际科技交流与合作等方面,政府发挥了主导性作用。

长期以来，日本一直坚持走以引进和消化欧美技术为主的模仿型"技术立国"之路，1990年代中期以后开始向注重基础研究和独创性自主技术开发的"科学技术创新立国"战略转变（斋藤优，1986）。从历史上看，二战结束前，日本已基本完成了机械化、电气化和燃料石油化的技术革命，并发展成为一个产业门类齐全、具有近代科技及教育水平的工业化强国。这段时期，日本实施了一系列科技政策：引进外国专门人才和技术；加强本国人才培养，建立从初等到高等的完整教育体系；成立负责科技发展的政府组织机构；颁布专利法，引进国际技术标准体系，制定科技奖励政策；成立了一大批拥有现代化设备的专门从事科学研究的机构和学术协会。二战后，日本成功地实现了经济的高速增长和产业结构的高级化，跻身于发达国家行列。此间，日本的科技发展经历了四个阶段，即：1950年代前的经济恢复阶段，大力引进国外先进技术，而国内的科技资源大多被用于消化引进技术，并向民间大企业倾斜；1960年代的经济高增长期，各大企业兴起了设立"中央研究所"的热潮，政府同时制定了各种科技政策，支持企业的创新活动；1970年代的低增长转型期，科技政策转向多样化、体系化，并在科技体制方面发展了"研究组合"等产学官合作的组织形式；1980年代后创新型国家时期，基于人口的老龄化、产业的空洞化、赶超战略效力的衰退以及改善国家形象的需要等原因，日本的通产省和科学技术厅提出了"科学技术立国"的口号，高新技术进入世界最前列，创新型国家形成。

日本战后技术政策的实施一直是多机构混合起作用的，且不同时期政策重点不同。上世纪50年代，通产省主要依赖传统产业政策工具（低息贷款、信用担保、适当免税等），协调与鼓励私营企业发展的积极性；60年代通产省通过独立的产业规划，对研究与创新的支持更牢固地嵌入到更广泛的产业政策体系中；70年代后，通产省开始对社会创新网络的各个节点进行更为积极的干预，同时对委员会提出的一系列新兴技术进行大力资助，如超大规模集成电路项目便由通产省"国家研究和发展项目"1976年建立和资助。上世纪50年代后期，日本国会批准成立"科学技术厅"，该机构负责推进日本自身的大规模创新。1959年，政府继续致力于推进并协调技术政策，建立了小型智囊团"科学技术委员会"，它负责协调有研究兴趣的独立部门之间的行为,并且为未来发展制订长期计划(苔莎·莫里斯-铃木,1994)。

2001年,日本科学技术组织结构发生了重要变化,当年的行政改革产生了科学技术政策委员会,作为内阁政府两个主要委员会中的一个,由首相直接领导,监管所有的科技政策。同时,以前的教育、文化部和科学技术振兴机构合并为一个部——文部科学省(MEXT),权力覆盖从小学到博士后的科学教育的全部领域,并涵盖从基础科学到高校—工业合作的整个创新周期主要部分的行政责任。然而全面负责科学技术的实施和推广的是科技厅,其具体职能部门设置以及功能可见表3-5。可以看出,日本的文部科学省能使教育和文化为科技创新提供更好的动力源泉,科技厅能够在实践中推广、引领科技新发展,而科学技术政策委员会则能为科技系统的有效运转提供有力的监管,防止科技系统运转的失灵。

表3-5 日本科技厅部门设置与主要工作

部门名称	长官官房	科技政策局	科技振兴局	研究开发局	原子力(核能)局	原子力安全局
主要职能	政策制定与部门协调	科技推广	推进基础研究、完善研发制度和环境	重大、先导性技术开发(如宇宙开发、脑科学研究)	核能开发与利用	确保核技术安全利用

注:资料由冯涛(2000)研究整理而成。

三、创新型区域

(一)创新型区域的定义和特征

区域创新体系(Regional Innovation Systems,RIS)的概念最早出现于20世纪90年代。Cooke(1994)最早对区域创新体系的概念进行了详细阐述,认为区域创新体系主要是由在地理上相互分工与关联的生产企业、研究机构和高等教育机构等构成的区域性组织体系,而这种体系支持并产生创新。Cooke(1994)认为,区域创新体系这一概念来自于演化经济学,强调了企业经理在面临经济问题的社会互动中不断学习和改革而进行的选择,从而形成了企业的发展轨迹。这种互动超越了企业自身,涉及大学、研究所、教育部门和金融部门等,当在一个区域内形成了这些机构部门的频繁互动时,就可以认为存在了一个区域创新体系。区域创新体系研究的一个重要思想来源是产业聚集,区域聚集效应的再发展推动了区域创新体系的研究。洪银兴(2011)认为:经济活动的空间集聚可以产生经济的集聚效应。现在发展创新型经济同样需要这种集聚区效应,这就是建设和发展科技创新园区。

区域(即亚国家)的规模作为创新体系的研究模式,其重要性日益增长。支持该观点的主要论据是,区域集聚为基于创新的学习型经济以及知识创造、传播和学习提供了最佳环境(Hudson,1999)。知识创造的特定形式——特别是隐性形式——以及技术学习的特定形式都是本土化、区域化的。掌握那些并未完全编码的知识的公司被联结到不同种类的网络中,通过本地化的输入—输出关系、知识外溢,与其他的公司和组织相连(Storper,1997)。在一些情况下,市场交换、知识外溢和非交易性关系交织于垂直或水平的生产关系范围内部的不同活动之间,但是这些关系经常是分离的。

区域创新体系(RIS)背后的中心思想是:区域经济的创新性能不只是取决于公司和研究机构的个体创新性能,而且还涉及这些组织相互作用的方式以及这些组织与产生和分配知识的公共区域的相互作用方式。在一种分享的、公共的情形下,创新稳定了其功能。从这种意义上说,他们取决于并有助于联合的知识基础结构的产生。这种基础结构被看做一种系统,它创造和分配知识,并应用知识来获得创新,由此产生经济价值(Gregersen and Johnson,1997)。

一个较大的区域空间可能包含着多种差异,但如果没有足够的相似性来维持相互间的交流,创新便不可能发生(Gregersen 和 Johnson,1997)。Hall(2001)认为:纵观整个历史,技术创新都发生在具有相似特征的那些地区。这些地区的特点是没有丰富的固定资源,但是却具有一套发达的社会文化结构,支持理性的进步。可见,创新型区域具有其独特性。

Saxenian(1994)总结出硅谷的特征：公司之间的联系开放而紧密，公司间劳动力流动频繁，区域内信息和经验的交换自由、开放，雇员被科技吸引而不是被某个公司吸引。Kirat 和 Lung(1999)认为：地理位置上的邻近是以地域为基础的创新体系存在的必要前提，而不是充分前提。仅仅地理上的邻近能够产生企业集聚的存在基础，但未必会产生创新体系的存在基础。创新体系的潜力最重要的是取决于以上两点要素，即地理位置上的邻近和技术上的接近。地理位置上的邻近是指参与者在既定的空间框架内的定位，而技术上的接近是指与纵向或横向相互依赖的企业在生产关系范围内部的联系。把这两种类型的邻近转换成以地域为基础的创新体系要求它们在制度上组织和构建起来。David Smith(2008)认为"创新集群"、"高科技集群"或者"创新环境"具有如下特征：地理位置集中、高度专业化、公司数量众多（其中大部分为中小型公司）、进入与退出方便、高创新率，并且，网络化、专业化、进出容易、资源流动性等集群特征对创新有着特别的引导作用。与集聚有关的制度因素有：与公司实践相关的支持性社会文化，在集聚地支持这些公司的政府及私营机构网络，各公司建立在非市场交换以及市场交换基础上的紧密的后向、前向以及横向联系。

国内学者蒋玉涛、招富刚(2009)认为创新型区域应具备以下五个方面的能力：较高的创新资源投入能力、较高的知识创造能力、较高的技术应用与扩散能力、较高的创新产出能力、较高的创新环境支撑能力。王江红、薛风平(2009)认为创新型区域的主要特征有四点：第一，创新型区域是创新型国家的组成和基础。第二，以自主创新为核心是创新型区域的发展路径。第三，创新型区域的发展动力是创新驱动。第四，创新型区域的发展主要依靠知识资本。

（二）创新型区域的形成和评价

Chaminade 和 Vang(2008)从发展历程的角度研究了印度班加罗尔区域创新体系的演化过程，认为 RIS 系统各组成部分的互动对区域创新体系的形成起重要作用。他们认为在发展中国家，RIS 的形成要经历初期和成熟两个阶段。在 RIS 创建初期，市场主导 RIS 各组成部分（企业、大学及其他知识提供者和使用者)之间的合作与互动是极其重要的;而在成熟阶段,RIS 各组成部分之间的合作互动是通过市场及非市场机制(如信息联络,交互作用和其他正式或非正式网络等)进行的。

熊军(2001)认为集群形成和发展的动力机制有:① 压力机制。集群的形成和发展的动力来自技术发展和市场趋势。② 互补性机制。公司倾向于向核心活动集中,而与其自身竞争优势和技术能力不相适应的活动则转包给专业供应商。生产和创新不再是一个公司的单独活动,而是通过劳动分工形式迅速提高专业化率。③ 交易费用机制。互补性相异公司间进行劳动分工时,必须做出战略选择,在这种选择过程中,内部和外部交易费用以及获取知识和技术的费用起着关键作用。④ 知识外部性机制。创新发生的可能性强烈地依赖于公司间、产业间以及公司企业和知识机构间供应商和用户关系的数量和种类。

洪银兴(2011)认为:对科技创新园区的评价不同于过去的工业区和开发区,不能以引进多少外资、产出多少 GDP 作为评价指标,而要以创新能力评价创新园区。评价指标包括:创新机构(研发中心和创投公司)的集聚度;创新要素(人才、风投、科技服务)的集聚度;战略性新兴产业集聚度;孵化器的集聚度;有自主知识产权的新技术、新产品的产出水平。

中国科技发展战略研究小组(2003)认为:区域创新能力评价的对象应该以省、直辖市为单位,并且不是评价某一个具体部门的业绩。区域创新能力涉及的因素多,如政府的科技投入、企业的创新能力、创新的环境因素等,因此,一个地区的创新能力是一个地区综合的能力,其能力高低并不对应于某一个具体部门。当然,有些部门对本地创新能力的贡献大于其他部门,从而它有更多的责任和义务也是事实。中国科技发展战略研究小组(2003)还确立了以下四个构筑评价中国区域创新能力框架的原则:① 必须从区域创新体系原则出发。即强调大学、研究开发机构、企业、中介机构、政府等创新要素的网络化,或者说知识在几个要素间流动的程度是区域技术创新系统化的关键。一个地区技术创新能力的关键是创新的系统化,而不是某一方面的能力。② 必须考虑区域技术创新的链条式建设。强调链条式首先是因为在多数情况下,技术创新来自于一个创新的思想、发明或科技突破,其中大学、科研院所的知识创造活动是重要创新来源。其次,即使一个地区有很活跃的知识创造活动,并不等于该地区就有很强的创新能力。关键问题是一个地区能否有效地利用各种知识为本地区的创新服务,因此,必须考虑知识流动或技术转移的能力。更为重要的是,企业必须成为技术创新的主体。因此,一个地区的技术创新能力高低关键是看企业有没有强有力的创新动力和创新能力。③ 强调创新环境建设的重要性。在市场经济体系下,衡量地方政府工作不是看其制定多少计划和给予多少干预,而是看其是否创造了一个有利于企业创新的环境。因为政府远离市场,不是企业家,不能直接指导企业的技术创新流动。政府职能调整的关键是从依赖计划转向创造创新环境来推动企业的技术创新。④ 必须兼顾一个地区发展的存量、相对水平和增长率三个维度。

中国科技发展战略研究小组在《2002年中国区域创新能力评价》中建立了区域技术创新能力分析框架和指标体系,如表3-6。

表3-6 区域创新能力指标体系

知识创造	研究开发投入	研究开发人员	研究开发人员增长率
			研究开发人员数
			每万人中研究开发人员数
		政府科技投入	政府科技投入增长率
			政府科技投入量
			政府科技投入占GDP的比例
	专利	发明专利申请	发明专利申请增长率
			每万人发明专利申请数
			发明专利申请数
		发明专利授权	发明专利授权增长率
			每万人发明专利授权数
			发明专利授权数

(续表)

知识创造	科研论文	国内	国内论文数量增长率
			国内论文数
			每万人国内论文数
		国外	国际论文数量增长率
			国际论文数
			每万人国际论文数
知识流动	科技合作	各地区科技论文	科技论文合著同省异单位合作所占比例
			科技论文合著异省合作所占比例
			科技论文合著异国合作所占比例
		高校和科研院所来自企业资金在总科技经费中的比重	
		专利合作	发明专利联合申请份额
			发明专利联合申请增长率
			三种专利联合申请份额
			三种专利联合申请增长率
	技术转移	技术市场交易	技术市场成交金额的增长
			技术市场成交金额
			企业技术市场均成交额
		国内技术购买	国内技术购买金额增长率
			国内技术购买成交金额
			国内技术购买企业均成交金额
		技术引进	技术引进成交金额增长率
			技术引进成交金额
			技术引进企业均成交额
	外国直接投资	外国直接投资增长	
		外国直接投资额	
		人均外国直接投资	
企业技术创新能力	大中型企业研究开发投入	企业研究开发人员投入	企业研究开发人员数
			企业研究开发人员增长率
			每万人均企业研究开发人员数

(续表)

	企业研究开发资金投入	投入增长率
		研究开发投入占销售收入比例
		企业研究开发投入量
	拥有技术中心或研究所的企业占总企业数的比例	
设计能力	实用新型专利申请受理	实用新型专利申请增长率
		实用新型专利申请数
		每万人实用新型专利申请数
	外观设计专利申请受理	外观设计专利申请增长率
		外观设计专利申请数
		每万人外观设计专利申请数
制造和生产能力	生产经营用设备水平	生产经营用设备原价增长率
		生产经营用设备原价
		生产经营设备企业均原价
	技术改造	技术改造的投入增长率
		技术改造投入额
		技术改造企业均投入额
创新产品:新产品产值	新产品产值增长率	
	新产品产值	
	新产品产值占总销售额的比重	
技术创新环境	基础设施	电话移动通信	百人拥有电话数
			城镇居民拥有手机数
			百人拥有计算机数
		铁路拥有量	铁路人均拥有量
			人均拥有量增长率
		公路拥有量	公路人均拥有量
			公路增长率
		四种运输方式客流量	客运量
			货运量

(续表)

	市场需求	政府财政支出	政府财政支出增长
			政府财政支出额
		商品进出口差额	商品进出口差额
			商品进出口差额
		国内固定资产投资增长率	国内投资增长
			国内投资额
			人均国内投资额
		居民消费水平	居民消费水平
			居民消费水平
	劳动者素质	教育投资	教育投资增长率
			教育投资占GDP比例
		地区人口中大专以上学历所占比重	
		当年新增大学生毕业数	
		人均图书消费量	
	技术创新基金	获国家创新基金占全国份额	
		地方政府创新基金匹配数	
	金融环境	企业技术开发获得银行贷款增长率	
		技术开发银行贷款额	
		企业技术开发均获贷额	
	创业水平	民营科技企业增长	民营科技型企业增长率
			民营科技型企业数
		高新技术企业增长	高新技术企业增长率
			高新技术企业数
		新注册企业数	新注册增加数
			人均新注册企业数
技术创新的经济绩效	宏观经济	人均GDP水平	人均GDP水平增长率
			人均GDP水平
		劳动生产率	劳动生产率增长率
			劳动生产率

(续表)

产业结构	前三个产业在当地产业总值中比重
	第三产业对第一产业比重之比
	高技术产业产值占 GDP 比例
国际竞争力	商品出口额的比重
	商品出口额占全国份额
	商品出口额/GDP
居民收入水平	人均居民收入增长率
	人均居民收入
就业	城镇人口占总人口比重
	城镇就业人员在总城镇人口中所占比重
	高技术产业就业人员占城镇就业人员比重

目前关于区域创新体系评价体系的研究是 RIS 研究中较为薄弱的环节。国外学者们基于不同视角对区域创新体系进行评价，因此评价的指标和方法也不尽相同。Zabala-Iturriagagoitia 等（2007）基于欧洲创新记分牌（EIS），应用数据包络分析（DEA）方法对欧洲区域创新体系进行评价，把受高等教育的人数、参与终生教育的人数、中高科技制造业就业人数、高科技服务业就业人数、公共 R&D 支出、企业 R&D 支出和高科技专利申请数作为输入指标，以人均 GDP 作为输出指标，研究结果表明技术水平越高的区域越需要系统的协调。Pinto 和 Guerreiro（2010）通过对欧盟 175 个地区的区域创新体系概况进行比较研究，用因子分析法将区域创新评价指标综合归纳为技术创新、人力资本、经济结构和劳动力市场状况四个维度。

表 3-7 Pinto & Guerreiro 区域创新评价指标体系

技术创新	专利总量
	每百万居民 EPO 专利数（EPO：欧洲专利组织）
	高科技专利占专利总量的百分比
	在中/高科技产业就业的人数比例
	在中/高科技服务业就业的人数比例
	私人 R&D 占 GDP 的比重

(续表)

人力资本	15~64岁人口中低教育程度人口百分比
	15~64岁人口中中等教育程度人口百分比
	15~64岁人口中高学历人口百分比
	大专教育比例
	终生学习比例
	公共R&D占GDP的比重
经济结构	GDP增长率(几年的平均增长率)
	人均GDP
	农业就业人数(占总就业人数的百分比)
	工业就业人数(%)
	服务业就业人数(%)
劳动力市场状况	居民总量
	人口密度
	就业率
	失业率
	长时间持续失业人数占失业总人数的百分比
	女性失业率
	青年失业率
	<15岁的人口百分比
	15~64岁的人口百分比
	>64岁的人口百分比

(三) 构建创新型区域的政策

在一个区域创新体系中,成员之间频繁而富有成果的相互作用可能受到许多因素的牵制(Guinet,1997):① 合作伙伴(例如高校和产业界)之间激励机制结构(文化)的相互冲突;② 有些市场失灵(例如高交易成本)可能会阻碍企业尤其是小企业迈向信息、技术和专有技术的步伐,或者影响企业进行技术投资的积极性,或者削弱企业对技术的消化能力;③ 创新的各个参与者之间协调失败,由此导致它们无法充分认识到彼此之间的互补作用;④ 由于缺乏管理能力,导致对技术和创新在竞争阶段的作用理解不够,对知识的获取和传递的合作战略所带来的利益也估计不足;⑤ 金融市场无法对企业在交互式学习中的投资给予足够的支持,举例来说,就是专门化的风险资本发展不完全;⑥ 最后但同样重要的一点,缺乏足够的人力资源,因此无法形成吸收外部知识的良好能力。

针对上述市场和系统性失灵,Guinet(1997)认为应该做出如下几类政策应对:① 完善有利于创新产生的法律监管体系。具体包括:稳定的宏观经济,这有利于进行战略投资决策;灵活的劳动力市场政策,以方便科学技术人才流动;适当的竞争政策,它能够提高创新倾向,使创新过程中构建和使用知识库的合作行为得以顺利发生。② 实行基础设施政策,填补知识库的缺口和不足。例如加大对基础研究或基础设施技术发展的支持,以普遍提高公共基础设施部门尤其是科研部门应对市场需求变化的能力。③ 采取措施鼓励企业的相互合作和知识的更新换代,尤其是促进关键性技术的发展。④ 采取措施改善高科技创业所需的环境,并推动创新企业普遍创业发展。⑤ 推行技术扩散政策,纠正知识交换过程中由于供需因素导致的市场失灵。

Giovanna(2007)通过分析意大利伦巴第RIS的特点及其政策,认为区域创新政策的制定不仅要与国家政府合作,而且还要与当地具有自主权的省政府以及公共机构(如商会、财团和大学)合作,尤其是促进和加强企业与知识提供方(大学和研究机构)之间相互合作。Cooke(2008)推出了"绿色创新"时代构建RIS的政策路线:首先是认识公共采购的力量;其次是区域产业政策应聚焦创业精神和创新,包括大型公司的企业创新和寻求绿色技术下区域供应链的整合;最后各地区可以支持"知识实验室"在中小型城镇的示范项目和生态工业或循环经济在试点城镇的推广项目。Russo和Rossi(2009)在分析意大利托斯卡纳地区时,对创新政策的设计提出如下建议:① 必须注重网络建设和管理的过程;② 保证创新参与者有足够的时间和机会进行合作;③ 尽量提前确定那些能够更好地对创新提供支持的创新网络的参与者;④ 需要行政程序、评价标准和监测工具的互补程序来保证创新政策的执行。Cooke(2009)认为支持区域创新体系发展最重要的政策是减少政治冲突,通过营造一种包容、开放和透明的创新文化使区域内所有创新参与者和组织在创新活动中能相互作用。区域创新政策的重要任务是利用RIS的构建来创造一个综合和扩散的创新平台。Uyarra(2010)对不同区域范围的区域创新政策进行了广泛的研究,认为在制定政策时不仅需要以区域的知识和体制作为出发点,还应该考虑到现有的政策组合和过去相关政策制定的过程,因为它们会支持或限制新的政策目标。

国内学者洪银兴(2011)认为,过去开发区的吸引力在于"几通一平"的软硬环境建设,现在的创新园区同样需要类似的吸引创新要素(包括创新成果和创新创业人才)的环境建设:激励创新的制度环境(主要涉及产学研各方互利共赢的创新收益分配体制,创新收益和知识产权保护环境);高效便捷的公共服务环境;政府对创新的支持政策(包括创新人才和项目的引导资金);网络信息通道等基础设施环境;创新创业人才的宜居宜研环境;活跃的风险投资环境等。

李碧花、董瀛飞(2011)认为由于我国仍处在创新型区域形成阶段,市场配置创新资源的能力不成熟,企业承担创新风险的能力较弱,要建设创新型区域,政府必须积极发挥引导和促进作用:① 为创新型区域的形成提供基础要素——知识要素和资金要素。② 为创新型区域的发展提供促进要素。不断优化区域内如交通、通信等基础设施,重点扶持行业协会等中介组织的建立,注重自身职能的转变,由管理型政府向服务型政府转变。③ 为创新型区域的可持续发展准备条件。重视合作文化、区域内的交互学习等文化因素的作用。

由于不同地区产业结构和知识基础等具体情况和环境的差异,不存在通用的创新政策的理想模式。对特定地区区域创新体系的构建而言,只有适合的,没有最佳的通用模式可以照搬。

四、创新型城市

创新主体逐渐从国家层面,到区域层面,再推进到城市发展层面,城市在创新体系中的地位和作用得到凸显。尤其是近些年,城市经济功能呈现出由传统产业转向高新产业、由制造转向研发、由生产转向服务并迈向创新中心的趋势,城市特别是中心城市正日益成为信息、技术、品牌、知识、人才等创新资源的载体和聚集地。城市功能与创新的关系越来越多地受到人们的关注。将"创新"定位为城市的核心功能或核心竞争力的主张也得到越来越广泛的认同。

早在20世纪90年代,美国可持续社区联合中心就已发表题为"创新型市县伙伴关系"的报告,总结许多城市已完成的创新型项目的经验;英国政府2002年委托约翰·莫尔斯大学开展了题为"欧洲非首都城市的城市复兴特征"的专项研究,目的在于促进英国核心城市的发展;芬兰首都赫尔辛基市政府与赫尔辛基技术大学于2001年共同设立了创新型城市计划,希望通过伙伴之间的合作,激发创造力和创新精神。正是这一系列的举措极大地促进了世界范围内创新型城市的建设。部分城市已取得卓越成效,如新加坡、东京等。

目前,中国的城市正进入一个总体转型的历史阶段。许多城市都提出构建创新型城市的城市总体发展目标,创新型城市建设成为推进创新型国家建设的重要战略选择。国家发展改革委员会于2008年启动深圳市创建国家创新型城市试点工作,在此基础上,2010年国家科技部根据基础良好、特色鲜明、示范性强、体现层次性等原则,确定了首批20个国家创新型试点城市(区)(包括深圳、西安等)。希望充分发挥城市特别是创新型城市的引领、示范和带动作用,集聚形成一批创新型城市群,率先突破制约创新发展的瓶颈,加快创新型国家建设的进程。

(一) 创新型城市(innovative city)及其基本要素

1. 创新型城市及特征

从目前的文献研究来看,创新型城市(创新城市)的英文表述有两种:"creative city"和"innovative city"。"creative city"的说法主要来自欧洲(英国、荷兰等)的一些研究文献,主要是指对城市面临的问题提出具有创造性的解决办法,并由此带来城市的复兴。这些问题包括交通管理、产业发展、城市生态、种族融合等。相对于"creative city","innovative city"的提法包含了目前关于创新型城市研究的主流含义,主要研究"创新(innovative)"作为驱动力的一种城市经济增长和经济发展模式,并不断融合社会发展的理念和思想。

目前,我国学者将创新型城市定义为:在新经济条件下,以创新为核心驱动力,主要依靠科技、知识、人力、文化、体制等创新要素驱动发展的一种城市发展模式;一般由区域科技中心城市发展演变形成,对其他区域具有高端辐射与引领作用,是知识经济和城市经济融合的一种城市演变形态。根据定义,创新型城市的特点可以总结如下。

(1) 从城市发展的驱动力来看,"创新"是城市发展的使命和动力。技术创新、知识创新、服务创新和制度创新等是创新型城市的基本要素,创新人才、资本与产业是驱动城市发展的核心动力。创新活动已成为城市发展的新的模式和功能,城市不仅是新产品、新方法、新市场的诞生地,并且能利用创新来重组各类资源以提升城市的综合竞争力。中国创新城市评价课题组将创新城市应具备的基本特征总结为:充分的创新资源和创新条件,理想的创新投入水平,有效的企业创新活动,较高的产业创新水平,达到一定规模的创新产出以及经济发展方式的转变。

(2) 从网络系统角度看,创新型城市是一个复杂的城市创新网络,各种创新主体(个人、企业、高校、科研院所、联合组织、网络平台等)涌现,在创新资源、创新制度、创新文化的支撑下,形成城市内部创新系统。进而以城市内部创新要素为支撑,在集聚和配置创新资源、不断形成自我平衡调整和发展功能的基础上,形成城市持续创新能力,推动以创新驱动的集约型城市经济增长,推进城市建立于经济增长和经济增长方式转变基础之上的城市可持续发展。完善的城市创新系统是创新型城市的主要特征。

(3) 从城市发展的机制和区位看,创新型城市一般由科技和文化中心城市演变发展而来,具有较强区域影响力及辐射能力,对其他区域具有高端带动与引领作用。创新型城市不是孤立存在的,通过将城市创新能力资本化、产业化和社会化等途径,与其周边的资源型地区与城市、工业型城市以及消费型城市形成分工协作关系,在区域、国家乃至全球竞争体系中,集聚和配置创新资源。其输出的优势产品是新产品、新的生产方法、新的市场、新的供给来源、新的组织方式等,获得的是资源及基础农产品、工业制成品和消

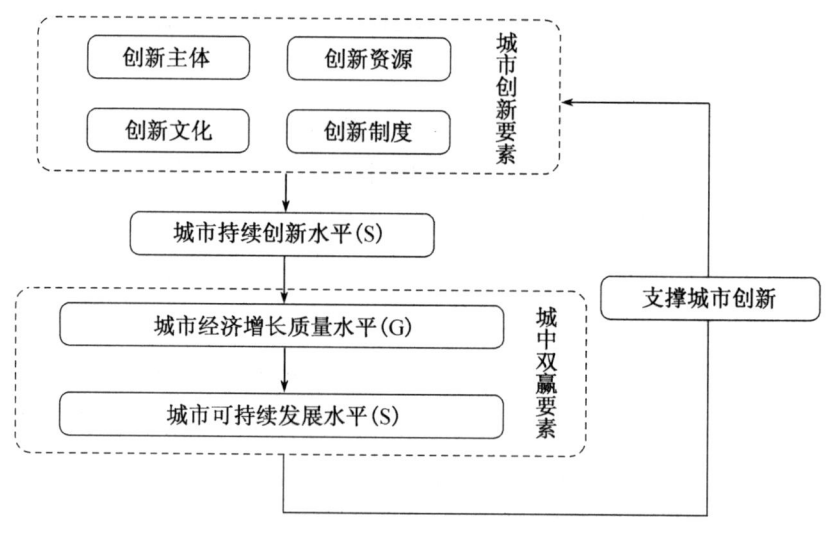

```
┌─────────────────────────────┐
│  ┌──────────┐  ┌──────────┐ │ 城
│  │ 创新主体 │  │ 创新资源 │ │ 市
│  └──────────┘  └──────────┘ │ 创
│  ┌──────────┐  ┌──────────┐ │ 新
│  │ 创新文化 │  │ 创新制度 │ │ 要
│  └──────────┘  └──────────┘ │ 素
└─────────────────────────────┘
              ↓
     ┌──────────────────┐
     │ 城市持续创新水平(S) │
     └──────────────────┘
              ↓
┌─────────────────────────────┐
│  ┌──────────────────────┐   │ 城
│  │ 城市经济增长质量水平(G) │   │ 中双
│  └──────────────────────┘   │ 赢
│  ┌──────────────────────┐   │ 要
│  │ 城市可持续发展水平(S)  │   │ 素
│  └──────────────────────┘   │
└─────────────────────────────┘
                    → 支撑城市创新 →
```

图 3-6　创新型城市概念模型图

资料来源：杨冬梅等.创新型城市：概念模型与发展模式.科学学与科学技术管理,2006(8).

费服务。通过向企业提供特定资源,产生外部性,使得企业在空间、技术及制度上趋于相似,带动整个区域的经济发展。概括来说,创新型城市应具备创新性、系统性、内生性、可持续性、集聚性和开放性六个核心特征。

2013年5月11日,丁学良教授在深圳"创新型城市:战略与路径"高峰论坛上,总结了创新型城市的核心特征:① 人口构成与思想观念的多元化;② 良好的教育体系;③ 有以高科技或者创新为特色的企业、产业;④ 非常好的艺术生活;⑤ 非常好的金融机构;⑥ 良好的法律机构。

2. 创新型城市基本要素

创新型城市的构建需要要素支撑和条件支撑,国内外许多学者从创新型城市建设的硬件条件、政策支持、文化氛围、创新意识等方面进行了总结。C. Landry(2000)提出了创新型城市建设的七要素:富有创意的人、意志与领导力、人的多样性与智慧获取、开放的组织文化、对本地身份强烈的正面认同感、城市空间与设施和网络机会。J. Simmie 等(2001)认为城市创新环境的产生有四个来源:经济集聚和企业国际化规模,同类型公司的空间集结与定位,城市经济规模与创新进程,创新源泉与国际出口市场的关联。此外,创新型城市还需具有高质量的知识劳动者和便利的基础设施及通讯。

综合各方观点认为,创新型城市包括四个内部创新要素和两个外部驱动要素。

(1) 内部创新基本要素

创新型城市具有四个内部创新基本要素:创新主体、创新资源、创新制度和创新文化。

◇ 创新主体——创新活动的行为主体。包括城市人才,企业、大学、研究机构、中介机构、政府等机构创新主体,以及以产业集群、产学研联盟等形式存在的创新群主体。

◇ 创新资源——创新活动的基础。包括基础设施、信息网络、技术、知识、资金等。

◇ 创新制度——创新体系有效运转的保障,是影响生产力发展的首要因素。制度创新首先包括明确政府在创新体系中的地位,明确定位自身角色,其次还包括激励、竞争、评价和监督等创新机制,以及政策、法律法规等创新政策。

◇ 创新文化——维系和促进创新的基本环境。包括城市文化观念、创新氛围等软环境,以及参与国际竞争与合作的开放的外部环境。

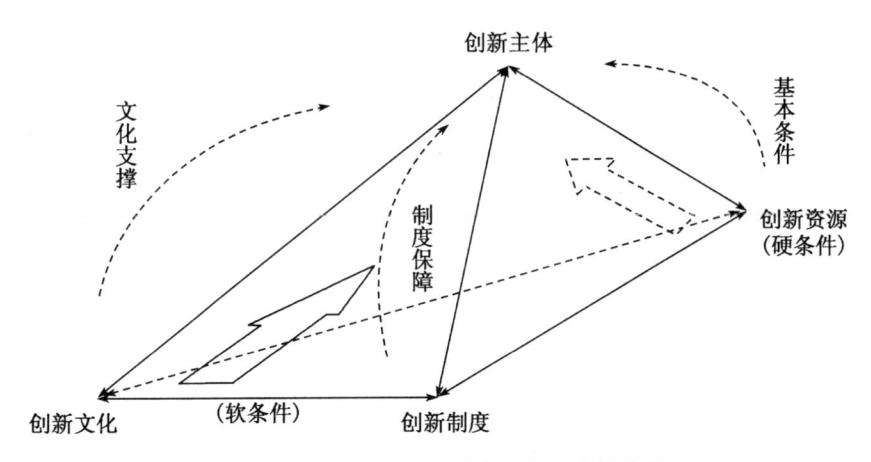

图 3-7 创新型城市的内部创新要素构成图

资料来源:杨冬梅等.创新型城市:概念模型与发展模式.科学学与科学技术管理,2006(8).

作为创新型城市,其创新活动主要由创新主体完成,创新主体是创新型城市中最重要的能动要素,其他要素均为环境要素,服务于创新能动要素,创新主体要素位于最顶端,是最重要的构成要素。其次,创新文化、创新制度以及创新资源共同构成了创新型城市发展的基本环境,它们是创新型城市建立的基础。这些环境条件又可以分为硬条件和软条件两类:硬条件主要是指各种创新条件资源,保证创新活动得以开展,是创新的物质来源。软条件,由创新文化和创新制度构成,是创新活动能够持续进行的软环境支撑要素。其中创新文化为创新活动提供文化上的支撑,创新制度则为创新活动提供制度上的保障,两者共同构成创新型城市运转的有效机制。创新主体、创新资源、创新制度与创新文化共同作用,协调互动,有机配合,形成创新型城市的自我平衡发展机制,推动城市形成持续创新能力。

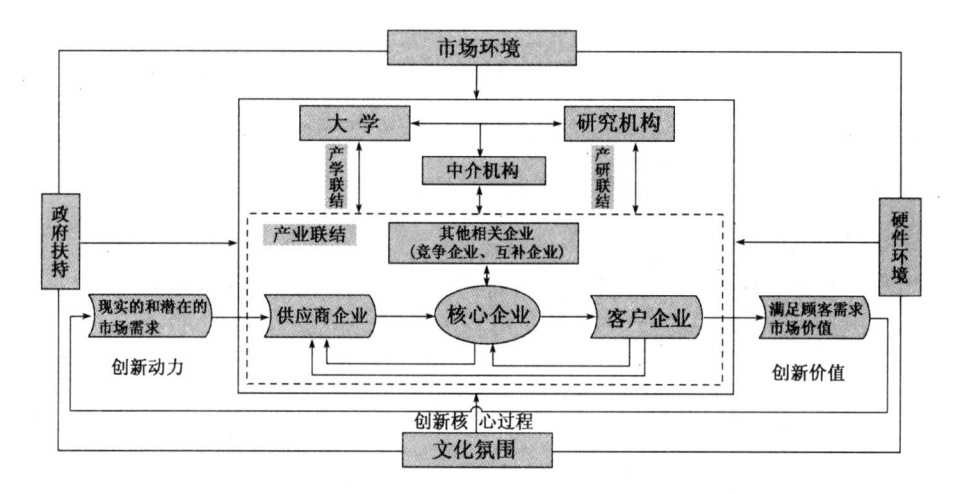

图 3-8 创新型城市建设的外驱动力

资料来源:尤建新等.创新型城市建设模式分析——以上海和深圳为例.中国软科学,2011(7).

(2) 外部驱动要素

政府的"推动"作用和市场的"拉动"作用非常关键,共同构成创新型城市建设的外部驱动因素,共同作用于整个城市创新体系。

(二) 创新型城市发展的基本模式和基本经验

1. 创新型城市发展的基本模式

在现代经济条件下,创新型城市的建设和发展主要受到政府和市场两种力量的作用。从政府与市场的不同组合来看,创新型城市的建设可以分为三种模式：政府主导型发展模式、市场主导型发展模式和混合型发展模式。

政府主导型发展模式。城市政府制定明确的创新型城市发展战略，制定和颁布促进创新型城市建设的政策措施，主导基础设施投资，推动国际、国内的创新资源要素向城市集中，支持和鼓励创新主体之间形成互动和网络关系，营造有利于创新的文化氛围，引导创新型城市建设。政府主导型的发展模式为创新型城市建设提供了初始动力，新兴赶超国家一般采用此模式。

市场导向型发展模式。市场导向型的创新城市发展模式在市场配置资源的前提下，创新主体在各自的利益需求和市场竞争压力下，主动寻求技术上的突破和科技创新，自发地在城市形成产业创新集群和有利于创新的环境。这种市场导向型发展模式适合市场高度发达的工业化国家。

混合型发展模式。混合型发展模式就是在创新型城市建设中同时吸收政府与市场两种力量。一方面，创新型城市建设充分利用市场机制推动创新要素向城市集聚与流动，另一方面利用政府的推动力促进城市公共设施的完善，特别是增大对城市科技和知识竞争力的基础投入。城市作为公共产品与私人产品的统一体，综合利用市场与政府、自发性与目标性等力量的推进。

从创新型城市建设的实践看，西方发达的市场经济国家越来越重视有目的的城市规划及政府引导，以保证城市的发展方向；同时，政府导向比较强的发展中国家则越来越重视市场导向的因素，创新型城市建设最终要使城市形成完善的市场体系，弱化政府政策的影响。因此，长远意义的创新型城市的建设和发展将逐渐趋向混合型发展模式。

2. 创新型城市发展的基本经验

（1）政府是创新型城市建设的重要驱动力。政府主导是指由城市政府制定明确的创新型城市发展战略，制定和颁布促进创新型城市建设的政策措施，不断加大基础设施投资，推动国际、国内的创新资源要素向城市集中，支持和鼓励创新主体之间形成互动和网络关系，营造有利于创新的文化氛围，引导全社会参与创新型城市建设。

城市作为公共产品与私人产品的统一体,其创新发展需要市场与政府、自发性与目标性等综合力量的推进。从历史实践看,即使是西方发达的市场经济国家,在建立创新型城市的初期,也是通过建立产业园区,兴办学校以及实施优惠的人才计划等政策,尽可能为城市发展提供优良的知识资本及人才资本,以平衡创新市场失灵,引导城市产业结构升级。而市场主导往往出现在创新型城市趋于成熟的阶段,此时创新型城市的创新体系基本形成,创新型城市具有生存环境及制度环境的区域优势,能够自发吸引外来高科技企业及人才进入,内部创新要素与外部驱动能够相互作用,保持城市可持续发展。因此,政府在创新型城市的形成过程中尤其是初期发挥了重要作用。

(2)通过创新网络化形成创新型城市的持续竞争力。依靠政府政策的扶持可以使城市在短时期内集中优势资源,但只有通过市场进一步完善和发展,形成创新主体、创新资源、创新制度和创新文化的相互作用网络,才能逐步弱化城市对政府政策的依赖,形成自主创新能力和自我调节能力,获得内生性和独立性。政府通过提供自主创新所需的导向性、公共性和保护性资源,建立自主创新所需的法规体系、规划体系、人才体系、市场体系、信息体系、标准体系、评价体系、激励体系、诚信体系等体系,以及人居环境和市政设施。大学、科研机构推进自然科学和社会科学的一体化,推进知识和经济的快速融合,推进新技术引进与新组织、新思维引进的融合。中介机构保障市场服务体系和企业信用体系的健全,在融资、信息、招商、谈判、人力资源、财务、广告、咨询、后勤服务、运营配送等领域为科技企业提供优质服务。完善的创新网络使整个城市真正具有持续竞争力。

(3)合理定位,构建创新型产业。在创新型城市建设过程中,应考虑城市本身的经济政治与文化基础,对于具有良好的经济基础及创新能力的城市,应建设科技创新驱动型的创新型城市,依托雄厚的科教资源、高校及科研所,形成创新源头,从而带动高新技术产业的发展;第三产业占GDP比值、高新技术产业值占GDP比值已经达到较高水平的城市,可以着眼于发展现代装备制造、现代服务业及战略性新兴产业等国家重点产业,通过产业转型、产业集群化发展的创新模式使相关产业逐渐步入全国前列;部分地区

—第三章 创新型经济的文献与国际经验—

得益于得天独厚的区域优势,在全球化进程中,能够便利地使用国际创新资源,应向开放型创新驱动城市发展。

结合自身独有的优势和特色,如资源特色、区位特色、产业特色、文化特色,选择不同的创新驱动要素,走特色化、差异化的发展模式。建设创新型城市的基础是构建创新型产业。作为现代人类主要经济、社会活动的中心,城市的产业发展和总体经济实力是实现城市功能的基础。国内外建设创新型城市的构想都以产业创新为推动创新型城市形成的基本目标和动力。产业创新指向具有创意性、研究性和发展的可持续性等准入门槛更高的产业方向。

(4) 开发建设产业园区,是跨越式建立创新型城市的经典模式。大都市通过城市产业升级与资源整合,给出了建设创新型城市的目标和方向,但占城市数量绝大多数的二三线城市,由于科教资源和创新产业的缺乏,并不能简单地复制大都市优化整合本地创新禀赋的创新路径。为了实现战略赶超,快速形成城市竞争力,通过开发建设产业园区及开发特区,带动城市发展,成为建设创新型城市的不二选择。

众多新兴创新型城市发展经验表明,通过国家投资产业园区,能够在短时间内集中优势资源,形成地区科研能力和创新能力,加快高端创新平台的建设部署,吸引国内国际顶尖的科研机构、企业研发中心落户,进而形成创新集群。配套实施相应的人才引进和培养计划,形成区域研发资源聚集高地和策源地。同时依靠政策倾斜,弥补本地基础设施不足的缺陷,积极发展创新集群,创建国际一流研发特区创新网络,实现城市经济与科技的腾飞。

(5) 以教育为依托。创新型城市往往是人才集聚的地方。一方面,创新型城市往往以教育及高等学府为依托,城市内部或周边地区设有大学、工学院等教育机构为城市建设提供源源不断的科技人才;另一方面,为了保持创新活力,创新型城市还通过提供良好的公共服务设施以及优雅的生活环境吸引外来人才流入。另外,创新型城市内部众多企业为劳动者提供了充足的工作岗位、更多的就业机会,再加上城市产业的集聚效应,增加了创新型城市对于劳动者的吸引力。

(6) 产学研一体化。当今世界,科技与经济的联系越来越紧密,其突出表现为随着新科技革命的突破,紧接而来的是产业革命。科技创新几乎与产业创新同时进行。现有创新型城市都十分重视企业与科研机构的互动与合作,从合作源头确保项目的市场性,提高科技成果的转化率。一方面科研机构承担基础研究、应用研究和开发研究之间的衔接工作,消除研究开发不同阶段之间的界面障碍,真正重视应用性成果的成熟性。另一方面建立工程研究中心、中试基地和孵化器,搭建产学研良性互动的平台。此外,健全的技术转移中介组织,能够拓宽科研机构研究成果转化的渠道,其提供的科技成果转化、技术推广、科技评估、资源配置、决策和管理咨询等专业服务大力促进了科技成果向现实生产力转化。

(7) 资本充分流动,拥有宽松的融资环境。创新型城市的建设需要资本推动。在创新型城市建设初期,政府往往通过财政投入,发起建立产业园区、研究所等项目,或政府通过购买,为城市发展提供启动资金。随着城市规模的扩大,以及城市内部经济结构的完善,直接的财政政策逐渐退出,健全的法律制度及金融监管制度对于资本引入及使用起到核心作用。

创新型城市往往存在合理的金融制度安排,包括对于风险投资、信用担保、股票期权、资产证券化以及民间金融和非正式金融的有效管理及风险防范;具有丰富的融资平台,包括股票市场、债券市场、基金市场和产权交易市场的直接融资,以及银行信贷、票据融贷等间接融资。城市内部的金融机构与企业间亲密合作,保证了资本的流动,完成了对企业家的筛选,为那些创造新产品成功可能性最高的企业家提供了资金支持。

(8) 优美宜居的自然环境,完善的公共基础设施。优雅的自然环境和良好的居住条件是创新型城市竞争力的重要组成部分,已经成为创新型城市评价的重要指标。创新型城市往往位于气候良好、自然环境优美的地区,在自身工业发展的过程中亦保持了人与自然的和谐发展。同时,学校、医院、餐厅、金融机构等服务机构完善,道路和交通发达,不仅形成对人才强烈的吸引力,而且为本地科技和文化的发展提供了更多的发展空间。

创新型园区的研究是在建设创新型国家和实施自主创新战略的背景下兴起的高新区战略转型思路。2009年,科技部制订发布《创新型科技园区建设指南》,在国家高新区开展创新型科技园区建设工作。国内许多国家级高新技术开发区都提出了建设创新型园区的构想和目标,以此来实现"四位一体"的定位,即高新区要"努力成为促进技术进步和增强自主创新能力的重要载体,成为带动区域经济结构调整和经济增长方式转变的强大引擎,成为高新技术企业走出去参与国际竞争的服务平台,成为抢占世界高新技术产业制高点的前沿阵地",最终使园区通过创新能力的提升实现可持续发展。

(三) 创新型城市建设的评价体系

2010年,科技部发布了《创新型城市建设监测评价指标(试行)》,用于对试点的创新型城市进行评价。此外,各省也纷纷出台监测评价指标,配合创新型城市建设。

表3-8 创新型城市建设监测评价指标(试行)

一级指标	二级指标
创新投入	每万人劳动力从事R&D人员数量(人/万人)
	万名就业人口中受过高等教育人数所占比重(%)
	全社会R&D投入占GDP比重(%)
	地方财政科技拨款占地方财政支出的比重(%)
企业创新	企业R&D投入占企业销售收入的比重(%)
	消化吸收费用占技术引进经费的比重(%)
	规模以上企业中拥有研发机构的企业所占比重(%)
	高新技术企业占企业总数的比例(%)
成果转化	百万人口发明专利授权数(件/百万人)
	百万人口技术市场成交合同额(万元/百万人)
	百万人口拥有的有效商标注册量(个/百万人)
	本市拥有自主创新产品和国家级新产品数量(个)
高新产业	高技术产业增加值占工业增加值的比重(%)
	生产性服务业产值占服务业产值的比重(%)
	主要污染物排放量减少幅度(%)
	万元GDP综合能耗(吨标煤)
	全员劳动生产率(万元/人)

(续表)

一级指标	二级指标
科技惠民	百人口国际互联网用户数(户/百人)
	城市空气质量指数(%)
	城市污水处理率(%)
	公众基本科学素养
创新环境	科技进步法落实情况
	激励自主创新政策落实情况
	对外开放和国际科技合作情况
	其他本地有特色、有创造性的创新政策措施情况

2011年,江苏省科技厅发布《江苏省创新型城市创新型乡镇创新型园区建设评价考核指标体系(试行)》,并在省内各地推行。该指标体系适用期限为2011~2015年。针对创新型城市建设,指标规定全社会研发投入占GDP比重必须在2.5%以上;大中型企业中拥有研发机构的企业所占比重在70%以上;每万人口专利授权数、发明专利申请数分别在70件以上、20件以上;空气质量优良天数占全年天数应在85%以上,主要污染物年均值需满足国家二级标准;每万人口中研发人员数量应在50人以上。

表3-9 创新型城市建设评价考核指标(省辖市)

一级指标	二级指标	考核目标
创新投入	全社会研发投入占GDP比重(%)	2.5%以上
	财政科技支出占一般预算支出的比例(%)	4%以上
企业创新	大中型企业研发投入占销售收入的比重(%)	1.8%以上
	大中型企业中拥有研发机构的企业所占比重(%)	70%以上
	高新技术企业占企业总数的比例(%)	8%以上
知识产出	每亿元GDP专利授权数和发明专利申请数(件)	6件以上、2件以上
	每万人口专利授权数和发明专利申请数(件)	70件以上、20件以上
	工业企业自主知识产权产品产值占比(%)	60%以上
	新产品产值占规模以上工业产值的比重(%)	20%以上

(续表)

一级指标	二级指标	考核目标
创新绩效	科技进步贡献率(%)	60%以上
	高新技术产业产值占规模以上工业产值的比重(%)	45%以上
	万元GDP综合能耗(吨标煤)	完成省下达的年度节能约束性指标
	空气质量	空气质量优良天数占全年天数85%以上,主要污染物年均值满足国家二级标准
	城市污水处理率(%)	90%以上
	全员劳动生产率(元/人)	全国平均水平1.5倍以上
创新环境	各类科技创业园孵化面积及在孵企业数(平方米、家)	300万平方米以上、4 000家以上
	省级以上科技平台数(家)	100家以上
	每万人口中研发人员数量(人)	50人以上
	万名就业人口中受过高等教育人数(人)	1 450人以上

(四) 创新型城市建设案例

众多建设创新型城市的经典案例告诉我们,基于不同的科技能力与经济实力,选择不同的发展道路,个性迥异的城市亦能殊途同归,实现建设创新型城市的愿景。下面列举了四个典型的创新型城市,结合其兴起背景及发展历程,探究建设创新型城市的成功之路。

1. 美国硅谷

硅谷是高科技公司云集的美国加州圣塔克拉拉谷的别称,位于加利福尼亚州北部,旧金山湾区南部,一般包含圣塔克拉拉县和东旧金山湾区的费利蒙市。严格来说,硅谷并非城市,不属于创新型城市的研究范畴,但它出现在众多创新型城市研究文献中,受到学者的广泛关注,其形成模式也不断被东亚等地区的新兴国家作为建设创新型城市的样本,印度班加罗尔以及下文提到的韩国大田都是仿照硅谷模式兴建起来的。此外,硅谷从工业园区逐渐推动临近城市,乃至整个区域的繁荣,也代表了现今新兴国家创新型城市的主流模式。

硅谷是美国重要的电子工业基地,也是世界最为知名的电子工业集中地。2006年硅谷总共有225 300个高技术职位。以高技术从业人员的密度而论,硅谷居美国之首,每1 000个在私营企业工作的人里有285.9人从事高科技业。高技术职位的平均年薪亦居美国之首,达到144 800美元。2008年硅谷人均GDP达到83 000美元,居全美第一。硅谷的GDP占美国总GDP的5%,而人口不到全美的1%。硅谷以附近一些具有雄厚科研力量的美国一流大学斯坦福、伯克利和加州理工等为依托,以高技术的中小公司群为基础,并拥有思科、英特尔、惠普、朗讯、苹果等大公司,融科学、技术、生产为一体。硅谷是最早研究和生产以硅为基础的半导体芯片的地方,尽管美国和世界其他高新技术区都在不断发展壮大,但硅谷仍然是高科技技术创新和发展的开创者。

(1) 建设创新型城市的背景

硅谷所在的旧金山湾区最初是美国海军的研发基地,随后许多科技公司的商店都围绕着海军的研究基地而建立起来。二战后,海军将西海岸的业务移往加州南部的圣迭戈,由NASA接手了海军原来的工程项目,然而大部分的公司却保留下来,在硅谷逐渐形成航空航天企业聚积区。二战后,随着美国回流学生的增多,为满足财务需求,同时给毕业生提供就业机会,斯坦福大学采纳特曼教授的建议开辟工业园,允许高技术公司租用其土地作为办公之用,并鼓励学生在当地发展风险投资事业,从而拉开了硅谷兴起的序幕。

(2) 发展历程

硅谷的发展始于斯坦福研究园的成立。1951年,特曼教授成立斯坦福研究园区,这是第一个位于大学附近的高科技工业园区。园区里一些较小的工业建筑以低租金租给一些小的科技公司。最开始的几年里只有几家公司安家于此,随后,依靠斯坦福大学最新的技术以及出租的土地,越来越多的公司来到硅谷。土地租金以及与公司的合作成为斯坦福大学的经济来源,使得斯坦福大学不断兴旺发达,逐渐形成了依托于斯坦福大学的公司聚集地,并吸引更多怀揣企业家梦想的高科技人才来此创业。

1956年,晶体管的发明人威廉·肖克利在斯坦福大学南边的山景城创立了肖克利半导体实验室。1957年,肖克利决定停止对硅晶体管的研究。当时公司的八位工程师出走成立了仙童半导体公司,称为"八叛逆"。"八叛逆"里的诺伊斯和摩尔后来创办了英特尔公司。在仙童工作过的人中,斯波克后来成为国民半导体公司的CEO,另一位桑德斯则创办了AMD公司。

1972年第一家风险投资公司在紧挨斯坦福的Sand Hill路落户,至此,风险资本极大促进了硅谷的成长。1980年苹果公司的上市吸引了更多风险资本来到硅谷。经过几十年的实践、摸索和调整,硅谷形成了创办新型高科技企业的有效和基本固定的创业模式,企业的成长历程一般经历创建阶段、成长阶段、获利阶段。风险资金来源于不同渠道,风险投资家只是资金的管理者。在硅谷,80%以上的风险基金来源于私人的独立基金,包括个人资本、机构投资者资金、私募证券基金和共同基金。其组织形式为小企业投资公司、合作制的风险投资公司、股份制的风险投资公司以及大集团内部的风险投资公司或大公司内部的风险投资部。在这种"技术+企业家+资金"的模式下,硅谷不断扩大发展,成为全世界高新技术发源地和中心。

(3) 成功因素分析

① 重视科技,发展高新技术产业集群。硅谷的成功得益于其成功的产业集群。由于集群具有地域化聚集、专业化分工、社会化协作的特点,增强了地区产业竞争力。硅谷地区以高校及创新企业为主体,各创新要素参与、协作,使得硅谷成为一个创新整体,克服了单独个体智力与资金的限制,整合多种知识技术资源和技能,产业链和创新配套条件得到优化,降低了技术和市场风险与不确定性,增大了创新投入意愿以及创新成功的努力和探索,保持了创新的活力。

② 创新主体相互作用,形成完善的创新网络。从创新个人来看,硅谷有大批劳动力、科技开发人员、经营管理人员和市场销售人员,活跃于企业之中,推动企业技术创新,并在地区整体优势中占有核心地位。从机构和技术能力来看,硅谷有大量的机械和原材料辅助生产部门和机构、强有力的金融机构、专门传播最新开发技术知识的机构,以及分析最新市场动态的咨询机

构等,这些构成了地区知识技术能力的强大支撑,是硅谷地区创新整体优势的坚实基础。从规范、模式和制度文化来看,硅谷有分权和积极介入、利用外部知识技术资源的组织模式,乐于助人的氛围,技术合作联合的传统,这些构成了地区创新整体优势的长久保障。从知识技术运行网络来看,硅谷有以地区网络为基础的工业体系,能促进各个专业制造商集体学习和灵活调整一系列相关的技术,这些构成了硅谷地区整体创新优势得以形成和维持的最重要依托。

③ 充满活力的人力资本机制。硅谷是美国高科技人才的集中地,更是美国信息产业人才的集中地。在硅谷,集结着美国各地和世界各国的科技人员达100万以上,美国科学院院士在硅谷任职的就有近千人,获诺贝尔奖的科学家就达30多人。

硅谷人才流动分为正式和非正式渠道。正式渠道是职业介绍所,硅谷不仅有为一般劳动者提供服务的临时职业机构,而且还有专门招聘高级专业技术人才和高级经理人员的猎头公司;非正式渠道是酒吧、咖啡馆、俱乐部、健身房、展示会等聚会场所,它们不仅是硅谷人交流信息的场所,也是非正式的招聘中心。人力资本参与收入分配,员工持股和股票期权是硅谷的制度创新,是硅谷技术创新和经济增长的推动力。

④ 闻名世界的风险投资机制。硅谷拥有世界上最完备的风险投资机制,有上千家风险投资公司和2 000多家中介服务机构,风险资金来源于富有的个人资本、机构投资者资金、私募证券基金和共同基金等多种渠道,其组织形式为小企业投资公司、合作制的风险投资公司、股份制的风险投资公司以及大集团内部的风险投资公司或大公司内部的风险投资部。风险投资是硅谷科技创新和产业化的前提。据美国风险投资协会的一项调查表明,受风险资本支持的企业在创造工作机会、开发新产品和取得技术突破上明显优于一般大公司,不仅如此,这些公司的成长推动着硅谷经济的发展,增强了其在世界上的竞争力。以斯坦福大学为首的科研院所与充裕的风险资本相结合,创造和刺激了硅谷高新技术产业的蓬勃发展。

⑤ 高品质的生活环境。硅谷气候宜人,因属温带海洋性气候,夏天不热,但干燥少雨,冬天不冷,潮湿多雨,全年平均温度13~24℃,全年日照300

多天。污染少,美丽绵长的海岸线、森林和300多平方公里的国家公园,这些都是吸引许多人留在硅谷创业发展的重要原因。从城市规划和建设的角度来看,硅谷的社区设计注重特色,包括历史的、传统的和现代的三种类型,极富吸引力;交通体系完善发达,各种交通形式俱全,包括公交、快速铁路、通勤铁路、轻轨、轮渡等,与整个湾区相连,成为有机整体;生活配套设施十分完善,教育、医疗、体育、文化都十分发达,优良的教育质量对于吸引和留住高素质人才起到了非常大的作用;生态环境优美,西邻太平洋,东靠众多国家级旅游胜地,城市内部不仅保证较高的绿化率,城市周边的开阔空间也得到很好的保护,对保护生态多样性和优良的空间景观起到了重要作用。

⑥ 政府在硅谷兴起中所起的作用。硅谷的成功是一个典型的由市场主导建立创新型城市的案例。从硅谷的生存与发展历史看,与美国政府没有任何直接的关系,美国政府在硅谷的形成和发展中,只是起到一个间接扶持和引导的作用。同样,对于硅谷风险投资的形成与发展,美国政府也只是起到间接扶植和引导的作用。

然而,美国政府在构造良好的政策环境与金融安全方面的作用是不可忽视的。首先,美国本身是一个市场发育非常健全、市场机制相当完善、市场经济非常发达的国家。由于市场体系的完善,法律法规的健全,市场上资金充裕,专业化服务随手可得,使得硅谷的创新动力持久不衰。美国政府通过健全服务与监管体系,来规范风险投资的规则,优化风险投资的环境,形成风险投资社会化和市场化,提高风险投资能力。同时,美国政府通过立法、制定政策和发展计划,给予间接扶持政策。美国政府实施的小企业投资法、小企业研究计划、知识产权保护等政策,给予风险投资发展极大的支持;一系列鼓励对科技型小企业的长期风险投资的优惠政策,直接刺激了社会风险投资供给规模;设立纳斯达克股票市场为美国硅谷创业公司创造了上市融资的有利条件,从而为硅谷的风险投资提供了退出渠道;成立了国家风险投资协会,制定了有关法规,除了加强行业管理,规范风险投资行为外,还为交流投资信息、进行人员培训、组织联合投资、改善投资环境、拓宽资金来源和投资渠道等提供多方位的服务。

2. 英国伦敦

作为一个典型的创新型城市,伦敦发展的突出特点在于其发达的文化创意产业。在建设创新型城市之前,伦敦已经具有高度发达的工业制造能力及金融网络。伦敦是英国的金融和商业中心,世界上最大的金融和贸易中心之一,同时是世界最大的国际外汇市场和欧洲美元市场。英国中央银行——英格兰银行以及13家清算银行和60多家商业银行也均设在这里。伦敦还是世界上最大的国际保险中心,伦敦股票交易所为世界四大股票交易所之一。此外,伦敦还有众多的商品交易所,从事黄金、白银、有色金属、羊毛、橡胶、咖啡、可可、棉花、油料、木材、食糖、茶叶和古玩等贵重或大宗的世界性商品买卖。伦敦对于创新型城市的建设体现了高度发达的传统产业向创意产业的转型。

(1) 建设创新型城市的背景

伦敦是世界著名的商业金融中心,欧洲500强企业中,有超过100家的企业总部设在伦敦。伦敦的生命科学产业、医药产业、创意产业等在国际上具有较强的竞争力。伦敦也是全球高等教育中心。1/3的英国高等教育机构设在伦敦,包括40所大学与学院,55所继续教育学院,9所研究与技术所。此外,还有数百个智囊团、研究和科学机构、教授团体。规模庞大的高等教育为伦敦经济的发展带来了巨大活力。高校学生每年为伦敦消费80亿英镑的产品和服务,来自海外的伦敦高校的留学生和游客每年为英国贡献7.5亿英镑,伦敦高校每年从英国国内和海外获取的科研经费超过6亿英镑。伦敦的高等教育贡献了英国GDP的1%、伦敦的4%。

但是,伦敦在研究与发展上投入较少,企业研发投入占GDP的比重只有英国平均水平1.2%的一半左右,企业、政府和高校的总研发投入占GDP的1.4%,低于英国1.8%的平均水平。专利申请量也低于英国平均水平。从1998年至2000年,只有18%的伦敦公司引入新产品。此外,伦敦的知识转移机制缺乏成效,只有少量的伦敦公司参与促进大学、毕业生与企业合作的教学公司计划。

(2) 发展历程

英国政府自1994年就开始重视文化创意产业的发展,将其列为国策之一,并通过成立文化创意产业出口推广咨询小组和创意产业工作小组,促进英国创意产业的发展。伦敦对创新型城市的建设非常重视,在出台"伦敦创新知识转移战略"、"伦敦创新框架"的基础上,2003年,伦敦市公布了《伦敦:文化资本——市长文化战略草案》。提出文化发展战略是维护和增强伦敦作为世界卓越的创意和文化中心的主要途径以及把伦敦建设成世界级的文化中心的目标。同时,通过设立专门评估创意产业的委员会以及实施"创意伦敦评估"项目,进一步促进伦敦创意产业的发展。

作为创意伦敦计划的一部分,2005年3月,伦敦市发展局设立了"创意之都基金",为伦敦创意产业中有才华的企业家或商人提供原始资本投入和商业支持以激发他们的创意潜力,基金原资产净值达500万英镑,加上私人投资相配套,其资产达到了1亿英镑。伦敦市还通过采取对创意产业从业人员进行技能培训,给予企业财政支持、知识产权保护、文化出口鼓励等措施来促进伦敦文化创意产业的发展。

目前,伦敦创意产业的艺术基础设施占全国的40%,集中了全国90%的音乐商业活动、70%的影视活动以及85%的时装设计师等。创意产业成为伦敦的主要经济支柱之一,产出和就业量仅次于金融服务业,是增长最快的产业。在创新型城市构建过程中,伦敦尤为重视以音乐、电影、娱乐软件、广告和时尚设计等为代表的文艺创意产业的发展。

(3) 成功因素分析

① 政府主导下制定完善的创新战略与举措,创新型城市建设有条不紊。伦敦为建设创新型城市,首先明确了城市发展目标,凭借城市拥有的丰富文化内涵与创造力,定位于文艺创意产业的发展。围绕这一目标,制定出台了全面详细的规划,并在2003年3月20日,出台了一项旨在把伦敦建设成为世界知识经济领头羊的《伦敦创新战略与行动纲要2003~2006》,确立了把伦敦建设成为世界领先的知识经济型城市的目标,为此还明确了三大战略和重点举措。通过政府主动引导,提升创新理念,培育创新人员,并针对主要地区和产业部门制定创新计划。在政府的推动下,帮助中小企业实现创新融资,在全社会打造浓厚的创新氛围。

② 积极发挥"第三部门"的作用,构造创新体系。文化创意产业之所以

在伦敦得到蓬勃发展,除了伦敦市政府对创意产业的高度重视外,相关机构提供的具体支持服务也起到了重要作用。这些机构被统称为"第三部门",主要由伦敦市发展局、英国当代艺术中心、Something Else公司、国王学院等机构组成。它们建立起了学校—研究所—企业之间的有效创新平台和运行机制来加强区域创新体系建设。不仅促进文化创意稳定发展,而且复制成功经验,不断扩散其区域、本国及国际的影响力,对文化创意产业的发展与推广起到了积极的推动作用。

③ 原有金融及工业基础为创新型城市提供了物质保障。伦敦作为世界经济、金融、贸易中心,经济高度繁荣,资本充分流动,为创意产业融资提供了便利条件。伦敦无论是在城市环境、交通、基础设施建设,还是公共服务方面,都十分完善,也为创新网络的形成提供了完美的社会资本。另外,伦敦凭借其历史光环,吸引了一大批新兴国家模仿学习,在借鉴经济发展经验的同时,也为伦敦引领文化潮流做了广告。

④ 集聚全民力量,培养市民的创新理念与灵感。伦敦市积极营造创新文化氛围,通过教育培训推介支持公民的创意生活,不仅给广大市民提供接触文化创新的机会,而且也为文化创意产业的发展提供良好的外部环境。同时,伦敦积极开展各类民间的国际合作与交流,通过加强与其他国家在文化领域的交流与合作,促进共同的进步,实现全民创新理念的普及与传播。

3. 韩国大田

大田市地处韩国中部,是韩国第二行政中心,韩国的科技中心城市。有超过70家领先的研究所都设在该市的大德研究基地内,大德科技园区内有近800家高科技企业,有"韩国的硅谷"之称。同时也是大德研究基地和国内外27个科学城市之间结成的世界科学城市联合事务局所在地。目前,大田是占韩国国民经济总额23%的关键城市,是支撑韩国实现经济腾飞的典范,也成为世界上著名的创新型城市之一。大田市的发展代表了政府主导下,从科技园区建设、高端研发资源聚集、政府职能转变以及建立实验室企业等方面迅速形成城市创新体系,实现创新型城市建设的发展模式,这种发挥科技创新后发优势的城市的做法就很值得借鉴展开。

(1) 建设创新型城市的背景

韩国大田本是个资源匮乏、面积不大的小城市。20世纪70年代以前，大田的科技发展十分缓慢，1950～1953年，朝鲜战争使大田完全变成了一片废墟。到了20世纪70年代，韩国政府开始着眼于摆脱经济过分依赖加工型行业的状况，从根本上提高国家竞争力。随着首尔至釜山、首尔至木浦的高速公路的建设开通，大田便成为高速公路的交叉点，受到韩国中央政府的关注。1973年，韩国政府投入15亿美元在大田市开发建设大德科学城，掀开了大田科技发展的新篇章。

(2) 发展历程

大田科技发展初期，完全是由政府主导。1973年韩国政府投入15亿美元在大田市开发建设大德科学城后，由于配套设施不完善，大学和研究机构匮乏、工业基础薄弱，在起步的头十几年内，大德科学城一直处于低迷状态。为此，政府招揽海外的韩国科学家和工程师回国，在大德组建韩国电子通信研究院等政府研究机构。1989年，韩国科学技术院从首尔迁入大田，为以后大田科技腾飞提供了人才保障。

随后，政府通过政策激励方式鼓励韩国大型企业将其研发机构迁至大德，包括三星、LG、韩国电信等大型企业的研发中心纷至沓来。为满足信息技术产业发展及研究人才的需求，1997年在大田成立了韩国情报通信大学。韩国电子通信研究院于1993年研发出64MDRAM内存，并于1996年在世界上首次实现了CDMA移动通信技术商业化。技术密集型产业在大田得到迅速发展。

1997年受到亚洲金融危机的冲击，大田的科研机构研发资金投入急剧下降，大型企业的研发活动受到很大影响。韩国政府适时推出起步公司扶持计划，许多以新技术为基础的公司在大田纷纷成立。

2004年12月29日，韩国国会通过了《大德研究开发特区特别法》。2005年，大田市儒城区和大德区一带被指定为"大德研发特区"，随之而来的是国家对该地区创新活动的政策激励，包括税收激励、安排重大研发项目并预留风险投资基金等。"大德研发特区"作为官产学研交织在一起的研究开发和技术产业化基地推动着大田科技的发展。

2008年，大田市高新技术产业产值为1216.93亿美元，高新技术产业产值和增幅一直保持在韩国前三位之内。目前,大田市已经形成了以IT产业为龙头、以生命医学领域等为主导的高科技产业群。

(3)成功因素分析

① 产业园区推动城市发展。韩国科技创新活动最活跃的地区当属大田,大田最活跃的创新区域当属大德。韩国政府对于大田市的建设是通过对大德科学城的投资与建设实现的,大德科学城的发展带动了整个大田市的发展。2004年,韩国国会通过了《大德研究开发特区培育特别法》,2005年,成立大德研发特区,总面积达到了70.4平方公里,占到全市面积的13%。目前,在大德研发特区内,政府、大学、政府出资的研究机构、企业研究所以及创业企业等6类机构在大田区域创新体系下,通过相互合作和促进,在政府推动和研发拉动双重引擎下实现了科技的创新和商业化。

大田科技发展主要是放在国家科技研发上,而大德研发特区的成立将使大田的科技发展获得更多的自主权。大田借助特区这个平台,把实现科技研发成果的产业化作为科技发展的重点,也预示着市场主导科技发展阶段的到来。

② 政府主导,集合资源优先发展。大田区域创新体系的建立采取的是典型的政府主导型的科技发展模式,很大程度上依赖于韩国中央政府和地方政府的推动。首先,韩国政府直接投资于大德科学城,建立政府科研机构及高等院校,为大田科技跨越式发展提供了科研条件和人才基础。其次,政府通过实施科技立国战略,花费巨资建设大德科学城并给予其众多优惠激励政策。在大德特区投资高技术产业、高技术服务业,企业所得税可享受五免二减半,即开始5年全免,随后2年减免50%,还减免地方税(包括征用税、注册税、财产税)15年。

为加强产学研之间的互动与合作,政府在上世纪80年代专门建立了研发信息中心,以此推动产学研的合作发展。上世纪90年代,韩国政府对科技型中小企业给予了很大的支持,最直接的体现就是1996年依照美国NASDAQ建立起来的KOSDAQ,为快速发展的科技型中小企业提供广阔的融资渠道,大田不少科技型中小企业迅速成长。

此外,政府还为大德研发特区配置完善的基础配套设施,提供公共服产品,为在特区内工作的人员提供科研和生活上的便利,如运动设施、医疗机构及娱乐设施等。

③ 扶持高科技企业发展,形成产学研体系。大田不断加大对企业的技术创新的支持力度。一方面,大田市鼓励高等院校、科研机构面向企业开放共享科技资源,支持高等院校、科研机构、企业更多地承担半导体、新一代卫星等应用科学领域世界水平的重大科研项目,促进产学研紧密结合。另一方面,充分利用市内国立纳米加工中心、韩国基础科学研究院等高水平研究院所云集的优势,建设一批面向企业的技术创新服务支持中心,帮助企业开发新产品、调整产品结构、创新管理和开拓市场,提升核心竞争力,并逐年加大对科技型中小企业技术创新的财政支持力度,扶持和壮大一批具有创新能力和自主知识产权的中小企业。

重视创新主体间的联系和相互作用,产学研合作侧重于发挥各方优势,以共同研究为主,形成了产学研共同研究体、委托开发研究、产业技术研究组合以及产学研合作研究中心四种组织形式。紧密的合作方式充分利用了各自的优势和资源,同时赋予大田产业内生创新驱动力,通过经济参与者间的相互作用创造价值,减弱了对于政策的依赖。

④ 兴办教育,培养专业人才。大德研发特区里有包括韩国科学技术院等5所大学,可以为大德研发特区甚至整个韩国源源不断地提供优秀的研究员、专家以及受过专门教育的人才;同时,大学里的研究也是大田区域创新体系的重要一环,在大田产学研合作中发挥重要作用。其中,1989年迁入大田大德的韩国科学技术院是韩国最高科学英才教育机关,是韩国最大的以研发为主的理工科大学,有"韩国的麻省理工学院"之称,直属于韩国教育科技部。

⑤ 重视知识产权保护。大田市十分注重知识产权保护,通过严格执法保护企业的自主知识产权,鼓励研发,激励创新,引领大田乃至韩国未来经济的科技研究活动。近年来,大田市专利申请量增势迅猛,自2001年起,发明专利申请量增幅稳居韩国第三位,实用新型专利申请量增幅居韩国第二位。与此同时,大田市还特别强化在外经贸过程中的知识产权预警工作,立足于国际竞争,提升企业应对国际知识产权诉讼的能力。

4. 中国深圳

深圳向创新型城市的主动转变,既是产业结构纵向的主动升级,也是创新战略由产业向城市的横向扩展。深圳作为中国对外贸易与加工业的典型城市,其发展模式曾是中国众多城市模仿的榜样。现今,深圳向创新型城市的转变对于其他后进城市的发展也具有深远的启发意义。

（1）建设创新型城市的背景

经济发展的初期,深圳政府选择了发展增值能力强的产业,贸易和三来一补加工业成为维系深圳市经济的命脉。这使深圳具有相对优越的工业基础,初步尝试了创新,积累了雄厚的资金,并为下一步的发展奠定了基础。

20世纪90年代初期,深圳的政策优势不再明显,三来一补企业纷纷外迁。深圳意识到,不自主创新,不发展高新技术产业,深圳的发展将后劲不足。于是,在全国其他地方正在大张旗鼓进行招商引资的时候,深圳果断地把发展高新技术产业作为产业结构调整的举措,推出了高新技术产业"三个一批"战略,通过优先发展具有优势的电子信息、生物技术和新材料三大支柱产业,扶持华为、中兴等26家重点高新技术企业及19个创新名牌高新技术产品来带动高新技术产业发展。

进入21世纪,土地明显成为深圳发展无法跨越的障碍,深圳再次站在十字路口。深圳要发展,必须转变经济增长方式。鉴于此,深圳市政府提出了推进区域创新体系建设的战略任务,全面提升深圳高新技术产业的自主创新能力,优化高新技术产业发展的软硬环境。这一时期,深圳向构建区域创新体系的更高层次迈进了一大步,把深圳在自主创新方面的局部优势转化为系统优势。

（2）发展历程

2006年年初,深圳市出台了1号文件,在全国率先提出建设创新型城市的目标,把自主创新作为深圳未来五年城市发展的主导战略。以"一个目标,四个战略,五大高地"为建设架构,从人才、资金、合作、文化等九大方面对创新型城市建设的具体做法进行了谋划。

2010年深圳实现高新技术产品产值1.29万亿元,研发投入占GDP比重达到3.81%,超过经济合作与发展组织国家的平均水平;每万人拥有发明专利超过了50万件,居全国第一;PCT国际专利申请量占全国的40.3%,连续9年位居国内大中城市首位。高新技术产业已成为深圳首屈一指的支柱型产业。

(3)成功因素分析

① 重视创新人才,弥补创新要素短板。深圳经过30年的发展,已经初步具备了自主创新能力,市场功能相对成熟,市场观念深入人心。从产业创新上看,经过20世纪90年代的产业结构调整,深圳形成了计算机产业链、通信设备制造产业链、数字电视产业链以及生物医药产业链四个明显的产业链,提出了"产业第一,企业为大"的理念,企业的自主能力更强,产学研合作模式也相对成熟。在制度创新与技术创新方面基本满足了创新型城市的要求。但由于特定的历史原因,深圳缺乏与创新型城市相适应的大学和科研机构的支撑,人才培养能力不足,成为制约其发展的短板。

在提出建设创新型城市的同时,深圳政府重点关注了人才问题。一方面,设立产业发展和创新型人才奖,对在深圳市做出突出贡献的创新型人才给予奖励,鼓励高等院校、科研机构和公共研发平台面向海内外招聘具有跨学科知识的自主创新领军型人才,积极引进外来人才。另一方面,深圳建立自身培养创新型人才的机制,通过带薪培训和学术休假制度,鼓励民办培训机构参与政府主导的技能人才培训,对产业发展紧缺人才的培训费用,由政府、企业、个人共担。深圳还充分利用虚拟大学园的师资力量,例如清华研究院通过开展短期培训、继续教育、论坛讲座等多种形式的培训,为深圳孵化企业培训了大量的人才。

② 扬长避短,高新技术骨干企业继续引领技术创新。与中国其他城市相比,深圳市科研机构主要集中在企业,具有发展产学研合作的先天优势;在政府的大力支持下,企业参与的积极性高、回报高,形成了一套成熟的、具有深圳特色的产学研合作模式。同时,深圳市科技中介体系能够充分发挥市场机制的优点,企业、民间行业协会广泛参与,积极探索建立新的科技中介服务机构、同业协会,健全科技中介服务体系,走在了全国城市科技中介创新的行列。

在建设创新型城市过程中,深圳充分发挥其市场优势和企业优势,形成了以企业为主体的自主创新体系:小企业是原始创新的主体和源泉;大企业是集成创新的主要力量,也是自主创新活动的组织者和引领者;企业家是创新活动的核心。截至2007年底,形成了由华为、中兴、创维等龙头企业及两三万中小民营科技企业组成的大、中、小三个层次的创新企业梯队和良好的企业生态,造就了如今深圳"四个90％"的局面:90％以上的研发机构设在企业,90％以上的研究开发人员集中在企业,90％以上的研发资金来源于企业,90％以上的职务发明专利出自企业。

③ 打造自主知识产权高地。深圳在国内首次制定了企业技术秘密保护条例。为打造自主产权高地提出三大战略:积极实施专利战略、制定实施标准化战略,以及大力实施名牌战略。2007年,深圳市政府在全国率先推出深圳知识产权指标体系,从全社会、全方位、全过程的角度衡量深圳市知识产权事业的发展状况。2007年,深圳有4件商标被认定为中国驰名商标,22件产品被新评为中国名牌产品,企业作为专利申请主体的地位更加突出。据统计,在2008年,中国企业三种专利申请总量排名和发明专利申请单项排名中,深圳企业均占据半壁江山。在三种专利申请总量中,华为技术有限公司、中兴通讯、鸿富锦、比亚迪、深圳华为通信技术有限公司分列十强的前五名。前十强企业专利申请总量为18 719件,其中深圳企业申请13 511件,占十强总量的72.12％。在发明专利前十强排名中,深圳企业占据六席。前十强企业共申请发明专利14 960件,其中深圳企业申请12 239件,占发明专利前十强的81.18％。

④ 充分发挥区位优势,构建创新合作平台。深圳毗邻香港这个国际重要经济中心城市,是中国大陆与世界交往的主要门户之一。深圳注重国际技术经济交流合作,积极打造自主创新的国际交流平台,形成了两大国际化展会——高交会和文博会。这两大展会,已经成为深圳在科技创新领域加强国际合作与交流,提高城市竞争力的重要平台。与此同时,深圳大力吸引外资企业在深圳设立各种形式的研发机构,例如中国意大利商会、加拿大高新技术协会等20多家海外科技服务机构、技术转移机构。启动深港创新圈,通过汇聚两地城市的创新资源、产业链,引领深港地区及珠三角地区的自主创新。

⑤ 政府进行科技管理体制改革,为创新保驾护航。党的"十七大"报告明确提出,要继续发挥经济特区"在改革开放和自主创新中的重要作用"。2007年4月,国家科技部、广东省政府和深圳市政府签订《共建国家创新型城市的框架协议》。2007年6月,深圳成为国家知识产权示范城市创建市。2007年10月,原信产部、广东省政府和深圳市政府签订《共建电子信息产业自主创新示范市的框架协议》。2008年2月,国家发改委授予深圳综合性国家高技术产业基地称号。2008年6月,国家发改委正式批复深圳创建国家创新型城市的总体规划,深圳成为国内首个开展国家创新型城市建设试点工作的城市。

建设创新型城市,政府要有建设重点,有所取舍。对于那些能够长期推动城市发展的支柱产业。应该集中创新要素和创新资源大力发展,政府的鼓励和扶持政策应立足于提高支柱产业的含金量。深圳市政府在确定发展高新技术产业作为本市的支柱产业后,政策大幅倾斜,使得一些简单加工型企业主动向东莞、中山等地转移。通过这种政策性的倾斜与引导,深圳成功走出了一条基于高新技术支柱产业建设创新型城市的路子,城市科技创新能力和产业竞争力得以大幅提升。

在科技管理体制改革方面,深圳市政府极力解决部门利益分割、多头管理、职能错位等问题;在投融资、对外贸易、政府采购、财政资助等方面也形成协同一致的创新激励政策。值得一提的是,深圳为推进重大科技和创新决策的民主化、科学化,建立政府部门和行业协会相结合的科技管理机制,新设立了行业协会服务署,统筹协调全市行业协会、商会改革。

(五) 建设创新型城市的几个结论

城市在国家或地区中所发挥的政治、经济和文化作用,往往具有其独特性。此外,城市是由多种复杂系统所构成的有机体,承担着生产功能、服务功能、管理功能、协调功能、集散功能和创新功能。建设创新型城市是将城市的创新功能与其他功能协调发展,并不能忽视其他功能,因此,政府在其中有着不可替代的任务与作用。在建设创新型城市过程中,政府应正确定位,合理利用行政手段,同时充分履行公共服务义务。

（1）确立符合本市基础和条件的创新型城市目标。根据自身的资源特色，确立科学的创新型城市建设目标。对于科技条件、经济条件均较强的城市，比如北京、上海，它们确定的目标就应是全面提高原始创新能力、集成创新能力和引进消化吸收创新能力，在城市发展的各个领域实现创新，增强全部创新要素的活力。科技条件较强、经济条件较弱的城市，比如合肥、西安，它们确定的目标就是选择有优势的重点产业领域实现创新能力突破，推动科技与经济的紧密结合，在重点产业领域培育创新型企业。科技条件较弱、经济条件较强的城市，比如深圳、大连，它们确定的目标就是整合区外科技资源、积极发展高新技术产业、大规模培育创新型企业。科技条件和经济条件均较弱的城市，比如中西部许多城市，确定的目标就一定要充分收敛，重点要集中在城市的科技基础能力建设上，同时选择少数几个具有潜力的产业领域推动技术进步。

（2）建立以创新主导的产业发展模式。创新型城市首要体现为城市的产业结构及其发展的主导力量。国际经验表明：技术创新是产业发展的强大动力，产业发展是技术创新的肥沃土壤，只有产业发展与技术创新紧密结合的城市才能保有旺盛的生命力。政府要支持技术创新，要从产业发展的角度来营造创新生态。根据城市产业与技术的基础、优势和市场前景，集中资源重点发展对本市经济具有战略意义的产业。

一是要集中力量实施一批重大战略产品计划和工程专项，形成创新能力较强的企业群，掌握核心技术和关键技术，提高产业竞争力，争取进入国际国内产业前沿。二是积极构建围绕技术创新的产业链，防止产业链出现断裂，不断拉长产业链。三是扶持一批自主创新特征鲜明、在本产业具有带动力以及一定国际竞争力的高科技龙头企业。四是进一步扩大技术教育覆盖面，加强技术引进、消化和吸收，资助面向应用的研发活动。

（3）建立以企业为主体、产学研结合的技术创新体系。在技术创新的过程中，企业是主体，客户是导向，市场是机制，政府是环境，院校是支撑，品牌是目标。而在整个创新过程中，企业家是灵魂。对整个技术创新体系要有完整准确的理解，单独强调任何一点都是不对的。当前，尤其要结合地方实际，积极探索产学研结合的新型技术创新体系，使各类创新主体和相关要素在城市内高度集聚、交互作用,成为城市重要的创新源。对创新型企业的支持,既要充分发挥大企业在技术创新活动中的示范引领作用,增强以重大产品和新兴产业为中心的集成创新能力,又要关注更广大的科技型中小企业的发展,激发其开展原始创新的动力和活力。

要从创新链的角度来营造创新生态。技术创新活动是一根完整的链条,这一"创新链"具体包括:孵化器、公共研发平台、风险投资、产权交易、法律服务、物流平台等。政府的科技投入和政策设计,应该围绕整个创新链的薄弱环节来有目的地布置力量,让整个创新链完整起来、活跃起来。

(4) 建立鼓励创新、导向明确的科技、经济与社会发展政策体系。建立创新型城市不单单是科技部门的任务,相关政策体系是综合性的,是从科技、产业、土地、财政、税收、金融、贸易、公检法、人才、宣传等方面共同作用于城市创新活动的一个政策群。建立健全整个创新政策体系,形成支持创新的政策合力,是使城市创新体系完善、创新活动持续的关键保障。建立健全创新型城市政策法规体系,加大创新投入,建立风险投资机制,引导形成多元化的投入体系,提高政府的研发投入比例,各级财政要制定优惠的财税政策,建立长期的、稳定的研发投入增长机制。重点扶持自主创新型企业,政府资源配置和公共服务要以自主创新型企业为重点。

(5) 建立适宜创新型人才成长的文化环境。大力开发人力资源;增加教育投入,力推精英教育,重视教育普及,并通过在职培训和终生教育来提高劳动力素质;政府鼓励企业组织员工进行职业培训,高度重视人才引进,在全球范围内聘请领军人才。

(执笔:安同良)

第四章
创新型经济的省际比较

本章选择广东、浙江、山东、北京、上海五个省市作为参照系,对创新型经济进行省际比较。这种选择基于下列考虑。

其一,这些沿海省市体现了国家非均衡发展的原则。改革开放中,国家进行了一系列政策与制度安排,这些制度安排无不贯彻着沿海非均衡发展和优先发展的原则。一是对外开放优先。从党的"十一届三中全会"到小平同志南方讲话长达14年的时间里,中国各项开放政策的出台基本上都采取了由东及西渐次推进的路径选择,东部省份成为对外开放的最先受益地区。二是体制改革优先。中央出台的财税、投资、外贸、金融等各个方面的政策措施,在许多方面仅为沿海省份所独有。催生经济增长和和社会结构变化的各种制度创新、体制创新等,不仅都在这里试验,而且在这里率先实践。三是市场化优先。在国家实行渐进式的市场化改革模式下,首先开放的是消费市场,而对能源、原材料市场加以控制。通过这种市场化改革模式,并与国家产业分工布局耦合作用一起,东部地区就可以输出放开价格的消费品和输入控制价格的初级品,来获取显性隐性相叠加的双重利益。

其二,这些沿海省市经济增长动力强大,是我国持续高增长地区。上述六省市的经济发展已逐步走上主要依靠内源性自主增长动力的轨道。以民间投资为主体的投资格局形成,克服了政府主导投资所带有的先天性不足,在保证投资效果达到最优化的同时,营造出充满竞争活力的发展局面,进一步强化了投资自主增长的动力,保证了投资长期持续较快地增长。

其三,已有的权威研究纷纷选择这些省市作为研究样本。如由科技部政策法规司策划,中国科技发展战略研究小组承担的《中国区域创新能力报告2012》显示①,东部地区总体属于中国创新能力较强的地区。2012年,区域创新能力综合排名前6名依次为江苏、广东、北京、上海、浙江、山东,与2011年相比没有变化。其中,江苏在2009年至2012年连续四年位居区域创新能力第一名。这些地区普遍具有其他地区所不具备的创新要素,如经济和科技基础好,教育水平较高;市场经济比较发达;吸引外资较多;富有创业精神,产学研合作水平较高等。

本章搜集整理了自2006年以来中文核心期刊关于创新型省份和创新型区域指标评价体系方面共计29份相关研究,统计了上述研究中综合指标排名前六位省份出现的频率(见表4-1)。数据显示,29组数据中进入前六位频率最高的六个省市依次为北京(29)、上海(27)、江苏(28)、广东(27)、浙江(24)、山东(19)。

表4-1 近年来中文核心期刊创新型省区指标研究前六位上榜频率

北京	江苏	上海	广东	浙江	山东	天津	辽宁	其他	合计
29	28	27	27	24	19	10	4	6	174

此外,上述六省市地理区位相邻,而且代表了长三角、珠三角和环渤海三大中国经济领先地区。以广东、浙江、山东、北京、上海五个省市作为江苏创新型省份指标体系建设的参照系无疑具有参考价值。

可见,目前学术界普遍认为这六个省市是中国建设创新型国家的领头羊,比较总结六省市创新能力的成功与不足具有十分重要的理论和现实意义。所以,本章选取以上五省作为江苏建设创新型省份的比较对象。

---

① 该研究报告的小组成员来自科技部、中科院、清华大学、国务院发展研究中心、北京系统工程研究所等单位,1999年以来已连续出版13次,报告已成为科技部等相关部门推动区域创新的重要决策参考。

一、六省市经济发展现状和基础条件比较

（一）宏观经济指标比较

六省市业已进入了全面工业化和城市化的新发展阶段。根据各地区2012年国民经济和社会发展统计公报提供的数据，江苏的工业化与城市化水平分别为50.2%和63.0%，广东为48.8%和67.4%，山东为52.9%和52.4%，浙江为53%和63.2%；北京的服务业占比和城市化率分别为76.4%和86.2%，上海为60.0%和89%。

表4-2 六省市主要经济数据情况和全国排名

	GDP(亿元)	排名	人均GDP(元)	排名	城镇化率(%)	排名
广东	57 068	1	54 095	8	67.4	4
江苏	54 058	2	68 347	3	63.0	7
山东	50 013	3	51 768	11	52.4	14
浙江	34 606	4	63 266	4	63.2	6
上海	20 101	11	85 000	2	89.0	1
北京	17 801	12	86 024	1	86.2	2

数据来源：各地区2012年国民经济和社会发展统计公报。

从各地区GDP指标中可以看出：江苏在总量上处于全国第二位，仅次于广东，而人均GDP指标江苏在各省中位列第一，但落后于北京和上海两个直辖市。江苏的GDP增长速度也在这几个省市中位居第一，说明经济发展势头良好。

从第二产业总值指标中可以看出：广东、江苏、山东的第二产业比较发达，处于同一水平，而浙江的第二产业则比较薄弱。雄厚的工业基础有利于创新活动的开展，江苏应继续巩固基础，继续大力发展高端制造业，并加强工业创新。

税收收入江苏位列第二，仅次于广东。两地发达的外贸经济，为江苏、

广东带来大量的财政收入,财政状况较好,可以为创新提供更多的资金支持。

从进出口总额中可以看出:广东远远领先于其他省市,说明广东的外贸经济十分发达,江苏处于第二位,外向型经济特点也比较明显,但是领先差距不大,基本上与北京、上海处于同等水平。

总体而言,江苏各指标都位列前三名,这给创新型省份建设提供了良好条件。江苏作为外向型经济省份,对外交流便利,经济发展颇具活力,在转变为创新型经济体之后,将进一步发挥这种优势。同时,由于生产成本上升、出口下滑等原因,江苏需要转变经济增长方式,调整产业结构,而经济发展方式转型的关键是寻找新的增长动力,增强自主创新能力。因此,创新型省份建设是江苏未来经济持续增长的必要途径。

表4-3 2012年各省市宏观经济数据

	北京	广东	江苏	山东	上海	浙江
GDP（亿元）	17 801	57 067.92	54 058.2	50 013.2	20 101.33	34 606
GDP增长速度	7.7%	8.2%	10.1%	9.8%	7.5%	8.0%
人均GDP(元)	87 091	54 095	68 347	51 768	85 000	63 266
第二产业增加值（亿元）	4 058.3	27 825.30	27 121.9	25 735.7	7 912.77	17 312
地方财政收入（亿元）	3 314.9	6 228.20	5 860.7	4 059.4	3 743.71	3 441
进出口总值（亿美元）	4 079.2	9 838.15	5 480.9	2 455.4	4 367.58	3 122.4

2008年世界金融危机以来,东部沿海地区外向型经济遭受重大冲击,经济增速出现下滑。特别是2010年之后,上述六省市与中国总体经济同步进入下降通道,呈现出中西部地区经济增速快于东部沿海地区的格局。生产成本上升、出口下滑等原因凸显当前经济增长动力缺乏。因此,上述地区亟须转变经济发展方式,调整产业结构,复苏过程中需要逐步摆脱对投资的依赖,寻找新的增长动力,增强自主创新能力,改造升级生产技术。经济发展

方式转型的关键,就是强调创新对经济增长的推动作用。在中国明确提出建设创新型国家以后,上述地区先后提出发展创新型省份和城市的要求。

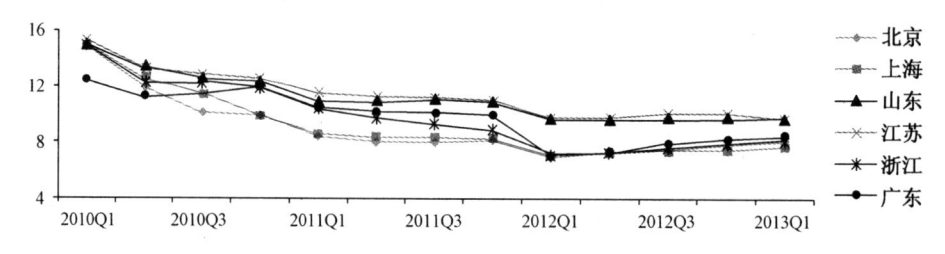

图 4-1 2010～2013 年六省市国民生产总值季度累计值增长率(%)

数据来源:中经网统计数据库。

(二) 创新资源比较

人力资源是影响创新型经济发展的重要因素之一。与其他省市相比,江苏在人力资源方面主要有以下几个特征。

1. 拥有广泛的创新人才基础,为创新活动的进行准备了条件

如表 4-4 所示,2011 年,江苏每万人中普通高校在校生(与毕业生)数量是 227 人,仅低于北京的 287 人,远远高于浙江(176 人)、山东(169 人)和广东(146 人)。江苏拥有充足的人力资源基础,这为江苏发展创新型经济提供了必需的高技术人才。江苏高等院校众多、科教资源丰富,且拥有较为完善的人才培养体系,一方面吸引优质学子集聚,另一方面也培养了大量的创新型人才,为本省创新活动的进行提供了广泛的人才基础。

2. 科研院所众多,为创新活动的开展提供了良好的平台

江苏还拥有数量众多的科研院所,为创新人才资源的转化和创新活动的开展提供了良好的平台。创新活动的进行和创新成果的转化是创新型经济开展的关键环节,2011 年,江苏政产学研平台或项目数量为 1 805,远高于其他省市,成为江苏的一大优势,为创新人才资源转化提供了广阔平台,为创新活动在经济生活中的顺利开展创造了条件。此外,江苏科研机构数与规模以上工业企业数的比例为 12.3%,仅略低于浙江和北京,高于广东的 6%、山东的 4.9% 和上海的 7.5%,对江苏的企业创新和产业发展形成了较强支撑。专业的科研机构、庞大的人才队伍,对江苏创新型经济的率先发展产生了巨大的推动作用。

3. 人力资源的创新绩效突出

江苏新产品销售收入/科技活动人员为326.1万元每人,仅次于上海和山东,高于北京、广东和浙江,在全国范围内居于较高水平,江苏科技人员在产品市场活动方面的产出绩效较高。在专利申请方面,江苏专利申请数与科技活动人员之比为0.77,在全国范围内名列前茅,专利活动的成果突出,创新绩效较高。其中江苏企业专利申请数与企业科技活动人员之比是0.2,仅略低于浙江,高于其他省市。此外,江苏其他科研活动绩效,如国际科技论文数量与科技活动人员之比为0.024,虽然低于北京和上海,但高于广东、山东和浙江,这与江苏的产业定位和人才培养方向有关。总之,江苏人力资源在生产活动方面的绩效较为突出,专利成果丰富,给创新经济发展注入了极大的活力。虽然在科技论文等理论研究方面仍有不足,但基于当前江苏创新经济和产业结构调整的现状,这一情况将逐渐改善。

4. 人力资源吸收效率不高

江苏每万名全社会就业人员中科技人数为96人,远远低于北京的278人和上海的180人,仅略高于广东(87人)、山东(50人)和浙江(88人),表明江苏在企业生产实践中对高端人才使用不足,人力资源的应用落后。此外,江苏规模以上工业企业每万名员工中科学家与工程师人数也仅为201人,远远落后于北京的1731人,上海的403人,与广东、山东、浙江居于同等低水平。造成这种现象的原因是:① 北京、上海等大城市对人才吸引力较强,造成江苏培养的人才流失;② 江苏缺乏有效的人才激励政策,不仅不能有效地吸引人才,反而造成人才流向浙江等创新环境较好的地区。此外,由于江苏经济还是依赖于重化工业,对人才的需求结构也呈现出非均衡的状况,进而使得人力资源的投入有所偏重,难以实现均衡发展。最后,江苏人力资源发展不均衡还体现在投入主体方面,以政府投入为主,企业对于人力资源的投入较少,使得政府的负担过重且企业的使用效率不高。

表4-4　2011年各省市人力资源数据

	江苏	广东	山东	浙江	上海	北京
每万人中普通高校在校生（与毕业生）数量	227	146	169	176	218	287
政产学研平台数量或者项目数量	1 805	383	789	1 686	146	258
科研机构数比规模以上工业企业数（%）	12.3	6	4.9	18.3	7.5	15
每万名全社会就业人员中科技活动人员数（人/万人）	96	87	50	88	180	278
规模以上工业企业每万名员工中科学家与工程师人数（人/万人）	201	174	190	204	423	1 731
新产品销售收入/科技活动人员（万元每人）	326.10	278.92	341.77	309.93	391.22	117.19
企业专利申请数/企业科技活动人员数	0.200 7	0.174 3	0.109 4	0.210 4	0.193 1	0.193 4
专利申请数/科技活动人员数	0.77	0.38	0.33	0.55	0.40	0.26
国际科技论文数量/科技活动人员数	0.024 7	0.021 80	0.017 7	0.021 1	0.066 9	0.078 4

（三）制造业行业竞争力比较

表4-5列出了江苏、山东、广东、浙江、上海和北京2011年各个制造业行业的集中度和区位商。集中度指一个地区某个行业产值占全国该行业产值的份额，区位商指一个地区某个行业在全国的竞争优势。一个地区该行业的集中度和区位商越高，说明这个地区的该行业越具有竞争优势。从表4-5可以发现，相对来说，集中度和区位商是同向变化的，集中度越高的行业其区位商也越高。一般认为集中度超过10%，区位商超过1的行业是具有竞争优势的行业。

1. 江苏省

从集中度看，江苏有16个行业的集中度超过10%，其中化学纤维制造业集中度达到了33.99%,仪器仪表及文化、办公用机械制造业为32.16%,通信设备、计算机及其他电子设备制造业为23.30%,电气机械及器材制造业为22.66%,纺织服装、鞋、帽制造业为20.71%。从区位商看,江苏有13个行业的区位商超过1,其中化学纤维制造业区位商达到了2.66,仪器仪表及文化、办公用机械制造业为2.52。集中度超过10%并且区位商超过1的行业分别是纺织业,纺织服装、鞋、帽制造业,木材加工及木、竹、藤、棕、草制品业,文教体育用品制造业,化学原料及化学制品制造业,化学纤维制造业,黑色金属冶炼及压延加工业,金属制品业,通用设备制造业,专用设备制造业,电气机械及器材制造业,通信设备、计算机及其他电子设备制造业和仪器仪表及文化、办公用机械制造业。

2. 山东省

从集中度看,山东17个行业的集中度超过10%,其中文教体育用品制造业集中度达到了36.28%,农副食品加工业为19.2%。从区位商看,山东有15个行业的区位商超过1,其中文教体育用品制造业区位商达到了3.08。集中度超过10%且区位商超过1的行业分别是农副食品加工业,食品制造业,纺织业,纺织服装、鞋、帽制造业,木材加工及木、竹、藤、棕、草制品业,造纸及纸制品业,文教体育用品制造业,石油加工、炼焦及核燃料加工业,化学原料及化学制品制造业,医药制造业,橡胶和塑料制品业,非金属矿物制品业,金属制品业,通用设备制造业和专用设备制造业。

3. 广东省

广东有10个行业的集中度超过10%,其中通信设备、计算机及其他电子设备制造业集中度达到了33.64%,废弃资源和废旧材料回收加工业为29.46%,家具制造业为23.08%,印刷业和记录媒介的复制为22.10%,纺织服装、鞋、帽制造业21.43%,皮革、毛皮、羽毛(绒)及其制品业20.42%。从区位商看,广东有10个行业的区位商超过1,其中通信设备、计算机及其他电子设备制造业的区位商达到了3,废弃资源和废旧材料回收加工业为2.63,家具制造业为2。集中度超过10%且区位商超过1的行业分别是纺织服装、鞋、帽制造业,皮革、毛皮、羽毛(绒)及其制品业,家具制造业,造纸及纸制品业,印刷业和记录媒介的复制,橡胶和塑料制品业,金属制品业,电气机械及器材制造业,通信设备、计算机及其他电子设备制造业,以及废弃资源和废旧材料回收加工业。

4. 浙江省

从集中度看,浙江有9个行业的集中度超过10%,其中化学纤维制造业的集中度达到了38%。从区位商看,浙江有16个行业的区位商超过1,其中化学纤维制造业的区位商达到了5.69,纺织业为2.66。集中度超过10%且区位商超过1的行业分别是纺织业,纺织服装、鞋、帽制造业,皮革、毛皮、羽毛(绒)及其制品业,家具制造业,文教体育用品制造业,化学纤维制造业,橡胶和塑料制品业,工艺品及其他制造业,废弃资源和废旧材料回收加工业。

5. 上海市和北京市

从集中度看,上海和北京没有一个行业的集中度超过10%。从区位商看,上海有14个行业的区位商超过1,其中烟草制品业的区位商达到了2.59,通信设备、计算机及其他电子设备制造业为2.48,交通运输设备制造业为2.07。北京有8个行业的区位商超过1,其中交通运输设备制造业的区位商达到了2.3。北京和上海交通运输设备制造业的区位商都超过了2,表明北京和上海都将汽车业作为其重点发展的行业。由于北京和上海都是特大型城市,工业已不是其重点发展的产业。因此接下来主要进行江苏、山东、广东和浙江之间的行业比较。

6. 行业竞争力的省际比较

总的来说,江苏行业竞争力好于浙江和广东。江苏有16个行业的集中度超过10%,13个行业的区位商超过1;广东有10个行业的集中度超过10%,10个行业的区位商超过1;浙江有9个行业的集中度超过10%,16个行业的区位商超过1;虽然山东有17个行业的集中度超过10%,15个行业的区位商超过1,但山东集中度超过20%、区位商超过2的行业数要远少于江苏。因此,江苏的行业竞争力领先于其他省市,处于第一位。

但在高新技术行业中,江苏的医药制造业虽然具有一定的优势,但落后于山东。江苏医药制造业的集中度为12.11%,区位商为0.95,山东医药制造业的集中度为13.42%,区位商为1.14,均高于江苏。此外,从成本费用利润率上也能看出这一点,2011年,江苏医药制造业成本费用利润率为

10.75%，山东医药制造业成本费用利润率为 13.45%。江苏通信设备、计算机及其他电子设备制造业的集中度为 23.3%，区位商为 1.83，广东通信设备、计算机及其他电子设备制造业的集中度为 33.64%，区位商为 3，远远高于江苏。江苏通信设备、计算机及其他电子设备制造业成本费用利润率为 4.61%，广东通信设备、计算机及其他电子设备制造业成本费用利润率为 3.90%。江苏和广东通信设备、计算机及其他电子设备制造业成本费用利润率都很低，说明江苏和广东的通信设备、计算机及其他电子设备制造业只是处于全球价值链的加工环节，并不是真正的高科技行业。江苏虽然从行业竞争力来看领先于其他省市，但优势主要集中在传统领域，在高科技行业中并不十分突出。

表 4-5　2011 年各省市行业集中度和区位商

行　业	江苏 集中度(%)	江苏 区位商	山东 集中度(%)	山东 区位商	广东 集中度(%)	广东 区位商	浙江 集中度(%)	浙江 区位商	上海 集中度(%)	上海 区位商	北京 集中度(%)	北京 区位商
农副食品加工业	5.81	0.46	19.20	1.63	5.10	0.45	1.92	0.29	0.67	0.18	0.73	0.42
食品制造业	3.45	0.27	14.58	1.24	9.17	0.82	3.18	0.48	3.50	0.91	1.58	0.92
饮料制造业	6.42	0.50	8.59	0.73	7.18	0.64	3.83	0.57	1.70	0.44	1.67	0.97
烟草制品业	5.93	0.46	4.03	0.34	5.35	0.48	4.77	0.71	9.94	2.59	0	0
纺织业	18.64	1.46	19.33	1.64	7.12	0.64	17.78	2.66	1.19	0.31	0.27	0.15
纺织服装、鞋、帽制造业	20.71	1.62	12.70	1.08	21.43	1.92	10.85	1.62	3.25	0.85	0.84	0.48
皮革、毛皮、羽毛(绒)及其制品业	5.06	0.40	9.29	0.79	20.42	1.82	14.18	2.12	1.62	0.42	0.11	0.06
木材加工及木、竹、藤、棕、草制品业	14.54	1.14	14.61	1.24	6.57	0.59	4.83	0.72	0.90	0.23	0.15	0.08
家具制造业	3.93	0.31	11.68	0.99	23.08	2.06	11.65	1.74	4.80	1.25	1.14	0.66
造纸及纸制品业	9.94	0.78	17.76	1.51	14.09	1.26	9.24	1.38	2.32	0.60	0.55	0.32
印刷业和记录媒介的复制	8.63	0.68	9.71	0.82	22.10	1.97	7.90	1.18	4.77	1.24	3.10	1.80
文教体育用品制造业	16.31	1.28	36.28	3.08	9.18	0.82	13.31	1.99	4.64	1.21	0.40	0.24

(续表)

行业	江苏 集中度(%)	江苏 区位商	山东 集中度(%)	山东 区位商	广东 集中度(%)	广东 区位商	浙江 集中度(%)	浙江 区位商	上海 集中度(%)	上海 区位商	北京 集中度(%)	北京 区位商
石油加工、炼焦及核燃料加工业	5.12	0.40	15.03	1.28	8.81	0.78	4.79	0.72	4.47	1.16	2.45	1.42
化学原料及化学制品制造业	19.30	1.51	16.60	1.41	8.17	0.73	7.54	1.13	4.16	1.08	0.61	0.35
医药制造业	12.11	0.95	13.42	1.14	6.16	0.55	5.73	0.86	3.00	0.78	3.03	1.76
化学纤维制造业	33.99	2.66	3.06	0.26	2.63	0.23	38.00	5.69	0.64	0.17	0	0
橡胶和塑料制品业	9.44	0.74	16.77	1.42	15.53	1.38	11.20	1.68	3.63	0.95	0.49	0.28
非金属矿物制品业	7.86	0.62	13.50	1.15	8.06	0.72	4.44	0.66	1.34	0.35	1.11	0.64
黑色金属冶炼及压延加工业	13.04	1.02	8.54	0.72	3.99	0.36	3.50	0.52	2.83	0.74	0.29	0.17
有色金属冶炼及压延加工业	8.32	0.65	10.90	0.92	7.02	0.63	5.95	0.89	1.39	0.36	0.26	0.15
金属制品业	16.40	1.29	16.01	1.36	18.46	1.65	9.11	1.36	3.93	1.02	1.08	0.63
通用设备制造业	15.84	1.24	12.71	1.08	6.99	0.62	9.53	1.43	6.34	1.65	1.46	0.85
专用设备制造业	15.03	1.18	13.93	1.18	6.14	0.55	4.99	0.75	4.80	1.25	2.16	1.26
交通运输设备制造业	12.08	0.95	8.66	0.74	8.59	0.77	6.16	0.92	7.94	2.07	3.95	2.30
电气机械及器材制造业	22.66	1.78	8.71	0.74	19.56	1.74	9.83	1.47	4.21	1.10	1.51	0.88
通信设备、计算机及其他电子设备制造业	23.30	1.83	5.79	0.49	33.64	3.00	3.38	0.51	9.54	2.48	3.18	1.85
仪器仪表及文化、办公用机械制造业	32.16	2.52	5.67	0.48	7.45	0.66	9.23	1.38	4.73	1.23	3.17	1.85
工艺品及其他制造业	6.82	0.53	1.44	0.12	3.35	0.30	10.13	1.52	4.32	1.13	1.92	1.12
废弃资源和废旧材料回收加工业	10.71	0.84	2.20	0.19	29.46	2.63	12.63	1.89	1.61	0.42	0.35	0.20

(四) 入选500强企业的区域比较

企业是创新活动的重要载体。一方面，企业是创新活动的主要参与者，同时也是创新成果的受益者；另一方面，企业促进了科技创新到市场成果的转化，因此建设创新型省份离不开创新型企业。为比较六个省市的企业创新情况，本章选取了2012年中国企业500强中营业收入超过500亿的企业进行比较。首先，从总体来看，六个省市的500强企业数正好位列前6。具体情况见表4-6。

北京的500强企业数有98家，排在第一位，远远超过排在第二的江苏，并且相关各项指标都远远超过其他5个省市，主要原因在于大部分央企的总部建立在北京，这直接拉高了北京的各项指标。江苏的500强企业数位列第二，但是其利润、资产和纳税总额都位列倒数，说明江苏的大型企业虽然多，但是规模及盈利水平都有待提高。

500强企业中营业收入超过500亿的企业共有202家，其中6个省市共有132家。北京依旧排名第一，有68家，其次是广东和上海，各有16家。江苏和山东均有11家，并列第三。浙江最末，有10家。

表4-6 2012年中国500强企业在六个省市的地域分布

名称	企业数	营业收入（亿元）	利润（亿元）	资产（亿元）	纳税总额（亿元）	从业人数（万人）
全国	500	448 969.65	20 967.05	1 301 606.69	33 376.04	3 016.58
北京	98	227 306.13	12 825.33	926 480.60	18 920.48	1 502.44
江苏	51	20 732.68	654.34	13 906.32	657.00	121.65
山东	48	20 193.15	734.24	17 322.04	1 076.44	145.15
浙江	42	17 731.32	428.60	13 332.36	917.98	95.25
广东	37	29 634.13	1 587.28	96 854.63	1 944.81	236.64
上海	28	26 730.06	1 738.78	104 367.60	2 208.77	102.22

北京市比较特殊，68家营业收入500亿以上的企业中有48家是提供公共产品或自然垄断资源的大型央企，另外有12家是银监会、保监会和财政部管理的金融企业。剩下的8家企业中，中铁股份有限公司和中国邮政均是提

供公共产品的企业,经营范围分别是铁路、市政和邮件寄递。首钢和建龙重工主营钢铁,北汽主营汽车制造与贸易,均属于传统制造业。而联想控股、神州数码和北大方正均属于新兴产业,其中联想控股位于第55位,主营IT、房地产、消费和现代服务等行业,综合营业额达2 266亿元,总资产1 872亿元,净利润17.3亿元;神州数码由联想集团分离出来,是中国领先的整合IT服务提供商,位列第158名,营业额为734.99亿港元,总资产为284.08亿港元,净利润15.19亿港元;而排名第183的北大方正业务涵盖IT、医疗医药、激光印刷等,是中国信息产业前三强的集团,2010年占据中国校办产业盈利能力60%的份额,2012年其总收入618亿元,总资产782亿元。

上海市营收500亿元以上的企业中有三家金融企业,分别是交通银行、浦发银行和太平洋保险。另外有三家央企,分别是宝钢、上海建工和中国海运,主要集中于机械制造业和运输业;此外,上海汽车、东方航空也是制造运输业企业。绿地集团主营房地产,百联集团是大型商贸流通产业集团,加上食品制造业的光明食品和卷烟工业的上海烟草,以上都是各传统行业中的佼佼者。在新兴行业中,东浩集团作为综合性国际服务贸易企业,主营人力资源服务、广告、会展等新型服务业,2012年实现营业收入550亿元。上海电气虽然是装备制造集团,但是其核心业务是高效清洁能源和新能源装备,拥有国家级技术中心5家、上海市技术中心15家,形成了独立的科技创新体系。上海电气位列全国第114强,2012年营业收入为770.77亿元,总资产达1 187亿元,实现净利润4.46亿元。上海复星高科技是民营高科技集团,主营现代生物制药、计算机领域的技术开发及转让等,位于第181位,2012年实现营收529亿元,总资产为149.29亿元,净利润29.46亿元。上海医药的主营业务覆盖医药研发、制造与销售,拥有中央研究院及1个国家级技术中心和10家省级技术中心,与各个高校积极合作研发,2012年营业收入为680亿元,总资产为510.69亿元,实现净利润20.5亿元。

分析广东省入选的企业,有两家金融企业——招商银行和中国平安保险,还有两家央企,分别是南方电网与南方航空,另有广州铁路、粤电集团两个提供公共产品的国有企业。其他企业中,主营汽车制造及商贸的广汽,家电生产企业美的,主营生产资料贸易与物流的广东物资,提供物流装备与能源装备的中集集团及房地产开发商恒大地产,都集中在传统产业领域。格力虽然也属于家电制造商,但是在技术研发上有突出表现,拥有4个基础性研究机构以及400多个国家实验室,是中国空调业中唯一不受制于外国技术的企业。其2012年营收1 001亿元,实现净利润73.8亿,纳税额超过74亿元。传统外贸企业广新控股也开始向战略新兴产业和现代服务业发展,拥有6个国家级技术中心与6个省级技术中心,位列全国168位,营业收入达632亿元。剩余三家企业都在创新方面有良好表现,其中华为表现最为突出,位于全国第46强,是全球第二大通讯设备供应商以及第三大智能手机厂商,提供全球领先的信息与通信解决方案,2012年其营业额达2 202亿元,总资产为2 100亿元,实现净利润153.8亿元。中兴通讯也是全球领先的综合通信解决方案提供商,是中国最大的通信设备上市公司,2012年实现营业收入842.2亿元,总资产达1 074.5亿,净利润26亿元。TCL集团致力于新一代家电产品及围绕3C融合的数字家庭技术研究,2011年入选首批"国家技术创新示范企业",2012年营收696.3亿元,总资产达797.4亿元,实现净利润12.7亿元。

江苏省入选的11家企业中除了苏宁电器,其他10家都是制造业企业,其中包括汽车制造业的江苏悦达、纺织业的恒力集团、综合制造业的华西集团以及新长江实业、肉类加工业的雨润集团。江苏有三家钢铁公司,分别是排在第44位的沙钢集团、排在第140位的南京钢铁和排在第169位的中天钢铁。这三家企业虽然是传统的钢铁制造企业,但在技术创新上不断有所突破。特别是沙钢集团,它是国家特大型工业企业,拥有总资产821亿元,主要工艺装备均达国际先进水平,是国家创新型试点企业之一,并且投资了5 050.1万元用以建设技术中心创新能力建设项目,包括了超大型高炉模拟实验室和冷轧工业技术研发实验室。徐工集团作为中国工程机械行业的排头兵,2012年年营业收入突破1 000亿元,保持行业首位。徐工集团注重技术创新,建立了以国家级技术中心和江苏徐州工程机械研究院为核心的研发体系,徐工技术中心在国家企业技术中心评价中持续名列行业首位。无锡产业发展集团是无锡市2008年新成立的国有独资企业,涉及科技地产、创投业风险投资、电子等多个新兴产业,注册资本金为30.09亿元,总资产

129.63亿元,净资产67.90亿元。致力于推进无锡高技术产业发展和新型产业结构调整,旗下拥有:一家高科技上市公司——无锡威孚高科技股份有限公司,城区唯一的"三创载体"——无锡市北创科技创业园有限公司,以及无锡市最大的以政府资金为主导的风投企业——无锡市创业投资有限责任公司。

浙江省入选的10家企业中,除了两家重点流通企业即兴合集团和浙江省物产集团以外,剩余的8家都是制造业企业。其中包括汽车制造业的吉利集团,钢铁业的杭州钢铁集团,电力产业的浙江省能源集团,主营房地产的广厦控股,主营饮料生产的娃哈哈以及纺织业的恒逸集团。万向集团和海亮集团是科技创新能力较强的制造加工企业。万向集团排在第131位,主营业务是汽车零部件的生产,现有专业制造企业32家,科研力量雄厚,拥有国家级技术中心、国家级实验室、博士后科研工作站。目前万向累计申请专利460项,授权267项,专利产品年创产值超过10亿元,已成为世界上拥有万向节专利最多的企业。海亮集团排在第157位,主要从事铜加工,公司总资产344.51亿元,拥有(控股)48家子公司,其中包括两家国家重点高新技术企业,拥有一个国家级博士后科研工作站、一家省级企业技术中心、一家省级工程技术重点研发中心。

山东省入选的11家500强企业中,除了山东省商业集团有限公司属于零售服务业以外,其他全部是制造业企业。其中包括两家钢铁企业——山东钢铁集团和日照钢铁控股,三家装备制造企业——潍柴控股集团有限公司、兖矿集团有限公司和山东大王集团有限公司,还有能源行业的山东能源集团、纺织业的山东魏桥创业集团和铝加工业的南山集团。山东省科研能力较突出的是海尔和海信这两家家电企业,分别排在第72位和第150位。海尔是全球大型家电第一品牌,全球营业额实现1 509亿元,品牌价值962.8亿元。目前海尔在全球建立了21个工业园,5大研发中心,19个海外贸易公司,全球员工超过8万人。截至2011年,累计申报12 318项技术专利,授权专利8 350项;累计提报77项国际标准提案,是中国申请专利和提报国际标准最多的家电企业。海信集团是特大型电子信息产业集团公司,形成了多媒体、家电、通信、IT智能系统、现代家居和服务等产业版块,2012年海信集团实现销售收入810亿元。海信是国家首批技术创新示范企业,国家创新体系企业研发中心试点单位,拥有国家级企业技术中心、国家级博士后科研工作站、国家863成果产业化基地、国家火炬计划软件产业基地、数字多媒体技术国家重点实验室。

总之,虽然江苏省进入500强的企业数名列第二,但是营业收入超过500亿的企业只有11家,说明特大型的企业不多。10家大型制造企业中有9家属于钢铁、机械、纺织等传统制造业,只有无锡产业发展集团这一家企业涉及了新兴产业。相比而言,北京、上海和广东这三个省的新兴产业发展得更为成熟。例如北京有联想、神州数码和北大方正,上海有上海电气、复星高科技等企业,广东则有华为、中兴这两家代表性的现代化通讯企业。山东省的科研创新实力虽不如北京、上海和广州,但是凭借两大家电企业海尔和海信在技术创新方面的优势,总体而言山东省高科技企业的创新水平略高于江苏省。浙江省和江苏省的产业结构相似,技术创新优势集中在传统产业而非新兴产业。总结而言,江苏省在传统制造业的技术创新水平较为突出,有较好的工业基础,但新兴产业的发展落后于北京、上海和广东。

二、区域创新能力比较

(一) 江苏区域创新系统建设名列第一

区域创新系统是指在一定的地理范围内,经常地、密切地与区域企业的创新投入相互作用的创新网络和制度的行政性支撑安排。区域创新系统的概念主要来源于创新系统和区域科学的研究成果。区域创新系统以合作创新活动和支持创新文化为特色,前者指公司和大学、培训组织、R&D研发部门、技术转移机构等知识创造和扩散组织之间的相互作用的创新活动,后者指的是使公司和系统不断演进的创新文化。

区域创新系统的主体包括各种正式和非正式的组织机构,例如政府管理机构、行业组织和团体、政产学研平台、科研机构、大学、科技孵化器和企业技术中心等。

（1）科研机构数/规模以上工业企业数。科研机构是一种较为制度化、规范化的创新组织，它的数量增加表明技术创新活动种类增加，该地区创新集聚效应增强。该指标以规模以上工业企业中设立的科研机构数目所占比重表示。计算公式为：规模以上工业企业所设科研机构数量/规模以上工业企业数×100%。

（2）政产学研平台数量或者项目数量。即政府机关、企业、大学和科研机构之间相互联系，形成创新平台的成果数量。政产学研平台是生产、教育、科研等不同社会分工在功能和资源上的协同和集成，是建设创新型省份、增强企业自主创新能力和产业核心竞争力的重要途径。

（3）知识产权保护强度。知识产权保护强度是知识产权立法强度指标与执法强度指标的综合，它包括司法保护水平、行政保护水平、经济发展水平、社会公众意识以及国际监督制衡等，可以度量知识产权执法强度和综合立法强度。知识产权保护强度越大，创新活动就会越多地涌现，知识产权保护对创新而言是非常重要的制度保障。

（4）国家级科技孵化器数量。国家级科技孵化器是指经国家政府部门认定的以促进科技成果转化、培养高新技术企业和企业家为目标的科技创业服务载体。孵化器是国家创新体系的重要组成部分，是创新创业人才培养的基地，是区域创新体系的重要内容。该指标可以用来衡量我国科技型创业企业成长环境状况。

（5）国家级企业技术中心数量。是指经国家政府部门认定的具有较完善的研究、开发、试验条件，有较强的技术创新能力和较高的研究开发投入的企业所设的技术中心的数量，反映了一国企业层面的研发实力。

从图4-2可以发现，江苏在政产学研平台或项目数量及国家级科技孵化器数量两项上领先于其他省份，这些平台或项目主要由政府提供，而由企业提供的较少。但另一方面，江苏国家级企业技术中心数量在六省市中仅列第三，这也导致江苏科研机构数比规模以上工业企业数的比例下降，排在第二位，这正反映了企业在区域创新体系中参与不足。而江苏知识产权保护体系不健全，在六个省市中，江苏知识产权保护强度仅略高于山东省，远远低于其他省市。而知识产权制度的缺位,难以给创新者的利益和积极性提供有效保护,抑制了企业的创新行为。

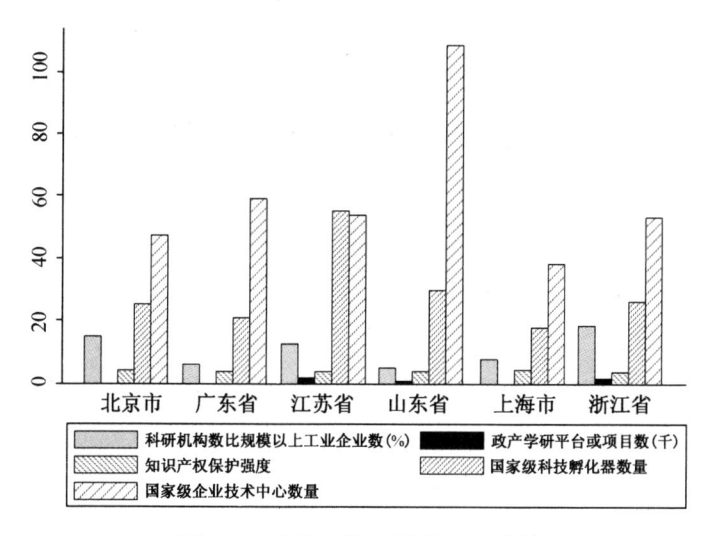

图 4-2 区域创新系统的省际比较

江苏科技金融体系不全面,目前江苏的企业融资主要依靠银行融资体系,直接融资渠道还未成型,现有的直接融资通道也存在门槛过高的问题。直接融资体系能提供顺畅的退出机制,并且分散投资风险,更利于创新型经济的发展。科技与金融相结合的制度外围环境也不完善,企业信用制度未广泛建立,科技型企业信用体系尚未形成;科技金融相关的政策法规也缺乏系统性和全面性;金融资源和科技资源投入不匹配,政府科技投入中用于科技金融的投入不足,懂得金融与科技的复合型人才也不足,导致科技金融产出效率较低。

(二)江苏创新要素投入名列第三

创新要素投入是建设创新型省份的物质基础,也是实现创新的载体,创新投入可以反映创新型省份的发展潜力,其衡量标准包括人力资本投入和资金投入两个方面。创新型省份建设从要素投入方面看,不仅需要较大的投入规模和增速,还要求投入有较高质量。

1. 人力资本投入

高质量的可持续创新与充足的人力资本投入密切相关,充足的高质量科研人才和强大的科研能力体现了创新型省份的基础实力。因此,对人力资本投入进行评估是评价创新型省份建设非常重要的工作。

(1)每万名全社会就业人员中科技活动人员数。该指标反映了科技活动人员投入强度的相对标准,增加科技活动人员的投入将为技术创新提供巨大的动力。计算公式为:每万名全社会就业人员中科技活动人员数=科技活动人员数/全社会就业人员数(万人)。

(2)规模以上工业企业每万名员工中科学家与工程师人数。该指标反映规模以上工业企业中科研人力资源的投入强度,计算公式为:规模以上工业企业每万名员工中科学家与工程师人数=规模以上工业企业科学家与工程师人数/规模以上工业企业从业人员数(万人)。

从图4-3中可以看出,江苏每万名全社会就业人员中科技人数低于北京和上海,高于广东、山东和浙江,但工业企业每万名员工中科技人数,江苏不仅远低于北京和上海,还低于浙江,与广东和山东相比,也高出很少。造成两项指标排名不一致的原因,主要是因为江苏比广东、山东和浙江拥有更多的高校和科研院所,在一定程度上提高了江苏全社会就业人员中科技人员的比例。

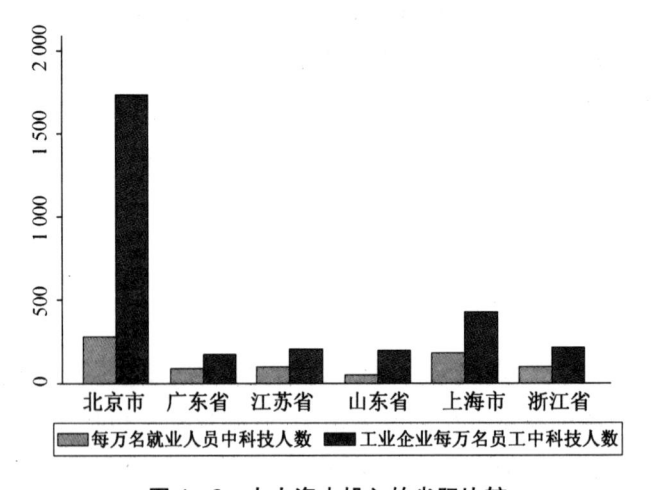

图4-3 人力资本投入的省际比较

2. 资金投入

创新型省份的建设离不开创新资金的投入,因此,创新资金投入的评估是评价创新型省份建设所取得成就的一个不可或缺的工作。

(1) 地方财政科技拨款/地方财政支出。该指标反映了地方财政在科技领域的投入情况,体现了地方财政对科技投入的重视程度、地方财政对科技创新的支持力度。

(2) 地方财政科技拨款/全社会科技支出。该指标反映了某地区财政对科技投入的重视程度,并方便与其他地区在科技投入上进行横向对比。

(3) 科技经费支出/全社会投资总额。该指标衡量了社会投资总额中用于科技投入的比重,反映了一个社会对科技投入的重视程度。

(4) 每万元GDP对应国家产业化计划项目落实资金,即国家产业化计划项目落实资金/GDP(万元)。国家产业化计划项目落实资金衡量了国家在科研基础设施上的投入。

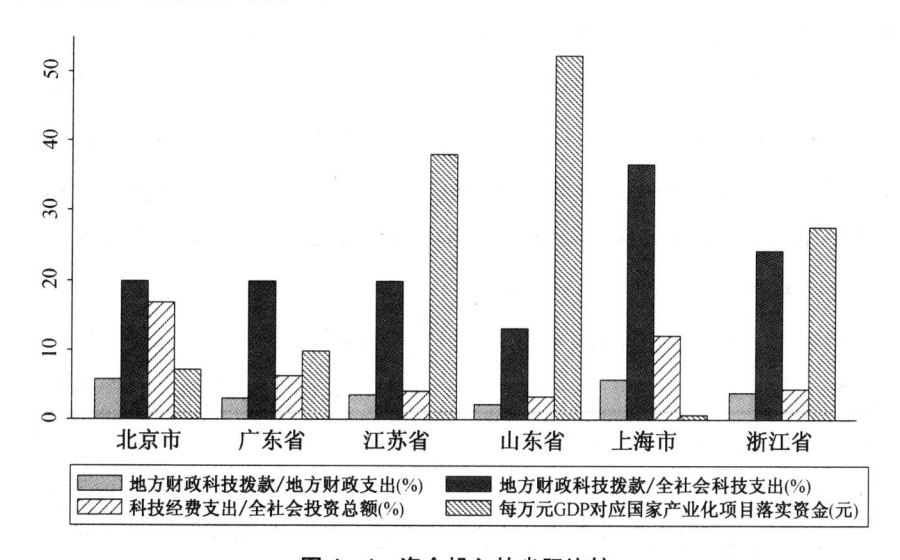

图 4-4 资金投入的省际比较

总的来说,江苏科技创新要素投入不足,在六省市中名列第三,人力资本投入尤显不足。其中每万名全社会就业人员中科技活动人员数大约仅为上海的一半、北京的1/3,差距巨大,规模以上工业企业每万名员工中科学家与工程师人数只有上海的一半不到,而与北京相比不到其1/8。人力资本投入不足妨碍了江苏科技创新的进程;而资金投入方面,每万元GDP对应国家产业化计划项目落实资金一项,江苏排名第二,其他三项指标则都不占优势,地方财政科技拨款/地方财政支出排第四,地方财政科技拨款/全社会科技支出排名第三,科技经费支出/全社会投资总额排名第五。

(三)江苏产学研协同创新平台数名列第一

产学研协同创新是指企业、大学、科研机构三个基本主体投入各自的优势资源和能力,在政府、科技服务中介机构、金融机构等相关主体的协同支持下,在完善的风险承担及利益分享机制下,共同进行技术等相关协同创新活动。在产学研协同创新平台的建设中,政府发挥引导作用,是整个协同创新大环境的主要构成者,在政策制度以及舆论等方面对整个协同创新的环境起着决定性的作用。企业在其中占据主体地位,企业对新技术新产品的需求,是促进产学研协同创新平台构建的原始动力。而大学发挥基础和生力军的作用,是创新活力最强的一方,具备很强的科研优势。政产学研平台是建设创新型省份、增强企业自主创新能力和产业核心竞争力的重要途径。

产学研协同创新平台在技术转移、推动技术创新成果产业化的过程中,发挥着越来越重要的作用。产学研协同创新各主体通过协同创新将核心竞争优势组合起来,以知识协同为基础,构建紧密联系、目标统一、资源整合的优化组织结构。

当前科技创新是提高社会生产力和综合国力的战略支撑,必须摆在国家发展全局的核心位置。科技创新意味着创新成果主要是依靠科学发现产生的原始创新的成果,现在技术进步的源泉更多来源于科学的发明。自20世纪后期新经济产生以来,科学上的重大发现到生产上的使用,转化为现实生产力的时间越来越短,利用当代最新的科学发现成果迅速转化为新技术可以实现大的技术跨越。由于科技创新的源头主要是科学发现和知识创新,因此创新需要大学和企业的协同,科学家和企业家的协同。科技创新的一个趋势是,大学和科研院所是创造知识的源头,企业的技术创新越来越需要依托知识和信息聚集的大学和科研院所。在以科学新发现为导向的技术创新中,产学研各方都要共同参与研发新技术,尤其是产学研各方共同建立研发新技术的平台和机制。在研发新技术过程中,既有企业家提供的市场导向,又有科学家提供的科学导向。两个方面的主体在同一平台上协同作用。

产学研协同创新平台也是区域创新体系建设中非常关键的要素之一，是一项重要的制度性基础设施，通过各种组织和实体为科技成果提供获取、传播的条件和手段，并引导和促进科技成果向现实生产力的转化。在这方面，江苏取得了较好的成果，产学研平台或项目数远高于其他省市，名列第一，其中各个省份平台或项目数，江苏省 1 805 个，浙江省 1 686 个，广东 383 个，山东 789 个，上海 146 个，北京 258 个。

（四）江苏创新活动排名第三

进入 21 世纪，全球创新进入高强度研发时代。目前，发达国家的研发强度平均在 3% 左右，全球研发经费在首次突破万亿美元后，达到 1.4 万亿美元左右，研发人员也已突破一千万人。企业和科研机构分别作为技术创新与知识创新的主体，其研发强度水平反映了所在地区自主创新能力的强弱。

1. 企业创新强度

企业是技术创新的主体，企业作为创新主体地位的高低可用企业创新强度中的各项指标进行衡量。① R&D 经费支出/GDP。反映一省 R&D 活动财力投入强度的指标，是国际通用的衡量科技投入的重要指标。计算公式为：R&D 经费占 GDP 的比重＝全社会 R&D 经费/GDP×100%。② 企业 R&D 经费支出/工业增加值。该指标衡量了工业增加值中用于企业科研经费的比重，反映了工业企业 R&D 资源投入的强度。③ 企业技术改造经费支出/工业增加值。该指标衡量了工业增加值中用于企业技术改造的比重，企业进行技术改造可以使用新技术、新设备，推广和应用新的科技成果，提升自身的技术水平，反映了企业在技术设施上的投入强度。④ 技术引进经费支出/工业增加值。技术引进经费支出反映了本地区在技术获取和技术改造方面的投入，直接引进和消化国外的先进技术可以迅速加快企业的发展。⑤ 对外技术依存度（技术引进支出/企业科技经费支出）。对外技术依存度反映了一个国家或地区对技术引进的依赖程度。一般而言，技术依存度高表明技术引进的依赖程度强，反之则弱。计算公式为：对外技术依存度＝技术引进总经费/(R&D 经费＋技术引进总经费)。

从指标分析结果来看,企业创新强度上,除了技术改造经费支出/工业增加值,江苏高于其他地区外,其他各项指标,江苏均远低于北京和上海,但高于广东、山东和浙江。需要注意的是,R&D经费支出/GDP,江苏虽然高于广东、山东和浙江,但也高出很少,但江苏在技术改造经费支出/工业增加值、技术引进经费支出/工业增加值上却高出它们很多,这同样也反映在对外技术依存度上,江苏远高于广东、山东和浙江。说明江苏的自主创新投入不足。

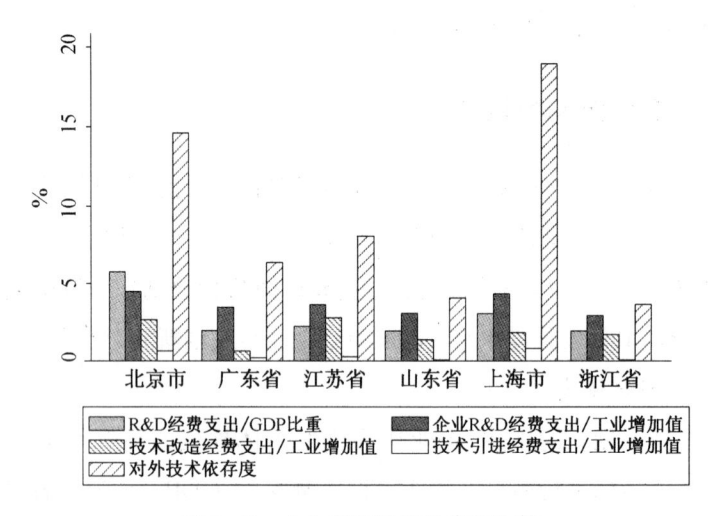

图4-5 企业创新强度的省际比较

2. 科研机构创新强度

在创新型省份建设中企业应成为创新的主体,但同时科研机构在创新中发挥了举足轻重的作用,是创新型省份战略性研究的主力军和企业技术创新的重要理论来源。通过测算科研机构的创新强度,可以了解科研机构在创新型省份建设中发挥的作用,有效促进创新型省份的建设。

研究机构R&D经费支出占GDP的比例反映了该地区研究机构对科技创新资金的投入程度。其中,研究机构研发经费是指该机构当年为进行R&D活动所发生的全部支出,体现其在科技创新中的重要程度。

虽然江苏的企业创新强度不足,尤其是自主创新强度不足,但江苏科研机构创新强度却比较高,研究机构R&D经费支出/GDP,江苏虽然远低于北京和上海,但也远高于广东、山东和浙江,原因在于江苏相比于广东、山东和浙江拥有更多的高校和科研院所。

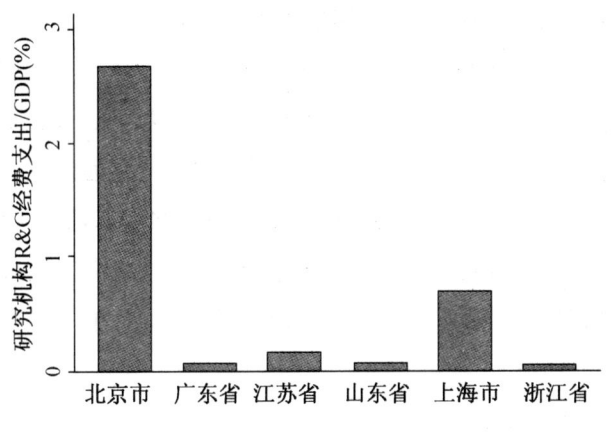

图 4-6 科研机构创新强度的省际比较

（五）江苏创新成果排名第三

1. 产品创新成果

创新的产出效率从创新产品、技术成果等角度衡量了创新投入的产出效率，以及由此产生的创新产出在经济总量中地位的变化。该指标更多地考虑了技术创新成果的产业化以及市场化收益的实现程度，是衡量创新建设取得经济效益成果大小的非常有效的指标。

（1）新产品销售收入/工业增加值。这是反映产品创新效率最常用的指标，从产出角度衡量了某地区的经济创新程度。

（2）技术市场成交金额/GDP。该指标反映了科技成果转换为创新产品的效率和科技创新产品市场化进程，是衡量产品创新的重要指标。

（3）新产品销售收入/科技活动人数。该指标衡量了平均每个科技活动人员的新产品销售收入，是从产出角度对创新程度进行度量的生产性指标。该指标值越高，说明创新效率越高，创新程度提高就有更坚实的基础。

（4）新产品销售收入/科技经费支出。该指标反映了科技经费投入产生的效率，创新产品的收入与科技经费支出之比越大，表示科技经费的使用效率越高，产品创新的效果越大。

（5）高新技术园区内总产值/工业总产值（高新开发区总产值/工业总产值）。该指标反映了本地区高新技术产业的集中程度，指标值高反映了本地区的产业布局的优化合理,产业得到集约集聚发展。

总体来说,江苏的产品创新效率不高,具体见图4-7。其中,新产品销售收入/工业增加值,虽然高于上海、山东和浙江,但远低于北京和广东。技术市场成交金额/GDP,虽然高于广东、山东和浙江,但远低于北京和上海。而新产品销售收入/科技活动人数,江苏低于山东和上海,高于北京、广东和浙江,新产品销售额/科技经费支出,江苏低于浙江,略高于其他省市,与广东、山东和上海相差无几。而高新区企业工业总产值/工业总产值,江苏低于广东、上海和北京。

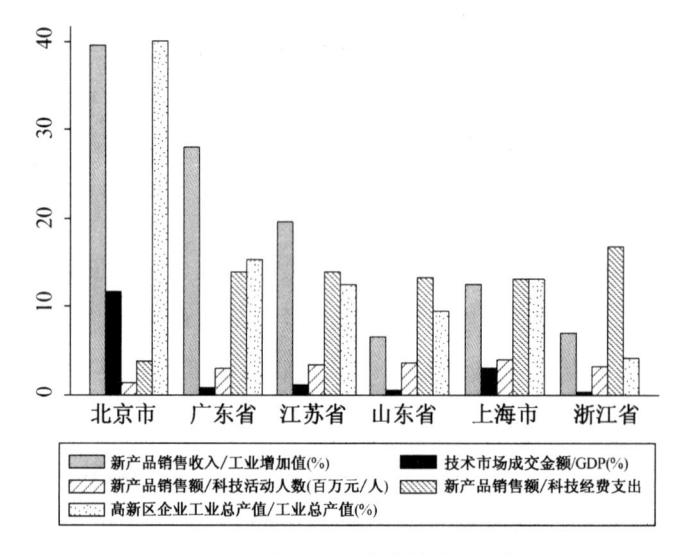

图4-7 产品创新产出的省际比较

2. 技术创新成果

技术创新,指生产技术的创新,包括开发新技术,或者将已有的技术进行应用创新。重大的技术创新会带来社会经济系统的根本性转变。在创新驱动的现阶段,技术创新对经济社会发展的引领与支撑作用不断增强,所以必须衡量技术创新在创新型省份中的作用和贡献,继而不断推进技术创新,发挥其对创新型省份建设的推动作用。

(1) 每亿元GDP专利授权数。该指标为反映技术创新投资所得到的发明专利产出效率的指标,从质上衡量了创新产出的水平。计算公式为:每亿元GDP专利授权数=专利授权数(件)/GDP(亿元)。

(2) 企业专利申请数/企业科技活动人数。企业专利申请数指企业向国内外知识产权行政部门提出专利申请并被受理的件数,企业专利申请数与企业科技活动人数的比值反映了该企业科技人员研发的效率,比值越大,则单位科技人员的研发成果越多,技术创新越活跃。

(3) 专利申请数/科技活动人数。该指标反映了本地区全体科技人员从事科研活动的效率,而不仅仅局限于企业层面,同时也反映了该地区科研活动的活力。

(4) 发明专利授权数/R&D支出。该指标从地区整体考虑了技术创新产生的发明专利产出的效率,指标值越高,说明该地区创新产出高、研发投入大、研发强度高。

(5) 企业发明专利授权数/企业R&D支出。该指标从企业层面衡量了企业从事技术创新产生的发明专利的产出效率,指标值越高,则表明该企业研发投入的效率越高,成果越大。

(6) 国际科技论文数量/科技活动人数。国际科技论文代表了高层次的知识创新,这是科技创新的理论基础和原始动力,该指标值高表明本地区的知识创新能力强,创新后劲足。

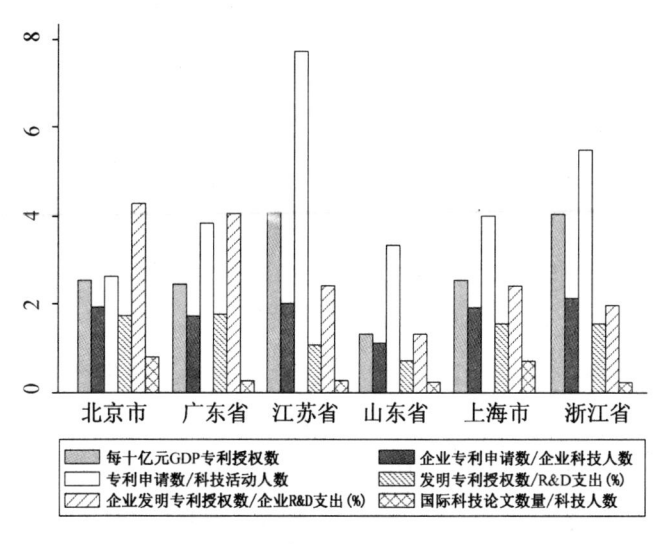

图4-8 技术创新产出的省际比较

总体来说,江苏的技术创新效率较高。其中每十亿元 GDP 专利授权数和专利申请数/科技人数活动数远高于其他省市,国际科技论文数量/科技人员低于北京和上海,但高于广东、山东和浙江。企业专利申请数/企业科技人员数小于浙江,高于其他省市,但企业发明专利授权数/企业 R&D 支出仅高于山东,远低于其他省市。江苏技术创新效率较高,主要是因为江苏拥有较多的高校和科研院所,江苏企业的技术创新效率特别是自主创新效率不高。

3. 创新的绿色产出

创新的经济绩效是指经济主体在本身所具备的创新能力的基础上,通过各种资源的有效配置所取得的高效创新成果。科技投入的持续增加,配套政策的有力扶持和创新环境的优化改善,显著增强了江苏省的创新能力,取得了较好的创新绩效。可从发展绩效、发展活力和企业质量效益三个方面来评估各地区的创新绩效。

产业结构升级会提高产业结构的知识密集度和技术密集度,这体现为知识密集型和技术密集型产业的兴起,同时也有对传统产业的改造。这种升级在经济绩效上表现为降低成本,提高原材料和中间品的使用效率和降低全社会的能源消耗。

(1) 单位 GDP 综合能耗。本指标反映单位地区生产总值所消耗的能源。计算一个地区的万元 GDP 能耗是将全社会综合能耗与地区国内生产总值进行比较,它体现了科技创新对能源使用效率、节省能源消耗量的作用。计算公式为:单位 GDP 综合能耗=能源消费总量/GDP 总值。

(2) 工业固定废物综合利用率。该指标反映了工业生产的资源再利用情况,计算公式为:工业固定废物综合利用率=工业固定废物综合利用量/(工业固体废物产生量+工业固体废物贮存量)×100%。

(3) 工业主要污染物排放强度。该指标反映了工业生产对环境产生的不利影响,计算公式为:工业主要污染物排放强度=(工业氮氧化物排放量+工业二氧化硫排放量+工业废水中氨氮排放量+工业废水中化学需氧量)/工业增加值。

(4) 城市污水处理率。城市污水处理率指经管网进入污水处理厂处理的城市污水量占污水排放总量的百分比。该指标反映了创新型省份建设在节能减排、保护居住环境上取得的成绩。

总体来说,江苏的绿色发展绩效不高,单位 GDP 综合能耗和工业主要污染物排放强度,江苏仅低于山东,高于其他城市。说明江苏经济还是依赖于重化工业,污染较大,能源消耗较高。但江苏工业固定废物综合利用率仅落后于上海,高于其他省市,城市污水处理率仅落后于山东,高于其他省市,也说明江苏的污染治理绩效较高。

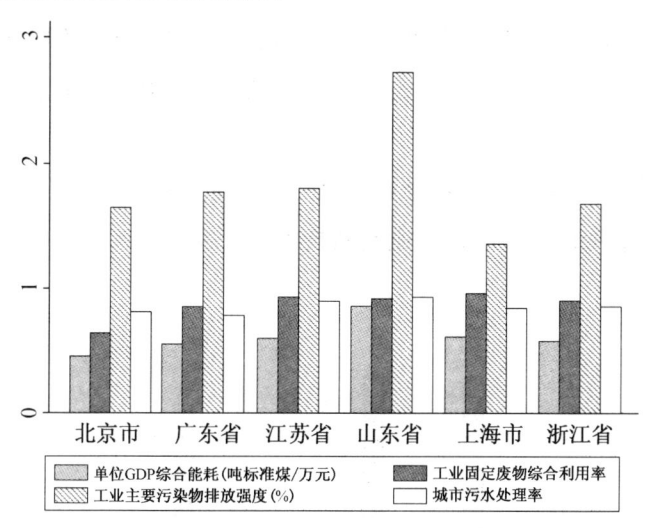

图 4-9 绿色创新产出的省际比较

(六)江苏新兴产业成长排名第三

我们选择高新技术产业和战略性新兴产业两个产业作为新兴产业的代表。高新技术产业在创新型省份建设中占有重要地位,高新技术产业分布在多个影响国家战略地位的领域,从产业发展来看,高新技术产业成为创新型省份经济发展的战略重点。而在后危机时代,为了应对日益严峻的能源、资源、环境、气候、健康等问题,世界各国越来越重视新兴产业的发展,纷纷加大投入,以新一代信息技术、新能源、生物医药、新材料和新能源汽车等为代表的新兴产业已获得迅速发展。

(1) 高新技术产业产值占工业总产值比重。发展高新技术产业,是江苏提高产业竞争力,走新型工业化道路的重要途径。该指标反映了工业总产值中高新技术产业贡献所占比重。计算公式为:高新技术产业产值占比＝高新技术产业产值/工业总产值×100％。

(2) 高新技术产品进出口占进出口总额比重。该指标反映了商品进出口结构的优化程度,从高新技术产业角度反映科技进步对进出口结构的影响。计算公式为:高新技术产品进出口占比＝高新技术产品进出口总额/进出口商品额×100％。

(3) 高新技术产品出口占比。该指标提高反映了工业结构调整的方向。计算公式为:高新技术产品出口占比＝高新技术产品出口总额/出口商品总额×100％。

(4) 高新技术企业占工业企业比例。该指标反映了工业企业中高新技术类企业所占的比重,比重越高则高新技术企业越多。

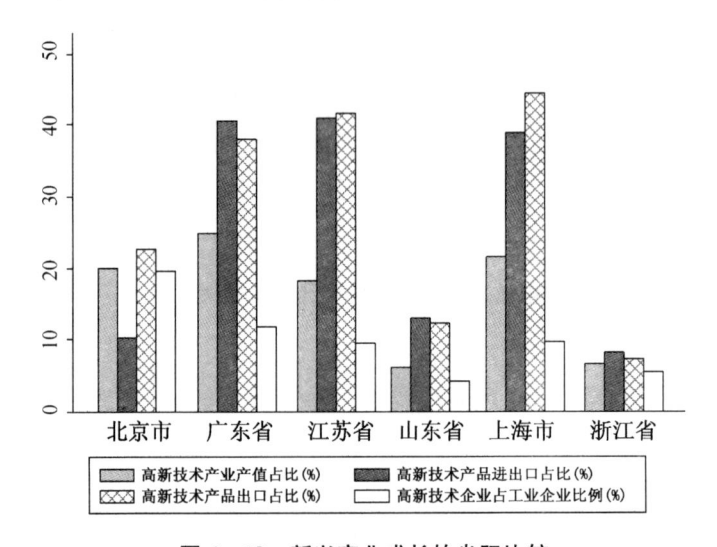

图 4-10 新兴产业成长的省际比较

在新兴产业的成长上,江苏表现出如下特点:高新技术产业产值占比和高新技术企业占工业企业比例,江苏仅高于山东和浙江,低于北京、广东和上海。但高新技术产品进出口占比和高新技术产品出口占比,江苏仅在高新技术产品出口占比上低于上海,高于其他省市,特别是远高于山东、浙江和北京。反映出江苏经济的外向型特征,尤其是江苏外资企业较多。

(七) 江苏科技创新整体排名第二

整体看来,江苏的科技创新强度在六省市中排名第二,仅次于北京,略高于上海,高于广东、浙江和山东。其中江苏的制度性基础设施最为完善,政府提供了较多的平台,同时江苏较多的高校和科研机构和发达的工业基础使得江苏的新产品(新服务)数量、高新技术企业占比增长率都远高于其他省市,高新技术企业有很好的成长性。从科技创新的产出效率看,江苏产品创新效率不高,且技术自主创新效率不高。江苏创新性产业成长情况仅好于山东和浙江,还有待提升。而科技要素投入远低于北京和上海,同时科技创新强度也远低于北京上海,江苏在保持科研机构研发优势的同时,需要加强和企业的合作,提升企业自主创新能力,进而提高江苏的整体科研创新水平。

表4-7 科技创新整体评价

指标\地区	江苏	广东	山东	浙江	上海	北京
制度性基础设施	23.32	12.28	17.16	21.52	10.8	14.92
科技创新要素投入	14.25	10.9	12.85	13.7	19.2	29.15
科技创新强度	14.5	9.5	8.7	8.7	24.2	34.4
创新性产业的成长	16.7	23.8	7.3	6.4	22.7	18.4
科技创新的产出效率	16.6	16.2	9.9	14.2	17.4	25.7
科技创新绩效	24.6	16.3	10.3	7.1	14.3	19.2
总体评价	18.4	14.9	11.1	13.7	18.2	23.7

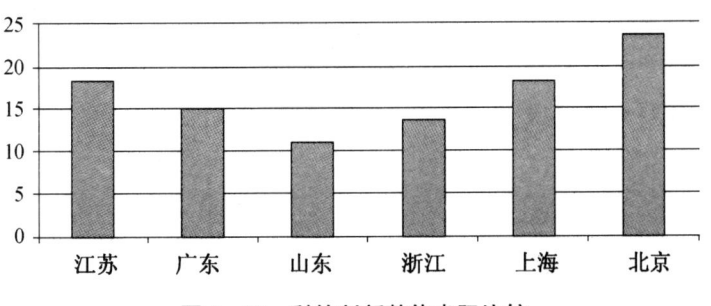

图4-11 科技创新整体省际比较

三、比较结论:对江苏的评价和建议

2006年,江苏在全国率先做出建设创新型省份的重大决定,省委十二届四次全会进一步强调到2015年率先建成创新型省份,把增强自主创新能力、建设创新型省份作为面向未来的战略抉择,明确提出到2015年建成创新型省份。这充分体现了江苏省委省政府对创新型省份建设的重视和支持,是江苏发展创新型经济必不可少的动力。

(一) 关于江苏构建创新型省份外部环境的SWOT分析

1. 优势(S)

(1) 有科教资源优势。江苏拥有数量众多的高校和科研院所,2011年,江苏每万人中普通高校在校生(与毕业生)数量是227人,仅低于北京的287人,远远高于浙江的176人、山东的169人和广东的146人。同时,江苏的专利申请数/科技活动人数也远高于其他省份,而在其他衡量科教资源的指标中,技术市场成交金额/GDP、国际科技论文数量/科技活动人数、每万名全社会就业人员中科技活动人员数、研究机构R&D经费支出/GDP等也仅低于北京和上海,在全国范围内名列前茅。

(2) 开放型经济比例高。作为东部沿海地区发达省份,江苏是典型的开放型经济。2011年,江苏进出口总额达到了5 397.6亿美元,仅次于广东的9 134.8亿美元。但远高于北京的3 894.9亿美元,上海的4 373.1亿美元,山东的2 359.9亿美元和浙江的3 094.0亿美元。此外,江苏高新技术产品进出口总额占比也远高于其他省市。江苏的开放型经济为江苏发展创新型经济打下了良好的基础。

(3) 企业创新活动活跃。2011年,江苏企业技术改造经费支出/工业增加值是2.69%,高于北京的2.57%,远高于上海的1.74%、浙江的1.57%、山东的1.3%,广东的0.69%。技术引进经费支出/工业增加值,江苏0.29%,虽然低于上海的0.82%和北京的0.64%,但也高于广东的0.22%,山东的0.12%和浙江的0.1%,使得江苏对外技术依存度远高于广东、山东和浙江。2011年,江苏规模以上工业企业主营业务收入107 030.1亿元,高于山东的102 470.2亿元,广东的95 614.1亿元,浙江的53 071.0亿元,上海的34 466.3亿元,北京的15 504.1亿元。2011年,江苏规模以上工业企业数量43 368家,高于山东的35 813家,广东的38 305家,浙江的34 698家,上海的9 962家,北京的3 746。

(4) 科技经费政府有投入。2011年,地方财政科技拨款/全社会科技支出,江苏是20.03%,上海是36.56%,浙江是24.06%,北京是19.55%,广东是19.5%,山东是12.86%,江苏低于浙江和上海,且与广东和北京相差无几。而地方财政科技拨款/地方财政支出,江苏是3.43%,北京是5.64%,上海是5.58%,浙江是3.74%,广东是3.04%,山东是2.17%,江苏仅高于广东和山东。科技经费支出/全社会投资总额,江苏是3.99%,北京是16.79%,上海是12.05%,广东是6.12%,浙江是4.22%,山东是3.16%,江苏仅高于山东。江苏地方政府科技经费虽然有投入,但低于兄弟省份。

2. 劣势(W)

(1) 人才资源与企业结合不足。虽然江苏拥有丰富的科教资源,但与企业生产方面结合不足。例如,江苏每万人中普通高校在校生(与毕业生)数量很高,但规模以上工业企业每万名员工中科学家与工程师人数不仅远远低于北京和上海,还低于浙江。造成这种现象的原因是:① 北京、上海等大城市对人才吸引力较强,造成江苏培养的人才流失;② 江苏缺乏有效的人才激励政策,不仅不能有效地吸引人才,反而造成人才流向浙江等创新环境较好的地区。

(2) 对外贸易以加工贸易为主。江苏外向型企业以加工贸易为主,这突出反映在尽管江苏高新技术产品进出口总额占比和高新技术产品出口占比较高,但是江苏工业增加值率却并不突出。2011年,江苏高新技术产品出口占比也仅次于上海,但是江苏工业增加值率却只有21.27%,不仅低于上海,而且低于同样以外向型经济为主的广东和山东。说明江苏的对外贸易自主创新成分不足,大量企业从事的只是简单的劳动密集型或资本密集型加工贸易,并不是知识密集型的自主创新生产。

(3) 高新技术企业比例不足。江苏拥有数量众多的规模以上工业企业,但是2011年江苏高新技术企业占工业企业比例只有9.4%,低于北京、上海和广东,高新企业工业总产值/工业总产值也低于北京、广东和上海。同时,由于江苏企业R&D经费支出/工业增加值与广东、山东和浙江相比,并没有高出多少,使得江苏用于自主创新的经费支出比例低于广东、山东和浙江,也导致企业专利申请数/企业科技人员数低于浙江,而企业发明专利授权数/企业R&D支出远低于广东。

(4) 政府投入不足。在地方财政科技拨款/地方财政支出指标上,江苏落后于北京、上海和浙江;在地方财政科技拨款/全社会科技支出上,江苏仅低于浙江和上海,与广东和北京相差无几;而在科技经费支出/全社会投资总额上,江苏仅高于山东;只是在每万元GDP对应国家产业化项目落实资金上,江苏高于北京、广东、上海和浙江,仅落后于山东。

3. 机会(O)

2008年开始的金融危机对各国经济造成了深远影响,我国经济结构自身存在的高对外依赖、高投资和高消耗的特点,使我国出口受到了一定冲击,这也充分暴露了我国经济结构的薄弱和不足之处。但是,这次金融危机也是转变发展方式、调整经济结构和产业结构的一个非常好的机会。洪银兴指出:从经济周期性分析看,危机是短期的,发展是长期的,危机阶段国家实施的宏观政策也是短期的。所谓抓机遇,最大的机遇是抓经济周期阶段的机遇,为新的增长周期打下坚实的基础。因此,在进入后危机阶段后,需要在已有的保增长措施取得效果的基础上,及时地由保增长转向求发展。利用危机阶段相对宽松的宏观政策,办影响经济转型的大事。经济危机中,机会和挑战并存,应对危机是阶段性的、短期的,但调整经济结构、建设创新型经济则是长期的。

4. 威胁(T)

(1) 国际市场压力。虽然江苏外向型经济在全国处于领先地位,但江苏出口市场和产品结构仍不完善。江苏出口结构具有外资企业占比大、发达国家市场占比大、加工贸易占比大的特点。2011年,江苏外资企业出口占全省出口额的68.8%;对欧洲、美国、日本等几大市场的出口占全省出口额的55%;加工贸易出口占全省出口额的55.1%。江苏外贸明显表现出随国际经济形势变化而波动的特点;并且,加工贸易占江苏出口的六成,虽若干年来保持快速增长,但一旦面临国际金融、经济危机,其不利的一面也会显现出来。而外商投资企业又占江苏加工贸易出口的大部分,绝大部分利润被外商投资企业拿走(沈坤荣、虞剑文、李子联,2011),导致江苏虽然出口了大量高新技术产品,但工业增加值率却不高。2011年,江苏高新技术产品进出口占进出口总额比重高于其他省市,高新技术产品出口占比仅低于上海,但工业增加值率不仅低于上海,还低于广东和山东。

(2)其他省市的竞争。目前,全国各主要省(市)都相继做出了建设创新型省份(城市)的部署,其中,广东、山东、浙江都提出到2015年要建成创新型省份。与江苏处于同一创新经济水平的地区有北京、上海、广东、山东、浙江等。北京作为全国政治文化中心,在资源和政策方面具有一定的优势。上海是经济中心,金融市场发达,对外交流便利,国际化程度较高,吸引了大批江苏人才前往,但同时也对江苏创新型经济产生一定的辐射带动作用。广东作为改革开放以来受益最大的地区,不仅在GDP总量上长期居于首位,而且经济、政治等方面的开放程度也较高,这都有助于创新型经济的发展。此外,广东拥有华为、腾讯等一批国内外知名的创新型企业,并且广东靠近香港也是其一大优势。山东近年来GDP增长很快,特别是工业企业增长迅速,拥有海尔、海信等一批优秀企业。浙江一直以民营企业为主,中小型企业极具活力,创新氛围浓厚,产学研结合较好。可以看出,这几个省市均有很强的竞争力,江苏需要结合自身优势,加速发展创新型企业,在经济转型过程中赢得先机。

(二)建设创新型省份的政策建议

1. 创新的制度环境建设

企业创新的核心推动力是企业家。企业家精神的本质就是创新,创新是企业持续发展的根本。创新概念最早是由著名经济学家熊彼特提出来的。他认为创新是"企业家对生产要素的新组合",也就是"建立一种新的生产函数"。中国改革开放30年,诞生了一大批具有创新精神的民营企业家,从联想的柳传志到吉利的李书福,从万科的王石到阿里巴巴的马云,中国企业家在不断进行组织创新并逐步走向成功的过程中,也受到环境因素的制约。如今很多民营企业家放弃实业,转向投资,也有一部分打算卖掉资产,移民国外。

企业家创新动力不足与近年来民营企业生存环境恶化有着密不可分的联系。民营企业的生存困境表现在三个方面:一是成本高,其中人工成本近年来增长非常明显。人工成本在企业所面临的发展困境中排第一位,超九成企业给基层员工涨过工资,平均涨幅14.4%,近八成企业计划未来一年还要增加工资。二是税负比较重。现在的纳税比例超过了企业家预期,压缩了企业利润空间,微薄的利润使得企业家对办实业失去信心,转而将资金用作股票、房地产等投资,以获得更高更快的回报。三是融资困难。很多企业感受到融资难,自筹资金依然是第一融资渠道。在融资上,中小企业受到不公平待遇,融资难的问题已经成为中小企业发展的一大瓶颈。

创新型经济的核心是要求企业实现自主创新,实现自主创新除了对于企业自身发展有要求外,还需要全社会为企业提供一个完善的制度环境。由于江苏长期以来着重发展外向型经济,适宜企业自主创新的制度环境还不健全。企业自主创新的制度环境不完善,主要表现在以下三个方面:第一,江苏知识产权保护体系不健全,在六个省市中,江苏知识产权保护强度仅高于山东,远远低于其他省市。知识产权制度的缺位,难以给创新者的利益和积极性提供有效保护,抑制了企业创新行为。第二,江苏科技金融体系不全面,目前江苏的企业融资主要依靠银行融资体系,直接融资渠道还未成形,现有的直接融资通道也存在门槛过高的问题。直接融资体系能提供顺畅的退出机制,并且分散投资风险,更利于创新型经济的发展。同时,科技与金融相结合的制度外围环境也不完善,企业信用制度未广泛建立,科技型企业信用体系尚未形成;科技金融相关的政策法规也缺乏系统性和全面性;金融资源和科技资源投入不匹配,政府科技投入中用于科技金融的投入不足,懂得金融与科技的复合型人才也不足,导致科技金融产出效率较低。第三,江苏的分配制度未能对企业创新提供有效激励,对发展创新经济的激励不足。在企业外部,全社会没有建立起一个对创新主体的有效激励体制,例如,金融体系对企业创新的激励功能较弱。股票期权是激励经营者的一种重要方式,但是在我国其应用受到严格限制,未能有效地发挥其激励作用。同时,债券转股权等分享成果型金融工具也未得到广泛应用,不利于债权人在风险与收益中实现平衡,促进债权人对科技创新的支持。此外,对科技创新的奖励也存在局限,单一的奖金激励并不持久,对创新的奖励应该建立长效机制。例如支持创新成果产业化,为科技成果产业化提供相应的政策扶持,鼓励创新主体持续创新。在企业内部,由于公司治理结构不完善,股权制度以及收入分配制度僵化,未能完全实现报酬与劳动复杂程度以及对企业贡献程度挂钩,导致对企业内部管理者与科技人员的激励不足,而这两类人员正是企业科技创新的重要推动力量。

2. 提高研发投入强度

(1) 加强政府科技投入。要确保财政科技投入增幅明显高于财政经常性收入增幅,还要选择重要行业及优先发展领域,调整财政科技投入结构。一是省级财政年初预算安排科技支出高于省级一般预算收支的增幅,在年度预算超收财力中优先安排科技支出;二是加大对市县财政科技投入考核通报力度,将省财政科技专项资金分配与各市、县财政科技投入相结合,以促进市、县财政加大科技投入;三是提高各类科技专项资金申报门槛,将企业研发投入占销售收入比重作为申报必要条件,促进企业主体性投入持续增长;四是完善科技成果转化风险补偿专项资金使用管理机制,放大风险补偿倍数,促进金融等社会多渠道研发投入大幅增长。

(2) 提高企业自主创新投入。江苏企业虽然科技投入不低,但主要集中在技术引进和技术改造上,自主创新投入不足,需要引导、激励企业增大对自主创新的投入。政府应制定有利于企业自主创新投入的法规和实施办法,如优惠的税收政策、宽松的信贷政策等。要综合运用税收政策等相关手段,从激励自主创新的角度,研究流转税、所得税等环节的支持政策,研究完善地方税政策,有效调动企业和社会发展战略性新兴产业的积极性。全面落实企业研究开发费加计抵扣、高新技术企业税收优惠、技术先进型服务企业税收减免、政府采购自主创新产品政策,鼓励、引导和支持企业增加技术开发经费,对技术开发经费达到一定数额或R&D费用占销售额达到一定比例的企业,政府给予其优惠政策。对企业从事技术创新和高新技术的前期研究与开发项目给予一定的资金支持。对有利于产业优化升级和关键技术、共性技术推广应用的重点技术创新项目,在政策和生产要素上给予重点扶持。

3. 建立高效健全的知识产权保护体系

首先,政府要进一步健全和完善知识产权创造、保护、开发的机制和环境。制定和完善与知识产权相关的法律、法规;建立完善的奖励机制和专利预警机制;促进专利的信息化,利用互联网提高专利信息的可获取性;健全知识产权咨询的社会服务体系;健全知识产权专业人才培养机制,加强国际交流与合作。

其次,企业要建立完善的知识产权创造和保护体系。优化科技资源配置,积极拓展技术创新发展空间;设立专门的知识产权部门,为创新提供全程的信息服务;选择适宜的知识产权保护方式,提高知识产权保护效果;树立国际化的知识产权经营意识。

最后,建立技术转移机构,促进高校、科研单位与企业的合作。该机构可以对技术成果评估后,购买该技术,再转让给企业;该机构也可以将高校、科研单位的技术成果介绍给企业应用;还可以与知识产权的权利所有人成为共同合伙人,与企业建立合作等。

4. 建立吸引科技人才的体制机制环境

(1) 引进和资助重点项目,引领创新创业团队的整体建设。江苏建设高层次创新创业人才强省,既离不开科技企业家、学科带头人的重点引进培养,也离不开创新创业团队的引进和建设。对重点项目要明确并保持重点资助,落实对项目团队与成员的支持。完善项目申报评审和优选制度,完善项目效益报告制度,完善项目跟踪监察制度,对引进项目进行持续有效的管理,确保项目有序有效地展开。

(2) 形成合理的团队人才结构,实现高端引领与整体开发相结合。为青年人才创新创业提供条件,加大政策倾斜力度,吸引海内外青年人才加入创新创业队伍,形成合理的团队人才结构,使青年人才逐渐成为江苏省经济社会发展的推动力。在积极引进高层次人才的同时,还要努力推动人才资源整体开发。只有统筹抓好各类人才队伍建设,才能为培养高层次人才奠定基础;只有通过高层次人才的示范引领,才能实现人才开发的倍增效应,使人才链更加完善。高端引领、重点突破、协调推进、激活全局是江苏省协调人才队伍建设的途径。

（3）完善创新创业人才信息系统，建立创新创业人才统计体系。重点围绕创新型省份建设和发展创新型经济的实际需求，特别是围绕战略新兴产业建立细化的创新创业人才统计体系。通过建立科技人才基础信息系统，跟踪了解各类高层次人才创新创业情况，及时提供政策咨询和创新创业服务。建立科技人才创新创业专家咨询系统，针对企业的创新需求，组织专家开展企业发展战略、研发目标选择、产品市场策略等方面的咨询服务。建立创新创业人才统计工作系统，加强创新创业人才工作统计，重点开展科技计划中人才培养情况、高层次人才引进实施效果的统计分析。

（4）落实企业引才主体，以人才结构调整带动产业结构调整。坚持政府财政资金和政策支持，激发企业引进高层次创新创业人才的内生动力。加强企业引才载体建设，鼓励地方企业与创新创业团队联合。重点围绕战略新兴产业人才需求，加快新兴产业的高端人才引进和培养，推动高层次人才向企业集聚，建立一支研发能力强、创新水平高、引领作用明显的企业科技创新人才队伍。科技企业家是增强企业自主创新能力、发展创新型经济的重要力量。深入实施"科技企业家培育工程"，加快培养造就一支具有全球视野、战略思维和持续创新能力的科技企业家队伍。积极推广"创新在高校，创业在园区"模式，选聘一批优秀科技企业家到高校担任产业教授，鼓励那些具有创业愿望、具备创业能力的专家教授创办科技型企业，成长为科技型企业家。

（5）完善创新创业团队服务体系，创新高层次人才工作体制。以融资服务机制为核心，建立多元化的金融风险管理机制，完善创新创业团队服务体系。建立科技创新创业综合服务平台，为科技企业家提供各类科技和人才信息，提供科技支撑、融资担保、产权交易、市场开拓等。研究制定对科技创新人才发展有重大推动作用的政策，特别是科技人才投入、人才服务、人才流动等方面的政策。加强科技项目培养人才的工作力度，推动科技人才工作机构和人才工作队伍的自身建设。

（执笔：沈坤荣）

第五章
建设创新型省份的目标与空间布局

一、创新型省份的评价

(一) 分析框架

在借鉴创新型国家定义的基础上,我们认为创新型省份是一个具有自主知识产权、自主品牌、核心竞争力强的创新型企业集群,初步建成布局优化、特色鲜明、开放竞争的区域创新体系,形成科技发展与经济建设紧密结合,产学研紧密结合,政府推动、市场驱动、企业主动紧密结合的创新体制机制,创新主体充满活力、创新人才高度集聚、创新文化鲜明活跃、创新环境愈加完善的省份。可从以下几方面进行判断。

(1) 在全球具有竞争力的创新型产业。江苏作为中国的经济大省,甚至是经济强省,需要借鉴诸多欧洲国家产业发展的经验,如芬兰的纸浆业和通信业、瑞典的电信业、瑞士的医药和钟表业、荷兰的造船业,更需要借鉴亚洲新兴工业化国家的经验,如韩国的电子、造船、钢铁、汽车等产业,我国台湾的ICT产业。

(2) 一批具有较强创新能力的创新型企业。如韩国的三星,深圳的华为、中兴、腾讯等。江苏经济总量大,但除国电南瑞等少数企业创新性强外,更多是依靠国际代工的模式,缺乏一批有活力、创新能力强的企业。企业是创新技术活动的主体,能够有效地整合技术、人才、资金等资源,提高产业甚至整个城市的技术水平,是创新型省份建设的主力。创新型企业是一种崭新的企业运行和发展模式,它要求企业以技术创新为核心,加强战略和组织管理创新,逐步形成研发、生产、销售三位一体的互动机制,通过持续创新,获得持续发展。建设创新型企业是构建技术创新体系最有效的抓手,是走新型工业化道路的必然选择,是建设创新型国家、创新型省份和创新型城市最实际的行动。2006年江苏省委做出建设创新型省份的决定,这与"十二五"确立的创新驱动核心战略一脉相承、有机衔接,从全局和战略高度强化了科技进步与创新的重要意义。创新型省份的建设应以增强企业创新能力作为突破口,加快形成有自主知识产权、自主品牌、核心竞争力强的创新型企业集群;努力在科技体制改革上求突破,加快完善科技发展与经济建设紧密结合,产学研紧密结合,政府推动、市场驱动、企业主动紧密结合的体制机制,不断解放和发展科技第一生产力。建设创新型省份,基础在于创新型企业的培育,处于创新体系核心地位的是企业,它能否有效地整合企业内部各种资源,并与大学和科研机构合作,是其提高技术创新能力、增强国际竞争力的关键。

(3) 一个或几个发挥创新源作用的创新型城市。城市是区域经济社会发展的中心,是国家经济产出最重要的基地,是各类创新要素和资源的集聚地,城市的发展对区域和国家发展全局影响重大。为了谋求在新一轮世界竞争格局中的优势地位,许多国家和地区都提出了构建创新型城市的目标。我国科技部2010年也提出加快创新型城市建设的要求。国际上创新型城市有两种表达:"creative city"和"innovative city",前者强调创造性的文化理念带动城市的复兴,后者则把重点放在对于技术、知识、人才和制度等综合要素的变革上。这两种表达既有其共通之处,又有各自的闪光点。我们认为,创新型城市是指自主创新能力强、科技支撑引领作用突出、经济社会可持续发展水平高、区域辐射带动作用显著的城市。这些城市主要是依靠人才、知识、技术、资本、环境、文化等创新要素在城市的有效聚集,通过营造良好的社会、经济环境,推动和促进整个城市在新知识运用、新技术突破及其产业化的基础上实现经济社会更大的发展,从而使创新成为推动经济发展的核心驱动力。

(4) 创新人才、创新平台等创新要素的集聚。创新要素包括创新型人才、R&D经费的充足投入、广泛分布的创新平台。根据内生增长理论(新增长理论),一个国家或地区的技术进步取决于人力资本及其对知识存量的有效利用。卢卡斯(Lucas)进一步指出,人力资本是一个国家或地区生产率提高的关键因素。R&D经费是从事研发活动的保障,而广泛分布的创新平台则是研发活动的基础条件。这里重点阐释一下创新平台的作用。科技创新平台是科技基础设施建设的重要内容,具有知识创新、技术转移、技术研发、资源共享、孵化企业等功能,是培育和发展高新技术产业的重要载体,是科技创新体系的重要支撑,更是科技进步、社会发展、经济增长的加速器。创建独立完整的科技创新体系,加快技术研究及产业化转变步伐,是现代企业适应经济全球化的国际形势、增强企业核心竞争力的基础。江苏经济正处于重要的转型时期,面对日益严峻的资源和环境要素的制约,经济转型和产业升级势在必行,加强科技创新平台建设有着重要的战略意义。

(5) 良好的创新环境。创新是一种复杂的知识学习和创造实践活动,其活力来自于创新要素及其相互协调的能力;而这些要素能力的发挥需要在一定的创新环境中进行。创新环境是创新活动进行的支撑体,在增强技术创新活力、推动科技进步中有着至关重要的作用。良好的创新环境有利于创新活动的进行,有利于创新人才的培养,有利于创新效益的实现。正如周光召院士在强调创新环境的重要性时指出:"一项重大的科技发现,由什么样的人、在什么时候发现,有一定的偶然性。但如果我们建立了良好的创新环境,形成了有高度的科研战略,集中了一批优秀的科技人才,并坚持按照科学规律和科学方法去研究,终究是会做出成果来的。"优良的创新环境可以在一定程度上弥补创新资源不足的缺陷,而恶劣的创新环境则可能降低创新资源的效率。相对于技术、资金投入这些创新的硬资源,创新环境是创新的软实力,涉及创新管理体制、创新政策及创新文化等方方面面。要改善一个地区的创新环境,重中之重是要在处理政府和市场之间的关系上实现创新。如果说创新的主体是企业,那么环境建设的主体则是政府,要改善创新环境,必须要靠市场与政府共同合作。

(6) 一个有利于创新主体互动创新的体系。相对于国家,创新型省份或创新型区域更有利于要素的流动,特别是创新要素的流动,科技型企业家、技术市场、风险投资、科技创新与科技金融的互动等。典型的创新型省份或区域如美国的硅谷、中国的深圳和苏州等。区域创新政策、科技政策、科技人文环境等是区域科技发展的"软环境"。区域创新环境具体包括文化环境、制度环境、组织环境和信息环境等,是区域创新行为主体之间在长期正式或非正式的合作与交流的基础上形成的,支持并产生创新。首先,创新环境影响着科技人才的成长。科技人才的成长需要宽松的创新环境和良好的科技政策,良好的创新环境对培养人才、吸引人才、造就人才具有积极的作用。目前,许多地区为吸引科技人才,向其提供了良好的条件,如工资待遇等,但是对创新环境重视程度差异较大,那些创新环境较差的区域即使吸引了人才,也留不住人才,或者扼杀了其创新能力。其次,对科技成果转化能力的影响。区域科技实力能否有效地转化为区域创新能力,并转化为区域经济竞争力,与区域的创新环境关系密切。Saxenian(1994)通过对美国硅谷和波士顿"128公路"的比较分析,认为硅谷具有的容忍失败的创新文化,是其高技术产业超越波士顿"128公路"的重要原因。为什么南京的科技成果较多地倾向于苏南地区,而不是在宁镇扬地区产业化,这与苏南良好的创新环境是密不可分的。第三,对吸引外部科技资源的影响。区域创新环境是吸引外部科技资源的重要条件,珠江三角洲和长江三角洲等地区由于形成了良好的创新环境,在吸引国内外科技资源方面处于优势地位。昆山之所以成为全球IT业生产的重要基地,与其重商亲商的创新环境有关。

(二)创新型省份的要素构成

1. 创新型产业

迈克尔·波特说,竞争力是以产业作为度量单位的,产业创新的重要性,不只是新产业本身具有更高的效益和发展前景,更为重要的是,产业竞争力是一个国家一个地区的竞争优势所在。产业竞争力即产业创新与升级的能力。由于创新的新兴产业能够带动整个产业结构的优化升级。一个国家和地区在某一时期是否具备竞争优势,就看有没有发展这个时代处于领先地位的新兴产业,形成具有自主创新能力的现代产业体系。

(1)产业集聚度。创新型产业高度专业化,呈集群式发展。专业化既是产业集群形成和发展的基本原因,也是产业集群的竞争优势所在。创新型产业技术密集度高,创新频率较快,通过上下游企业的密切交流,专业化分工能够促进产业链条各个环节的创新,增强对不确定的外部环境变化的应对能力。而产业集群则使企业能够共享基础设施、劳动力市场乃至营销渠道和集群地的产业知名度,从而减少分散布局所导致的额外投资,并降低运输成本和交易成本,实现规模经济效应。对创新型经济而言,一方面,产业集群能够为企业提供一种良好的创新氛围,企业显性或潜在的竞争压力迫使企业不断进行技术创新和组织管理创新,而集群内由于空间接近性和共同的产业文化背景,技术扩散效应放大,一家企业的知识创新很容易外溢到区内的其他企业,从而提升整个集群的创新能力。另一方面,产业集群可以降低企业创新的成本,由于地理位置接近,企业之间可以低成本或无成本地进行频繁交流,同时集群良好的基础设施,也有效降低了企业进行新产品开发和技术创新的成本。

(2)产业创新能力。产业创新依托于科技创新,科技创新服务于产业创新。长期以来,科技创新与产业创新相脱节,科研机构的研究停留在科学创新阶段,企业的技术创新主要局限于企业内的自主研发,两者相互割裂。而在创新型经济时代,科技创新与产业发展的紧密结合,将使科技创新与产业创新相互融合。在创新型经济阶段,科技转化为生产力的速度成为竞争力的重要指标,对发展高科技的创新机制的关注点也由关注技术进步本身,转向关注技术进步的源泉及科学技术的成果转化。因此,需要提高大学、科研机构与产业部门的合作水平。企业直接从大学等科研机构获取最新科研成果并进行产业化,有助于消除在一些高科技产业领域的国际差距。通过推进产学研结合,建立知识创造和知识转化的上中下游联系,一方面可以解决大学等研究机构的商业化价值问题,另一方面也能解决企业敢于对创新型科技研究进行风险投资的问题,从而有助于实现创新型经济的快速发展。因此,要积极构建技术公共服务、技术成果交易、创新创业融资服务和社会化人才服务"四大平台",推动创新要素向企业集聚,促进科技成果向现实生产力转化,把科技优势转化为创新型经济的发展优势和竞争优势。

2. 创新型企业

创新型企业是指拥有自主知识产权的核心技术、知名品牌，形成良好的创新管理制度和文化，整体技术水平在同行业居于领先地位，在市场竞争中具有优势和持续发展能力的企业。在建设以企业为主体、市场为导向、产学研相结合的技术创新体系的过程中，培育大批创新型企业是关键。Freeman（1991）认为创新型企业具有以下特征：企业内部研究与开发能力相当强；从事基础研究或相近的研究；利用专利保护自己，与竞争对手讨价还价；企业规模足够大，能长期高额资助 R&D；研制周期比竞争对手短；愿意冒风险；较早且富于想象地确定一个潜在市场；关注潜在市场，努力培养、帮助用户；高效地协调研究与开发、生产和销售的企业家精神；与客户和科学界保持密切联系。从企业类型以及创新模式的不同，可以将创新型企业的特点归结如下。

（1）产业技术创新。我国将节能环保、信息技术、生物医药、高端装备制造、新能源、新材料和新能源汽车列为战略性新兴产业，一大批相关企业应运而生。这类企业以重大技术突破和重大发展需求为基础，对经济社会全局和长远发展具有重大引领带动作用，具有知识技术密集、物质资源消耗少、成长潜力大、综合效益好的特点。加强产业技术创新是实现经济发展方式转变的重要手段，也是实现经济结构战略性调整、培育战略性新兴产业的主要支撑。产业技术创新企业建立在重大前沿科技突破的基础上，代表未来科技和产业发展新方向，体现当今世界知识经济、循环经济、低碳经济的发展潮流。

（2）核心技术创新。核心技术能力是企业通过特有的技术要素和技能或各种要素和技能的独特的组合来创造具有自身特性的技术，以产生稀缺的、不可模仿的技术资源（包括技术和知识等）的企业能力。核心技术能力是企业竞争能力的重要基础，有意识地培养和发展企业的核心技术能力是企业成功地进行技术创新，建立和保持竞争优势的关键。企业进行核心技术的创新可以提高企业优势产品的竞争能力，需要企业增加研发投入，培养技术创新人才，并且做好发明专利的申请和保护工作。

（3）商业模式创新。商业模式创新（business model innovation）作为一

种新的创新形态,其重要性已经不亚于技术创新。互联网的出现改变了基本的商业竞争环境和经济规则,标志"数字经济"时代的来临。互联网使大量新的商业实践成为可能,一批基于它的新型企业应运而生。一批成功的电子商务企业则是商业模式创新的典型案例,如阿里巴巴、苏宁、京东等。商业模式的创新可以有效提高企业的竞争力,成为企业营利和发展的关键要素之一。

3. 创新型城市

世界银行2005年发表一份关于"东亚创新型城市"的研究报告,该报告提出成为创新型城市的先决条件,具体包括:拥有优良的交通电信基础和功能完善的城市中心区;拥有充足的经营文化、媒体、体育及学术活动的场所设施;拥有研究开发与创新能力;拥有受教育程度较高的劳动力队伍;政府治理有效,服务高效;拥有多样化的文化事业基础设施和服务;拥有多样化的高质量的居住选择;切实重视环保,在这方面有良好口碑;社会多元,能接纳各种观点的碰撞、各种文化的融合和各种体验的交汇等。美国Richard Florida教授提出了创新型城市的三个指标,即technology(技术)、talent(人才)、tolerance(包容度),并认为目前对创新型城市的评价体系与政策设计存在较大的缺陷,即学界和决策层面更重视技术,而忽视了人才和包容度。创新型城市的三"T"评价理念受到美国和欧洲许多城市管理者的推崇。我国2010年全国科技工作会议确定了首批国家创新型试点城市(区),为加强对创新型城市试点工作的指导和推动,科技部出台了《关于进一步推进创新型城市试点工作的指导意见》,同时发布了《创新型城市建设监测评价指标(试行)》,重点关注创新投入、企业创新、成果转化、高新产业、科技惠民、创新环境六个方面。综合国内外关于创新型城市的研究,可以看出,创新型城市需要具备三个显著特征。

(1) 创新驱动的经济发展模式。主要是指各种创新要素,包括人才、知识、技术、资本等在城市的有效集聚和协同作用,从而促使城市创新能力得到显著提高,创新活力显著增强,实现以创新来驱动城市经济社会的可持续发展。

(2) 环保、宜居的城市环境。绿色、环保、宜居的生态环境是城市的核心竞争力,也是吸引创新型人才的重要条件。创新型人才往往对生活环境质量具有较高的期望。更重要的是,建设环保、宜居的城市环境本身就对科技创新具有极大的推动作用。

(3) 多元、包容的文化氛围。世界科技与经济中心在不同民族和国家间转移的事实,说明了文化繁荣对科技创新和设计进步的深刻影响。任何一个创新活跃的时代,都需要重大的文化创新来导引,文化是创新的内在动力。意大利成为世界近代自然科学的策源地和近代科学史上第一个科技活动中心,是文艺复兴文化思潮涌动的必然结果。英国工业文化的悄然兴起使英国在19世纪成为世界科技活动的中心。美国"融合文化"促使其科学技术迅猛发展,致使世界科技中心从欧洲向美国转移。创新本身就是对传统的一种突破,创新型城市必须能够接纳各种观点的碰撞,提供多元、繁荣的文化事业基础设施和服务,从而使各种文化融合和各种体验交汇。同时,任何一项创新都是原本没有的新事物,不存在百分之百的成功,失败概率往往高于成功概率。因此,城市文化必须对失败有所宽容,有了宽容和理解才会有新一轮的创新。

4. 创新要素的集聚

(1) 创新资金。一个国家或省份的创新建设离不开创新要素的投入,创新要素投入包括创新资金和人才的投入。创新资金尤其是研究与开发(R&D)经费的投入是建设创新型国家、省份、企业的最重要的投入之一。研究与开发指在科学技术领域,为增加知识总量,以及运用这些知识去创造新的应用而进行的系统的创造性的活动,包括基础研究、应用研究、试验发展三类活动,是整个科技活动的核心。R&D活动是我国科技创新之源,对增强科技竞争力、促进市场经济的健康快速发展具有重要意义。

(2) 创新人才。从发展的角度来看,与高质量、可持续的创新直接密切相关的创新投入之一是人才投入。R&D人才指参与研发项目研究、管理和辅助的工作人员。强大的科研攻关能力、充足的高质量的人才储备,是提升创新能力的基础实力。21世纪是知识经济的时代,R&D人员是促进经济发展的宝贵资源和关键因素,是保持知识创新和持续竞争优势的最终源泉,对传统产业的优化升级也具有重要意义。继续加大R&D创新人才的投入对江苏省实现人才强省战略、建设创新型省份具有重大意义。这也是江苏省资源特点和发展阶段的必然要求,人力资本特别是创新人才已成为支配并决定其他资源和资本要素运作效益的第一生产力。虽然江苏省高校资源丰富、科研机构分布密集,大中型企业也集聚了大量科技活动人员、R&D人员,但创新人才的投入面对两个主要问题,一是人才存量不足,二是人才投入结构不合理。因而加大创新人才投入、引导其结构趋于合理是当前江苏省增强自主创新能力、培养竞争力的主要任务之一。

(3)创新平台。创新平台建设是创新型省份建设的基础性工作,对于优化科技资源配置,促进科技资源开放共享,构建区域创新体系,建设创新型省份具有重要意义。创新平台主要包括科技创新平台和科技孵化平台,前者的功能主要在于进行知识和技术创新,后者的功能主要在于推动科技创新成果向商业应用转化。两者的互动和衔接对于发展创新型经济非常重要,缺少哪一类平台,都将影响创新活动的顺利开展。具体来讲,典型的科技创新平台包括:① 研究和实验平台。主要包括国家实验室、国家重点实验室、省级实验室、省级重点实验室等。实验室作为国家和区域科技创新体系的重要组成部分,是组织高水平基础研究和应用基础研究、聚集和培养优秀科学家、开展高层次学术交流的重要基地。国家和省级重点实验室建设是政府支持科学研究和科技创新的重要手段。② 科技公共服务平台。主要包括以向社会提供科技资源共享服务为主的科技基础条件平台和以提供公共技术服务为主的公共技术服务平台。按照组成方式,可分为多单位参与共建或具有多个功能子平台的网络化公共服务平台和具有单一功能的单一性公共服务平台。科技公共服务平台主要依托江苏具备一定资源优势、技术优势和人才优势的科研机构、高等院校、创新服务机构等组织建设,其主要任务是:对外提供科学仪器设备、自然资源、科学数据、科技文献等科技资源共享服务,提供试验验证、测试考评、开发设计、科技成果转化等技术服务;培养高素质、专业化的科技资源管理与技术支撑服务的人才队伍;开展技术交流、技能培训、国内外合作与交流等活动;探索社会公共资源的共享机制。③ 科技创业园区。主要指一个集中的空间,能够在企业创办初期举步维艰时,提供资金、管理等多种便利,旨在对高新技术成果、科技型企业和创业企业进行孵化,以推动其合作和交流,使企业"做大"。科技创业园主要有三大类型:第一类是机制较为灵活、发展潜力巨大的,以连锁化、民营化、总部独栋为主的商业用地性质的科技园区。由于顺应了企业发展的需要,入园后的企业能够切实得到政策和税收优惠,由于体系内的联合和合作,科技园运营公司一般都会主动举办活动和推广,引进风投、天使资金、产学研结合项目等,使得入园的企业可以得到实质性的发展。第二类以大学为主,如清华国家大学科技园、南京大学国家科技园等,以产学研结合为重点突破口,以产业链上下互动为主。企业入驻后,享受的服务和政策与所依存的大学有很大的关系。第三类以国有投资公司为主,政策较为优厚,土地、物业等也较为便宜,一般而言以政府为投资主体人,建立配套公共技术服务平台、研究所等,如常州科教城、深圳科技园、张江高科技园区等。

5. 创新环境

创新环境可分为软环境和硬环境两大部分,具体包括基础设施、制度、文化等方面。我们将基础设施环境看作硬环境,而将影响创新的制度环境、市场环境以及人文环境看成是软环境。基础设施是科技创新活动的土壤,制度是科技创新活动的保障,市场是科技创新活动的实现场所,文化是科技创新活动的氛围。只有创新环境处于良好状态时,创新主体才能借助这些外力发挥最大的作用。

(1)基础设施。基础设施是创新结构中的必备要素,包括科技创新与转化基础设施(主要是指大型科研设施、科技开发与成果转化基地、虚拟科技园、图书馆等),以及吸引优秀人才的创新宜居环境(主要指环保、医疗、教育、娱乐设施等)。

(2)制度环境。创新的制度包括机制环境和政策法制环境,它是政府调节和干预创新活动的手段。在制度环境中对创新影响最大的是制定和落实的一系列鼓励创新的财税、人才流动、技术市场、技术奖励、技术标准、知识产权保护及高新技术产业政策规定等。

(3)市场环境。市场是创新主体生存的基本环境,构建起科技成果需求方与供给方相联系的桥梁,在推动知识与技术的转移和科技成果的推广中发挥着重要的作用。创新的市场环境的优劣取决于科技创新成果转化的市场条件、科技成果的产业化程度,以及相应的中介服务和金融服务的成熟度等几方面。

(4)人文环境。创新的人文环境应是一种以人为核心,突出人的价值实现的文化氛围。既包含了对人的充分理解、信任和尊重,又包含了对人的自我实现所提供的价值体系、观念意识、舆论导向和行为准则。人文环境应包含两个方面的内容:一是创新和创业精神。在这种背景下,崇尚创造的奋斗精神深深地扎根于科技创新环境中,挑战困难已经成为一种风俗习惯,并将这种精神融合于经济发展之中,不仅培育大量企业家资源,更孕育着科技创新的精神和动力。二是有利于创新主体合作的文化环境。在充满尊重、信任与包容的文化中,不仅有利于开展正式合作,而且非正式信息交流出现的频率更高,内容广泛的各类市场、技术、竞争信息集聚,使创业者和员工更容易了解市场和技术的变化,寻求和把握市场机会和空隙。

6. 创新体系

在创新型经济中,不同创新活动的行为主体(企业、高等院校、科研机构、各类中介组织和地方政府)有明确的定位。其中,企业是技术创新的主体,也是创新投入、产出以及收益的主体,是创新体系的核心。不同行为主体借助产业网络和社会网络或者遵循共同的技术范式形成了一个创新网络,在这个网络中企业运用所掌握的创新资源开发新的产品和技术,形成创新体系的产出。不同主体之间构建联系紧密、运行高效的"管道"机制,企业、科研机构与学校、政府以及中介机构之间信息高效流动、资源合理分配,能够发挥各自优势。大学等研发机构和企业的研发机构相互作用、相互加强;同时,大学等机构科研成果进入技术市场,企业进行技术购买获得相关的技术。这样,大学等研发机构、产业研发机构、技术市场、知识密集型服务业中介相互作用,形成区域创新体系。

(1)国外对江苏的要素流入。国外对江苏的要素流入主要衡量国外的科技要素对江苏产业发展的影响。在经济全球化背景下,FDI是发展中国家一种重要的对外联系渠道,因为相对国内企业而言,跨国公司的直接投资企业拥有诸多优势,如先进技术、管理经验等。FDI和跨国公司R&D活动的溢出效应表现在:首先,跨国公司对本地投入品前后向产业联系的需求,客观上帮助了本土企业提高技术水平。其次,本土企业利用跨国公司技术或管理人员流动提高创新能力。再者,本地企业迫于市场竞争压力,不得不通过干中学、模仿跨国公司创新性项目等方式提高技术水平。在我国,FDI对区域经济影响的特征表现为对经济发达地区比对其他地区更为广泛、明显。

(2)科技与金融结合。科技与金融结合能够影响产业链和创新链结合,影响科技成果产业化水平,影响区域产业竞争力。Lethbridge(2003)对企业科技创新和金融创新的案例进行比较研究发现,科技创新和金融创新具有高度的一致性。Frame and White(2009)从理论上探讨了此前25年科技进步引起的金融创新在银行系统中的扩散。Patrick(1966)较早地对金融发展与经济增长的关系做了系统性研究,提出"需求跟进"和"供给引导"的金融发展模式。欧洲委员会将科技产业的成长周期分为研发期、种子期、创业期、成长期、成熟期、饱和期和衰退期七个周期,每一个周期都对应着特殊的融资需求。

(3)省内产学研之间要素流动。省内产学研之间要素流动主要反映省内大学院校与企业的合作状况。不同创新主体(企业、研发机构、高校、中介机构)间因地理接近的知识溢出也得到了越来越多的重视。如Jaffe(1989)评价了大学等基础研究对本地产业创新的影响,尤其是对医药等高技术产业影响较大;Sternberg(1996)以美国、德国、英国、法国和日本五个工业化国家为例,论证了政府R&D活动和本地高技术产业就业之间有正相关关系;Castel & Hall(1996)以美国硅谷和波士顿"128"公路、英国剑桥、日本筑波、韩国大德等案例说明大学等科研机构对高技术产业创新有重要影响。

另外,区域之间要素流动也是科技要素流动的重要方面。邻近城市之间由于紧密的经济联系、良好的基础设施、广泛的人员流动,相对于孤立的城市而言具有较高的知识扩散与共享效应。具体来说:一是人员的流动,特别是科技人员的流动。如20世纪80年代,苏南乡镇企业很大程度上受益于来自上海的"星期日工程师"。二是技术在城市间扩散。大都市将制造部门向外围转移,给外围城市带来技术溢出。三是基于Coe & Helpman(1995)关于国际贸易存在技术溢出的观点,城市群地区紧密的经济联系必然伴随着物化在商品流(commodity flow)中的技术溢出。不过,不同城市受益程度可能存在差异:核心城市凭借工资和创新环境优势而汇集人才、技术等高级生产要素,具有更高的经济增长率和劳动生产率,而外围城市可能出现人才流失的现象,陷入低水平陷阱。

(三) 创新型省份的指标体系

1. 创新型产业的指标

我们选取了产业集聚度、产业创新能力两大类评价指标,4个单项指标,构成创新型产业指标体系。

Ⅰ 产业集聚度指标

◇ 集中度,反映一个地区某个产业占全国该产业的份额。

◇ 产业区位商,反映一个地区某个产业的专业化程度。

Ⅱ 产业创新能力指标

◇ 新产品产值率,反映新产品份额以及产业自主创新成果转化能力。

◇ 科技区位商,反映一个地区产业科技创新水平。

2. 创新型企业的指标

我们选取经营状况、R&D及相关活动情况、固定资产投资三大类评价指标,共12个单项指标,构成创新型企业指标体系。

Ⅰ 经营状况

◇ 高技术产业企业数,反映高技术产业按地区、注册类型、企业规模、行业分的企业数量。

◇ 高技术企业当年价总产值,以当年价计算的企业总产值,反映企业的生产能力。

Ⅱ R&D及相关活动

◇ R&D活动人员,反映研发活动的人力投入情况。

◇ R&D活动经费,反映研发活动的资金投入情况。

◇ 新产品开发经费,反映企业在开发新产品过程中投入的资金情况,可用于衡量企业研发的资金使用方向以及效率。

◇ 新产品产值,反映企业当年新开发的产品的市场价值。

◇ 企业办研发机构,包括机构个数、机构人员个数以及机构经费支出,反映企业研发投入以及研发能力的大小。

◇ 专利,包括不同注册类型、企业规模、行业企业拥有的专利数量,反映企业的研发创新能力。

Ⅲ 固定资产投资

◇ 投资额,反映当年企业的投资规模。

◇ 新增固定资产投资,反映建设进度和固定资产投资效果。

◇ 施工项目数,反映一定时期固定资产投资的实际规模。

◇ 建成或投产项目,反映投资资金的使用效率和工程建设的进度。

3. 创新型城市的指标

根据创新型城市的概念、内涵和特征,以及国内外创新型城市评价指标,选取3个二级指标和10个三级指标。

Ⅰ 创新活力

◇ 全社会R&D支出占GDP的比例(%),反映城市的研发强度与规模。

◇ 万人研发人员数量(人/万人),反映城市研发人力资源相对规模。

◇ 科技贷款占银行中长期贷款的比重(%),反映城市科技金融发展的成熟程度。

◇ 万人专利授权量(件/万人),反映城市科技创新活跃程度。

◇ 高新技术产业产值占工业总产值比重(%),反映城市高新技术产业发展状况及其在工业结构中的地位。

Ⅱ 人居环境

◇ 建成区绿化覆盖率(%),反映城市生态绿化状况。

◇ 人均住房建筑面积(平方米),反映城市的居住质量状况。

◇ 职工平均工资(逆向指标),反映劳动力成本。

Ⅲ 文化气氛

◇ 万人高等院校在校生数(人/万人),反映城市高等教育规模与高素质人力资源供给状况。

◇ 城镇居民教育文化娱乐消费占全年消费比例(%),反映城市文化繁荣状况。

4. 创新要素集聚的指标

我们选取反映创新要素投入的3个大类指标构建评价体系,它们是创新资金投入、创新人才投入、创新平台3个二级指标,R&D 经费占 GDP 的比重、企业研发经费占 R&D 经费总额的比重、每万人口中 R&D 人员数量、大中型企业 R&D 人员比重9个三级指标构成评价创新要素投入的指标体系。

Ⅰ 创新资金投入

◇ R&D 经费占 GDP 的比重,反映了各市 R&D 投入的强度。

◇ 企业研发经费占 R&D 经费总额的比重,反映了企业研发的投入强度和 R&D 投入的结构。

Ⅱ 创新人才投入

◇ 每万人中 R&D 人员数量,反映了各市人才集聚的程度。

◇ 大中型企业 R&D 人员比重,反映了企业 R&D 人力资源投入的强度。

◇ 每万名 R&D 人员中人才计划数,反映了各市人才引进的程度。

Ⅲ 创新平台

◇ 省级以上重点实验室与工程中心数量(个),反映科技创新平台状况。

◇ 国家和省级科技公共服务平台数量(个),反映公共科技资源的共享机制和共享程度。

◇ 各类科技创业园孵化面积(万平方米),反映科技孵化平台的空间容量。

◇ 各类科技创业园在孵企业数(家),反映科技孵化平台对创业活动支撑能力。

5. 创新环境的指标

根据对创新环境的理论和要素构成分析,选取4个二级指标和8个三级指标,具体如下。

Ⅰ 创新基础设施

◇ 科研与综合技术服务业新增固定资产占全社会比重(%),反映科技研发与服务的设施设备状况。

◇ 万人国际互联网用户数(户/人),反映信息获取与扩散能力。

Ⅱ 制度环境

◇ 科技拨款占一般预算支出的比重(%)，反映政府对科技创新的支持程度。

◇ 万名就业人口专利授权量(件/万人)，反映知识产权制度的实施状况。

Ⅲ 市场环境

◇ 万人技术成果成交额(万元/万人)，反映技术市场化及市场活跃程度。

◇ 科研与综合技术服务业平均工资与全社会平均工资比例系数(%)，反映对科技人才的工资待遇及市场需求程度。

Ⅳ 文化环境

◇ 大专及以上学历人口比例(%)，反映人口的整体文化素质。

◇ 教育投资占GDP的比重(%)，反映高素质人力资源培养状况。

6. 创新体系的指标

我们选取了国外对江苏的要素流入、科技与金融结合、省内产学研之间要素流动3个二级指标和7个三级指标，构成了创新体系的指标体系。

Ⅰ 国外对江苏的要素流入指标

◇ FDI占固定资产投资比重，反映FDI的国际溢出效应。

◇ 进出口贸易与工业总产值之比，反映国际贸易(进出口)对本地的溢出效应。

◇ 国外技术引进合同金额(万美元)，反映本地对国外技术购买情况。

Ⅱ 科技与金融结合指标

◇ 大中型工业企业新产品销售收入占主营业务收入比重，反映大中型工业企业科技活动产出状况。

◇ 高新技术产业产值，反映高新技术成果的产业化状况。

Ⅲ 省内产学研之间要素流动指标

◇ 大学R&D经费中来自企业的比重，反映大学和产业R&D合作状况。

◇ 技术市场交易金额，反映科技成果转化状况。

综合以上分析，江苏创新型省份评价的指标集由一级、二级和三级指标构成，具体如表5-1所示。

表 5-1 创新型省份评价的指标体系集

一级指标（6个）	二级指标（18个）	三级指标(48个)
创新型产业	产业集聚度	集中度,反映一个地区某个产业占全国该产业的份额；产业区位商,反映一个地区某个产业的专业化程度
	产业创新能力	新产品产值率,反映新产品份额以及产业自主创新成果转化能力；科技区位商,反映一个地区产业科技创新水平
创新型企业	经营状况	高技术产业企业数,反映高技术产业按地区、注册类型、企业规模、行业分的企业数量；高技术企业当年价总产值,以当年价计算的企业总产值,反映企业的生产能力
	R&D及相关活动	R&D活动人员,反映研发活动的人力投入情况；R&D活动经费,反映研发活动的资金投入情况；新产品开发经费,反映企业在开发新产品过程中投入的资金情况,可用于衡量企业研发的资金使用方向以及效率；新产品产值,反映企业当年新开发的产品的市场价值；企业办研发机构,包括机构个数、机构人员个数以及机构经费支出,反映出企业研发投入以及研发能力的大小；专利,包括不同注册类型、企业规模、行业企业拥有的专利数量,反映企业的研发创新能力
	固定资产投资	投资额,反映当年企业的投资规模；新增固定资产投资,反映建设进度和固定资产投资效果；施工项目数,反映一定时期固定资产投资的实际规模；建成或投产项目,反映投资资金的使用效率和工程建设的进度
创新型城市	创新活力	全社会R&D支出占GDP的比例(%),反映城市的研发强度与规模；万人研发人员数量(人/万人),反映城市研发人力资源相对规模；科技贷款占银行中长期贷款的比重(%),反映城市科技金融发展的成熟程度；万人专利授权量(件/万人),反映城市科技创新活跃程度；高新技术产业产值占工业总产值比重(%),反映城市高新技术产业发展状况及其在工业结构中地位
	人居环境	建成区绿化覆盖率(%),反映城市生态绿化状况；人均住房建筑面积(平方米),反映城市的居住质量状况；职工平均工资(逆向指标),反映劳动力成本

(续表)

一级指标 (6个)	二级指标 (18个)	三级指标(48个)
创新型城市	文化气氛	万人高等院校在校生数(人/万人),反映城市高等教育规模与高素质人力资源供给状况; 城镇居民教育文化娱乐消费占全年消费比例(%),反映城市文化繁荣状况
创新要素集聚	创新资金投入	R&D经费占GDP的比重,反映了各市R&D投入的强度; 企业研发经费占R&D经费总额的比重,反映了企业研发的投入强度和R&D投入的结构
	创新人才投入	每万人口中R&D人员数量,反映了各市人才集聚的程度; 大中型企业R&D人员比重,反映了企业R&D人力资源投入的强度; 每万R&D人员中人才计划数,反映了各市人才引进的程度
	创新平台	省级以上重点实验室与工程中心数量(个),反映科技创新平台状况; 国家和省级科技公共服务平台(个),反映公共科技资源的共享机制和共享程度; 各类科技创业园孵化面积(万平方米),反映科技孵化平台的空间容量; 各类科技创业园在孵企业数(家),反映科技孵化平台对创业活动支撑能力
创新环境	创新基础设施	科研与综合技术服务业新增固定资产占全社会比重(%),反映科技研发与服务的设施设备状况; 万人国际互联网用户数(户/人),反映信息获取与扩散能力
	制度环境	科技拨款占一般预算支出的比重(%),反映政府对科技创新的支持程度; 万名就业人口专利授权量(项/万人),反映知识产权制度的实施状况
	市场环境	万人技术成果成交额(万元/万人),反映技术市场化及市场活跃程度; 科研与综合技术服务业平均工资与全社会平均工资比例系数(%),反映对科技人才的工资待遇及市场需求程度
	文化环境	大专及以上学历人口比例(%),反映人口的整体文化素质; 教育投资占GDP的比重(%),反映高素质人力资源培养状况

(续表)

一级指标 (6个)	二级指标 (18个)	三级指标(48个)
创新体系	国外要素流入江苏指标	FDI占固定资产投资比重,反映FDI的国际溢出效应; 进出口贸易与工业总产值之比,反映国际贸易(进出口)对本地的溢出效应; 国外技术引进合同金额(万美元),反映本地对国外技术购买情况
	科技与金融结合指标	大中型工业企业新产品销售收入占主营业务收入比重,反映大中型工业企业科技活动产出状况; 高新技术产业产值,反映高新技术成果的产业化状况
	省内产学研之间要素流动指标	大学R&D经费中来自企业的比重,反映大学和产业R&D合作状况; 技术市场交易金额,反映科技成果转化状况

(四)江苏创新型省份发展的主要特征

1. 创新型产业

(1) 产业集中度与竞争力

集中度指一个地区某个产业占全国该产业的份额,区位商是一个地区某产业产值在该地区总产值中所占的比重与该产业在全国总产值中所占比重的比率。集中度和区位商越高,说明该产业越具有优势。集中度的计算公式为:

$$C_{ij} = X_{ij} / \sum_i X_{ij}$$

其中,C_{ij}表示集中度,i表示地区,j表示产业,X_{ij}表示是i地区j产业的总产值,i加总表示全国。

区位商的计算公式为:

$$LQ_{ij} = (X_{ij} / \sum_j X_{ij}) \Big/ (\sum_i x_{ij} \Big/ \sum_i \sum_j X_{ij})$$

其中,LQ_{ij}表示区位商,i表示地区,j表示产业,X_{ij}表示i地区j产业的总产值。

从表5-2可发现,集中度和区位商是同向变化的,集中度高的产业,区位商也高。2011年江苏区位商大于1的产业有12个,集中度超过0.1的产业有15个,集中度和区位商最高的产业是化学纤维制造业,其次是仪器仪表、通信设备、电气机械、纺织服装、化学原料、纺织业。总体上看,江苏优势产业以制造业为主,主要集中在中高技术产业领域,如仪器仪表、通信设备、电气机械等,对于低技术产业,如纺织业、化纤等传统的优势产业,在全国依然具有较强的集中度和竞争能力。

表5-2 2010年、2011年江苏的制造业集中度和区位商(以2011年集中度按降序排列)

行业	集中度(2011,%)	区位商(2011)	集中度(2010,%)	区位商(2010)
化学纤维制造业	33.987	2.417	33.967	2.349
仪器仪表及文化、办公用机械制造业	32.161	2.287	26.926	1.862
通信设备、计算机及其他电子设备制造业	23.297	1.657	23.525	1.627
电气机械及器材制造业	22.660	1.612	20.188	1.396
纺织服装、鞋、帽制造业	20.709	1.473	21.270	1.471
化学原料及化学制品制造业	19.298	1.372	19.138	1.324
纺织业	18.635	1.325	20.915	1.446
金属制品业	16.399	1.166	17.601	1.217
文教体育用品制造业	16.308	1.160	16.723	1.156
通用设备制造业	15.837	1.126	17.598	1.217
专用设备制造业	15.032	1.069	15.406	1.065
木材加工及木、竹、藤、棕、草制品业	14.537	1.034	14.842	1.026
黑色金属冶炼及压延加工业	13.037	0.927	13.732	0.950
医药制造业	12.114	0.862	12.089	0.836
交通运输设备制造业	12.078	0.859	11.636	0.805
造纸及纸制品业	9.940	0.707	10.719	0.741
橡胶制品业	9.727	0.692	12.141	0.840
塑料制品业	9.311	0.662	10.715	0.741

(续表)

行业	集中度(2011,%)	区位商(2011)	集中度(2010,%)	区位商(2010)
印刷业和记录媒介的复制	8.634	0.614	8.037	0.556
有色金属冶炼及压延加工业	8.317	0.591	10.331	0.714
非金属矿物制品业	7.858	0.559	8.144	0.563
工艺品及其他制造业	6.818	0.485	7.010	0.485
饮料制造业	6.417	0.456	6.631	0.459
农副食品加工业	5.812	0.413	6.452	0.446
石油加工、炼焦及核燃料加工业	5.115	0.364	5.118	0.354
皮革、毛皮、羽毛（绒）及其制品业	5.055	0.360	5.967	0.413
家具制造业	3.929	0.279	4.436	0.307
食品制造业	3.453	0.246	3.628	0.251

资料来源：2012年《中国统计年鉴》、《江苏统计年鉴》。

(2) 产业创新能力

产业创新能力主要通过新产品产值率和科技区位商来看。从表5－3中可以看出江苏新产品产值率超过20％以上的产业是橡胶制品业、电气机械及器材制造业，共2个产业。超过10％以上的产业是纺织服装、鞋、帽制造业，造纸及纸制品业，化学原料及化学制品制造业，医药制造业，化学纤维制造业，黑色金属冶炼及压延加工业，通用设备制造业，专用设备制造业，交通运输设备制造业，通信设备、计算机及其他电子设备制造业，仪器仪表及文化、办公用机械制造业，共11个产业。从新产品占全国比重来看，占比超过20％的产业有纺织服装、鞋、帽制造业，木材加工及木、竹、藤、棕、草制品业，化学纤维制造业，金属制品业，电气机械及器材制造业，仪器仪表及文化、办公用机械制造业，共6个产业，说明江苏在这些领域的技术水平和创新能力较为领先。

表 5-3　2011 年新产品产值占工业增加值及占全国的比重

行业	新产品产值(亿元) 江苏	新产品产值(亿元) 全国	新产品产值占工业总产值的比重(%) 江苏	新产品产值占工业总产值的比重(%) 全国	江苏新产品产值占全国比重
农副食品	38.50	1478.01	1.50	3.35	2.60
食品制造	21.06	674.11	4.34	4.80	3.12
饮料制造	51.72	808.80	6.81	6.83	6.39
纺织业	501.80	3332.49	8.25	10.21	15.06
纺织服装	346.06	857.38	**12.34**	6.33	**40.36**
皮革毛皮	14.87	527.56	3.29	5.91	2.82
木材加工	60.32	260.56	4.61	2.89	**23.15**
家具制造	1.88	257.88	0.94	5.07	0.73
造纸业	135.22	1013.30	**11.26**	8.39	13.34
印刷业	24.08	281.77	7.22	7.30	8.55
文教体育	26.98	209.63	5.15	6.53	12.87
石油加工	34.49	1120.73	1.83	3.04	3.08
化学原料	1443.45	6592.21	**12.30**	10.84	21.90
医药制造业	332.85	2491.83	**18.39**	16.68	13.36
化学纤维	337.66	1354.02	**14.89**	20.29	**24.94**
橡胶制品业	156.69	1040.73	**21.97**	14.20	15.06
塑料制品业	79.31	962.25	5.47	6.18	8.24
非金属	128.84	1502.73	4.08	3.74	8.57
黑色金属	938.83	6857.32	**11.24**	10.70	13.69
有色金属	211.05	3542.82	7.07	9.87	5.96
金属制品	349.63	1598.05	9.13	6.84	**21.88**
通用设备	879.61	5931.23	**13.55**	14.47	14.83
专用设备	504.55	4617.47	**12.84**	17.66	10.93
交通运输	1392.99	19681.50	**18.23**	31.12	7.08
电气机械	2431.80	11509.12	**20.87**	22.38	**21.13**
通信设备	2833.34	16969.11	**19.06**	26.60	16.70
仪器仪表	396.67	1512.08	**16.16**	19.81	**26.23**
工艺品	46.97	386.61	9.58	5.38	12.15

资料来源:2012年《中国统计年鉴》、《江苏统计年鉴》。

根据经济区位商和科技区位商双重判断标准,我们将制造业分为"经济强、科技强"、"经济强、科技弱"、"经济弱、科技强"、"经济弱、科技弱"四类产业。通过产业规模和产业技术区位商的分析,我们发现江苏的四类产业分别细分为下列产业。

"经济强、科技强"类产业,包括:纺织业,纺织服装、鞋、帽制造业,木材加工及木、竹、藤、棕、草制品业,化学原料及化学制品制造业,化学纤维制造业,金属制品业,通用设备制造业,电气机械及器材制造业,通信设备、计算机及其他电子设备制造业,仪器仪表及文化、办公用机械制造业。共10个行业。

"经济强,科技弱"类产业,包括:文教体育用品制造业、专用设备制造业。共2个行业。

"经济弱、科技强"类产业,包括:橡胶制品业。共1个行业。

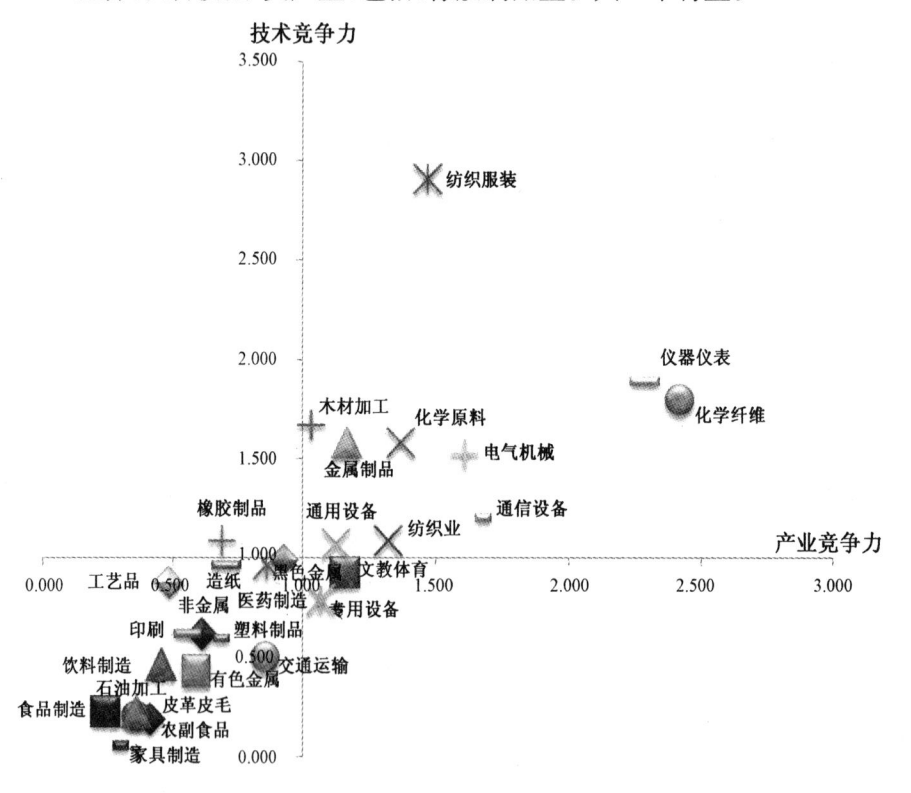

图 5-1 基于区位商的江苏产业规模与技术水平分类结果(2011)

"经济弱、科技弱"类产业,包括:农副食品加工业,食品制造业,饮料制造业,皮革、毛皮、羽毛(绒)及其制品业,家具制造业,造纸及纸制品业,印刷业和记录媒介的复制,石油加工、炼焦及核燃料加工业,医药制造业,塑料制品业,非金属矿物制品业,黑色金属冶炼及压延加工业,有色金属冶炼及压延加工业,交通运输设备制造业,工艺品及其他制造业。共15个行业。

表5-4 基于区位商的江苏产业规模与技术水平值

行业	产业竞争力（2011）	技术竞争力（2011）	产业竞争力（2009）	技术竞争力（2009）
农副食品加工业	0.413	0.188	0.455	0.115
食品制造业	0.246	0.225	0.247	0.075
饮料制造业	0.456	0.461	0.454	0.293
纺织业	1.325	1.084	1.466	0.989
纺织服装、鞋、帽制造业	1.473	2.907	1.513	3.563
皮革、毛皮、羽毛(绒)及其制品业	0.360	0.203	0.429	0.261
木材加工及木、竹、藤、棕、草制品业	1.034	1.667	1.003	1.150
家具制造业	0.279	0.053	0.313	0.099
造纸及纸制品业	0.707	0.961	0.796	0.119
印刷业和记录媒介的复制	0.614	0.615	0.542	0.048
文教体育用品制造业	1.160	0.927	1.143	1.599
石油加工、炼焦及核燃料加工业	0.364	0.222	0.330	0.805
化学原料及化学制品制造业	1.372	1.577	1.319	1.208
医药制造业	0.862	0.962	0.804	1.095
化学纤维制造业	2.417	1.796	2.321	0.654
橡胶制品业	0.692	1.084	0.884	1.040
塑料制品业	0.662	0.594	0.743	0.642
非金属矿物制品业	0.559	0.617	0.553	0.548
黑色金属冶炼及压延加工业	0.927	0.986	1.011	0.589
有色金属冶炼及压延加工业	0.591	0.429	0.768	0.448

(续表)

行业	产业竞争力（2011）	技术竞争力（2011）	产业竞争力（2009）	技术竞争力（2009）
金属制品业	1.166	1.576	1.211	1.542
通用设备制造业	1.126	1.068	1.194	1.054
专用设备制造业	1.069	0.787	0.989	0.475
交通运输设备制造业	0.859	0.510	0.801	0.576
电气机械及器材制造业	1.612	1.522	1.328	1.127
通信设备、计算机及其他电子设备制造业	1.657	1.203	1.611	2.129
仪器仪表及文化、办公用机械制造业	2.287	1.889	1.750	1.144
工艺品及其他制造业	0.485	0.875	0.490	0.468

注：由于2010年江苏新产品产值统计口径为规模以上工业企业，而中国新产品产值统计口径为大中型工业企业，故这里选用2009年数据。

2. 创新型企业

（1）江苏省创新型企业总体评价

根据Freeman的解释，我们可以将创新型企业定义为拥有自主知识产权的核心技术、知名品牌，具有良好的创新管理和文化，整体技术水平在同行业居于先进地位，在市场竞争中具有优势和持续发展能力的企业。在这其中，技术水平成为衡量一个企业能否成为创新型企业的关键因素。因此，我们将高技术企业作为创新型企业的代表。对江苏省创新型企业的总体评价，主要从经营情况、R&D及相关活动、固定资产投资三个方面进行分析。

◇ 经营情况

从表5-5可以看出，2011年江苏省的高技术产业企业共4 061个，仅低于广东省的4 601个，远高于北京、上海、浙江和山东。从2006年到2011年，除2011年有所回落之外，其他年份高技术产业企业数量在不断增加。

表5-5 2006～2011年全国部分省市高技术产业企业数(个)

省市	2006	2007	2008	2009	2010	2011
北京	1 110	1 129	1 134	1 150	1 103	737
上海	1 032	1 241	1 524	1 536	1 423	962
江苏	2 942	3 876	4 381	4 542	4 868	4 061
浙江	2 215	2 391	2 849	3 094	3 339	1 923
山东	1 323	1 652	1 721	1 907	1 847	1 514
广东	4 084	4 872	5 649	5 603	5 774	4 601

随着企业数量的增加,高技术产业的总产值也逐年增长。2011年江苏省的高技术产业总产值高达19 487.8亿元,仅次于广东省,居于全国第二位。但是从增长速度来说,江苏省的高技术产业产值增长率一直处于领先地位,从2007年到2011年一直保持在10%以上的增速,2007年这一比率更是高达385.84%。近年来,高技术产业产值增长率逐步下降,并趋于稳定,2011年江苏省的增长比率为19.72%,远远高于其他省份。

表5-6 2006～2011年全国部分省市高技术企业当年价总产值(亿元)

省市	2006	2007	2008	2009	2010	2011
北京	974.9	2 134.3	2 953.2	2 757.1	2 992.7	2 897.6
上海	1 006.8	3 905.1	5 900.9	5 557.5	6 900.6	7 021.4
江苏	1 271.7	6 178.4	11 910.4	13 015.4	16 277.8	19 487.8
浙江	522.6	1 734.2	2 700.5	2 672.1	3 413.3	3 722.4
山东	370.2	1 785.7	3 924.4	4 555.7	5 175.6	6 201.1
广东	2 714.9	10 704.4	16 750.5	17 161.9	21 050.2	23 576.3

—创新型省份建设与江苏的探索—

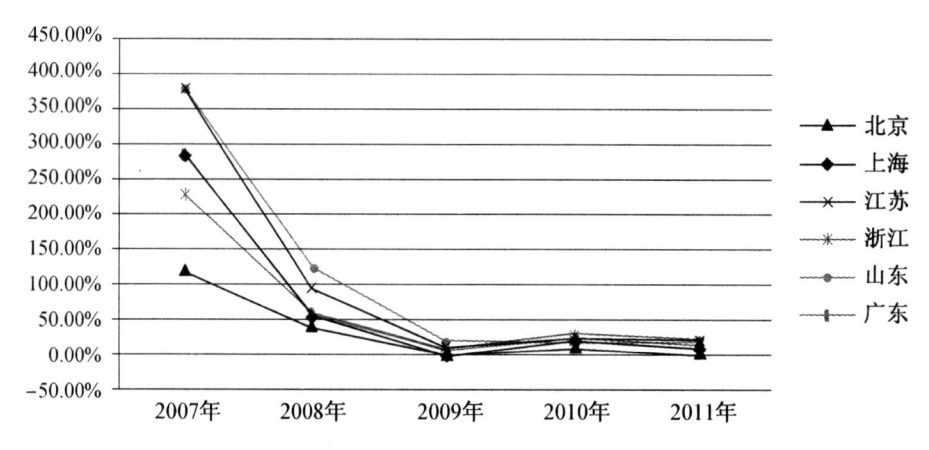

图 5-2 2006～2011 年全国部分省市高技术企业总产值年增长率

从高技术产业的不同领域来看,电子及通信设备制造业占据了江苏省 2011 年高技术产业总产值的 52.74%,位居第一;电子计算机及办公设备制造业以 24.57% 的比重,位于第二;医疗设备及仪器仪表制造业、医药制造业分列第三和第四。由此可见,电子及通信设备制造业、电子计算机及办公设备制造业在江苏省高技术产业中具有非常明显的优势。

表 5-7 2011 年江苏省高技术企业分行业总产值及占比

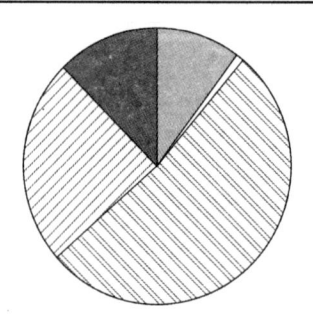

	总产值(亿元)	占比(%)
医药制造业	1 810	9.29%
航空航天制造业	189	0.97%
电子及通信设备制造业	10 278.2	52.74%
电子计算机及办公设备制造业	4 787.9	24.57%
医疗设备及仪器仪表制造业	2 422.7	12.43%
合计	19 487.8	100.00%

图 5-3 2011 年江苏省高技术企业分行业产值占比

◇ R&D及相关活动

从表5-8所示的2011年江苏省高技术产业企业办研发机构情况来看，江苏省共有943家企业拥有自己的研发机构，共1 229个研发机构，研发机构人员共62 594人，经费支出近140亿元。其中，电子及通信设备制造业独占鳌头，研发机构个数、人员和经费支出都居于首位。医疗设备及仪器仪表制造业、医药制造业的企业研发机构分列二、三位，但经费支出却远低于电子及通信设备制造业。

表5-8 2011年江苏省高技术产业企业办研发机构情况

	有研发机构的企业数（个）	机构数（个）	机构人员（人）	机构经费支出（万元）
医药制造业	191	273	10 729	241 918
航空航天制造业	10	20	1 294	33 195
电子及通信设备制造业	419	528	27 667	574 304
电子计算机及办公设备制造业	43	51	7 208	305 538
医疗设备及仪器仪表制造业	280	357	15 696	238 764
合计	943	1 229	62 594	1 393 719

从专利情况来看，2011年江苏省高技术产业中内资企业在专利申请数和拥有发明专利数量上都居于领先地位，年专利申请数量超过了8 000项，拥有的发明专利数超过3 000项。外商投资企业和港澳台投资企业基本持平，国有企业远远落后，甚至不足内资企业的3%。

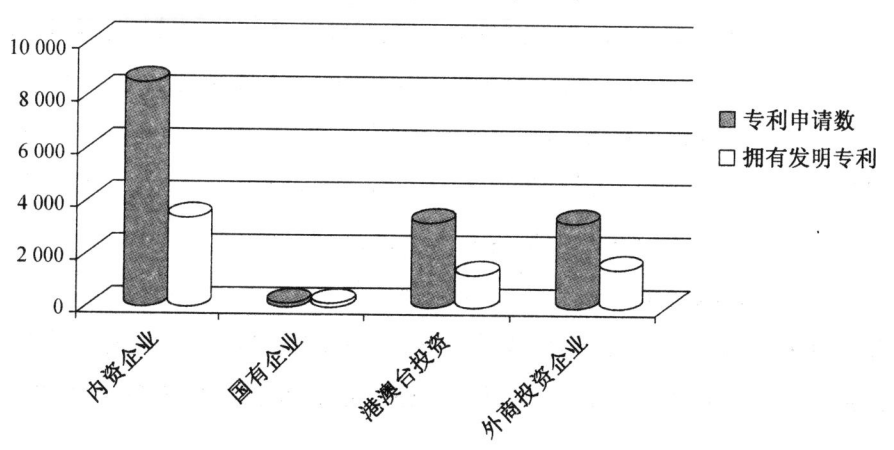

图5-4 2011年江苏省高技术企业专利情况

从表 5-9 中可以看出,江苏省的外资企业拥有最多的 R&D 人员,共 25 640 人。同时在 R&D 经费、新产品开发经费和新产品产值方面,外资企业也具有绝对优势,遥遥领先于国有及国有控股企业、港澳台企业和内资企业。内资企业紧随其后,但是在新产品产值方面只占到了外资企业的 30%,低于港澳台资企业的 7 553 198 万元。国有及国有控股企业仍处于落后地位。

表 5-9 2011 年江苏省大中型企业 R&D 及相关活动

R&D 及相关活动	国有及国有控股企业	港澳台资企业	内资企业	外资企业
R&D 人员(人)	4 534	16 507	21 044	25 640
R&D 经费(万元)	101 105	353 327	502 923	880 778
新产品开发经费(万元)	156 226	489 755	668 003	1 460 163
新产品产值(万元)	1 161 934	7 553 198	6 997 803	18 940 429

◇ 固定资产投资

固定资产投资是企业扩大生产规模所必不可少的投入,新增固定资产投资反映建设进度和固定资产投资效果。当年的投资额反映当年企业的投资规模,是提高生产能力的重要推动力。施工项目数和建成或投产项目数分别反映一定时期固定资产投资的实际规模和投资资金的使用效率和工程建设的进度。

2006 年到 2011 年,江苏省高技术企业新增固定资产一直处于持续增长状态。2011 年的新增固定资产更是超过了 1 700 亿元,是 2010 年的将近 2 倍。2006 年江苏省高技术企业新增固定投资额为 424.4 亿元,在 6 年的时间里增长了 6 倍。其中,2006 年到 2010 年的平均增长率为 23.1%,2011 年增长率高达 75.2%。图 5-5 描述了这种变化趋势。

从不同领域来看,2011 年江苏高技术产业中,电子及通信设备制造业拥有最多的施工项目、建成或投产项目、投资额和新增固定资产投资,占到了整个高技术产业的一半以上。医疗设备及仪器仪表制造业位居第二。

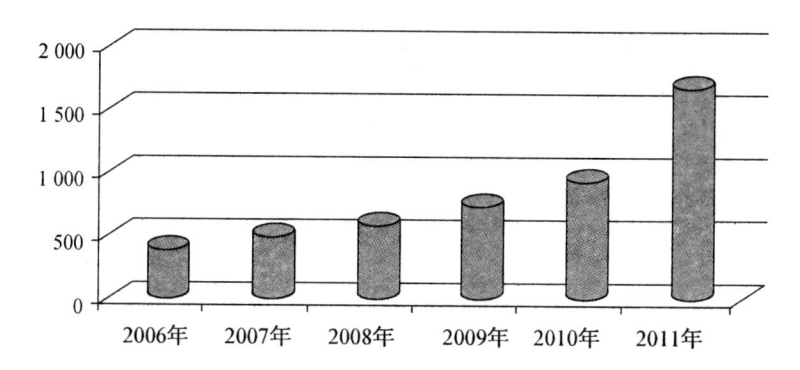

图 5-5 2006～2011年江苏省高技术企业新增固定资产投资情况（亿元）

表 5-10 2011年江苏省高技术企业投资情况

	施工项目数（个）	建成或投产项目数（个）	投资额（亿元）	新增固定资产投资额（亿元）
医药制造业	370	257	224.38	180.26
航空航天制造业	24	11	22.4	21.28
电子及通信设备制造业	1 475	1 099	1 208.18	960.71
电子计算机及办公设备制造业	112	80	171.61	141.41
医疗设备及仪器仪表制造业	706	544	478.33	397.84
合计	2 687	1 991	2 104.9	1 701.5

与全国其他主要省市进行比较，可以发现江苏省高技术企业投资额为 2 104.9 亿元，远远大于其他省市。第二名广东省 2011 年的高技术企业投资额为 703.53 亿元，只占到了江苏省的 1/3。由此可见，江苏省的创新型企业在固定资产投资方面处于全国领先水平。

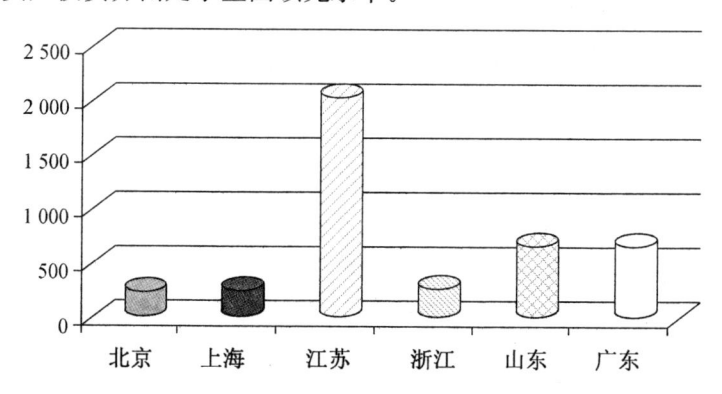

图 5-6 2011年全国部分省市高技术企业投资额（亿元）

（2）江苏省创新型企业的竞争优势

◇ 徐工集团

主营优势

徐工集团是中国工程机械行业的排头兵,在国内工程机械行业主营收入排名前三强,是全国工程机械制造商中产品品种与系列最多元化、最齐全的公司之一,也是国内行业标准的开发者与制定者。公司产品包括工程起重机械、铲土运输机械、压实机械、路面机械、混凝土机械、消防机械以及其他工程机械。公司拥有布局全球的营销网络,是国内最大的工程机械出口商之一。

行业地位

2012年年报披露,公司预计2013年销售收入约346亿元,同比增长约7.6%。2012年度公司生产各类主机共51 356台,销售各类主机共52 283台;产品出口持续位居行业前列;移动式起重机产销规模和市场占有率跻身全球前列,汽车起重机、压路机、摊铺机等九类主机和工程机械油缸等零部件市场占有率继续保持国内领先,履带起重机、混凝土泵车市场占有率居国内前列。

研发支出

2012年度研发支出共计13亿元,占公司最近一期经审计净资产的7.6%,占公司营业收入的4.12%。2012年,公司两个项目获得国家科技进步二等奖,一个项目获得中国工业科技进步一等奖,一个项目获得中国专利奖金奖。

核心竞争力分析

① 产品系列齐全。工程机械最大的特点是小批量、多品种。徐工集团拥有近500种产品,从零部件到主机都能自主专业化生产;可以为客户提供成套解决方案,对行业波动的防御性相对较好。

② 领先的技术优势。公司的技术在同行中处于领先地位,连续三年获得国家科学技术进步奖二等奖;累计掌握核心技术超百项,获授权有效专利超千项;新产品产值率达55%,拥有自主知识产权的新产品销售率达95%以上。

③ 拥有市场认可的品牌。国内历史最悠久的工程机械领军企业之一,

在国际与国内市场,徐工的品牌都有广泛的认可度。

◇ 国电南瑞

主营优势

国电南瑞主要产品技术在国内处于领先地位,产品市场占有率居国内同行业前列,是目前国内电力自动化领域中技术水平最高的企业之一。2012年新签合同89.33亿元,同比增长23.73%;实现营业收入60.28亿元,同比增长29.35%。全年中标94个大中型调度系统、130个智能变电站、30个配电自动化系统、22个电动汽车充换电站、13个省级计量中心等一批重大工程项目,新型智能变电站保护及自动化设备进入国网集招并占据稳固地位,用电自动化业务全年签订合同资金总额超过13亿元,同比增长70%以上。新能源发电控制业务逆势而上,跻身国内主流风电和光伏控制设备集成供应商。

行业地位

国内电力自动化子行业和轨道交通电气自动化子行业龙头企业。公司是中国电力自动化领域的技术领先企业,在高端电力二次设备市场占有率高达50%以上,在省电网调度高端自动化市场占有率达75%。

研发支出

公司的技术人员占比近几年保持在70%以上,2012年底技术人员1 879人,占比为79.91%;而硕士及以上学历人员占比也保持在30%以上,2012年硕士以上学历人员850人,占比32.08%;2012年公司的研发投入达到了3.66亿元,这保证了公司能够一直站在二次设备技术的最前沿。

核心竞争力分析

① 技术创新优势。公司坚持技术领先战略,通过持续技术创新和同源技术拓展,产品的整体技术已达到国际先进水平,部分产品的核心技术已达到国际领先水平,拥有150项著作权、236项专利(其中发明专利102项)和国家科技进步二等奖等科技奖项82项(其中省部级奖项27项)。公司承担了诸多国家级科技项目和智能电网核心技术研发及重大关键技术研制,参与相关行业标准的制定,把握行业技术发展方向和提升产品开发制造水平。

② 品牌优势。公司产品的应用领域对资质、产品运行经验和安全可靠

性要求高,因此客户非常看重产品的品牌。公司目前已成为国内电力和城市轨道交通自动化领域最有实力的供应商之一,"国电南瑞"品牌在电力行业和轨道交通行业中树立了很高的知名度,得到了业内客户的广泛认可。

③ 服务优势。电力自动化系统和轨道交通自动化系统需求多样,产品均按需定制,并需要现场安装调试并长期提供技术支持、系统升级等后续服务。与国外系统和设备提供商相比,公司有行业内多年设计、运行、服务积累的经验,并参与国内标准的制定,对国内客户运行习惯有深入的了解,在产品的售前售后服务方面具有明显的优势,能及时提供迅速、灵活并且全面的服务。

◇ 苏宁云商

主营优势

2004年7月,苏宁云商(苏宁电器(002024))在深交所上市,成为国内首家IPO上市的家电连锁企业,市场价值位居全球家电连锁企业前列,连锁网络覆盖海内外600多个城市,中国香港和日本东京、大阪地区,拥有1700多家店面,海内外销售规模2300亿元,员工总数18万人,先后入选《福布斯》亚洲企业50强、全球2000大企业中国零售业第一,中国民营企业前三强,品牌价值815.68亿元。截至2012年年末,公司店面已覆盖全国271个地级以上城市,共计拥有连锁店1664家,其中常规店1546家、精品店6家、县镇店104家、乐购仕生活广场店8家,连锁店面积合计达692.9万平方米。

行业地位

苏宁集团是我国最大的家用电器专营连锁经营企业之一,行业地位突出,占据国内家电连锁经营行业龙头。自2010年上线苏宁易购以来,公司电子商务业务的发展速度、增长情况在行业中一直处于领先水平。2012年,在公司"旗舰店+互联网"的战略下,连锁发展贯彻大店攻略,推进"超级店+旗舰店+乐购仕生活广场"的战略布局,并细化店面标准,形成不同类型店面开发的快速复制。同时,进一步践行"超电器化"战略,聚焦店面的全品类展示和消费者体验功能完善,推进线上线下融合发展。

研发支出

2012年,公司研究开发支出共计约人民币1.15亿元,同比增加

30.60%，主要原因是为了支撑公司电子商务系统、企业管理等对信息管理的全面需求，加大系统软件的开发力度。公司计划通过苏宁易购研发总部的建设，美国硅谷与北京、深圳等地研发中心的建设，全面提升技术研发能力；通过在全国建设10～12个云计算数据中心，形成向合作伙伴、中小企业与消费者提供云服务与系统解决方案的能力；通过对用户体验、开放平台、金融服务、物流运营、管理创新等方面应用开发的能力提升，形成电子商务整体解决方案的能力。

核心竞争力分析

物流能力建设方面。苏宁已经形成了遍布全国的仓储网络与完善的配送体系。随着电子商务的发展、产品类别的延伸、物流服务方式的丰富，苏宁充分结合自身管控、资金等优势，加快推进物流体系的升级，并充分利用现有的网络资源加快城市快递体系的完善，形成全国协同、立体覆盖的物流网络。

信息化建设方面。搭建了适应互联网时代开放、分布、扁平等特征的信息系统架构及人才组织形式。加大云计算、物联网技术的研究，充分与客户需求、业务运营相结合，给消费者提供最优的用户体验与增值服务能力，给供应商提供更加完善的供应链管理服务。

供应链管理方面。20多年的零售经营，苏宁已经形成了以信息化为支撑的商品管理能力、供应链合作能力。公司将利用互联网的优势，加快开放平台的建设，全面开放苏宁的核心竞争力，提升全行业的供应链整合应用水平。

人力资源建设方面。公司建立了系统化的招聘选拔、培训培养、考核激励与发展规划体系，坚持"自主培养，内部提拔"的人才培养方针，全力打造事业经理人团队，陆续实施了1 200梯队、总经理梯队、采购经理梯队、店长梯队、督导梯队、销售突击队、蓝领工程等数十项人才梯队，为企业的转型发展提供了有力的人才支撑。

◇ **国电南自**

主营优势

国电南自主要经营自动化、电厂自动化、水利水电自动化、轨道交通自动化、工业自动化、信息与安防监控系统、土工与大坝安全监控系统、风电、太阳能、节能环保、等离子点火、水环境保护、智能一次设备等领域业务以及国内外总包业务,并与 ABB、Metso、西电等一批国内外知名企业开展合作。公司是上海证券交易所首家上市的国家电力系统高科技公司,被誉为中国电力高科技第一股。

行业地位

南自在电力自动化领域相继研究生产出中国第一代第二代静态继电保护产品,并创造出多个全国第一,被誉为中国自动化技术的先行者和孵化器。公司进一步细化"三足鼎立"发展战略,针对各业务目标客户群规划为六大产业发展格局,使业务线条进一步清晰,充分发挥公司整体产业优势,适应细分市场的变化趋势。

研发支出

2012年公司实际发生的研发支出总额为2.4亿元,占净资产和营业收入的比例分别为7.52%和5.80%。公司科研成果显著进步。开展科研项目147项,完成新产品成果省部级鉴定34项,综合性能达到国际先进水平。

核心竞争力分析

① 管理模式创新。在梳理和突出主营业务的基础上,公司对现有管控模式进行调整,分阶段将母子公司管控模式转变为以产业群为依托的事业部与子公司混合型管控模式,形成十个职能部门、六大产业群、三大支撑体系,四大技术中心。

② 产业群布局。公司大力推进产业可持续发展,构建具有完全自主知识产权和竞争优势的六大产业集群,包括智能电网产业群、智能电厂产业群、水电及新能源产业群、轨道交通产业群、节能减排产业群、电力智能设备产业群。

③ 优势产业。公司主要产业均符合国家产业规划,是国家鼓励和扶持的重点;大部分产业环境好,市场容量大;产业产品线较全,工程和集成能力强;产品应用范围及市场覆盖面广;生产设备先进,制造能力强;存量资产优,盘活潜力大。

④ 科技创新能力稳步增强。公司不断加大科技创新工作力度,注重科

研顶层设计和平台建设,科研能力稳步提升。科技创新能力不断提升,科技资质得到进一步加强。公司进一步完善了研发人员激励机制,开展电力电子专业考核激励试点,取得了较好的成效,有效地推动了科研成果转化为实用型产品和经济效益,发挥了研究院作为公司科技创新的平台、最新研究成果的诞生地和核心技术的孵化器作用。

◇ 亨通光电

主营优势

亨通光电是中国最大、品种最齐全的光纤光缆生产企业之一。公司已形成2 000万芯公里的光棒—光纤—光缆产业链,拥有光棒—光纤—光缆—ODN的横向一体化生产能力,年产能12 000公里电力电缆、1 100万对公里通信特种电缆。2012年全年实现营业总收入78.04亿元,较上年同期的66.88亿元同比增长16.68%。公司在沈阳、成都、北京、上海、广东等地设有分公司,并在俄罗斯、中东、南非、南美、东南亚等国家和地区设立营销和技术服务机构,初步形成海外营销网络构架,成为全球线缆主力供应商。在电器装备行业,公司生产的系列装备电缆陆续进入风能、光伏、矿山、轨道交通和航空等领域。

行业地位

公司是国内知名的、产业链最为完整的光通信行业主力供应商,光纤光缆产销量连续多年稳居全国前三甲。公司在智能电网电力光纤入户接入标准制订、解决方案、自主知识产权、市场应用、研究开发等多方面处于全国领先地位。

研发支出

公司持续加大研发项目的投入,研发费用增加了1.2亿元,增长了66.16%。公司为掌握核心技术能力,保持行业内的领先优势,提高产品的竞争力,近年来持续加大在大尺寸光棒、G657A2光棒、特种光缆、超高压电缆、海缆、铝合金导线等项目上的研发投入,并逐步实现成果产业化。迄今为止,亨通的专利总数列中国线缆同行第一;参与60多项国际、国家及行业标准制定并牵头起草国家标准两项、行业标准一项;近年来,每年承担的国家、省部级科技项目数十项,每年研发的新产品、自主研发新设备达到200多项。

核心竞争力分析

① 技术与研发优势。在光通信领域，公司在大尺寸、低成本光棒的制造、光棒合格率、光纤拉丝速度等方面具有核心技术优势。作为光通信行业整体解决方案供应商，公司契合市场需求，不断推出新产品、新技术和新解决方案，向光通信下游产业链延伸以降低经营风险、扩大市场空间。在电力电缆领域，公司不断突破现有电力电缆制造电压等级，从35KV成功突破到500KV电力电缆的研发和制造，并实现海底超高压电缆的研发和生产。

② 完整产业链优势。公司具备国内领先的技术研发平台，掌握了光棒、光纤制造的多项核心技术和自主知识产权，拥有光棒—光纤—光缆—ODN的横向一体化生产能力。不断提高的光棒、光纤产能和规模效应，日趋完善的生产技术与工艺流程不仅极大地提高了生产效率，也获得了其自身的成本优势和盈利能力，有力地确保了公司在光通信行业的核心竞争力和地位。

③ 市场与规模优势。公司在光通信设备和电力电缆、通信电缆行业内建立了完善的市场网络，广泛的、高质量的客户基础和良好的品牌影响力。绝大部分产品服务于国内外重大项目和大型企业客户，如中国电信、中国移动、中国联通、国家电网公司、华为、上海贝尔等。由于公司业务连年增长，生产规模快速扩充，产品的批量生产和原材料集中选型采购使公司获得了显著的规模经济优势，有效降低了采购成本和制造成本，同时使得客户结构得以优化，大客户数量稳步增长。

3. 创新型城市

(1) 创新型城市建设评价指标

2010年全国科技工作会议确定了首批国家创新型试点城市（区），为加强对创新型城市试点工作的指导和推动，科技部出台《关于进一步推进创新型城市试点工作的指导意见》，同时发布了《创新型城市建设监测评价指标（试行）》，提出创新型城市建设的6项一级指标和25项二级指标，形成了创新型城市建设评价指标体系。根据全国科技工作会议的精神，2010年江苏省正式发布《创新型城市、创新型乡镇、创新型园区建设评价考核指标体系（试行）》。这是全国首个省级科技创新评价指标体系，按照指标体系的要求，定期对各创新型城市、创新型乡镇、创新型园区进行评价考核，适用期限为 2011~2015 年。

在国家和省政府的政策指导和大力支持下,江苏省主要城市加快了建设创新型城市的步伐,并在近些年来取得了显著的成就。目前,南京、苏州、无锡、常州四市已成为国家创新型城市试点。江苏省还将选择一批产业基础好、创新能力强的市县开展省级创新型城市试点。

根据江苏省创新型城市建设实践,2011 年我省主要城市的创新指标数据统计如下,具体如表 5-11 所示。江苏省目前有 13 个地级城市,各主要城市在建设创新型城市方面各具特色,既有各自的优势,又在其他方面表现出极大的改进空间。

表 5-11 2011 年江苏省主要城市创新相关指标数据

城 市	R&D支出占GDP的比例(%)	万人研发人员数量(人/万人)	科技贷款占银行贷款的比重(%)	万人专利授权量(件/人)	高新技术产业产值比重(%)	建成区绿化覆盖率(%)	人均住宅建筑面积(平方米/人)	万人高等院校在校生数(人/万人)	居民教育文化、娱乐消费比例(%)
	C1	C2	C3	C4	C5	C6	C7	C8	C9
南京市	2.91	102.28	3.09	19.49	41.16	44.40	29.30	1 267.99	17.97
无锡市	2.58	94.47	4.27	72.82	36.57	42.60	32.20	198.73	13.49
徐州市	1.59	32.02	5.05	6.98	28.93	41.90	27.70	134.85	16.33
常州市	2.35	83.99	4.59	31.39	37.34	42.20	34.70	288.27	15.68
苏州市	2.42	92.62	3.40	120.31	37.33	42.20	31.70	215.62	14.49
南通市	2.10	50.87	4.55	40.97	37.25	40.80	36.30	97.40	14.36
连云港	1.29	23.00	4.01	4.04	33.16	39.60	32.50	67.10	13.35
淮安市	1.20	19.63	3.77	3.65	20.00	39.80	34.80	124.07	15.51
盐城市	1.21	26.46	4.44	3.94	20.03	40.00	35.90	67.38	12.01
扬州市	1.94	42.48	4.14	11.62	44.58	43.00	37.70	169.11	17.94
镇江市	2.20	76.40	4.42	27.23	43.27	42.20	35.20	323.70	11.54
泰州市	1.92	31.23	4.83	11.05	34.53	40.80	40.40	93.67	12.15
宿迁市	0.74	8.89	4.25	1.59	9.35	40.90	39.90	31.71	12.58

为了分析各城市在创新型城市建设上所取得成就,将以上9个指标数据进行标准化处理,并取统一权重加总,形成各城市的综合得分。其中,综合得分最高的城市是南京,然后依次是常州市、无锡市、扬州市、苏州市、镇江市、南通市、泰州市、徐州市、盐城市、连云港市、淮安市、宿迁市。

表5‑12 2011年江苏省主要城市创新相关指标标准化数据

城市	创新活力					人居环境		文化氛围		综合得分
	C1	C2	C3	C4	C5	C6	C7	C8	C9	
南京市	1.62	1.51	−2.06	−0.23	0.83	2.02	−1.38	3.20	1.65	7.17
无锡市	1.10	1.27	0.10	1.32	0.39	0.74	−0.61	−0.12	−0.43	3.77
徐州市	−0.46	−0.63	1.52	−0.59	−0.35	0.24	−1.80	−0.32	0.88	−1.51
常州市	0.74	0.96	0.68	0.12	0.46	0.45	0.06	0.16	0.58	4.20
苏州市	0.85	1.22	−1.49	2.70	0.46	0.45	−0.74	−0.07	0.03	3.41
南通市	0.34	−0.05	0.61	0.40	0.45	−0.55	0.48	−0.43	−0.02	1.22
连云港市	−0.93	−0.90	−0.38	−0.68	0.06	−1.41	−0.53	−0.53	−0.49	−5.78
淮安市	−1.07	−1.01	−0.81	−0.69	−1.21	−1.26	0.08	−0.35	0.51	−5.81
盐城市	−1.05	−0.80	0.41	−0.68	−1.21	−1.12	0.38	−0.53	−1.11	−5.72
扬州市	0.09	−0.31	−0.14	−0.46	1.16	1.02	0.85	−0.21	1.63	3.64
镇江市	0.50	0.72	0.37	0.00	1.03	0.45	0.19	0.27	−1.33	2.20
泰州市	0.06	−0.65	1.12	−0.47	0.19	−0.55	1.57	−0.45	−1.05	−0.23
宿迁市	−1.79	−1.33	0.06	−0.75	−2.24	−0.48	1.44	−0.64	−0.85	−6.58

注:由于各个指标的单位不同,为了合成统一的指数,首先将原有数据进行标准化处理,然后对每个指标赋予相同的权重进行加总,形成综合得分。

(2)各城市相关指标数据具体分析

为了更直观地分析各城市在创新活力、人居环境、文化氛围方面所取得的成就,我们用直方图和雷达图来展示各指标数据。每个二级指标数据由标准化的三级指标数据加总,而后再加10,以取得正值。

◇ 创新活力

在创新活力方面,无锡市表现最佳,其次是苏州市,其他城市在个别指标上表现优异,呈现出各具特色的创新型城市布局。

作为2010年国家创新型城市首批试点城市之一,无锡市加速推进创新型城市建设,制定了《无锡国家创新型城市建设总体方案》、《无锡国家创新型城市建设实施规划(2011～2015)》,把"科教兴市、人才强市"作为第一位的发展战略。在政府和社会各界的努力下,2011年全社会R&D投入占地区生产总值的比重达到了2.58%,专利申请量与授权量大幅度提升,2011年专利授权量达到了34 077件,在江苏居于第二位。每万人研发人员数量达到了94.47人。2011年无锡市高新技术产业产值占工业产值的比重高达36.57%。

无锡市高新技术产业最具代表性的是物联网行业,包括新型传感器、核心芯片、系统集成、应用软件开发、网络运营和信息服务等领域。国务院《关于支持无锡建设国家传感网创新示范区(国家传感信息中心)情况的报告》标志着无锡国家传感网创新示范区建设已正式上升至国家层面并进入战略实施阶段,为无锡培育发展新兴战略性产业,打造高科技产业城和现代服务城,创建创新型经济领军城市提供了重大历史性机遇。

苏州市在2010年被确立为国家创新型城市试点之后,抓住这次重大机遇,依据《关于推进国家创新型城市试点工作的通知》(国发改高技[2010]30号),苏州市委、市政府《关于加快建设国家创新型城市的若干意见》等文件,编制《苏州市创新型城市建设规划(2010～2020)》,认真实施创新引领主战略,加快发展高新技术产业和战略性新兴产业,大力培育科技创新先锋企业,加速转化重大创新成果,全面提升自主创新能力,力争率先建成创新体系健全、创新资源富集、创新效率效益高、创新辐射面广和引领示范作用强的国家创新型城市。

2011年,苏州市国家高新技术企业达到1 347家,占江苏省总量的1/3;高新技术产业产值达到10 516亿元,占全市规模以上工业产值的37.3%;与中国科学院、北京大学、清华大学等100多家科研院所和高校签订了全面合作协议,促成了5 000多项产学研合作。2011年,全市新增省级外资研发机构42家,累计达到183家,占江苏省总量的58.3%;全市累计有50人入选国家"千人计划",居全国地级市首位;累计有205人入选江苏省"双创人才计划",居全省首位;人才总量达到160万人,其中高层次人才突破9万人,年增长率连续多年保持在15%以上;2011年,苏州专利申请量和专利授权量分别达到10万件和6.7万件,均列全国大中城市第一位;2011年,全市财政科技投入突破40亿元;全社会研究与试验发展经费支出超过260亿元,占GDP的比重达到2.45%。

根据《苏州市创新型城市建设规划(2010～2020)》,"十二五"期间,苏州将于2015年实现全社会研究与试验发展经费支出、高新技术产业产值、高新技术企业总数三个"翻一番";发明专利授权总量、创业投资规模和新兴产业产值三个"翻两番";全社会研究与试验发展经费支出占GDP的比重提高到3%以上,高新技术产业产值占规模以上工业产值的比重超过45%,科技进步贡献率超过65%。

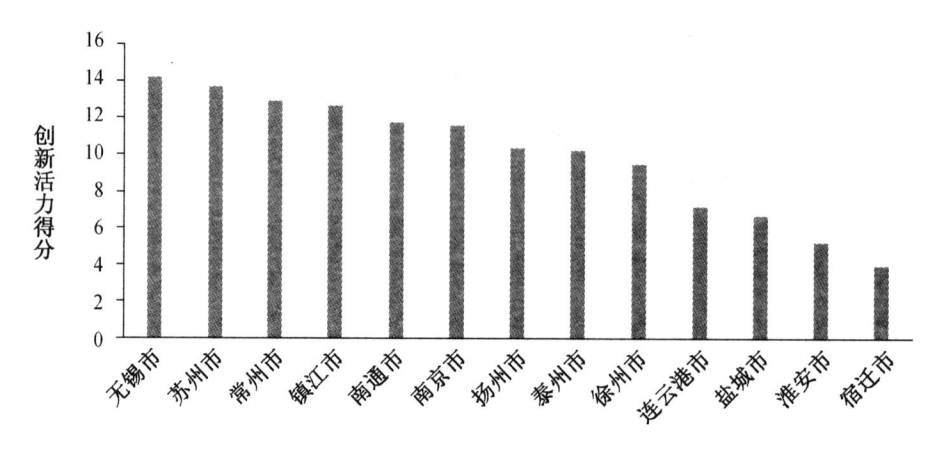

图5-7 各城市创新活力指数排序

南京以自主创新为主线,以建设"全国重要科教中心"和创新型城市为目标,积极探索了一条既符合南京实际、又具有南京特色的发展之路,全市科技创新创业呈现良好势头,创新型城市建设取得显著进展。2009年,南京市被科技部确定为全国唯一的科技体制综合改革试点城市;2010年,被工信部命名为首个"中国软件名城",被科技部列为首批创新型城市建设试点城市,被国家知识产权局授予"国家知识产权工作示范城市"称号;在2011年度国家科技部进行的全国科技进步考核中,南京市荣获"全国科技进步先进市"称号。在经济日报社主办的2011年中国自主创新年会上,评选出了2011年度十大创新型城市、十大低碳城市、十大创新型企业以及十大创新人物。南京上榜中国十大创新型城市。

2011年南京市全社会R&D投入占地区生产总值的比重达到2.91%，每万人研发人员达到102.28人。虽然在专利产出上南京市并不高，万人专利授权量仅为19.49件，低于苏州、无锡等城市，但是从专利的构成来看，其发明专利占到专利授权量的27.83%，而获得专利授权数最多的苏州市仅占5.34%，无锡市占6.53%。2011年南京市的高新技术产业产值占工业产值的比重高达41.16%。此外，南京市集中了江苏省大部分高校和科研院所，仅"211"工程大学就有8所，这些都为南京成为江苏省科技创新重镇打下了坚实的基础。

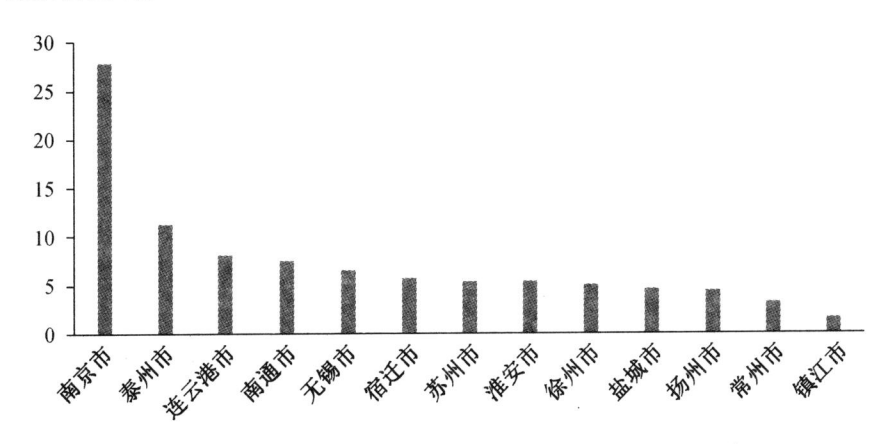

图5-8 各城市发明专利占专利授权的比例指数排序（%）

◇ 人居环境

创新就是要大力培育、吸纳、集聚创新型人才。城市的人居环境是吸引创新型人才、推动创新型经济发展的重要因素。国内一些重要城市因为房价过高、环境污染严重而面临人才持续流失的窘境。从江苏省内来看，扬州市在人居环境方面表现最好，其次是泰州、宿迁、南京、镇江、常州、无锡、南通、苏州、盐城、淮安、徐州、连云港。

扬州市始终坚持创新驱动，大力发展创新型经济，建设创新型城市，推动科技创新与工业化、城市化同步协调、互动并进。具体体现在：成功创建江苏省扬州高新技术产业开发区，西安交大扬州科技园建成开园，创新城市、智慧城市建设稳步推进，科研人才、资金等创新资源加速向扬州集聚，科技创新工作迈上了更高台阶。2012年,全社会研发投入超60亿元,占地区生产总值达2.1%;高新技术产业产值达3 200亿元;有效发明专利累计达1 300件;企业研发机构达600家,研发人员总数超过2.6万人;技术合同交易额超6亿元;科技进步贡献率超过55%。科技对经济社会发展的支撑作用日益显现。

在人居环境方面,2011年扬州市建成区绿化覆盖率达到了43%,仅次于南京市的44.4%。人均住宅建筑面积达到了37.70平方米。这些都为扬州营造美丽、宜居的人居环境,加大创新型人才的引进与培养力度,通过集聚创新型人才发展创新型经济提供了重要保障。

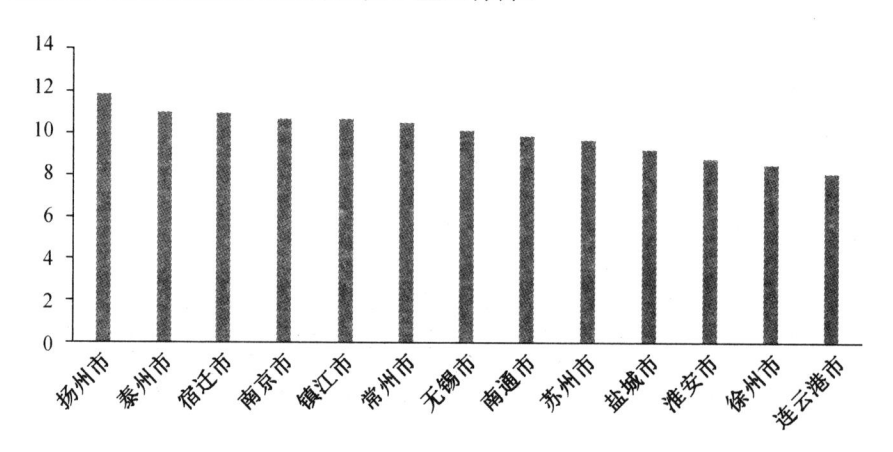

图 5-9 各城市人居环境指数排序

◇ 文化氛围

在城市文化氛围方面,南京市得分最高,其次是扬州、常州、徐州、淮安、苏州、南通、无锡、连云港、镇江、宿迁、泰州、盐城。南京是全国重要的科教中心,科教资源禀赋优势非常突出。依托这些资源优势,南京市的文化氛围无论是在全省还是在全国都处于领先地位,这为创新型人才的吸纳和培育、创新活动的开展都提供了坚实的基础条件。南京市拥有普通高校42所,其中"985"工程院校2所,"211"工程院校8所,高等院校在校生总数达到80.69万人,平均每万人高校在校生数达到1 268人。南京市的文化基础设施十分发达,文化市场也极为丰富和繁荣,每百万人拥有公共文化设施面积970 m²。南京地区共有17个图书馆、16个文化馆、55家博物馆(纪念馆)、2

个美术馆、2个展览馆,近60座公园,100余处分布在各社区的中小型文化广场和40处总面积超过40万平方米的大型文化广场等。城市居民人均教育、文化和娱乐消费支出占居民消费支出的比例达到了17.97%。这种繁荣的文化市场、雄厚的文化实力成为吸引高端创新型人才的重要砝码。

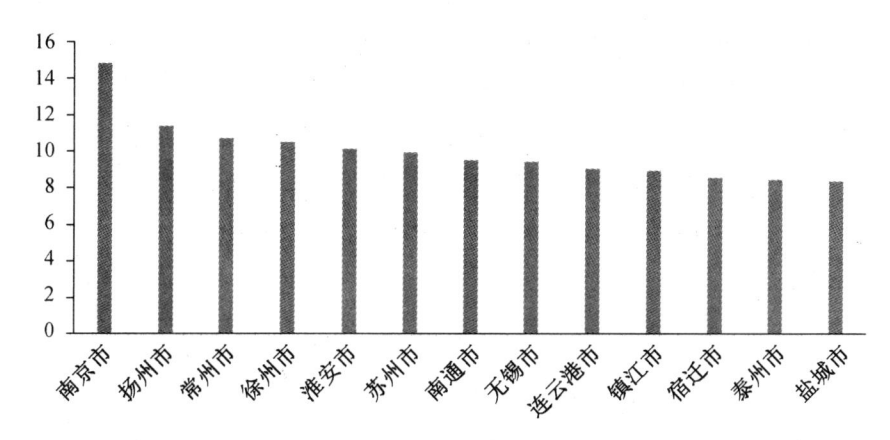

图5-10 各城市文化氛围指数排序

各个城市在创新型城市建设上各具特色,为了更直观地分析各自的优势和不足,我们用蛛网图示来表示江苏省主要城市在创新活力、人居环境和文化氛围三个维度的得分,具体如图5-11所示。其中,人居环境方面,各城

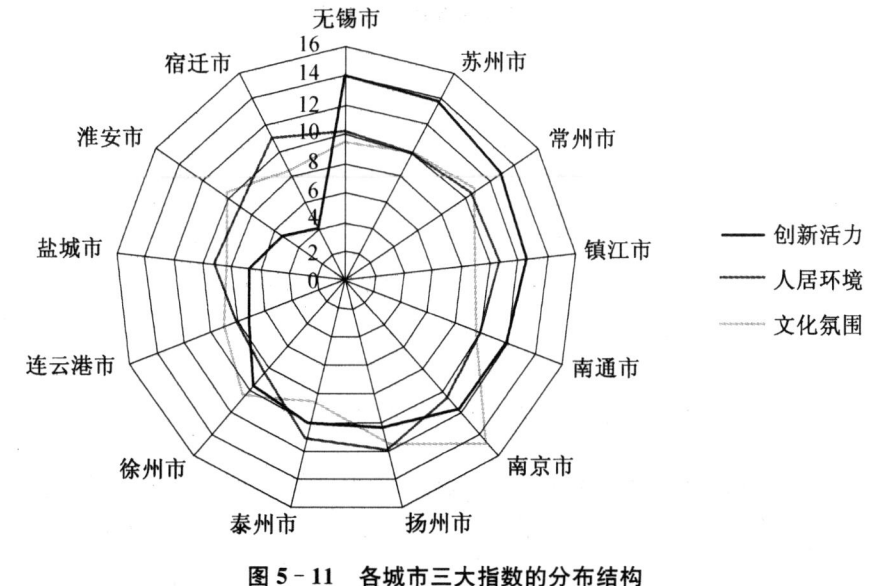

图5-11 各城市三大指数的分布结构

市的表现差别不是很大,但在创新活力方面,各城市之间的得分波动程度很高,无锡、苏州、常州三市明显高于其他城市,形成"增长极"。在文化氛围方面,南京市则是一枝独秀,显著领先于其他城市。

4. 创新要素的集聚

(1) 江苏省创新要素投入总体评价

◇ 创新资金投入。江苏省近年来加大了 R&D 投入的力度,R&D 占 GDP 的比重逐年增加,2012 年科研机构、大学、企业和其他单位的研究与开发活动经费支出达到 1 336.73 亿元,同比增长 24.7%,占地区生产总值的 2.35%,高于全国平均水平 1.86%,R&D 投入力度位列全国前列。具体情况如图 5-12 和图 5-13 所示。

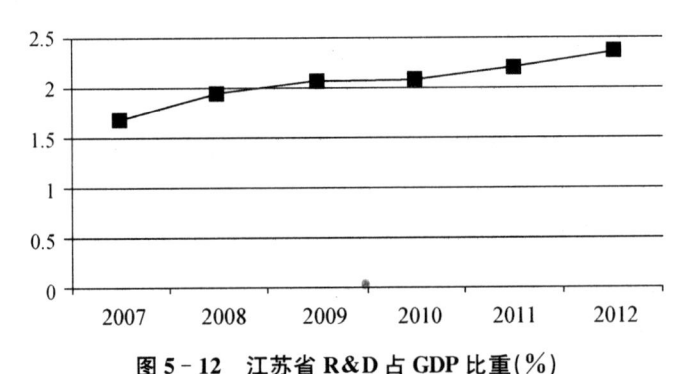

图 5-12 江苏省 R&D 占 GDP 比重(%)

图 5-13 江苏省企业研发经费占 R&D 经费总额的比重(%)

R&D 资金投入的主体主要是工业企业、高等院校以及科研机构。江苏省企业研发经费占全社会 R&D 经费总额的比重自 2007 年以来快速增长,到 2008 年以后已经稳定在 80% 以上。企业创新主体地位进一步巩固和突显,原因在于江苏省是制造业大省,高加工度化行业、新兴产业规模不断扩大须以大量的创新资金投入为基础,并且江苏省比较好地实施了创新型企业、工业园区的发展战略,不断加大研发投入,提高自主创新能力。

◇ 创新人才投入。江苏省高校资源丰富、科研机构分布密集,大量科技活动人员、R&D人员集聚在江苏省内,对建设创新型省份具有重大意义。因此,对人才投入的评估是评价创新建设不可或缺的工作。我们主要用每万人R&D人员数量和企业R&D人员比重两个指标来进行评估。如图5-14所示,2012年江苏省每万人R&D人员数量为62.5人,是2007年的3倍多。每万人R&D人员数量的持续增长说明江苏省非常重视创新人才的投入,这为江苏省保持竞争力和创新优势提供了有力的保证。

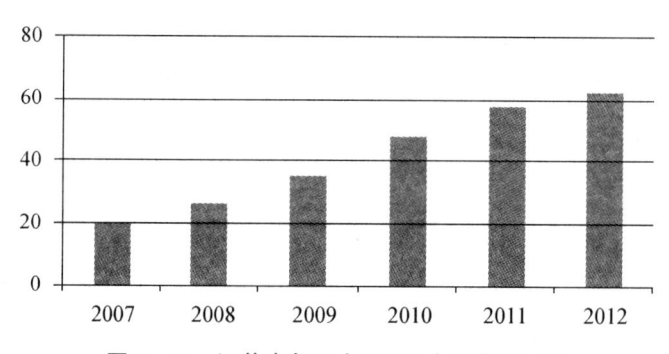

图5-14 江苏省每万人R&D人员数量(人)

大中型企业R&D人员比重反映了企业R&D人力资源投入的强度,以及企业的自主创新意识。用公式可以表示为:大中型企业R&D人员比重=大中型企业R&D人员数/大中型企业从业人员数×100%。2007年江苏省企业R&D人员比重为2.84%;2008年全球金融危机导致部分大中型企业效益受损,高端人才流失,受此影响,这一数据下降为2.77%;2009年在一系列"招才引智"举措的吸引下,江苏省大中型企业R&D人员占比增长明显,提高到4.11%,此后逐年增长,2012年进一步提升到4.87%,具体变化见图5-15。

—创新型省份建设与江苏的探索—

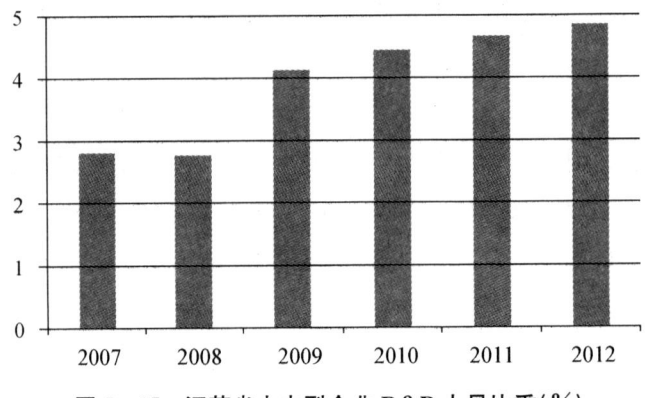

图 5-15 江苏省大中型企业 R&D 人员比重(%)

每万名 R&D 人员中人才计划数反映了各城市人才计划的贯彻情况和人才引进力度。用公式表示为：每万名 R&D 人员中人才计划数＝各市每年人才计划人数/各市每年 R&D 人数。2013 年，中组部公布第九批引进海外高层次人才国家"千人计划"评审结果，共 531 人入选，江苏 64 人入选。截至目前，国家"千人计划"已公布 9 批入选名单共 3 319 人，江苏省共有 385 人入选，占全国总数 11.6%，位居全国第三；其中创业类 173 人，占全国创业类总数的 29.7%，位居全国第一。本章选取从 2008 年第一批至 2013 年第九批次江苏 13 市每年各批次具体数据进行分析(见图 5-16)。首先除苏北个别市由于特殊原因未能完成计划以外，其他各市都很好地贯彻了国家千人

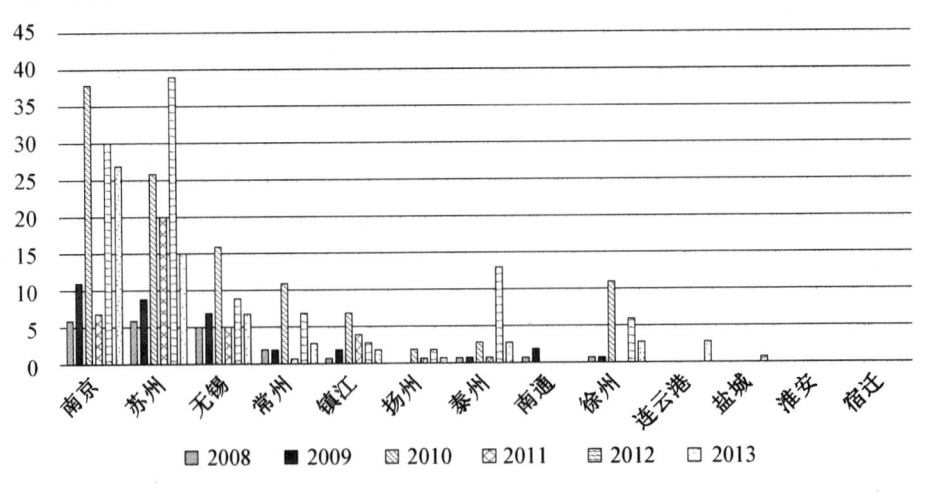

图 5-16 江苏各市千人计划按年份分布图

计划。比率指标显示全省5年平均增速达到0.65（由于2013年的第九批次并不代表年度数据，此年中仍会有多批次进入，故未将其列入计算范围内）。其中，苏南平均增速达到2.59，苏中达到0.88，苏北达到0.41。这明显表明，在人才引进上，苏南优于苏中、苏北。

（2）分区域R&D经费投入的特征

◇ 通过比较2010～2012年各城市R&D经费支出占GDP的比重，我们得出江苏省大部分城市的R&D支出都在稳定增长的结论，其中南京市的支出比重位列全省第一，无锡、苏州位列第二、第三，而淮安、盐城、宿迁三个城市的支出比重最小。按区域分，苏南地区包括南京、镇江、常州、无锡和苏州；苏北包括徐州、宿迁、淮安、盐城和连云港；苏中地区包括扬州、泰州和南通。从该指标来看，苏南地区R&D投入力度最强，苏中次之，苏北最低。这和江苏省区域经济发展水平一致。苏南经济发展已进入工业化中后期，制造装备业发达、外资经济发展强劲，该地区集聚了江苏省的高校、科研机构、经济开发区、高科技产业园区等，这些都要求高水平的R&D经费投入；苏北地区较苏南地区经济发展相对缓慢，以徐州为主的老工业区正在进行传统产业改造和产业升级，研究开发活动的投入较苏南地区低。

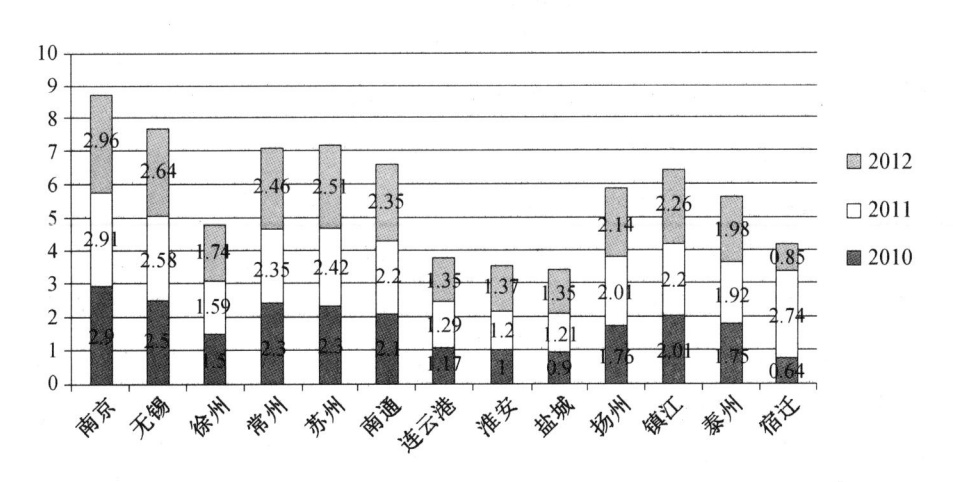

图5-17 各城市R&D经费占GDP比重(%)

◇ 从各城市企业R&D支出占R&D支出总额的比重指标可以看出整个江苏省研发活动是以工业企业为主导，各城市工业企业在2012年的投入比重都稳定在80%以上,部分城市甚至达到了90%以上。R&D投入按研发主体的不同可分为工业企业、高校和独立科研机构等。由于江苏省是全国的工业制造业大省,规模以上工业企业集聚于此,外资经济发达,客观上构成了以工业企业为R&D投入主体的局面。分城市看,南京、苏州、徐州等城市比重略低于其他城市。这是由于江苏省研发能力强的高校、独立科研机构大部分集中于这几个城市,高校和科研机构对R&D的投入相对其他城市较多。

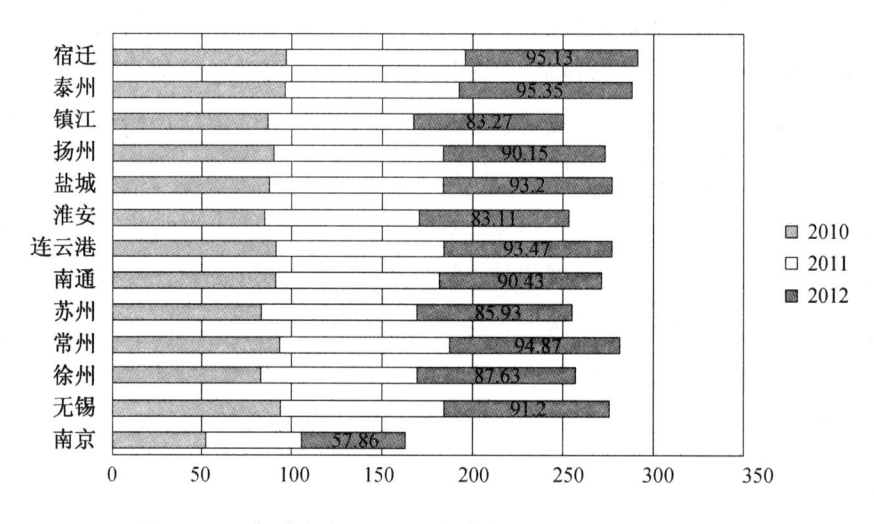

城市	2012
宿迁	95.13
泰州	95.35
镇江	83.27
扬州	90.15
盐城	93.2
淮安	83.11
连云港	93.47
南通	90.43
苏州	85.93
常州	94.87
徐州	87.63
无锡	91.2
南京	57.86

图 5-18　各城市企业 R&D 支出占 R&D 支出总额的比重

◇ 各城市每万人 R&D 人员数衡量了每个城市创新人才投入的强度和人才资源的集聚程度。从图 5-19 可以看出,各城市人才投入强度有较大的差别。位列江苏省前三的是苏州、无锡、南京,位于最后一位的是宿迁。按区域来看,苏南地区集聚了大量创新人才,城市创新能力因而也较强;苏北地区人才投入相对苏南地区较低。江苏省 2008~2012 年 5 年间人才引进的平均增速为 0.65,苏南平均增速达到 2.59,苏中达到 0.88,苏北为 0.41。这明显表明,在人才引进上,苏南优于苏中、苏北。主要原因在于苏南地区集聚了全省主要的高校、高新技术产业区,对创新人才的需求大于苏中和苏北;同时苏南地区的经济实力较强,为引进人才提供了资金支持。

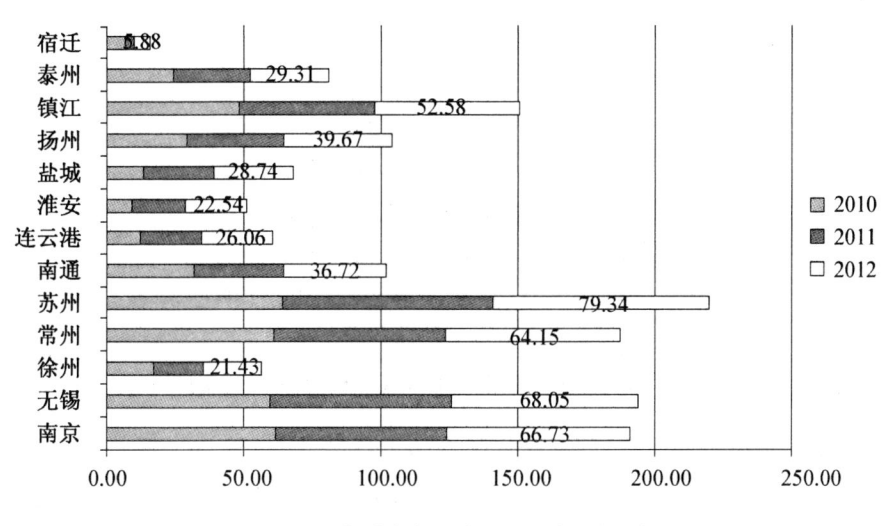

第五章 建设创新型省份的目标与空间布局

城市	数值
宿迁	0.88
泰州	29.31
镇江	52.58
扬州	39.67
盐城	28.74
淮安	22.54
连云港	26.06
南通	36.72
苏州	79.34
常州	64.15
徐州	21.43
无锡	68.05
南京	66.73

图 5-19　各城市每万人 R&D 人员数（人）

(3) 重要城市创新要素投入总体评价

◇ 南京市

创新资金投入。 2007~2012 年，南京市 R&D 经费支出增长速度高于全省平均水平。2012 年，南京市 R&D 经费占 GDP 的比例为 2.96%，居全省首位，比 2011 年增加 0.05 个百分点，高于全省平均水平 0.61 个百分点（如图 5-20）。2012 年，南京市企业研发经费占 R&D 的比重为 57.86%，比 2011 年增长 2.94 个百分点，低于全省平均水平 27.84%（如图 5-21）。

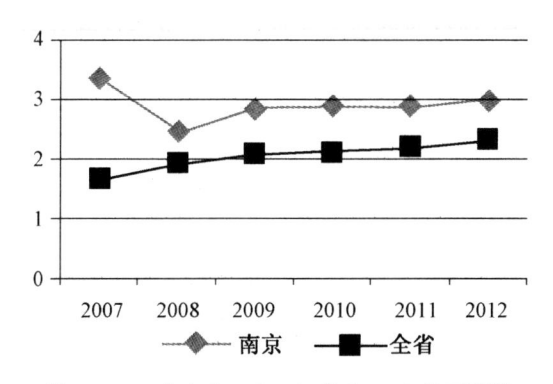

图 5-20　南京市 R&D 经费占 GDP 比重（%）

211

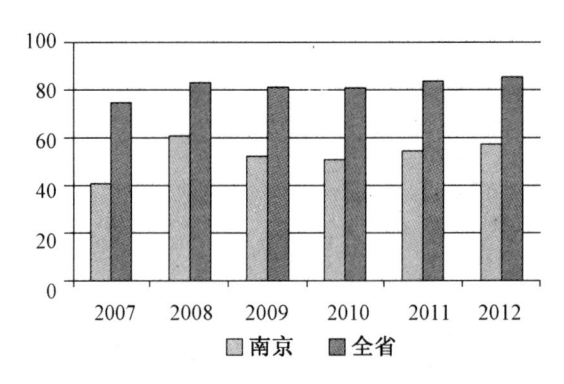

图 5-21 南京市企业研发经费占 R&D 经费总额比重(%)

从总体来看,南京市创新资金投入总量优势明显,投入主体是政府、大中型企业和研发机构。2012 年,南京不仅 R&D 经费占 GDP 的比重仍大于全省其他城市,而且企业研发经费占 R&D 的比重也有所上升,表明其投入强度高于全省平均水平。由于南京聚集了全省大部分高校和独立科研机构,这两者的研发经费也占有比较大的份额,因而企业研发经费占总的研发支出的比例低于全省平均水平。说明南京市创新投资主体多元化、结构合理、支持力度较大,为创新活动提供了较好的资金保证。

创新人才投入。2012 年南京市每万人 R&D 人员数为 66.37 人(如图 5-22),比 2011 年增加了 2.8 人,高于全省平均水平;2012 年南京市企业 R&D 人员比重为 4.68 人(如图 5-23),比 2011 年增加了 0.26 个百分点,高于全省平均水平。这说明南京市人才密度领先于全省其他城市,人才集聚能力强、人才优势明显,为创新活动提供了丰富的资源和有力的保证。

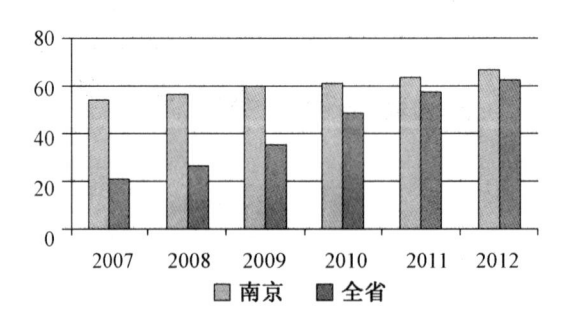

图 5-22 南京市每万人 R&D 人员数(人)

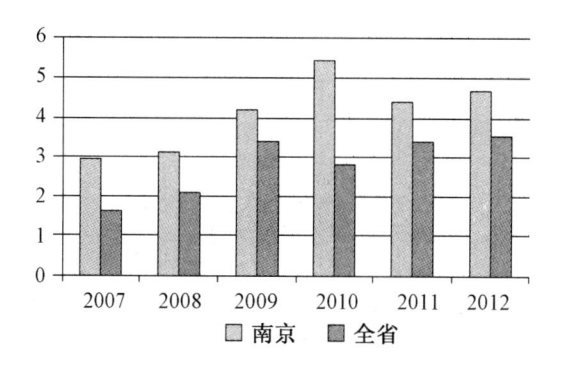

图 5-23　南京市大中企业 R&D 人员比重(%)

◇ 无锡市

创新资金投入。2012 年无锡市 R&D 经费占 GDP 比例为 2.64%，比 2011 年增加 0.06 个百分点，投入强度有所增加。R&D 经费占 GDP 的比例高于全省平均水平 0.38 个百分点，居全省第二位，仅次于南京市(如图 5-24)。2012 年无锡市企业研发经费占 R&D 的比重为 91.2%，比 2011 年减少 0.34 个百分点，但高出全省平均水平 5.5 个百分点，列全省第六位(如图 5-25)。

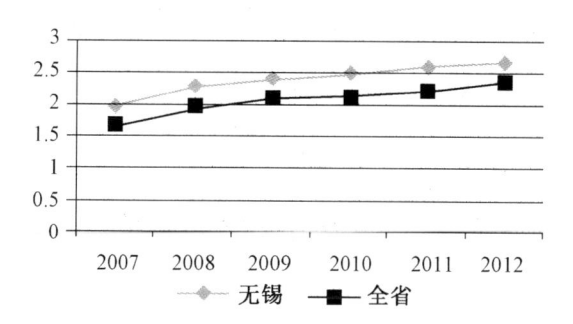

图 5-24　无锡市 R&D 经费占 GDP 比重(%)

总体而言，无锡市 R&D 经费占 GDP 的比例与企业研发经费占 R&D 的比重两项反映投入强度的指标均位于全省前列，表明无锡市创新资金投入强度较高，具有良好的发展趋势。近年来无锡市大力推动新型产业、新能源、生物高新技术产业，企业 R&D 的投入比重因而持续增加。无锡高校资源相对较少，其 R&D 投入结构比较单一，创新主体主要是大中型企业。

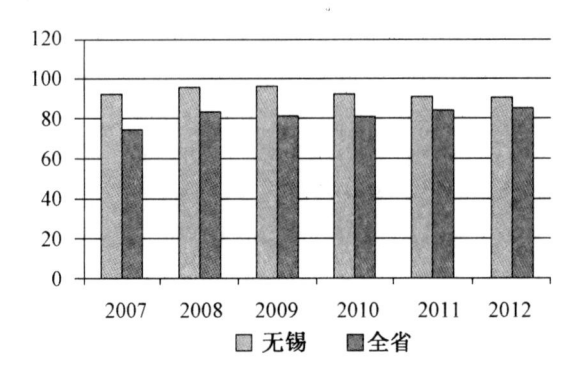

图 5-25 无锡市企业研发经费占 R&D 经费总额的比重(%)

创新人才投入。2012 年无锡市每万人 R&D 人员为 68.05 人(如图 5-26),比 2011 年增加 2.01 人,高于全省平均水平。2012 年无锡市企业 R&D 人员比重为 3.76%(如图 5-27),比全省平均水平高 0.20 个百分点,位于全省前列。

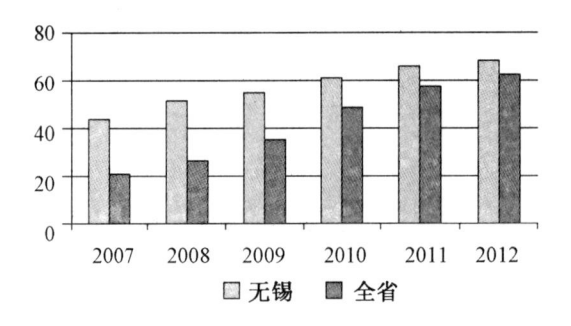

图 5-26 无锡市每万人 R&D 人员数(人)

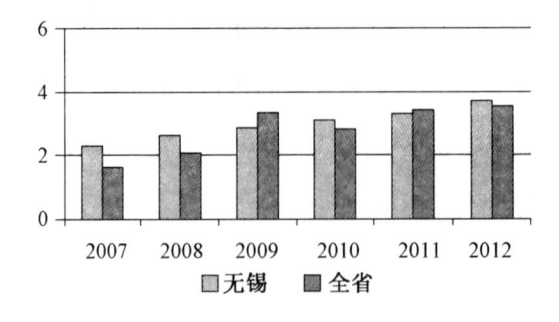

图 5-27 无锡市大中企业 R&D 人员比重(%)

—第五章 建设创新型省份的目标与空间布局—

无锡"530计划"是指自2006年开始以引进领军型海外留学人才来无锡创业为目标的为期5年的人才计划。截至2011年,无锡市围绕建设"人才特区"和"东方硅谷"目标大力实施"530计划",持续推动高层次人才集聚进行科技创新创业,取得了显著成效(见表5-13)。

表5-13 2006~2011年无锡"530计划"

	2006年	2007年	2008年	2009年	2010年	2011年	合计
创业人才(项目)数	7	61	208	817	700	252	2 045
落户数	0	68	276	407	599	407	1 757

成果显示,自2006年以来,无锡引进海外领军人才数量每年都大幅增加,从比率指标(图5-28)来看,2007~2009年增速分别为2.13%、2.74%和7.43%。2010年和2011年人才引进数量稍有回落,这主要是由于自2010年以来,全国各地特别是沿海发达城市纷纷制定了大力度的海外人才计划,客观上分流了人才,并且无锡也细化和严格了审核的相关程序,因此在人数上有所回落。总体上,"530计划"作为无锡市吸引海外领军人才来锡创新创业的品牌象征,已经深入人心。

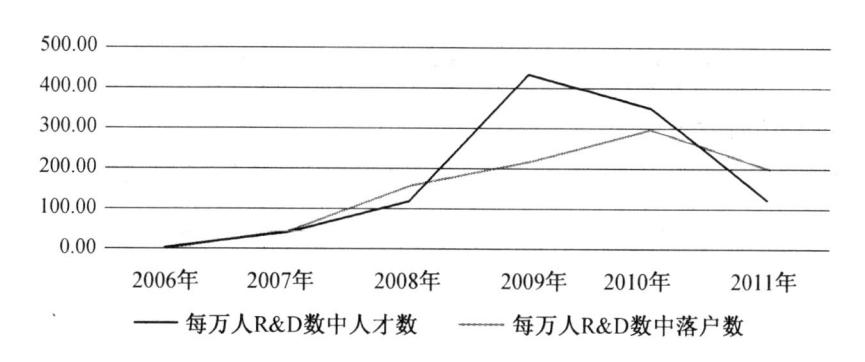

图5-28 无锡"530计划"按年份分比率指标图

◇ 常州市

创新资金投入。2012年常州市R&D经费占GDP的比例为2.46%,比全省平均水平高0.11个百分点。2012年常州市企业研发经费占R&D的比重为94.87%,比2011增加0.05个百分点,比全省平均水平高9.17个百分点。由于常州市缺乏高校及科研机构资源,而其工业尤其是装备制造业水平先进,创新投入以工业企业为主导力量。

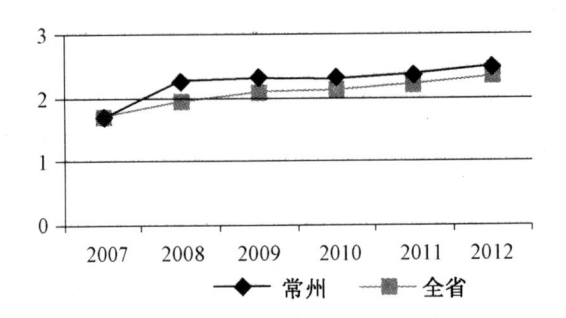

图 5-29　常州市 R&D 经费支出占 GDP 比重(%)

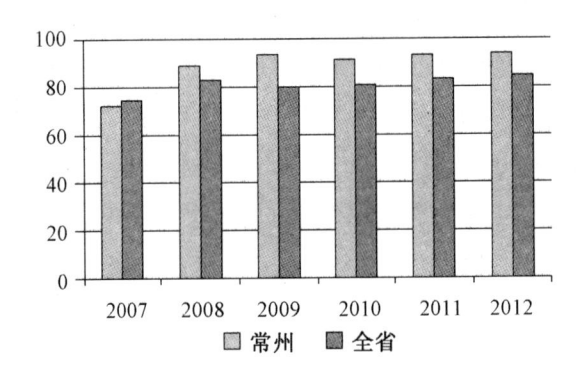

图 5-30　常州市企业研发经费占 R&D 经费总额比重(%)

创新人才投入。2012 年常州市每万人 R&D 人员数为 64.15 人,企业 R&D 人员占比为 3.45%,比 2011 年增加 0.6 个百分点,高于全省平均水平。

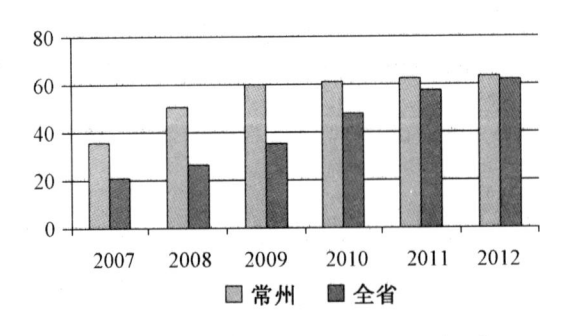

图 5-31　常州市每万人 R&D 人员数(人)

—第五章 建设创新型省份的目标与空间布局—

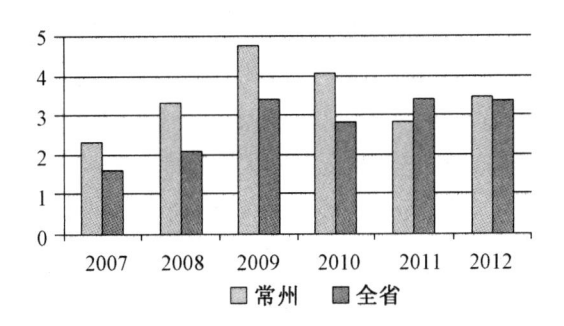

图 5-32 常州市大中企业 R&D 人员比重(%)

◇ 苏州市

创新资金投入。2012 年苏州市 R&D 经费占 GDP 的比例为 2.51%,比 2011 年增加 0.09 个百分点,高出全省平均水平 0.16 个百分点。2012 年苏州市企业研发经费占 R&D 的比重为 85.93%,比 2011 年减少 0.29 个百分点,比全省平均水平高 0.23 个百分点。

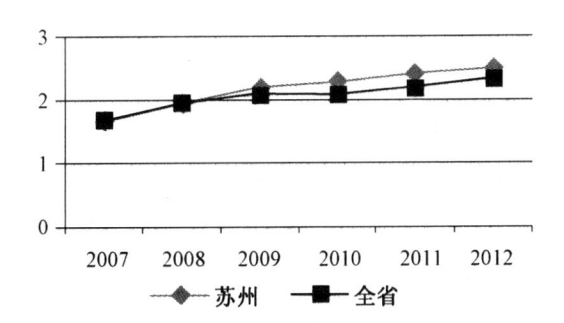

图 5-33 苏州市 R&D 经费支出占 GDP 比重(%)

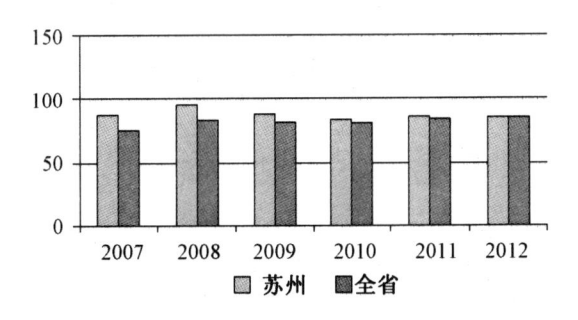

图 5-34 苏州市企业研发经费占 R&D 经费总额比重(%)

民营企业和外资企业构成了苏州工业企业的重要组成部分,外资企业的加入在很大程度上促进了本土企业加大研发力度。此外,苏州市高校资源在江苏省相对丰富,企业办科研机构也较多,这两者也贡献一定比例的R&D 经费投入,使苏州市企业 R&D 投入略高于全省平均水平。

创新人才投入。2012 年苏州市每万人 R&D 人员数为 79.34,位于全省第一,凸显了苏州市雄厚的人才实力。2012 年苏州市企业 R&D 人员占比为 3.79%,比 2011 年增加 0.21 个百分点,高于全省平均水平。苏州市人才集聚,主要在于本市集聚了大量工业园区、科技开发区等各类开发区,企业研发人力资源十分丰富;再者在于苏州市的"姑苏人才计划",人才强市战略深入实施,创新人才、高技能人才、领军人才的引进和培育力度不断加强。这大大加强了苏州市的人才投入和人才比例,对建设创新型城市有突出贡献。

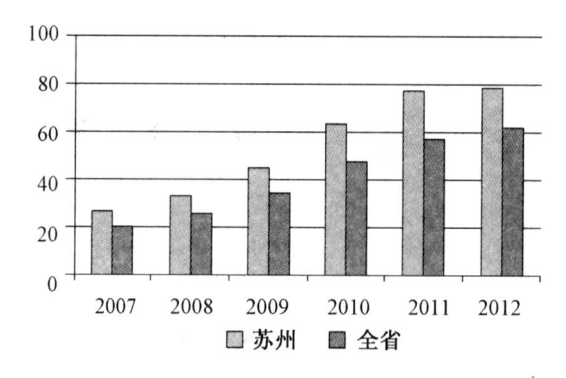

图 5-35 苏州市每万人 R&D 人员数(人)

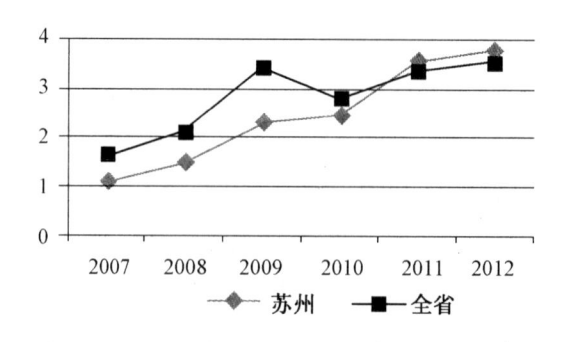

图 5-36 苏州市大中企业 R&D 人员比重(%)

苏州市"姑苏人才计划"是旨在实现从2007年开始5年内投入30亿元，引进、培育并重点支持1 000名科技创新创业领军人才、10 000名重点产业紧缺创新人才，惠及近30 000名重点领域和行业内高中级技术、管理人才等目标的人才计划。

表5-14 2007～2012年苏州市"姑苏人才计划"

	2007年	2008年	2009年	2010年	2011年	2012年
人数（人）	16	26	38	55	94	118
R&D人数（万人）	2.09	2.86	4.06	4.94	5.03	5.91
比率	7.66	9.10	9.36	11.13	18.69	19.96

实施"姑苏人才计划"的根本目的，就是服务于"三区三城"建设，解决"三区三城"建设的人才瓶颈问题，通过制定出台姑苏人才计划，着力引进和培养重点和新兴产业领域的中高级人才，加大关键社会事业领域人才资源的调控力度，以人才资源的优先开发和优先积累，助推苏州在发展方式转型进程中抢占先机，赢得主动。

◇ 徐州市

创新资金投入。近年来，徐州市科技活动经费支出占GDP的比重稳步增长，2012年R&D经费占GDP的比例为1.74%，比2011年增长0.15个百分点，低出全省平均水平0.61个百分点（如图5-37）。2012年徐州市企业研发经费占R&D的比重为87.63%，比2011年增长0.81个百分点（如图5-38），在全省排名第九位。徐州市是一个老工业城市，在苏北处于领先地位。近年来，徐州稳步推动产业升级战略，引进高新技术产业，创新投入力度也在逐年增加。但相比江苏省其他工业城市，其R&D投入力度还有待加强。

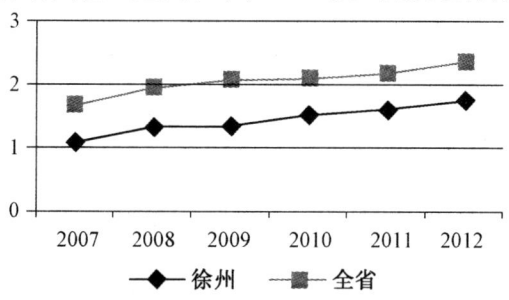

图5-37 徐州市R&D经费支出占GDP比重（%）

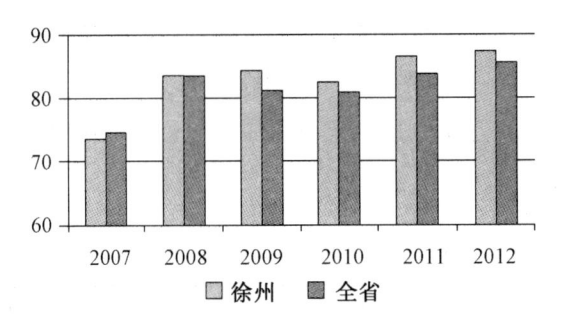

图 5-38 徐州市企业研发经费占 R&D 经费总额的比重(%)

创新人才投入。2012 年徐州市每万人中 R&D 人员数为 21.43 人。随着产业结构升级和高新技术产业的发展，徐州市的 R&D 人员规模扩大，每万人中 R&D 人数逐年增加。2012 年徐州市大中企业 R&D 人员比重为 2.91%，低于全省平均水平。

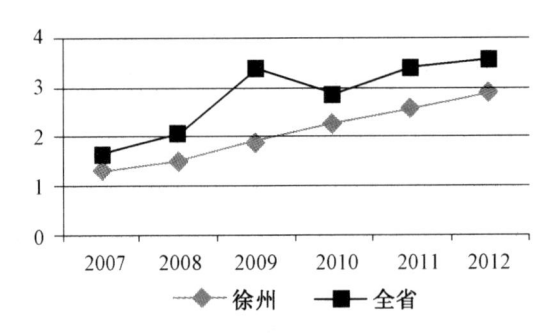

图 5-39 徐州市每万人 R&D 人员数(人)

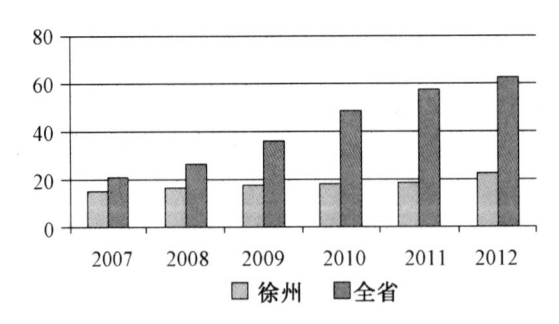

图 5-40 徐州市大中企业 R&D 人员比重(%)

◇ 南通市

创新资金投入。2012 年南通市 R&D 经费占 GDP 的比例为 2.35%，比

2011年增加0.15个百分点,与全省平均水平持平。2012年南通市企业研发经费占R&D的比重为90.43%,比2011年减少0.49个百分点,比全省平均水平高4.27个百分点。南通市作为一个沿江、沿海的工业城市,地理位置得天独厚,近年来基于传统产业升级、引进高新技术产业等,企业R&D投入保持在全部R&D投入的90%左右,说明南通市工业企业是该地区经济发展、创新活动的主导力量。

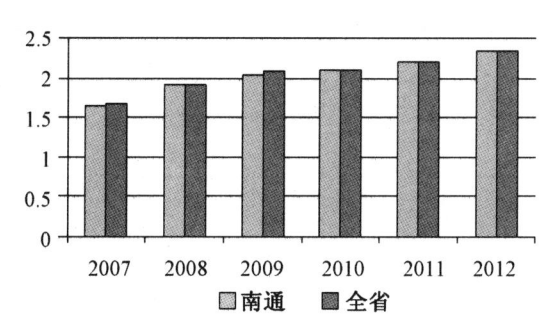

图 5-41 南通市 R&D 经费支出占 GDP 比重(%)

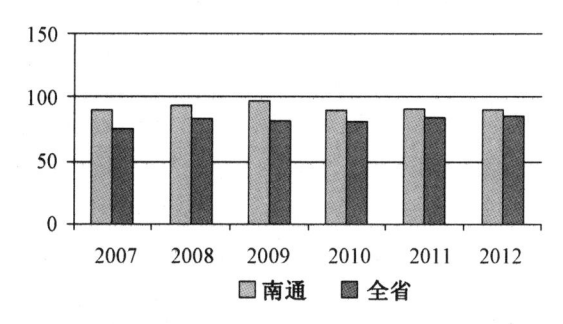

图 5-42 南通市企业研发经费占 R&D 经费总额的比重(%)

创新人才投入。2012年南通市每万人中R&D人员数为31.72人。2012年南通市企业R&D人员占比为2.43%,比2011年减少0.14个百分点,低于全省平均水平。由于南通市还处于经济转型过渡阶段,传统产业升级会淘汰原有的科技活动人员,造成R&D人员的流失,因而该指标在近两年呈下降趋势。

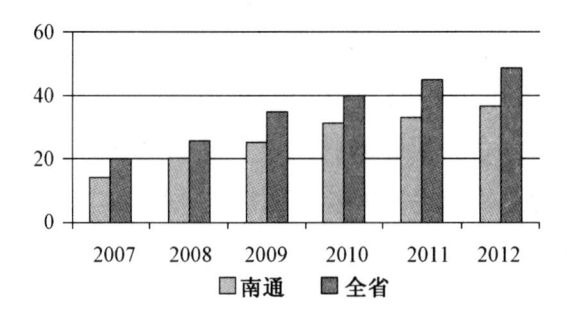

图 5-43 南通市每万人 R&D 人员数(人)

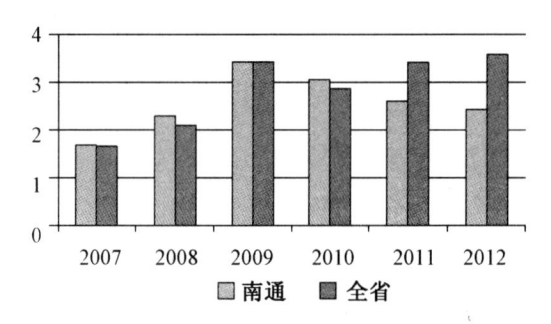

图 5-44 南通市大中企业 R&D 人员比重(%)

(4) 科技创新平台的特征

创新平台是江苏区域创新体系的重要组成部分,是建设创新型省份的重要内容。江苏围绕建设以企业为主体、市场为导向、产学研结合的技术创新体系,通过统筹规划、科学布局和机制创新,不断丰富和完善科技基础设施的体系和内涵,基本形成科技创新平台的框架体系,取得明显成效。

表 5-15 2011 年江苏省创新平台相关指标数据

二级指标	三级指标	2007 年	2008 年	2009 年	2010 年	2011 年
科技创新平台	省级以上重点实验室与工程中心数量(个)	229	350	664	1 506	1 731
	国家和省级科技公共服务平台(个)	78	172	230	245	286
科技孵化平台	各类科技创业园孵化面积(万平方米)	489	726	941	1 504	1 945
	各类科技创业园在孵企业数(家)	8 252	9 439	11 421	15 000	20 000

第一,科技创新平台和公共服务平台建设取得显著进展。从科技平台数量来看,2007年国家和省级重点实验室51个,国家和省级工程技术研究中心178个,全省省级以上重点实验室与工程中心数量为229个,到2011年国家和省级重点实验室92个,国家和省级工程技术研究中心1 639个。从省级以上重点实验室和工程中心总量来看,5年增长了近8倍,平均年增长率为65.8%。

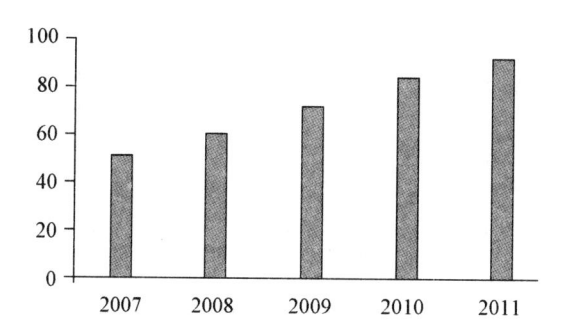

图 5-45 江苏国家和省级重点实验室数量(个)

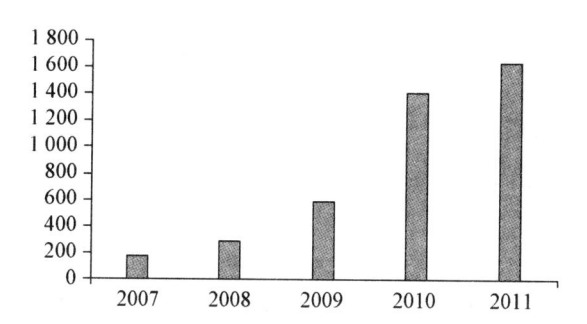

图 5-46 江苏国家和省级工程技术中心数量(个)

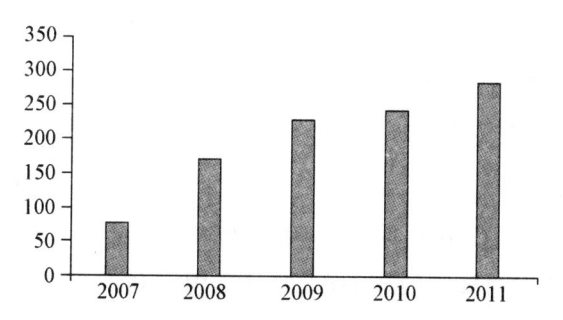

图 5-47 江苏国家和省级科技公共服务平台(个)

第二,科技孵化平台数量增速较快,孵化企业的效率不断提升。从科技产业化平台来看,2011年全省拥有科技创业园、大学科技园、软件园、创业服务中心等各类科技创业载体349家,总量居全国第一位。孵化场地1 945万平方米,比2010年增长29.32%;在孵企业超过20 000家,比2007年的8 252家增长了2.4倍,平均年增长率为24.8%。

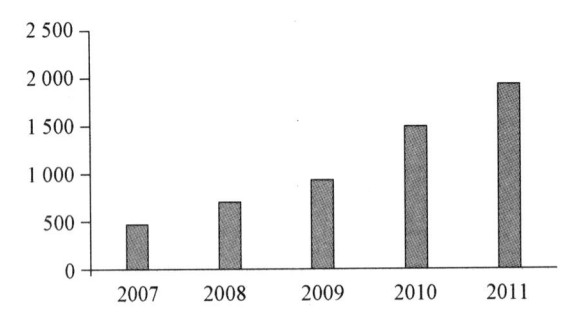

图5-48 江苏各类科技创业园孵化面积(万平方米)

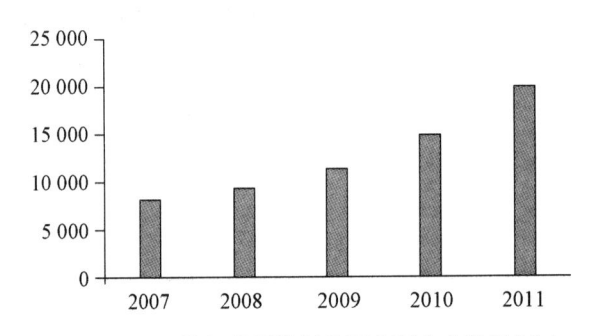

图5-49 江苏各类科技创业园在孵企业数量(个)

第三,科技创新平台数量在全国名列前茅,但布局较为集中。江苏省拥有国家重点实验室的数量居于全国第三位,排在北京市、上海市之后。但是,在国家重点实验室的布局中,几乎所有的国家重点实验室都集中在南京,而且主要集中于南京大学和东南大学两所大学,仅有食品科学与技术国家重点实验室依托于江南大学,位于苏南的无锡市。江苏省省级重点实验室中,绝大多数也位于南京,仅有少数分布在扬州、苏州、无锡和南通。因此,可以说,江苏省的科技创新平台,尤其是国家和省级实验室布局过于集中于南京地区。

表 5-16 全国国家重点实验室数量排序

省份	国家重点实验室数量	排序	省份	国家重点实验室数量	排序
北京	70	1	黑龙江	4	10
上海	29	2	湖南	4	10
江苏	16	3	天津	4	10
湖北	15	4	福建	3	11
陕西	11	5	山东	3	11
吉林	10	6	重庆	3	11
四川	9	7	贵州	2	12
浙江	9	7	山西	2	12
广东	8	8	云南	2	12
辽宁	8	8	河北	1	13
甘肃	6	9	安徽	1	13

表 5-17 江苏省国家级重点实验室

地区	实验室名称	依托单位	地区	实验室名称	依托单位
南京	固体微结构物理国家重点实验室	南京大学	南京	移动通信国家重点实验室	东南大学
南京	近代声学国家重点实验室	南京大学	南京	生物电子学国家重点实验室	东南大学
南京	内生金属矿床成矿机制研究国家重点实验室	南京大学	南京	作物遗传与种质创新国家重点实验室	南京农业大学
南京	软件新技术国家重点实验室	南京大学	南京	现代古生物学和地层学国家重点实验室	中科院南京地质古生物研究所
南京	现代配位化学国家重点实验室	南京大学	南京	人类生殖调控与危害评估重点实验室	南京医科大学
南京	医药生物技术国家重点实验室	南京大学	南京	土壤与农业可持续发展国家重点实验室	中科院南京土壤研究所
南京	污染控制与资源化研究国家重点实验室	南京大学	南京	水文水资源与水利工程科学国家重点实验室	河海大学
南京	毫米波国家重点实验室	东南大学	无锡	食品科学与技术国家重点实验室	江南大学

表 5-18　江苏省省级重点实验室

地区	实验室名称	依托单位	地区	实验室名称	依托单位
南京	江苏省药物代谢动力学研究重点实验室	中国药科大学	南京	江苏省纳米技术重点实验室	南京大学
南京	江苏省新药筛选中心	中国药科大学	南京	江苏省畜禽产品安全性研究重点实验室	江苏省农业科学院畜牧所
南京	江苏省药用植物研究开发中心	江苏省中科院植物研究所	苏州	江苏省干细胞研究重点实验室	苏州大学
南京	江苏省植物迁地保护重点实验室	江苏省中科院植物研究所	南京	江苏省网络与信息安全重点实验室	东南大学
南京	江苏省公路运输工程试验室	江苏省交通科学研究院	南京	江苏省光电信息功能材料重点实验室	南京大学
南京	江苏省农业生物学重点实验室	江苏省农业生物遗传生理研究所	南京	江苏省信息农业高技术研究重点实验室	南京农业大学
南京	江苏省建筑工程诊断与处理中心	江苏省建筑科学研究院	南京	江苏省生物材料高技术研究重点实验室	东南大学
南京	江苏省环境工程重点实验室	江苏省环境科学研究院	扬州	江苏省人畜共患病学重点实验室	扬州大学
无锡	江苏省寄生虫分子生物学重点实验室	江苏省寄生虫病防治研究所	南京	江苏省精密与微细制造技术重点实验室	南京航空航天大学
扬州	江苏省家禽遗传育种重点实验室	江苏家禽研究所	南京	江苏省土木工程材料重点实验室	东南大学
南通	江苏省神经再生重点实验室	南通大学	南京	江苏省人类功能基因组学实验室	南京医科大学

5. 创新环境

(1) 江苏省创新环境评价指标

江苏前两轮经济转型,分别以发展乡镇企业和外向型经济为标志。乡镇企业,以农村廉价劳动力和土地、集体经济积累等要素和"星期六工程师"

的技术组合为标志;外向型经济,以廉价土地和劳动力、优惠政策等要素,与国外先进技术和机器设备组合为标志。目前,江苏正大力发展创新型经济,江苏"十二五"规划明确提出把创新驱动作为核心战略,在全国率先建成创新型省份。

实施创新驱动的经济发展战略,创建良好的创新环境至关重要。创新环境从广义上包括"硬"环境和"软"环境,前者主要指支撑创新活动的基础设施,后者主要指制度或政策环境、市场环境和人文环境。江苏省在加强创新环境建设方面付出了巨大的努力,也取得了显著的成绩。以2010年"中国江苏第二届国际产学研合作论坛暨跨国技术转移大会"为例,来自全球25个国家和地区的280名专家对江苏省的创新环境都给予了非常高的评价,并纷纷表示正是"江苏的创新环境深深地吸引着我们"。

为了更客观、全面地评价江苏省创新环境的建设进程,我们依据基础设施、制度环境、市场环境和人文环境四个方面的指标,整理和分析江苏省近五年(2007~2011年)的数据,具体如表5-19所示。从整体来看,江苏省在创新环境的各个指标方面都取得非常显著、高速的进步。

表5-19 江苏省创新环境指标相关数据

二级指标	三级指标	2007年	2008年	2009年	2010年	2011年
基础设施	科研与综合技术服务业新增固定资产比重(%)	0.16	0.48	0.61	0.88	0.94
	万人国际互联网用户数(户/人)	881.18	994.14	1230.41	1349.85	1546.01
制度环境	科技拨款占一般预算支出的比重(%)	2.69	2.82	2.91	3.06	3.43
	万人发明专利授权数量(件/万人)	0.47	0.75	1.13	1.52	2.32
市场环境	万人技术成果成交额(万元/万人)	102.84	121.13	138.56	316.86	422.12
	科技人员平均工资与全社会平均工资比例系数(%)	181.92	175	172.32	161.13	159.96
人文环境	大专及以上学历人口比例(%)	6.66	6.90	7.27	11.96	16.66
	教育财政支出占GDP的比重(%)	1.89	1.91	1.98	2.09	2.23

(2) 创新环境指标具体分析

◇ 基础设施

从技术创新向科技创新转变是现代创新范式转型的主要标志。科技创新活动可分为知识创新、技术创新和产业应用三个相互衔接的环节。因此,从科技创新的路线图来看,作为支撑各类科研和技术服务业的设施设备,和作为"创新高速公路"的国际互联网,都是创新环境基础设施建设的重要内容。

江苏省创新基础设施建设近年来取得了显著的进步。

第一,从新增固定资产比重来看,2007年科研与综合技术服务业新增固定资产占全社会新增固定资产比重为0.16%,到2011年增长到0.94%,增长了5.88倍,平均年增长率为55.7%。

第二,从信息高速公路建设来看,2007年全省万人国际互联网用户数为881户,到2011年增加到1 546户,增长了1.75倍,平均年增长率为15.1%。

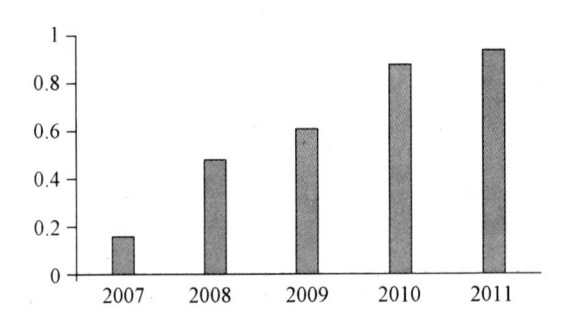

图5-50 江苏科研与综合技术服务业新增固定资产比重(%)

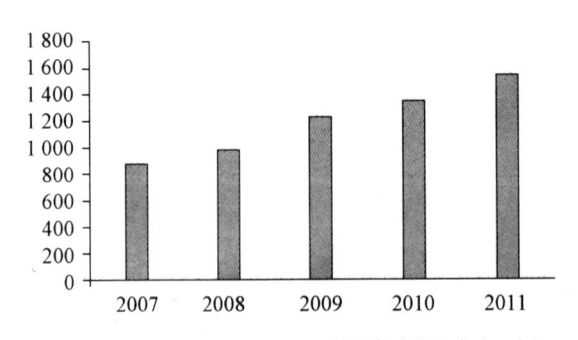

图5-51 江苏万人国际互联网用户数(户/万人)

◇ 制度环境

新知识、新技术不仅使创新者得到收益,全社会也会受益。政府加大科技创新投入力度的必要性在于,无论是创新知识还是传播知识都有外溢性。与此对应,科技创新投资是政府公共财政的重要组成部分,这个特征在创新驱动经济发展阶段表现得尤为突出。江苏省是全国的科技大省,拥有众多的研发机构,政府对科技创新的财政拨款一直较大。从政府科技拨款来看,2007年科技拨款为68.7亿元,占地方一般预算支出的比例为2.69%,到2011年已经增长到213.4亿元,占地方一般预算支出的比例上升到3.43%,上升了0.74个百分点。

创新的动力在于对创新者创新收益的制度保障。阿罗、斯蒂格利茨等诺贝尔经济学奖获得者的研究显示,创新的知识和技术具有公共产品属性,其他人分享创新收益的边际成本很低,甚至为零,因此需要知识产权(如专利)等制度安排来保证创新者的创新收益权。只有保护好知识产权,才能保障创新主体的收益,从而激发他们的创造热情。日本实施"知识产权立国"战略最终走向创新型国家的历程更有力地说明了这一点。

江苏省在经济转型升级的过程中,逐步从重视GDP向重视IP(知识产权)转变。继国务院颁发《国家知识产权战略纲要》后,2009年省政府以1号文件颁布实施《江苏省知识产权战略纲要》,与国家知识产权局合作创建实施知识产权战略示范省。2011年江苏省政府知识产权联席会议专门制定了《江苏省知识产权"十二五"发展规划》,全省13个省辖市、大部分县(市、区)和开发园区出台了知识产权战略纲要或实施意见。从万名就业人口专利授权数量来看,2007年为0.47件,到2011年已经增加到2.32件,平均年增长率为49%。可以说,江苏省已经成为全国著名的知识产权大省。

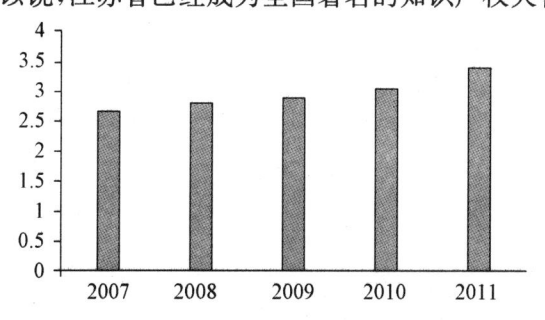

图5-52 江苏地方科技拨款占一般预算支出比例(%)

—创新型省份建设与江苏的探索—

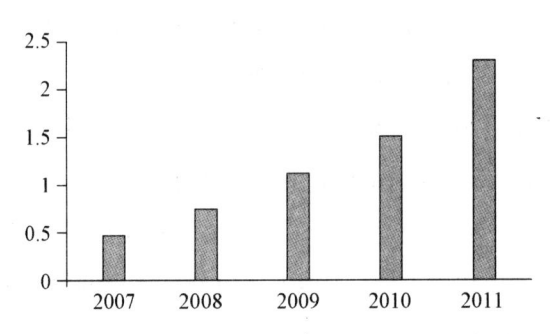

图 5-53 江苏万名就业人口专利授权量(件/万人)

◇ 市场环境

市场是创新资源有效配置的基本机制,满足甚至创造市场需求是创新的重要任务。创新的市场环境影响创新资源的配置和使用效率,甚至在一定程度上决定创新的成败。江苏"十二五"规划明确提出把创新驱动作为核心战略,把科教和人才强省作为基础战略,就是要以科技和人才为重要支撑,在全国率先建成创新型省份。因此,以市场机制配置创新要素,首先是通过技术交易市场来配置技术要素,其次是是通过科技劳动力市场来配置人力要素。

科技成果转化、产业化是个系统工程,需要技术市场有效地配置资源。因此,技术交易市场在科技创新和成果转化、产业化,在建立新型的科技体制中发挥着重要地位,其根本目的是促进科技创新和加速其成果的转化、产业化,充分发挥科技第一生产力在创新型经济建设中的作用。江苏省技术交易市场发展十分迅速,技术交易活动非常活跃。从技术成果成交的相对数额来看,2007 年每万人技术成交金额为 102.8 元,2009 年达到了 138.6 元,2010 年翻了一番,达到了 316.9 元,2011 年继续强势增长,达到了 422.1 元。五年内增长了 4 倍以上,平均每年增长 42.4%。从成交技术合同的数量来看,2011 年成交的技术合同达到了 25 300 多项,成交额 463 亿元,继续保持全国第一。

人才是创新活动中最活跃、最能动的生产要素,是"创新驱动"的主导力量。激发人才的创新活力,要制定体现人才创造价值的分配激励政策,让一流人才做出一流业绩,得到一流报酬。物质资源缺乏的江苏,深知人才第一资源的宝贵。近年来,江苏的人才战略大幅升级,标志是放眼全球,而且尤重创新创业能力:"高层次创新创业人才引进计划",立足本省重点发展领域和产业,面向海内外招揽高层次创新创业人才916名,如今每年的专项资金达4亿元;"科技创新团队计划",重点面向江苏新兴产业发展需求,瞄准具有世界先进水平和国内顶尖水平的团队,两年共资助21个团队;"企业博士集聚计划",目标是自2010年起5年内资助2000名左右在江苏进行企业创新创业的博士。

然而,从科技人员的工资待遇来看,江苏省的科技人员平均工资相对于全社会平均工资来说逐步下降。2007年全省科技人员平均工资与全社会平均工资比例系数为182.92%,到2011年下降为159.96%,下降了22.96个百分点。这说明近年来科技人员的工资增长速度低于全社会平均工资的增速,科技人员的待遇优势在逐步消失。短期来看,可能是由于江苏高校毕业生快速增长,科技人员供给增加超过了需求的增加,致使其工资下降。但如果这种趋势长期持续下去,则不利于激励科技人员的供给,也不利于调动科技人员的积极性,应引起足够的重视。

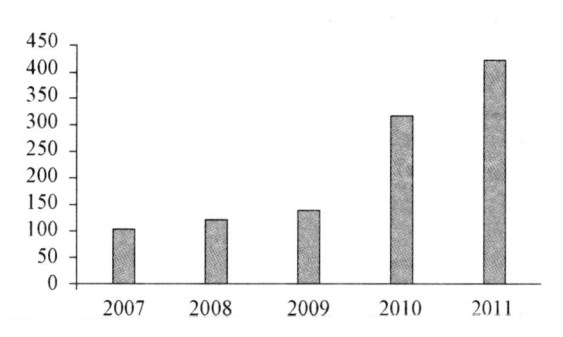

图5-54 江苏技术市场成交金额(万元/万人)

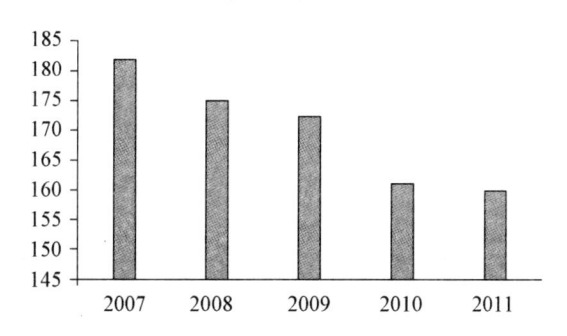

图5-55 江苏科技人员平均工资与全社会平均工资比例系数(%)

◇ 人文环境

区域的人文环境在很大程度上依赖于在本区域工作、生活、交流的人口整体素质。其中,受过高等教育的高素质人才,其思想观念、人文素养和创新活力等反映了社会发展方向和时代特征。高素质人才的区域积聚将孕育和形成富有时代特色的区域文化,并以其自身的文化优势推动区域文化的不断发展和演化。

江苏省具有良好的人文环境,在发展创新型文化方面也具有丰富的实践经验。从整体人口素质结构来看,江苏省大专及以上学历人口占总人口的比例很高,而且近年来上升速度很快。2007年大专及以上学历人口比例为6.66%,到2010年就上升到11.96%,2011年更是突飞猛进,上升到16.66%。而且,从整体人口素质的发展潜力来看,江苏省一直具有重视文化教育的传统,并且坚定不移地实施"科教强省"战略,2007年其教育财政支出占GDP的比重为1.89%,2011年就上升到2.23%。可以说,拥有如此高比例的高素质人才,政府又如此重视文化教育事业的发展,江苏一定能够为新一轮科技创新驱动战略提供良好的精神支撑、文化氛围和人文环境。

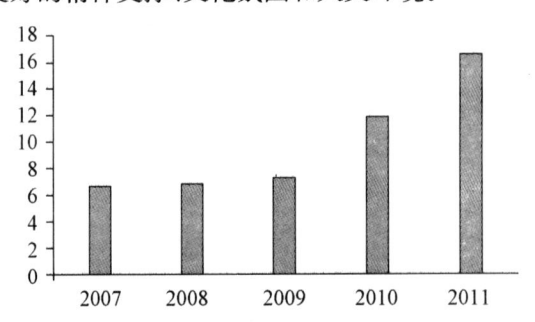

图 5-56 江苏大专以上学历人口比例(%)

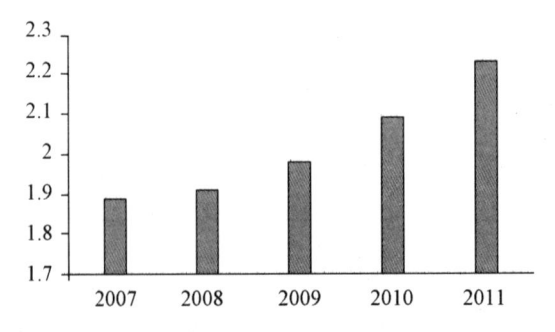

图 5-57 教育财政支出占 GDP 的比重(%)

6. 创新体系的主要特征

(1) 国外对江苏的要素流入

国外对江苏的要素流入指标主要通过 FDI 占固定资产投资比重和进出口贸易与工业总产值之比反映。从表 5-20 可以看出，江苏 FDI 占固定资产投资比重明显高于全国水平，略高于浙江，低于上海。江苏进出口贸易额占工业总产值比重在 2001～2005 年处于上升阶段，2006～2009 年不断下滑，2010 年出现回升，2011 年再次下滑。总体上看，与浙江相当，略高于全国水平，但远低于上海。这说明综合来看，江苏对国外要素还是很有吸引力的，但与上海相比仍有差距。

表 5-20　FDI 占固定资产投资比重及进出口贸易额占工业总产值比重

年份	FDI 占固定资产投资比重				进出口贸易额占工业总产值比重			
	江苏	全国	上海	浙江	江苏	全国	上海	浙江
2001	0.100 5	0.080 6	0.166 1	0.051 5	0.361 8	0.442 0	0.645 7	0.344 4
2002	0.110 8	0.079 3	0.155 4	0.043 9	0.419 7	0.463 8	0.688 9	0.355 1
2003	0.137 0	0.088 3	0.176 9	0.060 4	0.521 7	0.495 1	0.794 6	0.395 1
2004	0.180 2	0.098 9	0.347 2	0.075 9	0.569 4	0.473 7	0.907 5	0.376 6
2005	0.154 9	0.094 9	0.170 5	0.090 6	0.570 5	0.462 9	0.904 6	0.380 7
2006	0.174 5	0.098 7	0.176 3	0.126 2	0.546 7	0.443 3	0.923 8	0.380 8
2007	0.187 6	0.097 2	0.165 0	0.127 7	0.498 7	0.408 5	0.931 1	0.372 8
2008	0.187 6	0.089 1	0.163 3	0.126 0	0.422 4	0.350 9	0.872 6	0.359 1
2009	0.141 5	0.069 0	0.127 3	0.102 4	0.316 2	0.275 0	0.787 5	0.312 5
2010	0.130 0	0.068 4	0.144 5	0.092 3	0.342 5	0.288 2	0.829 2	0.333 9
2011	0.124 1	0.060 1	0.153 3	0.085 7	0.323 8	0.278 6	0.835 0	0.354 3

资料来源：2002～2012 年《中国统计年鉴》、《上海统计年鉴》、《江苏统计年鉴》、《浙江统计年鉴》。

国外技术引进主要反映本地对国外技术的购买情况。从表 5-21 可以看出，江苏国外技术引进合同数和引进合同金额都处于不断上升状态。图 5-58 和图 5-59 描绘了江苏、上海、浙江三地国外技术引进合同数和金额的对比。江苏在 2001～2009 年均远低于上海，但在 2010 年江苏引进合同金额与上海接近,到 2011 年,超过上海,这说明江苏近年来对外技术合作不断加深,这也意味着江苏对国外技术依赖程度较大。与浙江相比,江苏技术引进合同数和金额均较高。

表 5‑21　2001～2011 年国外技术引进合同数和国外技术引进合同金额

年份	国外技术引进合同数(项)			国外技术引进合同金额(万美元)		
	江苏	全国	江苏占全国比重(%)	江苏	全国	江苏占全国比重(%)
2001	116	3 900	2.97	24 077	909 090	2.65
2002	323	6 072	5.32	264 795	1 738 920	15.23
2003	374	7 130	5.25	93 560	1 345 121	6.96
2004	478	8 605	5.55	47 727	1 385 558	3.44
2005	512	9 901	5.17	59 432	1 904 303	3.12
2006	843	10 538	8.00	166 205	2 202 323	7.55
2007	613	9 773	6.27	231 559	2 541 535	9.11
2008	649	10 170	6.38	221 959	2 713 347	8.18
2009	739	9 964	7.42	159 404	2 157 179	7.39
2010	907	11 253	8.06	338 929	2 563 557	13.22
2011	1 028	9 420	10.91	538 061	2 696 812	19.95

资料来源:2002～2012 年《中国科技统计年鉴》。

图 5‑58　2001～2011 年江苏、上海、浙江国外技术引进合同数的对比

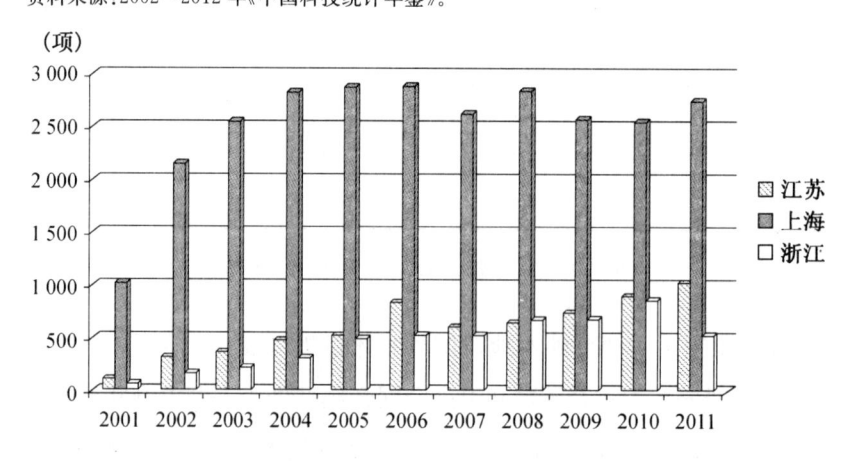

(万美元)

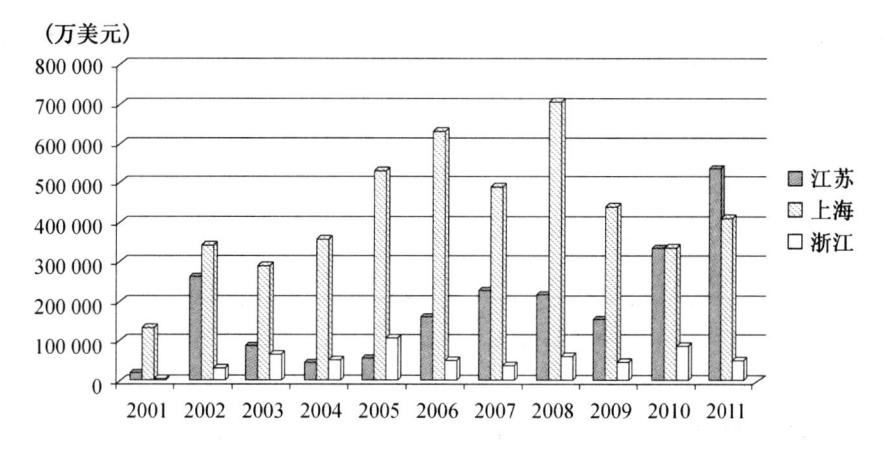

图5-59 2001～2011年江苏、上海、浙江国外技术引进合同金额的对比

（2）科技与金融结合

科技与金融结合的程度主要反映科技成果转化的情况，主要通过大中型工业企业新产品销售收入占主营业务收入比重和高新技术产业产值来反映。从表5-22可以看出，江苏大中型工业企业新产品销售收入一直不断增加，从2001年到2011年，增长了十倍，明显高于上海、浙江。新产品销售收入占主营业务收入比重大部分年份高于全国和浙江水平，但显著低于上海。这说明上海的大中型工业企业技术创新能力和转化能力较强，江苏仍有待加强。

表5-22 2001～2011年大中型工业企业新产品销售收入及占主营业务收入比重

年份	大中型工业企业新产品销售收入（亿元）				新产品销售收入占主营业务收入比重（%）			
	江苏	全国	上海	浙江	江苏	全国	上海	浙江
2001	1 063	8 794	1 610	512	16.7	15.0	32.2	16.2
2002	1 443	10 838	1 952	527	19.2	16.1	33.8	15.2
2003	1 730	14 098	2 189	1 014	14.7	14.6	28.0	15.4
2004	2 414	20 421	2 657	1 530	15.1	15.2	26.3	16.5
2005	2 680	24 097	3 149	2 150	13.4	14.6	28.6	18.0
2006	3 270	31 233	4 137	2 947	13.1	14.6	30.1	18.9
2007	4 995	40 976	4 529	4 017	15.9	15.7	27.1	20.3
2008	6 589	51 292	4 715	4 767	16.6	16.0	25.8	21.5

(续表)

年份	大中型工业企业新产品销售收入(亿元)				新产品销售收入占主营业务收入比重(%)			
	江苏	全国	上海	浙江	江苏	全国	上海	浙江
2009	7 294	57 978	5 078	4 526	17.4	17.3	27.5	21.8
2010	9 387	72 864	6 181	6 283	18.0	16.8	26.0	24.0
2011	13 217	88 650	7 183	7 537	19.3	16.0	27.2	22.7

资料来源：2002~2012年《中国统计年鉴》、《上海统计年鉴》、《江苏统计年鉴》、《浙江统计年鉴》。

高新技术产业产值主要反映高新技术成果的产业化状况，也是用来反映科技与金融结合的一个重要指标。从表5-23可以看出，总量上，江苏高新技术产业产值处于不断上升的态势，从2001年的1 424亿元上升到2011年的20 183亿元，一直高于浙江和上海。江苏高技术产业产值占工业总产值比重高于全国、浙江水平，但低于上海，2004年超过工业总产值的1/5，整体上处于不断增长的态势。这说明江苏的高技术产业仍有待提升和发展。

表5-23　2001~2011年高技术产业总产值及占工业总产值比重

年份	高技术产业当年价总产值(亿元)				高技术产业产值占总产值比重(%)			
	江苏	全国	上海	浙江	江苏	全国	上海	浙江
2001	1 424	12 263	1 235	605	12.1	12.8	17.6	7.7
2002	1 846	15 099	1 428	761	13.3	13.6	18.4	7.8
2003	3 122	20 556	2 251	1 055	17.3	14.4	21.8	8.2
2004	5 030	27 769	3 260	1 379	20.2	13.8	26.2	8.0
2005	5 451	28 252	3 204	1 067	16.7	11.2	20.3	4.6
2006	6 570	34 953	3 902	1 496	15.9	11.0	21.0	5.1
2007	8 453	42 337	5 096	2 057	15.9	10.4	22.9	5.7
2008	12 088	57 869	5 968	2 805	17.8	11.4	23.8	6.9
2009	13 015	60 431	5 558	2 672	17.8	11.0	23.1	6.5
2010	16 413	76 156	6 958	3 563	17.8	10.9	22.4	6.93
2011	20 183	91 909	6 968	3 929	18.7	10.9	20.6	7.0

资料来源：2002~2012年《中国高技术产业统计年鉴》、《上海统计年鉴》、《江苏统计年鉴》、《浙江统计年鉴》。

(3) 省内产学研之间要素流动

大学与企业之间的要素流动主要通过大学R&D经费内部支出中企业的经费来反映。从表5-24可以看出,江苏、上海、浙江三省大学R&D经费内部支出中企业资金的金额一直处于增长状态,江苏增长幅度最大。2008年江苏的大学R&D经费内部支出中企业资金的金额首次超过上海,达到164 180万元。总体上看,江苏、上海、浙江三省的大学R&D经费内部支出中企业经费占比总体处于平稳状态,但江苏占比略高于上海、浙江,这说明大学和企业之间科研合作相对稳定,江苏产学研合作相对较多。

表5-24 2001~2011年大学R&D经费内部支出、大学R&D经费内部支出中企业经费及占比

年份	大学R&D经费内部支出中企业资金(万元)			大学R&D经费(万元)			大学R&D经费内部支出中企业经费占大学R&D经费比重		
	江苏	上海	浙江	江苏	上海	浙江	江苏	上海	浙江
2001	47 183	51 094	33 265	99 085	104 407	50 933	0.476 2	0.489 4	0.653 1
2002	60 640	61 872	40 501	136 701	119 684	70 969	0.443 6	0.517 0	0.570 7
2003	69 945	70 093	49 195	151 918	171 991	78 595	0.460 4	0.407 5	0.625 9
2004	84 225	88 032	53 847	200 181	189 180	133 257	0.420 7	0.465 3	0.404 1
2005	94 844	99 398	53 670	230 464	237 223	138 966	0.411 5	0.419 0	0.386 2
2006	107 077	122 684	58 890	278 783	265 120	159 904	0.384 1	0.462 7	0.368 3
2007	116 193	124 182	63 474	324 914	262 609	181 829	0.357 6	0.472 9	0.349 1
2008	164 180	147 729	66 959	375 917	344 948	191 483	0.436 7	0.428 3	0.349 7
2009	193 574	136 841	94 852	441 989	402 285	239 064	0.438 0	0.340 2	0.396 8
2010	214 942	154 640	109 909	556 570	457 951	345 508	0.386 2	0.337 7	0.318 1
2011	276 532	182 673	148 357	611 320	548 264	408 071	0.452 4	0.333 2	0.363 6

资料来源:2002~2012年中国科技统计年鉴。

技术市场的成交合同是反映产学研合作成效的另一个重要指标。技术市场是进行技术转让的交易场所,技术市场成交合同金额反映了科技成果转让的规模和活跃程度。从表5-25中可以看出,2001~2011年江苏和全国技术市场成交合同金额、技术市场技术流向地域合同金额均快速增长,但

江苏占比在2006年出现显著下降，2010年逐渐回升。总体上，江苏占比一直在10%以下。图5-60和图5-61描绘了江苏、上海、浙江的技术市场成交合同金额和技术市场技术流向地域合同金额，可以看出，江苏均高于浙江，在前期显著低于上海，但在2011年江苏技术市场技术流向地域合同金额超过上海，说明上海的技术市场比江苏和浙江的规模更大、更活跃，但江苏的技术市场正在不断成长，并有潜力超过上海。

表5-25 2001～2011年江苏和全国技术市场的成交合同金额和技术流向地域合同金额

年份	技术市场成交合同金额(万元)			技术流向地域合同金额(万元)	
	全国	江苏	江苏占比	江苏	江苏占比
2001	7 827 489	529 165	6.76	496 369	6.34
2002	8 841 713	594 873	6.73	528 419	5.98
2003	10 846 727	765 163	7.05	748 114	6.90
2004	13 343 630	897 855	6.73	816 018	6.12
2005	15 513 694	1 008 296	6.50	849 194	5.47
2006	18 181 813	688 297	3.79	694 186	3.82
2007	22 265 261	784 173	3.52	974 909	4.38
2008	26 652 288	940 246	3.53	1 036 150	3.89
2009	30 390 024	1 082 184	3.56	1 105 730	3.64
2010	39 065 753	2 493 406	6.38	3 277 882	8.39
2011	47 635 589	3 334 316	7.00	3 754 843	7.88

注：全国的技术市场成交合同金额和技术流向地域合同金额相等。
资料来源：2002～2012年《中国科技统计年鉴》

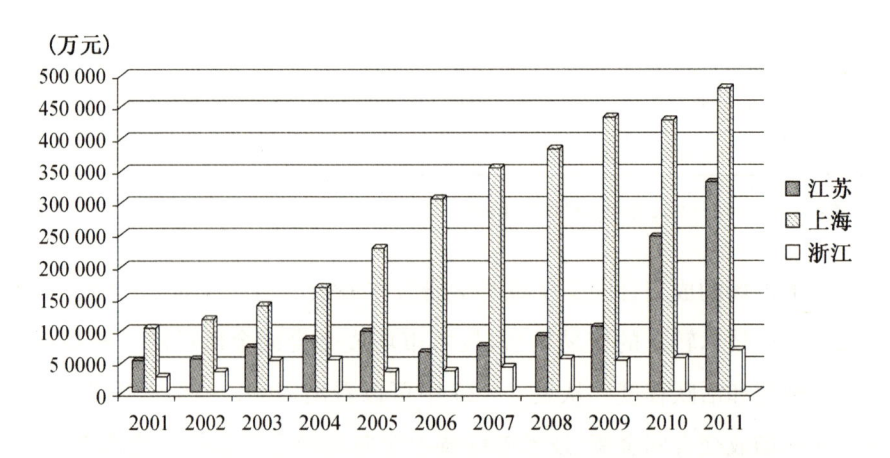

图5-60 2001～2011年江苏、上海、浙江技术市场成交合同金额对比

—第五章　建设创新型省份的目标与空间布局—

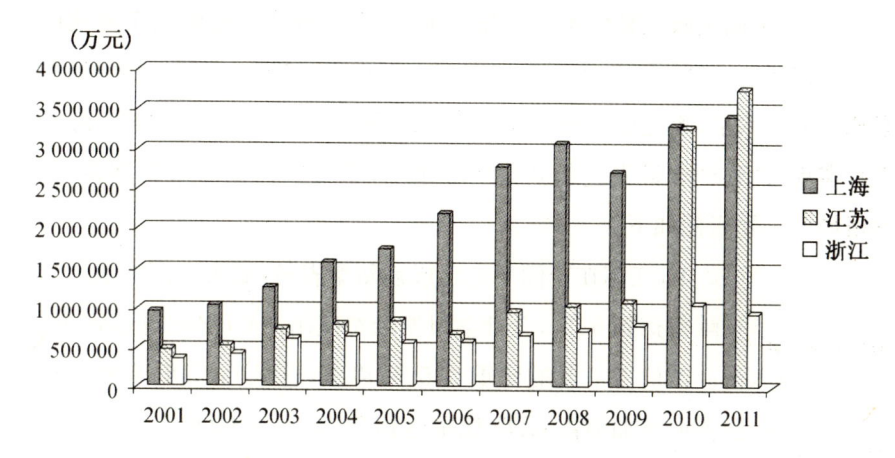

图 5-61　2001~2011 年江苏、上海、浙江技术市场流向地域合同金额

二、江苏创新型省份的建设目标

（一）总体目标

紧紧围绕党中央关于创新型国家的战略部署，以"十八大"提出的某些条件较好的地区要在现代化事业继续走在全国前列为契机，大幅提升自主创新能力，贯彻"自主创新、重点跨越、支撑发展、引领未来"的科技工作方针，以人为本，紧紧围绕培育科技创新体系、加快引资步伐、培植优势产业、推动体制创新等重点工作，以融入全球价值链为重点，努力形成高层次人才集聚、国际合作研发紧密、产学研结合密切、高新技术产业主导、全面协调可持续发展的最具有竞争力的企业创新发展模式。争取在今后的 5~10 年，使江苏主要创新指标接近或基本达到世界创新型国家和地区的水平，使江苏成为全国乃至亚太地区重要的创新中心。

（二）具体目标

1. "三步走"和"三个率先"并重的具体指标

围绕总体目标，采取"三个率先"和"三步走"并重的战略：中期（到 2020

年),实现"全面突破使整体水平领先全国,率先达到或接近新兴工业化国家或地区创新能力"的格局;中远期(到2030年),实现"基本达到世界创新型国家和地区的水平,率先成为亚太地区重要的创新中心"的格局;远期(到2050年),实现"达到全球最先进创新型区域水平,率先成为全球重要创新中心"的格局。主要指标如下。

(1) 到2020年,江苏在全国率先建成创新型省份,成为全国的表率。其中,科技进步贡献率达到65%,全社会研发经费支出占GDP比重达到3%以上,高新技术产业产值占工业的比重在50%以上,百亿元GDP专利授权数达到500件,服务业增加值占GDP比重达到55%,万元GDP综合能耗年均下降2%;苏南五市成为亚太地区最富创新能力地区之一,全省创新能力达到新兴工业化国家或地区水平。

(2) 到2030年,江苏创新型省份建设在全国率先达到世界创新型国家的水平。江苏的科技进步贡献率达到75%,全社会研发经费支出占GDP比重达到3.5%以上,服务业增加值占GDP比重达到65%以上,高新技术研发能力达到亚太地区领先水平,全省形成以服务业和高技术产业研发为主导的产业结构,经济发达、生态环境优美、创新能力基本达到世界发达国家水平。

(3) 到2050年,江苏率先成为全球最具活力的创新型区域之一。区域创新能力进入全球领先水平,科技水平和创新能力达到美国东海岸城市带等全球最发达的科技经济密集区水平,成为全球知识创新、高技术产业研发、知识密集型服务业集聚的中心。

2. 创新体系分项目标

(1) 知识创新体系。依托江苏的高校、科研院所、中央企业及大企业,着力引进和建设国家实验室、国家重点实验室、国家工程实验室、国家工程技术研究中心、国家工程中心、国家企业技术中心,实现国家级高端研发平台建设的新突破,深度参与国家创新体系建设工作,努力把江苏建设成为国家基础科学和战略高技术研究的重要基地、国内高水平的知识创新中心和国内外一流人才培养高地。

(2) 技术创新体系。依托国家和省级研发机构建设,围绕江苏的优势产业和优势产业技术,大力引进和建设科技与产业创新对接的平台,重点是关键共性技术研发与公共服务平台、行业技术与产品开发平台、跨国机构区域性研发中心,打造更加高效的科技成果产业化通道。

(3)现代产业体系。依托产业新技术、新产品、新工艺的研究与开发,优化提升江苏的优势产业,重点培育新兴产业和现代服务业,加快形成具有江苏特色的现代产业体系。

(4)载体建设体系。创新载体建设模式,建设国家级高新技术开发区、大学科技创新园区、省(市)级高技术园区,构建江苏科技创新竞争力的内核;加快建设国家和省(市)级经济技术开发区、特色产业园区,着力培育高端产业;建设产业开发区科技创新"园中园",实现现有产业载体的转型升级,形成科技创新"双核多点"的新布局。

(5)科技创新管理体系。设立全省科技创新管理高位协调机构,建立专业性综合型跨部门的协调机制,统一组织协调创新平台建设、产业化载体建设、人才队伍建设,加快发展技术市场,形成创新资源优化配置,科技与产业联动发展的新型科技创新管理体系。

(6)政策保障体系。围绕科技创新推动产业升级与转型,按照"以园区承接平台,以平台招揽人才,以人才集聚产业,以产业支撑发展"的思路,构建融科技创新、产业转型、体制机制创新于一体的政产学研金政策保障体系。

(7)人才支撑体系。实施各类科技人才支撑计划,着力构建政策优势突出、服务环境一流、创业氛围浓厚、与产业发展相契合的人才集聚高地,为加快转型发展、创新发展、跨越发展提供强大的人才和智力支撑。

(三)目标实现的思路

1. 总体思路

为深入贯彻落实党和国家关于科学发展观和创新型国家建设的精神,以及省委省政府进一步加快转变发展方式、大力发展创新型经济的要求,坚持以政府为主导、以企业为主体、以市场为导向、产学研紧密结合为支撑,整合创新要素资源,聚焦关键重点,加大扶持力度,着力增强企业科技资源配置能力。通过自主研发和引进重大科技成果,攻克一批产业核心技术,确立高端产业技术优势;加大投入力度,着力建设创新创业载体,大力推进科技成果产业化,加快科技型重大项目建设,积极培育战略性新兴产业;加大突破力度,着力深化体制机制改革,加快科技创新体系建设,使江苏科技成果转化、科技创新与产业结合、领军型高端人才引进及成果孵化成效明显提高;积极推进苏南产业升级以及宁镇扬产业转型,支持沿海开发战略,促进区域经济协调发展,为建设创新型江苏奠定坚实基础。

2. 具体思路

(1) 优化空间布局。空间布局优化战略包括科技集聚战略、中心城市带动战略和基层科技提升战略三个不同层次的科技发展战略。实施科技集聚战略,强化和提升科技集聚区的科技能力,把南京培育成为国家基础研究和战略高技术研究的重要集聚区,把苏南培育成为战略新兴产业、产业共性技术平台研发和重大战略产品开发的基地,乃至全国创新型经济发展的依托基地。中心城市科技带动战略要积极发挥中心城市科技基础较好、辐射面广的优势,在南京、苏锡常、徐州等中心城市建立一批创新型城市,而其他地级市要进一步依托科技走新型工业化道路,并发挥其示范与带动效应。基层县(市)科技提升战略要加强县(县级市)基本的科技能力和管理能力建设,为农业和农村发展提供科技支撑。

(2) 优先发展科技经济密集区。基于科技能力在各层次高度集聚的特点,科技发展不可能采取"齐步走"的模式,而必须实行错位发展战略,优先发展科技经济密集区是现实的选择。在科技经济密集的区域优先发展和突破,进而带动区域整体推进。密集区分三个层次建设:第一个层次为国家大学科技园区、高新技术产业开发区;第二层次为省级科技园区、国家经济技术开发区等;第三层次为特色产业集群区、农业科技园区、其他工业园区。

(3) 优势产业与科技能力相结合的战略。根据经济区位商和科技区位商双重判断标准,将制造业分为"经济强、科技强"、"经济强、科技弱"、"经济弱、科技强"、"经济弱、科技弱"四类产业。对于"经济强、科技强"类产业,应优先发展,努力培育在全国乃至全球有竞争力的优势产业;对于"经济强、科技弱"的产业,重点是补充产业技术能力,以适应产业对技术的要求;对于

"经济弱、科技强"的产业,重点延伸产业链和做大产业规模,提高科技在本区的产业转化和扩展能力。

(4) 突出发展战略性新兴产业。基于全球科技经济发展的趋势和国家对节能减排工作的要求,江苏要突出发展战略新兴产业,特别是重点发展江苏省发改委"十二五"中制定的十一个重点产业,包括生物医药、智能电网、新能源等产业,特别是对于新能源动力汽车产业,江苏拥有巨大的市场需求潜力,需要加快发展,形成能与长春一汽、湖北二汽、上汽集团、广汽集团抗衡的规模和实力。

(5) 注重区域创新体系的系统性和整体性。江苏发展创新型经济,不能仅强调大学等科研机构的知识创新,也不能只强调企业的技术创新,要针对重点产业和重点领域,推进创新体系建设,形成协同效应,促进产业和区域的创新与发展。

(四) 目标实现的重点

1. 优势产业率先突破战略

对于江苏的产业及其对应的技术能力,我们采取"二分法"的方式,分解为"经济强、科技强"、"经济强、科技弱"、"经济弱、科技强"、"经济弱、科技弱"四类产业。对不同类别的产业,采取差异化的战略,即科技支撑和引领发展方式应当有所不同,具体如表5-26。

表5-26 区域优势产业和科技创新能力融合发展路径

产业类别	A	B	C	D
产业特征	经济强、科技强	经济强、科技弱	经济弱、科技强	经济弱、科技弱
产业战略	双重推进型	产业引领型	科技引领型	整合转产型

(续表)

产业类别	A	B	C	D
战略重点	强化科技与经济之间的联系,强化科技引领型经济,培育"龙头型"企业,向国际水平看齐	在巩固经济优势基础上集成创新资源,重视科技创新,充分利用产业优势提升科技水平	强化科技转化能力,转变科技创新的方式与思路,加强科技对经济的支持力度	结构调整,资源整合,加强行业规划引导,技术嫁接,转产
主要产业	纺织业,服装、鞋、帽制造业,化学原料及化学品制造业,化学纤维制造业,金属制品业,通用设备制造业,专用设备制造业,电气机械及器材制造业	造纸及纸制品业,黑色金属冶炼及压延加工业,通信设备、计算机及其他电子设备制造业,仪器仪表及文化、办公用机械制造业	医药制造业,非金属矿物制品业	农副食品加工业,食品制造业,饮料制造业,烟草制品业,石油加工、炼焦及核燃料加工业,有色金属冶炼及压延加工业,交通运输设备制造业

(1) A类产业发展战略——双重推进型。属于此类发展战略的产业特征是:科技实力与经济发展在产业体系中均处于领先水平,科技对产业发展具有重要支撑作用,产业呈现集约化特征。双重推进型产业的战略特点是:目标定位在全国领先或世界先进,重视科技创新、关键技术创新和系统集成创新对产业发展的支撑和引领作用,重视从产业长期发展的战略需求寻求技术突破,延迟产业衰退期的到来,进一步扩大市场份额与重视科技创新型经济齐头并进,巩固产业地位。从操作层面上说,就是要培育"龙头型"企业,培育具有较好国际竞争能力的大型企业,企业能承担国家大量的基础研究和重大攻关课题。

(2) B类产业发展战略——产业引领型。属于此类发展战略的产业特征是:产业经济效益在产业体系中处于领先水平,但科技能力则相对不足,在产业体系中处于劣势地位,产业的发展潜力有限,科技活动和科技创新难以满足产业发展的需要。产业引领型产业的战略特点是:重视科技对产业经济发展的重要意义,通过集群获取规模经济效益,通过集成、整合创新资源,充分利用产业优势提升科技水平。落实到操作层面,就是要加强"官、产、学、研"联系,从市场需求和基础研究两个方面双向推动产业技术的发展。

(3) C类产业发展战略——科技引领型。属于此类发展战略的产业特征是:产业科技能力在产业体系中处于领先地位,但经济效益则相对较差,在产业体系中处于劣势地位。产业科技创新能力虽强,但并不能有效地转化为现实生产力,在提升产业经济效益方面作用不够明显。科技支撑型产业的战略特点是:应转变科技创新和科技投入的思路,重视科技对产业经济的支撑作用,重视科技创新的可行性,重视科技成果向现实生产力的转化;要在继续发挥科技能力优势的同时,着重加大科技对经济的支持和与之结合的力度,加强产业化条件建设和科技成果转化,发挥科技对经济的推力作用,力争达成科技与经济趋向均衡发展的局面,使科技真正为经济的发展提供强有力的支撑。

(4) D类产业发展战略——整合转产型。属于此类发展战略的产业特征是:产业经济水平和科技能力在产业体系中均处于落后地位,产业发展面临科技、经济发展双加强的任务。整合转产型产业的战略特点是:扩大科技投入强度和科技活动的范围,为产业发展提供支持;加强行业规划引导,整合区域经济和科技资源,集中有限力量重点发展,避免面面俱到;对部分没有比较优势和竞争优势的产业,可以考虑通过转产或者与强势产业地区进行嫁接的形式促进产业发展。

2. 加快发展战略性新兴产业

紧跟高新技术产业发展趋势,积极发展战略性新兴产业,抢占高技术及其产业化的制高点,确立新一轮产业竞争新优势。

(1) 生物和医药产业。在产业规模方面,生物技术和新医药产业是江苏应对当前全球金融危机、谋求未来长远发展的战略性高技术新兴产业。经过多年努力,江苏生物技术和新医药产业已形成良好发展态势,产业规模居国内前列。在产业发展方向上,以生物技术药物开发引领新药产品集群大发展,通过大力发展生物技术药,带动现代中药、小分子生物药、生物试剂、医用材料、医疗器械等六大产品集群的发展,积极构建在关键环节上拥有自主知识产权的产业链，成为医药强省。以共性技术突破推动生物技术产业大发展，大力推进基因重组、蛋白质工程和生物制造等共性技术向工业与农业领域辐射转化，引领江苏生物技术产业转型升级和跨越发展；以生物工业为重点，带动生物能源、生物农业、生物环保等产品集群发展。

在产品研发创新方面，新医药产业以新技术、新工艺、新剂型、新装备等的开发应用为特征，是蕴含巨大经济社会效益、最具广阔发展前景的新兴产业，主要包括生物技术药、中药、小分子药物和医疗器械、生物试剂、医用材料等。加强创新能力，将重点建设创新服务支撑平台，若干平台力争与发达国家实现双边或多边互认，全面支撑江苏生物技术和新医药产业快速发展。在生物技术产业领域，加快构建国家级和省级生物技术创新平台，形成工业微生物、生物基化学品、高技术种业、污水生物处理等创新支撑服务体系，确保我省生物医药制造业不断发展。

（2）智能电网产业。在产业发展方向上，主要发展领域包括输变电领域、智能配电领域、智能用电领域、调度自动化领域、新能源智能接入领域、智能电网通信领域等。根据我国智能电网发展需要，发挥江苏省智能电网产业优势，形成一批拥有自主知识产权的智能电网产业重点产品，江苏应当生产的重点产品有：新能源并网及控制设备（如逆变器、并网控制器、轻型直流设备、运行监控装置等）、智能电网储能设备（电动汽车电池，空气压缩储能装置、飞轮设备、超级电容器等）、智能输变电设备（特高压变压器、特高压绝缘材料、短路电流限制器、静止同步补偿器、静止无功能补偿器、移相变压器、耐热导线、碳纤维导线、超导电缆、输变电运行状态检测装置等）、智能配用电设备（非晶合金变压器、智能开关、智能电表、智能用电管理终端、配电自动化装置等）、智能调度通信系统（智能传感器、专业通讯装置、遥控遥测装置、各类光纤、电能量管理系统、智能电网调度系统、故障诊断及自愈装置等）。

在产品的研发创新方面，建设一批功能完善、技术先进的智能电网产业创新载体。加大工程研究中心、国家实验室等创新载体的建设力度，大力开展对智能电网产业关键技术的攻关。依托南京国家电网公司智能电网产业基地建设，加强江苏在智能二次设备和一次设备研发领域的国内领先地位；

以南京市国家太阳能发电研究检测中心为重点,提高光伏发电并网技术水平;以常州市输变电一次设备检测分中心和常州市干式变压器工程技术研究中心为重点,推动变电设备技术水平进一步提高;以江苏省电线电缆工程技术研究中心、江苏省特种电线电缆工程技术研究中心,在高压电缆、轻型直流电缆等技术领域取得新突破;以江苏省输变电设备复合绝缘工程技术研究中心为重点,推进输变电设备复合材料广泛应用。通过这些操作,加强科技平台间的沟通协作,推进智能电网技术的融合和集成,提高智能电网产品一体化水平,有效提升江苏智能电网产品的国际竞争力。

（3）新能源汽车。结合江苏省产业发展的具体情况,新能源汽车产业应生产的重点产品有:以城市公共交通为重点,加快开发新能源客车;以家庭和出租行业为重点,加快开发新能源乘用车;以各类园区用车为重点,加快开发新能源专用车;以增强产业竞争力为目标,加速发展整车配件的生产。

在产品研发创新方面,我省应加大技术研发力度,增加技术积累。围绕纯电动新能源汽车的需求,重点开发动力电池及管理系统技术、驱动电机及系统控制技术、整车电控技术、整车匹配技术、车载充电技术、电空调技术、电转向技术、电制动技术,并积极开发电动机技术、动力耦合技术、自动变速箱技术。动力电池领域,重点开发电池分选和一致性技术,电池包可靠性和耐久性设计技术,电池成组连接技术和电管理、热管理、充放电、安全防护技术。驱动电机领域,重点开发热管理技术,电磁兼容技术,抗震降噪技术,可靠性涉及技术和传感、集成控制技术。

（4）物联网产业。在产业发展方面,首先重点发展与物联网产业链紧密相关的硬件、软件、系统集成及运营服务四大核心领域,比如着力打造传感器与传感节点、射频识别设备、物联网芯片、操作系统、数据库软件、中间件、应用软件、系统集成、网络与内容服务、智能系统及设备等产业。其次,我省应支持发展微纳器件、集成电路、网络与通信设备、微能源、新材料、计算机及软件等相关支撑产业。再次,重点推进带动效应明显的现代装备制造业、现代农业、现代服务业、现代物流业等物联网带动产业的发展。

在产品研发方面,通过政府推动、应用牵引和创新驱动,重点攻克核心技术,加快形成较为完备的物联网技术体系和产业体系。在重点建设中国物联网研究发展中心和无锡物联网产业研究院的同时,通过加快集聚国内外物联网创新资源,建设多形式、高水平的物联网研发机构,建设技术和中介公共服务平台,建设技术标准和检测认证体系,建设学科体系和人才队伍,与运营商联合开展物联网与TD-SCDMA等3G网络融合的技术研发、行业应用与商业运营,促进江苏物联网产业相关技术的发展。江苏物联网建设需重点突破的技术领域有:射频识别与节点感知技术、物联网组网与协同处理技术、物联网系统集成技术、物联网应用抽象及标准化技术、一些基础支撑技术等。

(5)软件和服务外包产业。在产业发展的方向方面,江苏应重点发展软件产品和软件服务,突破一批影响产业发展的关键技术,支持具有自主知识产权的软件产品产业化。具体说来主要包括:基础软件产业(比如办公软件、BIOS系统等)、数据库系统、应用软件、基础信息数据库建设软件服务业等软件行业,以及研发设计外包、生物医药外包、动漫创意外包、金融服务外包、供应链管理外包等服务外包行业的发展。

在产业的研发创新方面,各类软件园、科技园、开发区是江苏软件和服务外包企业的主要集聚地。为保持软件和服务外包产业的持续发展,江苏应重点建设以江苏软件园、南京软件园、苏州软件园、无锡软件园、常州软件园为主体的5个国家级软件产业基地和17个省级软件园,加快建设和培育苏州工业园、昆山花桥经济开发区、吴中经济开发区等一批国家级和省级服务外包示范区。同时,积极支持南京软件园EFI-BIOS平台、南京微光电子集成电路设计平台、苏州市软件测评中心、互联网数据中心、无锡中国电信国际数据中心、常州二维无纸东华平台等的建设。

(6)节能环保产业。在产业发展的方向方面,以提高产品附加值和市场占有率为目标,重点发展基础条件好、市场潜力大、整体带动性强的节能装备产品、水污染防治装备、大气污染防治装备、固体废弃物处理和资源综合利用装备、环境检测仪器、环保材料和药剂等产品集群,同时着力推进节能和环保服务业发展。

在产业的研发创新方面,以支撑环境质量改善和提高产业核心竞争力为目标,依靠中科院南京地理与湖泊所、土壤环保部南京环科所、国电环保院、省环科院、南京大学、东南大学、南京工业大学等,重点攻克一批关键共性技术,推动先进技术产业化、规模化,加快关键装备国产化进程,形成产业发展新优势。加快关键技术的创新研发,在节能、废水处理、烟气控制治理、固废资源化、环保新材料、环境监测仪器等领域,重点攻克20项关键共性技术及装备制造技术。

(7)新材料产业。在产业发展的方向方面,首先,充分利用现有科技创新平台,以江苏现有固体微结构物理国家重点实验室、材料化学工程国家重点实验室和特种纤维复合材料国家重点实验室等为依托,发挥其新材料的科研优势,积极做好新材料前沿技术的储备,抢占技术制高点,引领产业创新能力建设。其次,构建企业持续支撑平台,以企业为主体,围绕新材料产业的攻关技术,重点打造10家国际知名、国内一流的创新研发平台。再次,建立产业创新公共服务体系,充分发挥扬州光电子产品检测重点实验室和江苏法尔胜材料测试中心等国家级新材料检测中心的作用,制定激励政策,建立全省新材料检测和测试公共服务平台网络体系,提高社会化服务功能。最后,搭建人才团队培育平台,建立"企业家+专家"的人才团队培育机制。

在产业的研发创新方面,瞄准一批重大战略性产品,提升自主创新能力,加强技术集成,重点培育纳米材料、碳纤维和膜材料等20个引领新材料产业向高端攀升的战略性产品。依托现有产业的技术优势,整合全省资源,重点发展10类新材料产业,如纳米材料产业,重点发展半导体量子点纳米晶材料、纳米金属氧化物、超疏水和超亲水纳米二化硅、纳米水性杂化乳液、光电及微电子纳米材料等;微电子材料产业重点发展硅单晶片及外延层、电子化品级电子浆料、键合金丝、引线框架和封装材料等装备技术;光电子材料产业重点发展Ⅲ-Ⅴ族半导体单晶及外延材料的制备技术;另外还有新型显示材料产业、高性能纤维复合材料产业、新型化工材料产业、新能源材料产业、功能陶瓷材料产业、新型金属材料产业和新型建筑材料产业。

(8)新能源产业。在产业发展的方向方面,光伏产业着力发展四大重点领域,保持全国领先地位。具体包括:硅材料,重点发展高纯多晶硅提纯工艺与关键装置;硅片,重点发展大面积超薄硅片和浆料回收利用技术;太阳能电池与组件,重点发展高效低成本晶硅电池和薄膜电池等关键技术和产品;集成系统与设备,发展太阳能并网发电系统集成和平衡调度技术、生产和检测设备设计制造技术及配套材料国产化技术和产品。

风力发电装备发挥现有产业优势,以风电场的规模化建设带动风电装备产业化发展,重点发展风电机组、关键零部件(发电机、叶片、塔筒、大功率风电齿轮箱等)和控制系统。在产业发展方向上,以无锡、常州、镇江、南通、盐城等地为重点,突出发展年产100台以上兆级风电整机;以南京、无锡、泰州、徐州、盐城、连云港等地为重点,突出发展叶片、塔筒、法兰、底盘、主轴等关键部件及配套产品。

在生物质能装备方面,重点发展发电机组和关键部件制造,重点研制生物质直燃和掺烧发电、气化发电系统设备、秸秆发电、垃圾发电和沼气发电等发电机组,积极研制生物质气体燃料、液体燃料、固体燃料等新型能源产品制造工艺和装备。

核电装备大力发展优势关键零部件,提高核电站汽水管道用等级不锈钢无缝管及钛合金管材、高等级输电电缆、大型高品质铸锻件等核电装备关键配件和材料的研发及制造能力。

(9)船舶工业。在产业发展的方向方面,依托骨干企业和研发机构,按照远洋船舶大型化、批量化、高技术、高附加值的发展方向,着力优化产品结构,打造知名品牌。一是稳定发展主导产品。以大型散货船、油船、集装箱船等主力船舶为重点,加强产品研发和升级换代,加快实现产品的标准化、系列化、品牌化、批量化。二是积极发展高端产品。集中力量研发大型液化天然气船、LPG、高速客滚船、高附加值船舶,抢占发展先机。三是加快发展海工装备,以钻井平台、生产平台、浮式生产储油船、卸油船、起重船、三用工作船、潜水作业船等为发展重点,加快提升海洋工程装备设计建造能力。四是突出发展配套产品,有限发展船用柴油机、发电机等动力装备、推进装置、导航装置。五是推动发展内河标准化船型,提高适航能力。六是统筹发展相关材料,重点发展船用钢板、钢管、焊材、涂料、电缆等产品,保障船舶产业发展需要。

在产业的研发创新方面,切实加强技术研发,建立船舶性能和结构数据库,开发船舶线型和综合性能快速优化设计系统,加强推进、操控、减震、降噪、结构设计等基础技术研究,支持、引导骨干企业参与船舶工业技术标准制订和修订工作。加快建立现代造船模式,以提高船舶下水完整性、精益造船、标准造船为方向,推进建立总装造船模式,不断完善技术创新载体。

(10)电子信息产业。在产业发展的方向方面,围绕提升产业核心竞争力,重点培育和壮大软件、集成电路、新型显示器件、现代通信及信息技术应用五大产业,支持具有自主知识产权的基础软件、嵌入式软件、应用软件及中间件产业化,确保在电力、电信、智能交通、信息安全、办公软件等领域继续保持优势。围绕机械、纺织、船舶、电力、医疗、金融、教育等行业嵌入式软件需求,引导软件和信息服务企业组建软件应用联盟,发展数字设计业,提升动漫与网络游戏等创意产业发展水平。推进电子政务、电子商务软件及服务发展。对于集成电路产业,提高芯片产品的设计开发水平和自主创新能力,推进集成电路制造和封装业规模化发展,加快发展以材料和装备为主线的配套产业,全力打造国家微电子产业基地。对于新型显示产业,加快形成以自主品牌平板电视为龙头、以可控面板为突破口、相对完善的平板显示产业体系,重点突破面板生产关键技术,提高关键配套材料的供给能力。对于现代通信和网络,加快开发适应新一代移动通信网络和广播电视网的新业务、新技术,带动系统和终端产品的升级换代。在信息技术应用上,突破核心关键技术,加快信息基础和设施建设,强化信息技术在经济社会领域的应用。

在产业的研发创新方面,结合国家科技重大专项,在集成电路、软件、平板显示等领域,加快建设工程实验室、企业技术中心,支持元器件、系统整机、软件和信息服务企业组成各种形式的产业联盟,开展联合协同创新,充分发挥江苏人才、科技、教育优势,围绕产业发展需求,加强对电子信息产品和服务的知识产权保护,推动企业、高校等科研机构对知识产权的应用和管理,促进电子信息产业发展。

(11)装备制造业。在产业发展的方向方面,要加快九个重点领域的发展。一是工程机械,重点发展机电液一体化挖掘机、大吨位装载机、振动压路机、大型高等级路面摊铺机、路面养护机等,着重加强对液压控制系统、关键部件、配套动力等的研发配套。二是电力装备,重点发展大型清洁高效发电设备、超临界火力发电系统、高效节能锅炉、电站环保设备等。三是轨道交通装备,重点开发和掌握新型高速列车、城市轻轨、地铁车辆等核心制造技术。四是数控机床,重点发展大型、精密、高效、高性能数控金属切削与成形机床,多轴联动加工中心和柔性制造单元及系统等。五是环保设备,重点发展富营养化污染防治、高负荷生物脱氮除磷、高效厌氧好氧生物处理等。六是农业机械,重点发展大马力拖拉机、半喂入水稻联合收割机等。七是自动化装备,重点发展高精度、高可靠性的自动化控制系统和关键精密测试测量、分析仪器,以及高性能传感器,各种在线检测、数据采集和计量仪器等。八是大型关键铸锻件、加工辅具及关键零部件。九是专用装备,重点发展大型薄板冷热连轧成套设备及涂镀层加工成套设备等。

在产业的研发创新方面,组织突破四大类关键技术。一是工程机械制造技术,主要是结构参数优化和系统集成技术、电气液系统智能化精确控制技术、关键零部件可靠性设计技术、大型构件制造技术。二是数控机床制造技术,主要是中高档数控机床模块化设计技术、高刚性部件制造技术、高速精密机床关键件制造技术、数控系统匹配技术、直接驱动技术。三是电力设备制造技术,主要是500千伏以上直流输变电设备与制造技术、电网和系统保护技术、智能无功补偿技术、800千伏以上交直流输变电设备关键配套件和材料制造技术、低热值发电技术。四是自动控制系统集成技术,主要是用于自动控制系统集成的液压、气动、密封等关键基础件的设计与制造技术。

3. 以"登顶工程"强化企业创新能力

技术创新体系的设计与安排的最终目的在于促使更多的企业通过技术创新参与市场竞争,通过"百佳"(全国"隐形冠军"500佳所引导的效益最佳的专业化中小企业)、"百新"(指江苏创业板优先扶持的技术创新型科技企业)、"百快"(江苏增长最快的企业)和"百强"(借鉴全国100强超大型领袖企业)等方式的引导,扶持企业真正依靠技术创新成长壮大,使大量的中小企业蓬勃发展。这一提升企业技术创新能力的工程可以命名为"登顶工程"。

(1)积极培育大型企业集团,提升产业综合竞争力。按照"政府培育、企业自主、市场运作、政策扶持"的原则,对照企业中长期发展规划,进一步明确龙头企业年度发展目标,在重点项目投入、重点发展领域、技术改造、研发创新以及企业重组、资本运作、企业现代化管理等方面提出详细可行的实施计划。在各个行业龙头企业的带动下,集聚发展一批成长性好、科技含量高的中小企业,不断延伸、拓展、细化产业链,壮大产业集群。鼓励企业加快体制机制创新,支持优强企业并购重组,鼓励企业抢抓当前国际并购成本降低的机遇,在并购先进技术、品牌、先进装备等方面取得突破,力争实现快速扩张。

(2) 着力发展高新技术企业,抢占未来产业发展高地。组织实施"高新技术企业培育创建计划",鼓励、支持高新技术企业通过上市融资,实现品牌化、规模化发展。鼓励引导企业大力开展创新研发,鼓励企业更多地承担国家和江苏省重大科技攻关任务,每年支持一批重大科技成果转化项目,鼓励支持企业积极开展产学研联合。鼓励以高新技术优势领域内龙头企业为核心,联合行业内上下游企业、高等院校、科研院所建立形成各种模式的产学研技术创新联盟。

(3) 加快培育成长型科技企业,构建现代制造业体系骨干支撑。鼓励和支持企业加大投入、加大研发力度、加快市场开拓,通过原始创新、集成创新、引进消化吸收再创新等手段,逐步形成拥有自主知识产权、自主品牌的核心竞争力,在全省新培育一批科技含量高、市场前景好、创新劲头足,符合环保要求,符合产业发展导向的成长型科技企业群体,为广大企业的自主创新提供借鉴和示范,引导更多企业走上创新发展、快速成长之路。推进成长型科技企业加快开发有自主知识产权或达到国内先进以上水平的新产品、新技术、新工艺项目,并围绕有市场前景的新产品项目快速进入产业化,加大技术改造力度,形成新的规模经济效益。鼓励成长型科技工业企业运用信息技术手段,缩短产品研制周期,提高产品制造水平,节约企业运营成本,激发成长型科技企业自主创新活力。

(4) 大力发展民营科技型中小企业,形成创新发展的充足源泉。进一步放宽放开经营领域,放宽市场准入条件,鼓励科技人员、留学回国人员、高校毕业生等各类人才创业,兴办各种类型的民营科技企业、科技研发机构和科技服务机构,鼓励民营科技企业建立自主研发机构,支持民营科技企业与高校、科研机构共建企业博士后科研工作站、技术中心等研发机构,提升自主创新能力。鼓励民营科技企业申报各类政府科技计划项目,对由民营科技企业主导的产学研合作项目给予重点扶持,充分调动民营企业增加研发投入的积极性。

4. 中心城市科技带动战略

中心城市是省区内人才、资金、知识等创新要素的集聚地,是省区科技要素密集区和技术创新源,起着扩散技术、传播知识、带动周边区域经济发展的重要作用。江苏省科技活动主要集中在南京、苏州、徐州、无锡、常州、镇江等中心城市,要发挥中心城市科技比较强的带动作用,必须建立相应的科技发展、科技计划、科技投入和科技合作机制。

(1)南京要充分依托现有的科技资源优势,一方面发展基础研究,为国家提供基础研究等公共物品,以追赶发达国家的科技水平,为国家作更大的贡献;另一方面,要加强科技成果转化能力,由科技活动的上游向科技活动的下游扩展,即基础与应用研究→技术开发→技术扩散→产业化。

(2)苏锡常要积极培育产业技术能力,通过建立共性技术研究与开发平台、行业技术研究中心等措施,为企业的技术创新提供风险高、基础相对较强的前瞻技术,依靠经济实力和产业优势,走科技发展的"逆向路径",即由科技活动的"下游"向"上游"推进,从而支持本地经济走产业发展→技术创新→产业升级的发展道路。

(3)其他城市要利用本地区的资源优势、区位优势和其他独特优势,围绕传统的加工制造业,以加强科技对传统产业的技术改造,加强技术的消化、吸收能力为重点,加强制造业的信息化建设,努力增强新产品、新技术的吸引、消化、吸收和开发能力;围绕主导产业加强产业集群建设,形成从研发到规模应用的产业链和企业群;围绕可持续发展和循环经济,促进清洁生产、洁净能源和环保产业的发展;注重对有前景的新产品、新技术,以及设备和管理经验的引进,培育名牌产品,提高在国内外的市场竞争力;有选择地发展高新技术产业,优化本区域的产业结构和对新技术的吸收和储备能力。

5. 加快搭建科技创新平台

突出创新研发、技术转移、创业服务三大功能建设,整合和发挥江苏高等院校、科研院所、企业和园区资源,引进一批国际、国内一流的专业研发机构，鼓励企业与高校科研院所联合建立产学研合作联盟、产学研合作产业基地或中试基地，搭建一批科技与产业创新对接平台，打造一批具有核心自主知识产权的产品、一批应用型科技创新成果转化为现实生产力的项目、一批高层次研发人才团队、一批能够创造较高经济社会效益的龙头企业。重点打造12个产业特色鲜明、创新产品领先、创新人才集聚的区域创新平台。

(1) 传感网（物联网）产业技术平台。解决传感器件和传感网络节点研发、传感器信号远距离数据传输、传感技术集成、网络安全等领域的技术问题，构建集成电路设计和测试服务等公共服务平台，推进传感网（物联网）技术的应用，形成产业规模和产业链。

(2) 软件和信息服务产业技术平台。新建业务驱动需求开发模型、基于CMMI项目管理平台工具、电信运营商支撑软件、商务智能软件、3G电信增值业务软件、信息安全应用软件等软件公共平台，支撑软件产业发展。

(3) 现代交通产业技术平台。研究融航空运输、铁路枢纽站、城市轨道交通、公路交通、水上交通为一体的系统智能运营管理系统，开发安全信息集成等综合技术与系统产品，开展江苏"数字交通"综合系统应用研究，构建现代交通产业国际合作平台，支撑现代交通产业快速成长。

(4) 智能电网产业技术平台。以电力系统装备、设备为中心，以灵巧输电、智能电网、变电站自动化建设等关键技术为核心，建设智能电网关键技术与设备研发平台，打造全国最大的电力传输控制、电能质量控制技术与设备以及电网管理自动化研发、设计生产基地。

(5) 新能源产业技术平台。建设国家级风电产品检测与综合实验平台和光伏发电技术研究与实验电站平台，形成风电传动系统、控制系统、叶片材料等关键部件聚集的产业链，以及光伏发电、并网等关键设备产业化。

(6) 现代通信产业技术平台。开展相应的关键、核心技术攻关和通信新产品与装备的研发，新建公共测试平台等，支撑具有自主知识产权的通信目标产品群产业化的实施。

(7) 新型显示产业技术平台。以液晶平板显示制造基地为产业基础，重点开展显示驱动方法与芯片设计、微系统封装技术及其可靠性、数字视频处理、多媒体新技术及其应用等研究，新建显示产品研发与设计服务平台，提升技术研发能力,延伸产业链。

(8) 生物医药产业技术平台。完善生物医药产业基地药品检测平台建设,提升检测能力,建成集标准、提取、分离、筛选及制剂为一体的中药制备技术平台;构建江苏医药研发与技术服务平台,促进医药及生物技术产业向高端化发展。

(9) 新材料产业技术平台。重点在新材料设计及微观结构控制、纳米材料、复合材料、膜技术及其应用等核心技术产业应用方面取得突破,构建新材料设计、制造、检测和产业应用等技术平台,提升新材料产业发展水平。

(10) 农业新品种繁育及农产品精深加工产业技术平台。重点在生物育种、农产品精深加工等方面实现核心技术创新,新建作物遗传与种质创新、南方蔬菜遗传改良、植物基因工程、国家油料作物改良、优质水稻工程技术、肉制品工程技术、农林产品深加工技术与装备等技术服务平台,引领江苏农业向高端发展。

(11) 集成电路设计和制造产业技术平台。研究各种微型芯片设计、集成和制造技术,构建公共技术服务平台,重点支持具有自主知识产权的高端通用芯片、系统级芯片、功率芯片和专用芯片技术的开发及其产业化,支撑集成电路和信息技术产业规模化发展。

(12) 现代工业设计平台。重点解决在产品设计、仿生设计、外观设计、结构设计等方面从设计创意到商品一体化的高效服务,创造和发展产品或系统的概念和规格,使其功能、价值和外观达到最优化,更好地支撑产业发展。

6. 优化创新环境建设

创新环境包括文化环境、制度环境、组织环境和信息环境等,是区域创新行为主体之间在长期正式或非正式的合作与交流关系基础上形成的,支持并产生创新。

(1) 建设高效健全的知识产权体系,为发展创新型经济提供制度保障。首先,政府要进一步健全和完善知识产权创造、保护、开发的机制和环境。制定和完善与知识产权相关的法律、法规;建立完善的奖励机制和专利预警机制;促进专利的信息化,利用互联网络提高专利信息的可获取性;健全知识产权咨询的社会服务体系;健全知识产权专业人才培养机制,加强国际交流与合作。其次,企业要建立完善的知识产权创造和保护体系。优化科技资源配置,积极拓展技术创新发展空间;设立专门的知识产权部门,为创新提供全程的信息服务;选择适宜的知识产权保护方式,提高知识产权保护效果;树立国际化的知识产权经营意识。第三,建立技术转移机构,促进高校、科研单位与企业的合作。该机构可以对技术成果评估后,购买该技术,再转让给企业;该机构也可以将高校、科研单位的技术成果中介给企业实施,还可以与知识产权的权利所有人成为共同合伙人与企业建立合作等。

(2) 建立完善的科技中介服务网络,为发展创新型经济温经活血。中介服务机构在科技创新中发挥着桥梁和润滑剂的重要作用。完善的科技中介服务网络对政府、各类创新主体与市场之间的知识流动和技术转移发挥着关键性的促进作用,是促进科技成果商业化和技术创新的重要工具,是建设创新体系的重要一环。经过改革开放30多年的发展,江苏科技中介服务水平得到了较大提高,并走在了全国前列。但从总体上看,我省科技中介机构发展仍处于起步阶段,还存在科技中介服务水平低、公共信息基础设施薄弱、政策法规体系不完善以及市场秩序不规范等诸多问题。对此,江苏要适度扶持发展公共科技中介服务体系,建立相对独立的第三方科技中介机构。要大力鼓励和促进综合型非营利科技中介机构的发展。要通过培育市场需求、培养人才和制定法律规范等手段,促进专业型中介公司在市场竞争中大量出现和成长。此外,实施人才培养计划,在学习国外经验的基础上,建立起自身的科技中介人员培训系统。

(3) 完善区域创新政策。政府的高度重视和全力支持是创新型经济发展的重要条件。以政府为主导建设符合江苏经济发展的自主创新体系,把各种资源有效整合起来,以加强体系内各个创新主体的互动。政府要通过经费投入和政策法规体系发挥主导作用。首先,是加大政府对科技开发的投入,并积极引导企业增加研发投入比例,以增强企业自主创新能力。其次,建立和完善激励创新的政策和法规体系。

三、江苏创新型省份建设的空间布局

江苏作为长江三角洲内的核心区域,具有沿江、沿海、沿沪宁线、沿东陇海线四大区位优势。一方面,随着苏南国家自主创新示范区(苏锡常宁镇)、沿海开发区域上升为国家发展战略,在第二波全球化积极吸引全球创新资源集聚的背景下,苏南成为江苏创新型省份建设新的增长极;但另一方面,广大苏北地区,创新资源匮乏,创新能力不强,制约了全省创新型省份建设的进程。

(一)空间布局的原则

1. 科技与经济相结合

科技引领和支撑经济社会发展是我国明确的科技发展方向,江苏发展区域科技必须解决科技体系与经济社会发展需求脱节的问题。通过采取新建和改组的方式重组区域科技体系,建立与经济社会发展相适应的江苏省区域科技体系。

2. 科技资源优化配置

江苏虽然是我国经济大省,但苏南面临着追赶和超越发达国家的关键时机,苏北是欠发达地区,需要加快建设小康社会。因此,都必须在区域有限的财力等资源条件下,优化配置科技资源,提高科技资源利用效率。

3. 效率与社会公平兼顾

按照市场机制,资源总是向配置效率高的区域流动。苏锡常、宁镇扬等中心城市科技效率比较高,而徐淮盐连宿和基层县(县级市)的科技效率较低。因此,一方面,要遵循市场规律,积极引导资源的合理流动;另一方面,政府要发挥纠正市场失灵的功能,在科技资源配置中兼顾效率与社会公平,为缩小区域之间、城乡之间的差距,促进区域协调发展做出贡献。

4. 发展模式多样化

由于自身的经济基础、产业结构、自然条件等方面的差异,区域科技的发展模式也会多种多样,关键要选择切合自身实际的模式,而不应该刻板地模仿。因此,针对江苏的现实特征,即沿沪宁线的高新技术产业带是全国创新高地、沿江正在形成制造业的创新发展高地、沿海地区是发展海洋经济与港口经济的天然空间、东陇海线的加工工业带是苏北振兴的坚实依托,各地区科技创新的方向与侧重点也应有所差别。

(二) 空间布局的目标

1. 总体目标

科技资源优化空间布局的根本目标是建立江苏经济社会发展的科技支撑体系,即立足于江苏科技、经济、社会、自然、生态环境的基本特点,根据经济社会和生态环境等发展的科技需求,发展江苏科技,提高江苏的科技能力,形成与区域经济社会发展和资源环境条件相适应的科技支撑体系,真正对经济社会发展起到引领支撑作用。

2. 具体目标

(1) 建设三个层次的区域创新体系,提高江苏创新能力。区域创新体系包括接受上海辐射的长三角经济区创新体系、江苏省级行政区创新体系和省内子区域创新体系三个层次。

(2) 建设多层次的创新中心。江苏要围绕南京,特别是苏南国家自主创新示范区,围绕中心城市、科技示范城市建设,合理布局科技资源,建设一批创新型城市,同时提高基层(县、市)的基本科技能力。最终形成多层次、多种类型的创新中心,带动江苏整体科技能力的提升。

(3) 优化创新环境,提高资源配置效率。优化科技资源在科技活动执行主体、科技活动各个环节的配置,以促进知识和技术的生产、流动、扩散和应用为重点,加强各创新主体间的结合互动,打破地区之间、部门之间的分割,通过建立完善的信息、知识服务与科技培训网络等,提高江苏科技资源的配置效率。

(4) 建设各具特色的区域产业技术支撑体系,提高区域产业竞争力。依据苏南、苏中、苏北不同地区的资源特色和产业基础条件,努力培育竞争优势,构建具有本地区特色的科技发展格局,形成分工布局合理、各具特色的产业技术支撑体系,提高江苏产业竞争力。

(5) 以多样化的地区科技发展模式,促进江苏经济社会协调发展。从江苏各地区的特色出发,采取自主创新与模仿学习相结合,独立开发与科技合作相结合,技术引进、消化吸收与创新相结合的多种发展模式,形成各具特色、各具优势的科技经济发展新格局。

(三) 空间布局的思路

1. 多层次的创新极战略

包括国家自主创新示范区战略、中心城市带动战略、地级市科技示范战略和基层科技提升战略四个不同层次的科技发展战略。利用建设国家自主创新示范区的契机,积极吸引国内外优质科技资源,加大自主创新能力建设,成为国家战略高技术的主力区域、产业共性技术平台研发和重大战略产品开发的基地,乃至成为国际科技竞争力的依托基地。中心城市科技带动战略要积极发挥中心城市科技基础较好、辐射面广的优势,在江苏省内建立一批创新型城市。地级市科技示范战略要使那些经济基础较好的中小城市,进一步依托科技走新型工业化道路,并发挥其示范与带动效应。基层县(市)科技提升战略要加强县(县级市)基本的科技能力和管理能力建设,为农业和农村发展提供科技支撑。

2. 制定和实施各具特色的分类发展战略

按江苏科技经济的特征分类,制定和实施各具特色的分类发展战略。第一类是科技经济发达的苏南区,努力建成国家高科技生产与研发基地;第二类是科技领先经济发展的苏中区,重点是提高科技转化能力;第三类是沿海国家开发区域,突出海洋经济等特色经济,发展专业化的科技经济融合区;第四类是苏北欠发达地区,重点是发展特色产业集群的技术支撑区。根据江苏区域的特色和特征类型,因地制宜,分类指导与实施,形成各具特色、各具竞争优势的区域发展格局,实现区域协调发展。

3. 优先发展科技经济密集区

基于科技能力在江苏各地区分布的特点,科技发展不可能采取"齐步走"的模式,而必须实行错位发展战略,优先发展科技经济密集区是现实的选择。在科技经济密集的区域优先发展和突破,进而带动区域整体推进。

密集区建设分三个层次：国家层次上的科技集聚区（苏南自主创新示范区）；具有一定创新能力的中心城市；科技经济密集的大学科技园区、高新技术产业开发区、产业集群区、农业科技园区、经济技术开发区及其他工业园区。

4. 推进多层次区域创新体系建设

利用上海作为国际性大都市的条件，加强苏南与上海的交流、合作，形成经济技术密切联系的经济区创新体系；江苏还要全省统筹，扎实建设省级区创新体系；发挥市场机制的作用，与经济发展密切结合，建设各具特色和优势的省内子区域创新体系。加强硬环境和软环境建设，整合区域科技资源，促进科技资源流动，推动科技合作与交流，提高资源配置效率。

（四）空间分区与重点任务

1. 空间分区方案

江苏创新型省份空间布局的总体方案为：一是以"产业创新"为重点的苏锡常（宁镇）国家自主创新示范区，发挥示范引领作用。二是宁镇扬泰科技成果转化示范区，突出"科技成果的转化"，释放南京科技资源，辐射苏中，乃至全省。三是连盐通沿海特色创新区，发挥沿海区位优势和资源，以海洋经济为依托，大力发展海洋技术创新与产业化。四是徐宿淮创新能力提升区，优化现有产业布局，突出发展产业集群和产业基地，提升创新能力，加快实施跨越发展战略。

2. 苏南国家自主创新示范区

按照科学发展的要求，加快"三个转变"，建设"四个高地"，实现"三个提升"。"三个转变"，是按照转变发展方式的要求，加快由资源依赖向人才科技支撑转变，由粗放型发展向集约型发展转变，由单纯追求规模扩张向更加注重提升发展质量转变。"四个高地"，就是真正把苏南国家级创新区建设成为全国的示范区，包括建设成为产业高地、创新高地、人才高地、创新环境高地。"三个提升"，就是提升自主创新能力、国际竞争力和可持续发展能力。

（1）打造创新型城市群。加快南京、苏州、无锡、常州、镇江等五个国家级创新型城市建设，创新联动和一体化发展机制，增强高端研发、文化引领和综合服务功能,支持建设南京紫金特别社区。推进苏南各县(市)积极创建省级创新型县(市),打造一批特色鲜明、氛围浓厚、辐射带动作用强的创新区域,形成引领江苏、示范全国、享誉全球的现代化创新型城市群。

(2)建设区域性科技金融创新中心。创新科技与金融合作机制,建立多层次、多功能的科技金融服务体系。引导和推动金融资源集聚,大力发展创业投资,建立天使投资联盟。积极推动非上市股份公司代办股份转让系统试点。加快科技支行、科技信贷业务部、科技小额贷款公司等专营机构建设,推进科技金融产品和服务创新,建立健全科技贷款风险补偿机制。加快发展科技金融中介服务,形成立足苏南、服务长三角的科技金融创新中心。

(3)增强高新园区辐射带动作用。加强创新核心区建设,完善创新政策,健全管理体制,吸引科教资源进入园区,集中力量建设重大创新平台,大力培育新兴产业集群,构建"一区一主导产业"的发展格局。推动镇江、武进等省级高新区创建国家级高新区,赋予高新区市(县)级经济管理权限。

(4)高水平建设重大创新平台。围绕前沿技术,重点建设南京微结构国家实验室、南京通信技术国家实验室、苏州纳米实验室等重大基础研究平台。支持无锡国家传感网创新示范区、南京无线谷、江苏中关村科技产业园等示范基地建设。加快建设苏南联合产权交易所、国家专利审查协作江苏中心、苏州自主创新服务广场、国家"千人计划"创投中心等综合性科技公共服务设施,加速人才、资金、技术的集聚流动和开放共享。

(5)健全创新政策体系。全面落实国家和省政府鼓励和促进科技创新创业的各项政策,改进企业研发费用计核方法,合理扩大研发费用加计扣除范围。推进高校院所科技成果处置和收益权改革试点。完善鼓励引进技术消化吸收再创新、促进科技成果转化应用的政策措施。探索改革公共财政支持企业创新发展的方式。完善落实科技人员成果转化的股权、期权激励和奖励等收益分配政策。

(6)完善创新服务体系。整合创新创业服务资源,进一步完善科技咨询、技术转移转化、技术产权交易、科技评估评价、知识产权服务等中介服务。增强大学科技园和孵化器的创新服务能力,鼓励社会资本参与孵化器建设与运营。鼓励以企业为主体、市场为基础的创新型社会组织的发展。

建立开放共享机制,推动科技资源向社会开放。

3. 宁镇扬泰科技成果转化示范区

加强科技成果转化,将本区科教资源的优势转化为产业优势。依托本区划内丰富的教科资源,推动区域经济与市场一体化,利用南京、镇江等地大学科技园等孵化器,技术产权交易、科技评估评价、知识产权服务等中介服务机构,加强科技成果的转化。针对市场、产业、基础设施、城市化等方面的共同发展制定相应策略,扩大区域合作,创造多种灵活的合作方式,形成区域一体化发展格局,将本区科教资源的优势转化为产业优势。

(1) 沿江产业带提高加工制造业的附加值,发展装备制造业的产业技术。在制造业方面,要加大力度,针对产业的关键性共性技术进行重点科技攻关。要加紧攻克制造业信息化关键技术和关键产品的研究开发和应用试点示范的核心技术,提高制造业的核心竞争力。要把发挥先进制造业技术作为制高点,进一步向核心技术进军。要在承接发达国家产业转移的同时,重点发展高附加值加工制造业,并使研发、生产、营销和服务各个环节协调发展,使制造业更好地利用高技术,以高技术改造提升制造业,努力提高制造业的整体素质,增强制造业的竞争力。装备制造业,特别是加工装备制造业是沿江产业带的重点产业之一。沿江产业带要发挥科技优势和产业优势,要根据自身的特色在大型数控机床、机电一体化、精密机械设计及精密制造技术、智能电网装备等方面加强自主研发和制造能力。

(2) 以南京为中心的创新型城市群建设。南京,作为江苏省的省会城市和区域首位城市,集聚了省内多所知名高等院校和研发机构,具有总部优势和研发优势,大力发展总部经济、研发中心、高技术产业的核心制造和有自主创新能力的高技术企业,打造成区域经济、金融、研发、教育中心,辐射宁镇扬乃至整个江苏省以及邻省安徽的商贸、交通等中心城市。镇江,依托优越的长江岸线和港口条件、临近苏锡常都市圈和靠近海港的区位条件,大力发展先进制造业,特别是装备制造业,同时发展港口物流、特色生产性服务业,以先进制造业和特色生产性服务业互动发展,成为汇聚南京产业转移和苏锡常产业转移的集聚地,熨平苏锡常和南京都市圈之间的"裂谷"。扬州,立足于苏南辐射、带动苏北的桥头堡和传动带的功能,一方面,发展特色高新技术产业,特别是"三新"——新能源、新材料和新光源产业,另一方面,发展特色消费型服务业,进一步强化宜居城市的功能,与宁镇两市错位发展和优势互补。泰州,以国家医药高新技术产业开发区为主体,进一步优化生物技术和新医药产业的地区资源配置,大力提升产业发展的集约化水平,构建形成江苏省差异化竞争的产业集聚与区域分工发展布局。

4. 沿海特色海洋经济创新区

以江苏沿海开发的国家战略实施为契机,建设江苏沿海科技产业开发示范带。在国家发展规划指导下,编制《江苏沿海开发科技创新三年实施方案》,以沿海三市为中心,大力发展海洋科技,坚持科技兴海。加快海洋科技创新体系建设,优化海洋科技资源配置。以海洋资源、能源开发利用与环境保护的关键科学技术和工程技术研究为重点,进一步加强海洋科学技术的研究与开发,培养海洋科学研究、海洋开发与管理、海洋产业发展所需要的各类人才,加快产学研一体化发展,加强科技进步对海洋经济发展的带动作用。

(1) 依托高等院校、科研院所和骨干企业,优化配置海洋科技资源,加快建设国家海洋局(江苏)海涂研究中心、中国科学院海洋研究所(南通)、江苏省(连云港)沿海港口工程设计研究院、江苏省(盐城)海上风电研究院等一批国家级、省级海洋科技创新平台,增强海洋科技创新能力和国际竞争力。围绕港口物流、海洋工程装备、风电装备、高技术船舶、海洋生物医药等领域,组建国家级或省级工程技术研究中心,建设一批设计服务、检验检测等科技公共服务平台。支持国家级科研机构在江苏设立海洋科研基地,吸引一批境外科研院所到江苏落户或参与研发。扶持一批海洋战略规划、勘测设计、海域评估等中介机构。完善国际科技交流合作机制,加强与日、韩及欧美海洋科技机构的交流合作。

(2) 以加快突破核心技术瓶颈、显著增强竞争力为目标,以培育自主知识产权为重点,优先支持具有自主知识产权的重大科技成果转化,鼓励企业对自主拥有、购买、引进的专利技术等进行转化,不断提升海洋产业创新能力。组织优势科技力量,在海水增养殖、海水综合利用、海洋新能源、海洋工程装备制造、海洋生态环境保护与修复等重点领域研究攻关,取得一批重要科技成果并实现产业化。加快构建产业技术创新联盟,加强产学研结合,推动企业联合创新,提升海洋特色产业发展水平和整体竞争力。

(3) 整合功能园区资源。依托深水海港和丰富的海洋资源,重点支持沿海县(市、区)设立和建设海洋产业园区,达到标准的优先升格为省级开发区。海洋产业园区按产业链引导布局,突出产业链的延伸、耦合、配套,形成上下游企业相邻布局的产业发展模式,积极加快海洋产业集群化步伐。

(4) 适当扩大在苏高等院校的涉海院系办学规模,加强海洋专业学院建设,构建门类齐全的海洋学科体系。支持有条件的高校增设涉海专业,鼓励沿海三市高校结合自身优势和市场需求,选择发展特色海洋学科专业。加大海洋教育设施和研究设备的投入力度,加强海洋重点学科建设。整合海洋教学科研力量,为组建综合性海洋大学积极创造条件。在投资、财政补贴等方面加大对海洋职业技术教育的支持力度,高质量建设涉海类职业院校,培养大批应用型海洋人才。积极开展海洋教育国际合作交流,支持高校与国内外知名院校及科研机构建立合作院校、联合实验室和研究所。

(5) 推进沿海信息基础设施建设,发展下一代互联网等先进网络,加快云计算机和物联网发展。加快三网资源整合,构建功能强大的网络信息化基础平台。加快发展海洋电子政务和电子商务,提升海洋事业信息化水平。实施"数字海洋"工程,建立海洋空间资源基础地理信息系统,完善海洋信息服务系统。加强海洋安全信息化体系建设,重点加强海洋自然灾害预警预报信息系统建设。适度发展微波和卫星通信,作为沿海地区光缆传输的重要补充和应急手段,提高海上作业和海上救助通讯保障能力。提升电子口岸信息系统服务功能,加快港口物流信息服务平台建设,扩大物流公共信息互联互通范围。强化海域动态监管系统建设,提高海域管理水平和能力。建成并运行海洋经济运行监测与评估系统,为海洋经济管理与调控提供决策支持。

(6) 加强海洋人才队伍建设。突出高端人才引领作用,加快实施海洋紧缺人才培训工程,积极培育高技能实用人才队伍。设立人才培养、引进、鼓励、创业专项资金,建立健全政府、用人单位、个人和社会多元化的人才发展投入机制。重视引智工作,广招海洋高层次人才,大力推进人才国际化进程,鼓励和支持人才向沿海地区、苏北地区流动,完善人才培养、引进、激励和使用机制,为人才创造良好的工作和生活环境。集成省级涉海科技计划和项目,支持海洋学科带头人创新创业。实施海洋专业人才知识更新工程,完善继续教育体系,提高海洋专业人才持续创新能力。

5. 苏北特色产业集群创新能力提升区

利用本地区的资源优势、区位优势和其他独特优势,围绕传统的加工制造业,以加强科技对传统产业的技术改造,加强技术的消化、吸收能力为重点,加强制造业的信息化建设,努力增强新产品、新技术的引进、消化、吸收和开发能力;围绕主导产业加强产业集群建设,形成从研发到规模应用的产业链和企业群;围绕可持续发展和循环经济,促进清洁生产、洁净能源和环保产业的发展;注重对有前景的新产品、新技术,及设备和管理经验的引进,培育名牌产品,提高在国内外的市场竞争力;有选择地发展高新技术产业,优化本区域的产业结构和对新技术的吸收和储备能力。

(1) 集中科技资源联合攻关。由于本区域科技能力普遍不足,需要借助外力。有条件的地(市)科技部门可促进和组织常驻本地的高校,部省属研究单位,市、局(公司)研究所和重点企业技术中心以及民营科技企业组成联合科研开发机构,对有关重大关键技术进行攻关,对成熟的先进实用技术进行推广应用,尽快突破技术难关,扩散科技成果。同时促进联合成立科技咨询服务公司,为生产单位提供有效的服务。积极开展地(市)内横向科技协作交流,促进城乡科技网络的形成。

(2) 促进科技成果的推广应用。科技示范战略的一个重点内容就是抓好科技成果的推广应用,为科技成果输出开辟新的渠道。抓好成果推广是搞好地(市)科技工作的关键。在推广本地科技成果的同时,加强引进外来的科技成果,如优良品种的推广应用等。农业技术推广是地市(包括县级)科技工作的重要内容之一。在加强示范县、示范乡、示范村、示范点建设的同时,对农业推广体系进行改革,调动农民、企业等社会力量参与农业技术推广工作,逐步形成国家扶持和市场导向相结合的新型农业技术推广体系,切实解决生产第一线的科技力量薄弱的问题。要实现推广行为社会化、推广队伍多元化、推广形式多样化,真正把推广工作落到实处。

(3) 加强地(市)级科研机构的能力建设。有条件的地市要建立各类科技园区、工程技术研究中心、重点实验室、各类数据库、定位观测站等,改善地(市)科技工作的条件。加强科技基础性工作,保持科技工作的稳定性,加强标准化体系和动态监测网络建设,提高整体科技水平。

(4) 加强人才培训,稳定科技队伍。这项工作是地(市)级科技工作的重中之重。特别在西部地区,这项工作显得更为重要。发展科技、振兴经济,人才是根本。要制定有关优惠政策,留住人才,发挥人才的作用。创造良好的工作环境,使各类优秀人才有用武之地。要积极培养科技中介人才,通过执行项目,锻炼中介人才,推进中介机构的建设,同时为中小企业发展提供人才保障,为农业科技推广服务体系培养大批优秀人才。

(执笔:魏守华)

第六章
建设创新型省份的战略取向与路径

一、战略概述

创新型省份的建设,是一项事关江苏发展全局的重大工程,是基本实现现代化征程上关键的一步,必须要有明确的战略思路和战略考量,加强宏观指导,使这一重大工程从一开始就有明确的方向,做到统揽全局和科学设计。

江苏建设创新型省份,是区域层面的创新建设工程,理应与创新型国家的建设任务有所区别,这主要反映在作为区域层面的创新建设工程上。在创新建设的任务上要更有侧重点,不必涵盖也无法涵盖创新型国家建设的所有任务。此外,江苏的创新型省份建设,与国内其他省份和地区相比,应该有自己的特色,江苏的创新型省份建设应更多地立足于本省省情,更多地反映本省经济和社会发展的实际需求和重大任务。

江苏经济与社会发展现阶段的关键是转型发展、升级发展、协调发展,把发展的动力由过去的资金推动和资源推动转向创新驱动,其中产业的转型升级是核心、是关键,也是江苏寻求创新驱动发展的最主要标志。创新型省份的建设一定要在战略层面上突出产业创新,以产业创新带动全面创新。抓住了江苏的产业创新并取得实质性突破,就是抓住了江苏创新型省份建设的要害,就是抓住了江苏创新工程的引领方向,就能够有力地促进江苏向创新驱动发展模式转换,就能够很好地彰显江苏创新发展的标志,为全国其他省份创新型区域建设积累经验、做出表率。

由于历史的原因和体制的束缚,在创新能力和创新成效方面,中国与发达国家有着明显的差距,没有开放的战略,很难真正在创新方面形成突破。世界范围内在创新方面显示出后发优势的国家,无一不是通过对外开放最终走向创新之路的。通过创新的对外开放,赋予对外开放以创新的新内涵,可以明显加快创新发展的步伐。江苏是经济开放大省,对外开放具有很好的经验,并且成效显著。现在需要在战略上由经济对外开放向促进创新的对外开放进一步升级,确立创新型省份建设中的开放战略,并在对外开放中促进自主创新。

所有创新活动都是在一定的环境中开展的,从创新理念的形成到创新实践的完成都是在相应的制度条件、交易条件、利益条件下实现的,这些条件涉及一系列的因素或外生变量,其中市场以及市场组织是最重要的。与创新活动有关的市场包括直接配置资源的市场和间接配置资源的市场,前者通过创新成果在市场上价值的实现来直接配置创新资源,激励更多更有效的创新活动进入市场,遵循优胜劣汰的法则;后者则通过荣誉、话语权、学术地位等竞争性创新结果促进优胜劣汰,间接地起到市场配置创新资源的作用。所有创新活跃、创新成效显著的地方,都有丰富而比较完备的创新市场。在市场完备的情况下,创新行为容易得到激励,创新资源容易得到集中和有效配置,创新的效率也容易得到提高。营造创新环境,关键是建设完备高效的创新市场,尤其是直接配置创新资源的市场。韩国三星电子以创新跻身于全球著名跨国公司行列,靠的是不断创新的产品和技术,而其创新成就主要来自公司内部的创新活动,并非来自韩国的大学。三星电子自身拥有的博士人才比任何一所韩国大学(包括首尔大学)都要多得多。因此,从战略层面讲,如果不立足于营造一个有利于集聚创新要素和合理配置创新资源的市场,创新型省份的建设也就失去了前提条件。同样,建设创新型省份也要有相应的市场环境和市场机制,市场建设应该成为战略层面的主要策略。

概括而言,江苏的创新型省份建设应该基于这样的战略思路,即全面推进各项创新,重点突出产业创新,以产业创新促进全局创新,形成有江苏特色的区域创新模式和成效标志。坚持自主创新的引领,走扩大对外开放的道路,确立创新的国际视野,在国际合作中提高创新尤其是产业创新的水平,尽快缩短与世界先进水平的距离。完善创新的环境,重点营造有利于创新活动的市场环境,依靠市场先行集聚优势创新要素,合理配置创新资源,构筑充满创新活力的新空间。产业创新、对外开放和市场建设是三个战略重点,并在总体战略中有机关联。产业创新是创新型省份建设的战略突破口和重要成效标志,以此带动全局创新;对外开放是战略抓手,力求在开放中促进创新,在国际合作中提高创新水平和创新效率;市场机制建设是战略基础,是保证创新取得成效的先行条件和重要机制,是创新内生发展、持续发展的必需环境。

二、战略取向

作为一项有关全省发展大局的重要发展战略,创新型省份的建设不仅要明确基本的战略和相应的战略重点,还要从更为宽广的视角去考虑战略实施涉及的方方面面,从战略层面上思考得更为细致一些,从多方面把握战略的基本导向。选择若干方面的战略取向,就是对基本战略做进一步的分解,并明确战略实施的主要方向。

(一)坚持把创新上升到全省最高综合战略层面,确保创新性省份建设中的重要战略地位和建设过程中的政府投入机制

世界上所有已经建成或基本建成创新型国家的经济体,无一不是在创新体系建设中采取国家战略的形式,加大政府对创新活动的投入,确保政府对创新方向的把握和引导力。上世纪90年代,美国启动信息高速公路项目,从一开始就在政府的战略引导下,并通过政府对信息化等创新活动的大力投入,带动民间的创新投资,最终使美国成为全世界信息产业最为发达的国家,并涌现了像微软、苹果、谷歌这样的全球性高科技信息创新企业。1998年亚洲金融危机后,韩国意识到产业升级和参与全球技术创新竞争的重要性,政府以最大的力度明确发展知识经济和推进经济全球化的战略,在政府的战略布局和政策推动下,韩国很快成为世界上 R&D 投入占 GDP 比重最

高的国家之一。经过十几年的布局和发展,韩国在消费类电子产业、通讯产业和信息化方面走在了世界的前列,并涌现了像三星、LG这样的全球性高技术大公司,基本建成了创新型国家。

江苏要建成创新型省份,必须把创新上升为省级层面的最高综合战略,或作为全省层面最重要的综合战略之一,在资源配置和方向引领上确保把创新作为省级层面政府推动发展的第一方略。这包括几方面的重点内容:一是加大对创新活动的投入,以抓投资、抓项目同样的态度甚至更为积极的态度抓创新、抓创新投入,确保R&D投入占GDP的比重在三年内显著上升,并走在全国的前列;二是出台推动创新的一系列相关促进计划,涵盖技术创新、产业创新、企业创新、城市创新等,明确相关目标;三是加强对各个地方和各个部门工作的考核,对创新成效的考核要重于对GDP和财政收入的考核,形成以创新驱动支撑科学发展的新政绩观和考核观。

(二)坚持以国际上创新型国家为重要标杆的战略取向,充分吸取国际有益经验,加强创新能力的国际可比性

考察世界上经济科技曾经落后的国家赶超世界发达国家的成长史,几乎都是从树立标杆到比照标杆再到与标杆同台竞争甚至超越标杆的过程。无论是上世纪上半叶的德国还是下半叶的日本,以及时间最近的韩国,都是一个比照标杆、赶超标杆的经验写照。以韩国为例,上世纪90年代中期,韩国几乎在创新的各个方面都以日本为标杆,尤其在产业创新活动中比照日本的同行,借鉴日本经验,全面提升本国产业的创新能力。现在,韩国在消费类电子产业、半导体、移动通讯等方面已经完全做到与日本同行同台竞争,并在许多方面超越了日本。进入新世纪,韩国在信息化方面开始以美国为标杆,减少路径选择方面的失误。现在,韩国在4G等无线通讯领域已经走在了美国的前面。

为了缩短创新建设过程中的"学习曲线",减少路径选择上的失误,同时可以更好地借鉴国际经验,江苏应当选择若干个国家作为创新型省份建设的标杆对象,以起到参照系和实际比照的作用。近中期看,结合国情、省情等因素,应重点以韩国作为重要参照系和比照标杆,尤其是重点借鉴韩国自上世纪 90 年代中期以来紧紧跟踪世界先进技术前沿方向、加快产业创新步伐的做法与经验。确立标杆，加强比照，重点借鉴，是为了缩短"学习曲线"，加强针对性和可比性，积累后发优势，并不是全面照搬，政府不必忌讳在创新省份建设方面运用标杆学习的思路与做法。

（三）坚持重在激活创新要素、集聚高端创新要素的战略取向，为创新型省份建设创造持续创新的源泉

创新要素是创新活动和创新成效的前提，没有创新要素，真正的创新无从谈起。江苏不乏创新要素，从创新人才到创新平台，江苏是全国创新要素最为丰富、最为集中的省份之一，关键是要激活这些创新要素，使创新要素能够在创新活动中发挥作用，最大限度地调动一切创新要素的潜能。具体的创新政策应当围绕激活创新要素尤其是创新人才这一关键要素来展开，使之成为最为活跃的创新能量。

同时，江苏也要集聚一大批新的高端创新要素，包括人才、团队、平台、研发机构等，使江苏成为高端创新要素的集聚之地。为了集聚新的高端创新要素，江苏的目光应当重点转向海外，吸引真正高层次的人才、技术、机构等来江苏。不仅要引入更多的跨国公司研发机构，吸引更多的留学归国创新创业人才，还要搭建新的创新平台，鼓励高水平的外籍专业人才来江苏就业、创业，鼓励国外有实力的企业和机构来江苏整体开发建设科学园区，鼓励海外著名大学到江苏办分校，鼓励江苏企业聘请高水平的海外技术顾问和管理顾问。

激活省内创新要素与集聚国内外高端创新要素，关键在于营造有利于创新的发展环境，形成良好的创新文化及其生态系统。要在创新人才认定及其待遇、创新成果评价、市场交易、中介服务、金融支持等方面推进改革，逐步形成创新最终战胜守旧的舆论环境、市场环境和制度环境。

（四）坚持突出科技创新、推动产业创新的战略取向，全面提升创新能力

创新包含多方面的内容，既有科技创新，也有管理创新、制度创新、文化创新等，但在建设创新型省份的过程中，应当坚持突出科技创新作为重点的战略取向,同时兼顾管理创新、制度创新、文化创新等。科技创新在创新活动中最具有生命力,对创新成效的影响最为直接,必须把科技创新作为各种创新活动的重中之重,以科技创新作为创新型省份建设的主攻方向。科技创新既包括知识创新,也包括技术创新。作为科技大省和经济大省,江苏应当坚持知识创新和技术创新并重,既不能单单讲知识创新,也不能单单讲技术创新。在创新型省份建设过程中,应该把主要资源配置在技术创新上,把促进技术创新作为第一抓手。

江苏是经济大省、产业大省,产业发展在全省具有重要地位,产业创新的意义重大。一方面,产业创新可以充分反映科技创新的成果,另一方面,产业创新又是经济社会发展转型升级的重要体现。因此,在战略上,应该把推动产业创新作为创新全局的引领,力求通过产业创新全面带动经济结构的转型升级,形成创新驱动发展的良性局面,使之成为创新型省份建设的主要支撑力量和突出亮点。

(五)坚持市场配置创新资源、尊重创新价值规律的战略取向,锻造一大批以创新取胜的企业

创新活动本身具有市场性,也在很大程度上受到市场因素的调节,一般情况下,创新成果受市场价值规律的制约和影响。除了具有重大方向性并涉及基础性研究开发的内容外,应当坚持主要由市场配置创新资源的战略取向,尊重创新活动的价值规律,由市场去决定创新成果的价值,并充分体现创新成果的商品性和交易性。政府主要是引导一些具有全局意义的重大方向,支持基础性、公益性和重大方向性的创新活动,对于竞争性和主要以营利为目的的创新活动,应当主要由市场调节,政府不能替代市场,替代的结果一定是"政府失灵"。

强调主要由市场配置创新资源,就是要真正做到让企业成为技术创新的主体,锻造一大批以创新取胜的企业。江苏有很多优秀企业,具有较强竞争力的企业更是数量众多,其中不乏创新能力强的中小企业,但江苏缺少创新能力引领国内产业并在市场上独树一帜的大型企业,更缺乏在国际上技术先进、品牌知名、管理优秀的标志性大型创新企业。多数企业在市场中主要还是依靠规模效益和成本效益取胜,很少依靠真正的创新取得市场的成功。产品进入国际市场的企业,更是依靠低成本、低价格取胜。建设创新型省份,要把战略重点下移至企业的微观层面,推动企业的创新促进计划,使江苏涌现出一大批真正依靠创新取胜的企业。

(六)坚持在扩大开放中提高创新能力的战略取向,大力推动科技创新的国际合作

扩大开放始终是发展中国家提高和培育创新能力的一种重要方式,在开放的环境下吸收国际先进的创新要素几乎成了一些发展中国家提高创新能力的一条不可替代的重要路径。上世纪90年代初,韩国三星电子还是一个基本以OEM(代工)为主要经营模式的企业,仅仅用了十几年的时间,一跃成为全球电子信息产业创新能力最强的著名跨国公司,其最主要的经验也是寻求国际合作,在高水平的国际合作中不断提高自己。江苏建设创新型省份,也必须以扩大开放为重要前提。考虑到现实的基础,以及目前体制和创新文化存在的问题,建设创新性省份,必须坚持在扩大开放中提高创新能力的战略取向,在国际合作中获取创新活动的产出。

坚持在扩大开放中提高创新能力,就是要在开放的环境下开展创新活动。对于那些适合于走开放道路,通过国际合作解决创新问题的活动要尽量采取国际合作的方式。凡是在国际上无法获得的先进技术,应当立足于自主创新,并在自主创新中借鉴国际经验;凡是能够通过国际合作获得的先进技术,应当首先考虑采用国际合作的方式,以提高创新的国际标准。从目前国际上科技资源的配置情况看,江苏完全可以通过以企业、学校或其他机构出面的形式,在国际上寻求高水平的科技合作,收购国外的研发团队、实验室和研发中心,以及国外优秀的品牌和著名商标,缩短在科技开发方面与国外的距离。国内外的实践证明,这是一条有效的途径,应当尽快作为战略方向加以实施。

三、主要路径

作为一项重大发展战略,创新型省份的建设需要有明确的实现路径,以此达到相应的战略目标。所谓主要的实现路径,是指创新型省份建设过程中必须要经历的过程以及有助于实现目标的可行的主要策略与道路。

(一) 营造激励创新的有利环境,集聚国内外众多创新要素

为什么世界上许多人口过亿的大国创新业绩平平,而许多处在偏远一隅的小国(如以色列、芬兰)却成了全球的创新明星?其差别或者说原因就在于创新的环境不同。凡是创新活动频繁、创新业绩突出的国家,不论大小,都有一个有利于创新的环境。在这样一个环境中,创新要素容易得到集聚,创新活动受到激励,人和机构的创新潜能被大大激活,创新成为顺理成章的事情。因此,营造激励创新的有利环境应当成为江苏建设创新型省份的首条路径,并以此集聚国内外的众多创新要素,为江苏的创新型省份建设服务。

(1) 通过制度激励和价值观倡导的方式,激活一切创新元素的潜能,形成良性的创新生态系统,塑造不可或缺的创新文化。为了营造有利于创新活动的环境,应当对现有的涉及创新的制度、政策、规章等加以梳理,优化制度激励,加大制度和政策层面上对创新活动的鼓励和支持,最大限度地保护和认可创新活动的市场价值。同时在全省范围内进一步倡导创新精神,树立创新价值观,塑造创新文化,引导全社会积极开展创新活动,逐步形成创新引领社会潮流的繁荣局面。激活创新潜能,需要将创新要素的内在特点与创新型省份建设的发展规律相结合,在明晰创新要素使用规则和规律的基础上,要努力构建可持续的"人尽其才、物尽其用"的用人机制和合作机制。既要充分发挥各类创新资源的内在潜能,又要实现各类创新资源的可持续利用。尤其是对创新型人才来说,就是要转变理念,通过因才设岗、因事(创新活动)设岗、科学评估、合理激励等方式,打破僵化的人事制度,跳出传统的零和博弈式的人才管理模式,力争做到以事业引人,以环境留人,真

正把江苏打造成各类人才展现才能的"创新家园"。

（2）整合省内各类创新资源，加强协同创新能力，形成聚合效应。江苏是教育大省、科研大省，科教资源十分丰富。据统计，截至2012年，江苏现有高校128所，位居全国首位，高等教育毛入学率达47%，位于全国前列；同时，2012年全省从事科技活动人员的数量为91.42万人，其中研发人员达52.22万人，两院院士为90人，人数仅次于北京、上海。可以说，江苏自身就拥有极为丰富的创新资源，而这些创新资源又为创新型省份的建设奠定重要的基础，如何最大地发挥这些创新资源的作用，是当前和今后亟须破解的难题。正确的途径仍然在于依靠有利环境的营造，促进这些创新资源发挥更大的效用，尤其是为江苏建设创新型省份做出更大的贡献，充分体现科教大省、发挥创新大省的作用。同时，要采取积极措施促进省内各种创新资源之间的联动与合作，整合重点力量，加强协同创新能力，形成聚合效应，在重大创新领域或创新方向上取得突破，从整体上提高江苏的战略性创新水平。

（3）集聚国内外众多创新要素，成为国内一流的创新策源地。世界上所有的依靠创新而成功的国家或地区，无一不是借助于外部的乃至全球的创新要素而走向成功的，吸引和集聚更多的创新要素成了创新之国或创新之邦的必然路径。同样，江苏创新型省份的建设也离不开吸引和集聚更多的外部创新资源与要素，要采取多种措施、制定多种政策，加大对省外优质创新要素的引进和吸收，尤其是在当前全球经济的特殊背景下，重点加大对欧美国家和发达国家创新资源的引进力度，集聚更多的国际一流创新要素。江苏经济发展迅速，基础设施完善，社会秩序安定，生活环境比较优越，为吸收外部创新资源提供了非常好的发展平台和实践舞台。在具体的吸引过程中，需要注重将所引进的创新资源与江苏自身的发展目标、创新任务、产业结构等特质结合起来，尽可能做到有的放矢地引进、吸收、集聚。除了一般性的创新要素外，当前以及今后一段时间尤其要重点引入一批对全省创新型省份建设起重大引导作用的标志性创新要素。如世界著名学府的江苏分校、世界500强跨国公司的全球性或中国区研发中心、知名的创新型企业、工商界产业领袖、具有国际影响的学术带头人、著名工程师等。

(二) 积极发挥政府引导作用,形成创新资金投入递增机制

创新是一项充满成就感并具有相当风险的活动,离不开持续资金的支持,那些创新活动频繁、创新成果突出的国家,都有一套确保创新活动能够源源不断获得资金支持的保障机制。江苏要建成创新型省份,就必须充分发挥政府的引导作用和一定程度的保障作用,用更大的财力支持全省上下的创新活动,引导社会资金流向创新领域,形成创新资金投入高于经济增速的递增机制。

(1) 从自源性视角保障研发的财力投入,提高研发投入的使用效率。虽然江苏的研发投入占 GDP 的比重高于同类省份,但仍然大大低于世界上创新走在前面的一些国家,如韩国和以色列。为了尽快建成创新型省份,必须加大对研发经费的投入力度,提高研发经费占 GDP 的比重。首先是要从财政上加大对科技活动以及与科技活动相关的教育事业的投入,力争在 2020 年之前全省科技投入的经费增长速度超过财政收入的增长速度,形成财政资金支持科研创新活动的增长刚性机制。其次是引导企业加大对研发的经费投入,增强企业的创新活力。尽管江苏现有大中型工业企业研发机构建有率已经超过 75%,企业研发投入占全社会研发投入的比重达 80% 以上,但是与国际上创新先进的国家(如美国、韩国等)相比仍存有一定的差距,而且这些机构和经费的使用效率普遍较低,没有充分挖掘其内在价值。因此,一方面要积极引导企业加大对研发的投入,将适度增长的研发投入标准作为企业参与政府有关选拔性项目的必备考察指标,形成有保障的循序渐进的研发经费投入增长机制,促进企业真正成为技术创新的主体;另一方面,还要构建有效的研发激励机制,提升研发投入的利用效率,对于那些利用既有研发投入取得突出科研创新成果或对生产经营产生重大推进作用的技术突破,都应给予技术负责人或科研团队相应的奖励和荣誉,使之感受到创新研发的成就感和有趣性,也通过这种物质奖励、精神激励以及标杆性的引导示范作用,激活和带动整个研发队伍和科研力量,形成"人人力争上游、事事力求精致"的互促互进机制。

(2) 从外源性视角加强政府的宏观引导,拓宽研发投入的融资渠道。构

建稳健的财力投入增长机制,除了相应的研发主体需要尽力外,如企业、科研机构等自创、自收、自投,还应加强政府的引导作用,积极借助外部的力量。研发,尤其是那些历时长、见效慢的基础性研究,需要投入大量的人力、物力和财力,而且还要担负巨大的因研发失败或失效所引致的前期投入沉没的风险。因而,对于那种重大性、基础性和相关科研实体无法全部承担风险的研发项目,需要由政府积极加以引导,通过借助政府这只有形的"手"来推进这些关键项目的研发。在这一过程中,政府一方面可以增加融资渠道,通过设立项目研发风险基金,积极引入风投、创投等实力雄厚的机构投资者,借助它们的力量来保障项目研发的顺利进行;另一方面可以拓宽融资渠道,通过利用政府信用,由政府出面担保发行与研发项目相关的有价证券,汇聚公众闲散资金,借助公众的力量来支持江苏科学研究事业的持续发展。通过政府引导性的调控作用与市场自发性的积极参与,形成研发主体与全社会广泛参与的风险共担、利益均沾的研发投入长效机制,破解融资瓶颈,促进江苏创新型经济建设健康持续地进行。

(三) 突出产业创新地位,引领全省创新发展方向

产业是驱动经济发展的重要动力,产业创新是实现创新型省份建设的重要途径,也是引领创新发展的重要方向。能否建成创新型省份,很大程度上依靠产业创新的力度和效果,也取决于是否拥有一批创新程度高的产业。突出产业创新在全省创新中的地位,自然应该成为创新型省份建设的一条根本路径。

(1) 要努力培育发展一批能引导未来科技发展方向的关键产业。近20年来,世界上一些创新成功的国家经验表明,抓住若干个代表未来科技方向的关键产业,领先世界一步加快发展,是产业创新和整个国家创新成功的"密钥"。例如,美国在上世纪90年代领先于世界发展互联网产业,保证了美国在产业发展方面重新超越日本;韩国在本世纪初重点发展新一代电子信息产业,尤其是加快发展新一代的显示技术、移动通讯产业等,使得韩国成为全球制造业创新最为成功的国家之一。近些年来,江苏始终将战略性新兴产业作为经济发展的重要动力,战略性新兴产业呈现加快发展态势。据统计,2012年江苏实现战略性新兴产业全年销售收入达40 059.9亿元,比上年增长19.6%;同时,高新技术产业也获得了快速发展,全年实现高新技术产业产值45 041.5亿元,增长17.4%,占规模以上工业产值比重达37.5%,比上年提高2.2个百分点。这些成绩的取得,不仅说明江苏对于发展战略性新兴产业的高度重视,而且也预示着江苏未来产业发展的重要方向。但与此同时,我们还要关注新的更能代表未来科技方向的产业的发展动向,着力培育能够在今后20年发挥大的引领作用的新兴产业。全国各地都在重点发展战略性新兴产业,江苏应该要有新的发展内容、新的产业发展方向,力争在资金支持、人才培育和项目引导等方面给予重点扶持和帮助,实现产业结构优化,进而形成江苏创新发展的重要增长点。

(2) 要齐力推进江苏产业发展整体性的转型升级。构成创新型省份的产业基础不可能仅仅是若干个高新技术产业,而应该是一大批能够涌现新产品、新技术和新工艺的各类产业。只有经济发展中所有产业都实现了升级蜕变,才能建设高质量的创新型经济。需要注意的是,这种转型升级并不要求江苏所有产业都同比例同幅度地转换,而应该是一种协调性升级、协同性转型,具体而言就是要实现关键性产业引导、重大性产业支撑和基础型产业并进。一方面,要深入实施传统产业升级计划,继续推进纺织、冶金、轻工、建材等四大传统优势产业转型升级,围绕创新能力建设、技术装备升级、品牌质量提升,积极推进技术改造。另一方面,要建设现代服务业高地,把加速发展服务业作为产业结构优化升级的战略重点,加快形成以服务经济为主的产业结构,树立"江苏服务"的崭新形象。同时,江苏是我国吸引FDI的集聚地,本土企业代工活动较多,这在一定程度上导致江苏本土企业的创新性产业发展缓慢,因而需要积极鼓励本土企业加强研发活动,增强自主创新能力,提升产业附加值,积极向国际价值链分工的高端迈进,进而增强全球产业合作的话语权和主导权。

(3) 要着力淘汰与创新型经济发展不相容的落后产能。江苏作为资源消耗大省,缓解资源环境瓶颈约束,建设资源节约型、环境友好型社会,已成为建设创新型经济的紧迫任务。据统计,2011年江苏万元地区生产总值能耗(等价值)指标值为0.600,和上海(0.618)等地基本齐平,但与北京

(0.459)相比,还有很大的改进空间。因而,需要严把环境关,严控污染度。具体来说,就是对于不适合经济发展的产业要努力转移,对于不适应经济发展的产业要努力淘汰。对于产业转移,因江苏经济发展具有内在梯度性,可以实行苏南—苏中—苏北—省外欠发达地区的逐层次转移机制。对于产业淘汰,应立决心、下狠心,重点推进冶金、化工、纺织、造纸等重点行业和涉及重金属行业的清洁生产审核制,同时对超标、超总量排污和使用、排放有毒有害物质的重点企业,要依法实施强制性清洁生产审核,对不符合要求的坚决淘汰,释放产业发展空间。

(4)重点选择和加快发展一两个具有标志意义的关键产业,作为江苏产业创新的代表,以引导其他产业加快创新。无论是一个国家还是一个区域,有没有一两个代表性的产业显示本国或本地区的创新能力意义重大,这类产业具有所在国(地区)产业创新的"名片"效应。选择这类产业,应考虑到产业的技术含量、产业规模、产业带动性和标志性等因素。对于江苏而言,最好是在高新技术产业和传统产业各选一个,用前者来反映新产业发展的动力,用后者来体现传统产业转型升级的趋势,同样都代表了产业创新的方向。据初步分析,前者可选择新一代电子信息产业(包括软件业),后者可选择纺织服装业,作为未来十年江苏产业创新的标志性产业加快发展。新一代电子信息产业主要体现在技术的先进性和国际性上,纺织服装业主要体现为品牌化、高端化、国际化。

(四)促进企业育成创新活力,打造一批依靠创新取胜的知名企业

企业是经济运行的微观基础,也是保证产业创新取得成功的源泉。从某种方面讲,企业是构建创新型省份的动力主体,因此,创新型省份的建设离不开企业的创新,必须把促进企业育成创新活力,打造一批依靠创新取胜的知名企业作为建设创新型省份的一条重要路径。

(1)要全面促进企业培育创新能力,育成创新活力,由经营成本的商业模式向经营创新的商业模式转变。2012年,全省民营经济实现增加值2.9万亿元,占全省经济总量的53.6%;规模以上民营工业企业数达到3.21万家,实现增加值1.3万亿元,占规模以上工业企业的50.5%;民营经济上缴税金4 901亿元,占全省税务部门直接征收总额的56.3%。同时,江苏始终保持国有企业综合实力明显较强的特点,在经济上占据优势。但是,江苏始终缺少真正明星级的企业,尤其是在创新能力提高方面仍不尽如人意。无论是国有企业还是民营企业,普遍停留在经营成本的商业发展模式,即主要通过扩大生产规模、降低生产成本和低价销售的方式来赢得市场,包括国际市场,创新缺乏活力。现在,要大力促进江苏企业转变管理思维和经营机制,要通过建立现代企业制度、采用现代公司治理方式,由经营成本的商业模式向经营创新的商业模式转变。尤其是要重点扶持一批经营业绩好、成长潜力大的科技型企业,鼓励企业进行新产品、新技术、新工艺的开发与创新,更多地承担国家和江苏省重大科技攻关任务,支持企业积极开展产学研合作,提高产品附加值,增强企业创造活力,进而逐步形成拥有自主知识产权、自主品牌的核心竞争力。

(2) 要促进企业通过品质提升和品牌塑造扩大国际影响力,构筑江苏企业的国际地位。虽然江苏拥有众多优秀的企业,但是能够在国际上产生一定影响力的企业并不多。据2013年《财富》世界500强排行榜的统计来看,中国有95家企业上榜,其中江苏仅有江苏沙钢集团一家入围,位列第346位。江苏不仅需要更多的企业进入世界500强的排行榜,更需要有更多的企业凭借产品的品质、技术和品牌进入国际市场,扩大国际影响力,增强国际美誉度。包括江苏企业在内的中国企业有大量产品在国际市场上销售,但市场美誉度和国际影响力远远不如日本、韩国的企业,关键问题出在产品品质和品牌知名度上。如果江苏的企业能够有一半达到韩国企业在国际市场上的表现,江苏的企业创新和国际化能力将大大提高。最近,江苏的"波司登"品牌进入欧洲主流市场,是一个很好的迹象,应当认真跟踪调查、总结经验、积极扶持,并推动一批江苏本土企业依靠品质提升和品牌塑造扩大国际影响。同时,要鼓励企业抢抓当前国际并购成本降低的机遇,在并购先进技术、品牌、先进装备等方面取得突破,力争实现快速扩张,可以通过鼓励大型企业或主要行业的龙头企业建立国际技术中心,打造企业技术创新和产业化平台,努力提高国际竞争力。

(3) 选择若干个能够代表江苏创新水平的重点企业予以适当扶持,加强引导,成就一批创新能力强的标志性"明星企业"。世界上许多国家,尤其是呈现后发优势的国家,都曾经在鼓励企业创新的过程中着力扶持一批企业,使企业大大缩短了创新的路程。例如韩国"三星"、"现代"等大企业曾得到过韩国政府的大力扶持,而且至今仍得到政府的支持,最终成为创新成功的世界型企业。我国的"华为"、"中兴"也一直得到中央政府部门和地方政府的大力扶持,成为国内企业创新的样板。江苏建设创新型省份,也要借助于国内外经验,选择若干个创新基础好、潜力大、经营制度规范、示范性强并能代表未来产业发展方向的企业作为培育对象,在政策上给予扶持和适当倾斜,用几年的时间打造若干个标志江苏创新能力的"明星企业",以推动更多的企业提升创新能力。选择的产业面应以高新技术产业或新兴产业为主,适当兼顾传统产业;选择的企业应当是研发生产型企业,便于测度其创新能力;企业的经营跨度应包括国际市场,且鼓励其以国际市场为主;选择的企业数量不宜多,以10个以内为宜,重点支持三五家。此项工作具有战略意义,也是一条重要的实现路径,政府不可过多犹疑。

(五)全面完善创新体系,铸就创新完整平台

建设创新型省份是项系统工程,不仅需要产业和企业等经济主体的创新,也需要其他相关主体的互动性发展和创新,构建一个完善的创新体系。《国家中长期科学和技术发展规划纲要(2006～2020年)》指出:国家科技创新体系是以政府为主导、充分发挥市场配置资源的基础性作用、各类科技创新主体紧密联系和有效互动的社会系统。依此定义,在建设创新型省份过程中,江苏需要从全省宏观层面加强和完善创新体系建设,铸就一个相对完整的创新平台。

(1)要积极发挥各类创新主体的作用,在政府主导的前提下,充分发挥市场配置创新资源的作用。在促进创新的进程中,大学、科研院所、企业、科技服务机构均可以发挥重要的作用,相互难以取代,必须充分体现每一个创新主体的应有作用,并各有侧重。对于大学和科研院所而言,在承认大学和学术研究机构具有知识创新功能的基础上,鼓励大学面向经济社会实践开展创新活动,将创新成果与生产力紧密对接。政府应出台有效措施,包括设立江苏技术创新奖,重奖为江苏创新型经济发展做出杰出贡献的创新成果。对于企业而言,就是要推进企业真正成为技术创新的主体,以创新龙头企业带动一大批企业加快创新。对于科技服务机构而言,就是要通过营造信息市场、人才市场、科技中介市场等一批创新服务市场,充分发挥科技服务机构的作用,繁荣科技市场。对于人才、技术、信息等一切创新资源的配置,要坚持以市场配置为主,唯有这样,才能做到合理配置创新资源,并充分挖掘创新资源的潜能。

(2)要加强创新主体的互动发展,构建一个政产学研参与的良性合作体系。一个完整的创新体系,通常是由政府、企业、科研院所及高校、技术创新支撑服务体系四角相倚而成。江苏具有丰富的科研资源优势,但如何把资源优势转换为创新优势,不仅需要突破原有科研体制的束缚,而且也需要政产学研的互动发展。要在政府引导下,加强全省范围的高等院校、科研院所、企业和科技园区的资源整合,通过引进一批国际、国内一流的专业研发机构,鼓励企业与高校科研院所联合建立产学研合作联盟、产学研合作产业基地或中试基地,借此打造一批具有核心自主知识产权的产品,形成一批能够创造较高经济社会效益的龙头企业,构建一批产业特色鲜明、创新产品领先、创新人才集聚的区域创新平台。

(3)要大力发展科技中介机构,构筑科技支撑服务体系。科技支撑服务体系地位重要,也是创新体系的重要内容。因此,要按照政府推动与市场调节相结合、专业化分工与网络化协作相结合的原则,以促进科技成果转化和加强创新服务为重点,大力发展科技中介机构,有序稳步地建设社会化、网络化的科技支撑服务体系。一方面要制定出台支持科技中介机构发展的税收政策,建立有利于各类科技中介机构发展的运行机制和政策法规环境,并鼓励多种所有制投资主体参与科技中介服务活动,充分发挥高等院校、科研机构和各类社团在科技中介服务中的重要作用,最大限度地为科技创新提供便利与支撑;另一方面要把依靠中介机构完善管理和服务作为转变政府职能的重要内容。在具体操作过程中,对科技中介服务能够承担的工作,要积极委托有条件的科技中介机构组织实施,并通过任务委托、服务代理等方式,培育骨干科技中介机构,最大限度地降低创新成本。

（六）积极发挥城市的重要创新载体作用，塑造若干个创新型城市

城市是文明发展的重要载体，也是经济进步的动力来源。在现代化进程中，城市更是扮演了经济推动者的角色。城市也是创新的重要载体，集聚了大量的创新要素。因此，在创新型省份的建设过程中，要积极发挥城市的特殊作用，塑造若干个典型的创新型城市，作为创新型省份的一个重要标志。

（1）全面推进城市创新，促进城市作为创新的重要载体。城市具有完善的基础设施和良好的生活环境，经济比较发达，容易集聚大量的创新要素。要通过完善和提升城市功能的方式，促进创新要素进一步向城市集聚，使城市成为创新活动的重要载体。对于有条件的城市，应当鼓励其多发展科学园区、高技术产业区、创业园区和现代服务业集聚区，限制发展一般的工业开发区，以提高城市的级差地租。

（2）针对城市不同特点加强分类指导。鉴于江苏地区发展差异较大，城市间的创新资源分布也不均衡，在建设创新型省份过程中，也应因地制宜，因"城"而异推进创新战略，即要根据各个城市的发展特征来推进城市创新。如南京是高校云集、人文荟萃之地，因而可以把南京培育成为国家基础研究和战略性高技术研究的重要集聚区；苏锡常是经济发达、外向度高的民营经济和外资经济的集聚之地，可以把这三个城市培育成为战略性新兴产业、产业共性技术的研发平台和重大产品开发生产的基地；连云港、盐城、南通等城市是江苏海洋经济、港口经济和生态经济的重要窗口，生态基础相对较好，可以把这三个城市重点培育成为开发绿色技术和可持续能源的创新基地和研发平台。对于其他城市，也要根据城市的特点加以引导，做到城市在创新方面各有侧重。

（3）重点塑造若干个典型的创新型城市。在这其中，尤其是重点打造南京、苏州的城市创新建设，为创新型省份建设增添重要内容。南京的创新要素相对集中、丰富，创新型城市建设的条件相对较好，在国内也具有明显优势，可以作为综合性的创新型城市来加以塑造发展。苏州产业基础发达，外向型经济程度高，可突出城市的产业创新和创新园区载体建设，塑造一个连接先进技术和发达产业的崭新型创新城市。其他有条件的城市也可以作为创新型城市来加以塑造,但南京和苏州可作为重点塑造的对象。

(七)促进创新要素的国际流动,推动创新活动的高水平对外开放

应当看到,在全球化的时代,一切高水平的创新活动几乎都是在世界的平台上加以完成的。同时更应该看到,由于体制的原因和创新文化的相对缺失,不走对外开放的道路难以真正建成创新型省份,不在一定程度上实现全球范围内创新资源的配置,很难达到高水平的创新。因此,江苏的创新型省份建设必须要实现创新要素的国际流动,必须要以创新活动的高水平对外开放为重要路径。

推动创新活动的高水平对外开放,关键在于实现在全球范围内配置创新资源,促进创新要素的国际流动,主要是采取不同方式使国际先进创新要素为江苏的创新能力提升服务。

(1)要推动国际高端创新人才流入江苏,为江苏的创新实践提供人才支撑。最近几年,包括"千人计划"在内,江苏通过各种方式引入了许多国际人才,增强了省内创新的活力。但是,在创新人才流入方面仍有许多不足:一是真正大师级的创新人才不多,包括"千人计划"在内,真正国际顶尖的高端创新人才仍是少数;二是引进的许多人才并非真正处于全职工作状态,常常是以兼职方式"帮助"引进单位完成了指标,创新贡献不大;三是引进的人才主要集中在大学和科研院所,在企业从事实际创新活动的很少。相比之下,以色列和韩国不仅能够引入大量真正高水平的高端创新人才,而且主要集中在产业界,创新的成效十分显著。应当采取积极有效的措施,主要面向科技和经济发达国家,促进国际高端创新人才向江苏流动集中,尤其是向江苏产业界流动集中。

(2)积极鼓励有条件的江苏企业在创新资源配置方面大胆地"走出去",通过招聘当地人员、合作和收购的方式,在国外尤其是在发达国家设立研发中心、技术中心和生产基地。韩国的一批企业以及中国"华为"、"中兴"等企业的发展表明,发展中国家在发达国家建立研发中心、技术中心和生产基地是缩短创新差距的一种有效方式。目前,国际经济形势对中国企业在发达国家通过收购或合作的方式设立研发基地有利,国内也有不少成功的案例。江苏应当采取积极措施,加强政府推动和引导,加快企业在创新资源配置上"走出去"的步伐。江苏的开放型经济应当由商品贸易和投资的开放转向创新要素的开放,把创新资源的国际配置当做开放型经济的一个重点内容。

(3) 重点引进若干所世界著名大学的办学资源和一批著名跨国公司的高等级研发中心,增强江苏创新发展的国际化氛围。若能引入若干所世界著名大学在江苏办中国校区,不仅有利于培养创新型人才,而且有利于吸引更多的国际企业到江苏落户,有利于增强江苏创新发展的国际化氛围。引入一批世界著名跨国公司的高等级研发中心,如全球研发中心或亚太研发中心,有助于改善江苏的创新环境,增强江苏的创新基础,集聚更多的创新要素。

(4) 结合创新型城市的建设,有目的地引进国外有实力高水平的经济实体,整体打造城市的创新园区和新型城市产业集聚区。苏州新加坡工业园区的成功实践创造了一个有益经验,城市的创新园区以高度开放的模式来建设,不仅水准高,国际化色彩明显,而且有利于政府职能的转变和管理水平的提高。可以选择若干个有条件的城市,利用城市更新的地块,引入国外机构或财团,整体规划、整体建设、整体招商、整体营运,建设一批高水平的城市创新园区和创新产业集聚区。

(八) 全面推进体制创新,释放江苏创新的能量

当前,中国创新存在的最大问题在于体制障碍,制度弊端束缚了创新的能量,江苏也是如此。尽管经过多年的改革,江苏原有的体制已得到较大程度的改进,一定程度上释放了制度红利,促进了科技创新,但是许多旧有体制仍在起着阻碍作用,并随着创新实践的深化,许多不合理的体制和问题又不断地浮现出来,阻碍创新型省份的建设。因此,改革原有的体制,全面推进体制创新,是创新型省份建设无法绕过的一条基本路径。

(1) 要完善顶层设计,全面推进体制创新。现行制度对创新活动的伤害是一种系统性障碍,绝不是仅靠修补一两条政策就可以解决的,因此,首先必须加强顶层设计,全面推进体制创新。例如,现在的科技创新活力不足的问题,既和创新评价体制有关,又和现行的教育制度有关,甚至和地方政府的政绩冲动有关,必须有系统改革的思路。省一级层面难以触及所有的体制问题,应当在完善顶层设计的前提下,重点抓政府管理体制的突破。要更多地从贯彻科学发展和构建创新型政府入手,以经济发展中的重大现实问题为抓手,着力将政府从经济活动的主角转为公共服务的提供者,把政府经济管理职能转到主要为各类市场主体服务和建立与市场经济相适应的体制、政策、法律环境上,通过完善市场体系、规范市场法规、改善市场环境,努力为创新型省份建设营造有竞争力的投资、创业和发展环境。

(2) 积极改革政府绩效管理体制,促进各级政府由单纯追求 GDP 转向重点追求创新突破。为了真正向创新型经济发展模式转变,为了真正建成创新型省份,必须从根本上改革政府绩效管理的体制,更多地以创新成就而不是简单地以经济总量衡量各级政府或政府部门的作为与绩效。没有这一改革思路的突破,很难真正形成以创新带动发展的新理念,创新型省份的建设也是事倍功半。

(3) 重点改革科技成果评价制度,促进创新成果向生产力转化。现有的科技成果很多,但真正具有创新价值的成果不多,创新活动往往远离实际生产力,一个直接的原因在于现有的科技成果评价制度。该制度过分重视得奖,忽视实际创新水平;程序上囿于小圈子专家评审、政府权力部门认可,忽视实际检验,结果年年获奖成果一大批,实际创新水平却差强人意。改革的思路应当坚持除基础研究之外,其他的创新成果基本交由市场去检验,由市场去配置决定创新产出及其成果的资源。除了基础研究之外,政府应当不再组织或主持评奖活动,因为奖评得越多,越不利于实际的创新。如果设奖,政府应当重点设置引导创新活动服务于生产力的"江苏技术创新奖"、"江苏贡献奖"等。

此外,还要重点改革现行配置创新资源的方式,促进创新资源配置机制的合理化与高效化。现行创新资源的配置的方式存在很多问题,其中最大的问题在于政府与市场的边界模糊不清,本来该由市场配置的资源大量被政府取代了,一些本来应该由政府重点主导的资源配置,却又经常因缺乏集中而放在市场中流失了,结果,政府配置和市场配置的效率都很低,并有恶性循环之趋势。改革的方向是：对于一般的创新资源，或者说能够交给市场配置的创新资源，一律交由市场配置，政府不再以各种形式代替市场；与江苏经济社会发展密切相关的重大创新方向，要经过严格的选择。政府积极发挥主导作用，集中相关资源重点投入，并加强监管和监督。

四、大力发展科技金融：一条特别路径

科技与金融的有机结合是促进科技开发和成果转换、提升产业创新活力的必要条件，较高水平的科技创新和良好的金融创新服务是构筑创新型省份的重要支柱。2011年10月，科技部等部委联合下发了《关于确定首批开展促进科技和金融结合试点地区的通知》，确定江苏为促进科技和金融结合试点地区，对江苏科技金融的发展寄予了更大的期望，也提出了更高的要求。2012年6月21日，江苏省政府又再次下发了《关于加快促进科技和金融结合的意见》（苏政发[2012]79号），强调深刻认识促进科技和金融结合的重要性和紧迫性。大力发展科技金融，有助于在创新活动中注入更多资金动力，同时也是更好地发挥市场配置创新资源的作用，应作为江苏创新型省份建设的一条特别路径。

（一）科技金融支持创新型省份建设的内涵与机理

1. 科技金融支持创新型省份建设的内涵

对创新型省份建设的科技金融支持是指：在创新型省份建设过程中，科技与金融资源结合以提高科技产品成果转化率，推进产业发展转型，促进区域经济增长，进而形成各创新主体间的内在协调机制，具体表现为科技金融对区域创新体系的创新效率提升，以及与区域经济社会发展的和谐一致。

科技金融支持创新型省份建设需要充分发挥政策性金融和商业性金融的合力。政策性金融支持是以政府为主导，以国家信用为基础，以利率、贷款期限、担保、贴现等优惠政策为手段，为国家经济和社会发展不可或缺的重大项目、产业提供金融服务。商业性金融支持是指以银行、保险、信托等商业性金融机构为主导，以市场机制为基础，以多种金融资产为经营对象，

利用多种金融负债筹集资金,引导资源合理配置和货币资金合理流动的商业性金融活动。

2. 科技金融支持创新型省份建设的作用功能机理

借鉴 Merton 和 Bodie 以及白钦先等人对金融系统功能的论述,可以认为科技金融对创新型省份建设的支持是通过政府政策、金融组织、金融市场、金融服务与配套体系等途径,为创新型省份建设提供充足的资金保障,并在分散创新过程中遇到各种风险的同时,优化资源配置,提供信用约束,推动高新技术产业的健康发展,进而实现创新型省份的建设。其作用机理如图 6-1 所示。

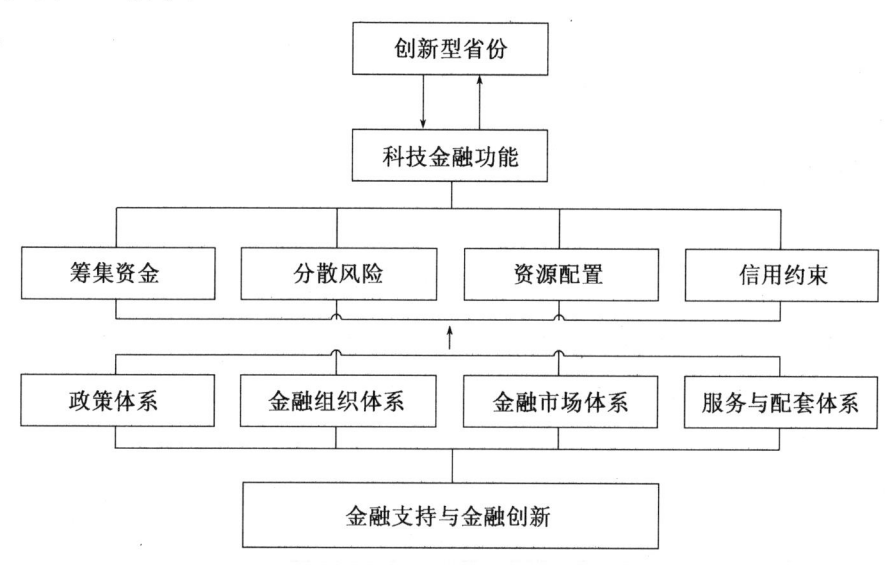

图 6-1 科技金融支持创新型省份建设的作用机理

(1) 科技金融支持系统为创新型省份建设筹集资金。实施科技创新与知识创新、提高自主创新能力是创新型省份建设的核心和精髓所在。这些创新活动的开展,必须以保持一定量资金的循环投入为前提。资金不仅是科技创新活动最重要的因素,更是创新型省份建设最为活跃的要素。通过加强流动性、规避风险以及降低信息获取成本,金融系统可以实现社会分散资金的快速、大规模聚集,并利用金融组织体系和金融市场体系,为区域中的创新项目和创新型企业提供直接和间接两种融资渠道,从而将大量闲散的社会资金集中到创新型产业,为创新产业发展和创新型省份建设提供充足的资金保障。

（2）科技金融支持系统为创新型省份建设分散风险。科技创新具有高投入、高风险和高收益等特点，创新主体往往难以独自承担全部风险，金融系统的介入则能很好地解决这一问题。一方面，银行等金融机构能够通过资金的跨期配置来实现平滑不同期限内投资收益的目的；另一方面，金融支持系统可以通过向投资者提供不同类型、层次的科技金融产品和金融工具，将创新主体在科技创新中所面临的风险分散到不同偏好的投资者手中，从而为科技创新的融资渠道提供保障。如针对高科技产业发展的不同阶段与技术创新的不确定性，科技金融支持系统可提供信贷、创业投资、私募、股权融资等不同类型、层次的金融产品和金融工具，以分散和转移风险，满足高新技术产业发展的资金需求。

（3）科技金融支持系统为创新型省份建设优化资源配置。科技创新的过程包括创新方向的选定、合作者的选择、融资方式的选择、科技创新调整等不断筛选优的过程，其实质是以资金供求形式表现出来的资源配置过程。作为现代经济的核心，金融在创新型省份的资源配置中处于基础地位，它能够将区域创新发展过程中所需的各种生产要素和经济资源通过金融机制有机结合在一起。首先，科技金融政策体系一方面可以通过政策的引领机制，间接地吸引更多的商业性资金投向科技创新项目和创新型企业；另一方面可以对商业性资金不愿或无力投资的科技创新项目和创新型企业进行投资或贷款，实现对市场调节的校正与补充。其次，科技金融组织体系能从自身利益出发，通过对创新主体的发展战略、盈利能力、财务状况等的评估、甄别和筛选，对成长性好、盈利潜力大的科技创新项目和创新型企业提供信贷资金。而科技金融市场体系能够有效地实现跨区域和跨部门的资本整合，吸引区域内外的资金向科技创新项目和创新型企业流动，同时促进不同产业之间资本存量的调整，从而实现对创新型产业发展和区域经济结构调整的支持。

（4）科技金融支持系统为创新型省份建设提供信用约束。一方面，金融机构在提供信贷资金时，会与接受资金的企业签订信贷契约，对有关贷款金额、利率、还款方式、限制性条款及违约责任等做出明确规定；在信贷资金发放后，金融机构也将实时监测借款企业的经营情况、现金流量状况等，这些在不同程度上对借款企业起到了信用约束的作用。另一方面,创新主体在通过金融市场筹集资金,不仅要接受来自股东和债权人的监督,还要接受来自资本市场的监督与约束。此外,还有来自会计师事务所、律师事务所、资产评估公司等中介机构的监督。这些监督和约束促使创新型企业改善经营管理,加快企业健康发展,进而推动创新产业发展和创新型省份的建设。

此外,除了发挥传统金融对区域创新的支撑作用外,还应强化科技金融自身的创新,以实现其对区域创新发展的新功能:① 区域内的科技金融创新能够促进区域金融结构升级。科技金融创新突破了传统的金融机构的分工格局,使彼此业务相交叉的领域极大扩展,全能化、综合化的混业经营格局逐渐形成。② 科技金融创新有助于解决市场上信息不对称问题和资本形成问题,有助于增强市场配置的有效性。引入的科技金融创新成果能够有效地帮助外围地区应对金融市场上的信息不对称,健全金融市场机制,从而为科技金融创新建立更加良好的环境。③ 科技金融创新有助于形成有效率的资本形成机制,加强区域资本的基础,灵活运用科技金融创新工具以融通更多资金,将是解决资金不足的重要渠道。④ 区域科技金融创新加快区域产业结构升级,具体表现为区域中心城市的金融创新加快区域产业结构的升级;区域金融创新,尤其是欠发达地区的金融创新能够调整本地区的经济结构,加快经济发展的脚步。

(二) 科技金融支持创新型省份建设的路径

1. 科技金融支持创新型省份建设的路径描述

科技金融支持创新型省份建设有三条选择路径,即政府主导型、中间过渡型和市场主导型。从政府主导型支撑发展路径到市场主导型的转化过程中,政府驱动力量的比重在下降,而市场驱动力量在增强。在目标定位上,政府主导型支撑发展路径定位为推动区域内"产学研金"合作,中间过渡型支撑发展路径的定位为培育区域"创新与金融"集群,而在市场主导型支撑发展路径下,目标定位为保障创新的持续性、领先性以及市场科技金融的有序发展。

(1) 政府主导型支撑发展路径适用于区域科技创新与科技金融发展能力均较低的地区。由于科技创新主体与市场科技金融主体协同能力较弱,为此需要以政府为主要推动力实现区域科技创新与科技金融协同发展,即通过政府力量实现系统要素组合结构的优化。

在政府主导型支撑发展路径下,政府通过直接资助与相关政策法规配合,重点推进区域内"产学研金"合作,其目标为集中整合区域内优势创新与金融资源,培育、带动以企业为代表的科技创新主体和发展壮大市场科技金融,提升区域科技创新与科技金融协同发展的市场驱动力。

(2)中间过渡型支撑发展路径适用于区域科技创新与科技金融本身具备一定发展基础,区域科技创新与科技金融发展处于中等水平,科技创新主体(尤其是企业)与市场科技金融主体具备一定协同能力的地区。

中间过渡型支撑发展路径的目标定位为促进区域"创新+金融"集群的形成,在此过程中应积极打造创新集群地的外部环境,通过优惠政策,吸引国内外企业、科技创新人员及市场科技金融主体入驻,政府科技管理部门、财政部门、银监会等机构出台相关政策,在巩固原有市场科技金融发展方式的基础上,与创新集群相适应,大力推进市场科技金融主体的多元化与市场科技金融工具的创新。

(3)市场主导型支撑发展路径适用于区域科技创新与科技金融发展水平均较高的地区,科技创新主体(尤其是企业)与市场科技金融主体协同能力较强。

在市场主导型支撑发展路径下,区域"创新+金融"集群已基本形成,区域内新产品、新技术等科技创新成果大量涌现,并且市场科技金融规模呈现不断扩张的态势,创新集群扩张并向虚拟化、跨行业方向发展。政府的责任是:为市场科技金融主体提供良好的法律外部环境,保证投融资信息披露的公正公平性;为天使投资者与风险投资机构的投资收益提供法律制度保障,加强对商业银行科技信贷风险的监管,强化科技资本市场的信息披露等,充分发挥科技资本市场试金石的重要作用,同时应防止市场科技金融体系过分乐观下的投资泡沫与金融创新过度的情况,通过完善的法律环境保证科技创新主体与市场科技金融主体投融资过程的有效进行,实现区域科技与金融的协调发展。

2. 科技金融支持创新型省份建设的路径选择

以上三种支撑发展路径并无优劣或先进落后之分,只有与区域具体发展情境的适合或不适合之分。三种支撑发展路径追求的目标均是区域科技创新与科技金融系统要素结构的优化,通过科技创新子系统与科技金融子系统间的正反馈作用,实现系统协同效应最大化。

当区域科技创新与科技金融子系统发展水平较低或中等,且二者协同程度较低时,政府必须承担起优化区域科技创新与科技金融系统要素结构的重任,通过财政科技投入和相关税收政策,以政府力量促进系统主客体要素的有效匹配。

当区域科技创新或科技金融子系统之一处于中等状态,且二者协同程度居中时,表明区域科技创新与科技金融系统已具备一定协同发展的基础,与政府主导型支撑发展路径相比,政府相关政策需进行调整,适合选择中间过渡型支撑发展路径,政府力量与市场力量共同驱动区域科技创新与科技金融协同发展。

当区域科技创新与科技金融子系统发展处于较高水平,且二者协同程度较高时,市场机制驱动是实现系统要素匹配的主导力量。此时,政府驱动力量弱化,但不可缺少,适合选择市场主导型支撑发展路径。

随着区域科技创新与科技金融发展状态的变化,金融支撑创新型省份建设的发展路径也随之转换,具体转换过程如图6-2所示。在区域科技创新与科技金融协同发展模式转换过程中,政府具有主动选择权。政府在不

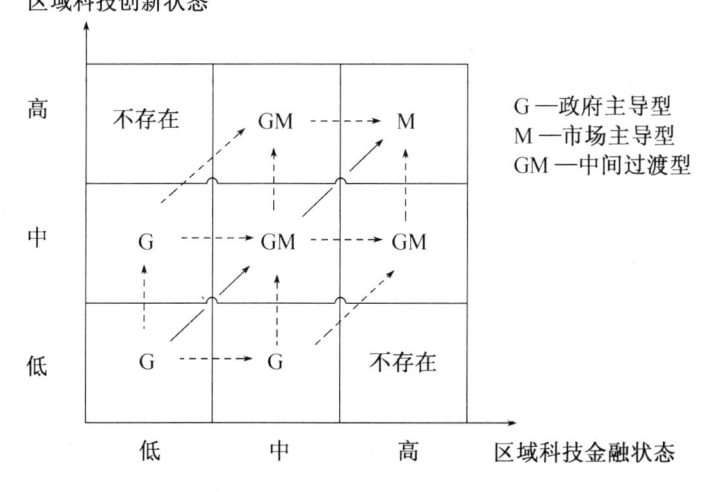

图6-2 科技金融支持创新型省份建设的发展路径

同阶段选择三种支撑发展路径及其组合,政府职能定位也相应地在主导作用、引导作用或服务作用之间相互转化。

区域科技创新状态与科技金融状态为(高、低)或(低、高)的状态不存在。原因在于区域科技创新与科技金融间紧密联系,二者相互制约,科技创新发展缓慢将严重制约科技金融的发展,反之亦然。故一种状态高而另一种状态低的组合状态不存在。图中实线箭头代表了支撑发展的最优转换路径。该路径表明:在区域科技创新与科技金融状态为(低、低)的情况下,通过政府主导型支撑发展路径实现区域科技创新与科技金融状态提升至(中,中),之后进一步通过中间过渡型支撑发展路径实现二者的发展状态提升至(高,高),进而转换为市场主导型支撑发展路径。

综上分析,由于江苏省目前苏南、苏中及苏北经济社会发展的非均衡性,因此在选择科技金融支撑区域创新发展路径上也应区别对待。在苏北地区应遵循政府主导型支撑发展路径,整合区域创新与金融资源,利用政府力量推进"产学研金"合作;在苏中地区应采取中间过渡型支撑发展路径,通过政府与市场力量共同发挥作用,促进"区域创新＋金融集群"形成;而在苏南地区应通过市场主导型支撑发展路径以保持创新的持续性、领先性与市场科技金融发展的有序性。当然,三种支撑发展路径间既存在相互联系也有内涵区别,彼此并无优劣或先进落后之分,只有与区域具体发展情境的适应或不适应之分。因此,当江苏省不同区域科技创新及科技金融状态发生改变的情况下,三类金融支撑发展路径可相互转化,从而更有效地支撑区域创新建设和发展。

(三) 完善科技金融支持体系,促进江苏创新型省份建设的对策措施

国内外的理论和实践都证明我们只有从战略高度来看科技与金融结合的组织体系、财政投入体系、市场体系及金融服务体系,建立长效运行机制,才能实现科技金融的发展,有效促进江苏的自主创新和创新型省份建设。

发达的科技金融市场体系应以政府引导和调控、传统金融机构为基础,以市场运作为导向,以金融创新为手段,以科技金融的微观机构(草根金融、创业投资、科技银行、科技小额担保公司等)与民间资本、海外资本为主体,引导多方资源投向科技创新与新兴产业。值得注意的是，企业作为自主创新的重要主体，在其生命周期的不同阶段，金融支持的规模、形式都有所不同。从政府最初在种子期的无偿投入，到成长期、成熟期的上市融资，涉及不同类型的金融产品组合，需要不同金融机构之间的配合，从而实现创新型省份的长期可持续发展。

以政策性金融资源的整合为先导，充分利用市场资源，构建以一个平台、两个保障、三类市场、五种工具为核心的科技金融体系。对综合信息平台建设、机制和人才保障制度、三类市场、五种工具进行细致而深入的研究，形成具备新型的金融载体、金融平台、金融工具，金融中介服务体系和征信体系等的完善的科技金融体系，切实服务科技创新与科技型中小企业融资（见图6-3）。当前发展的重点具体体现在以下几个方面。

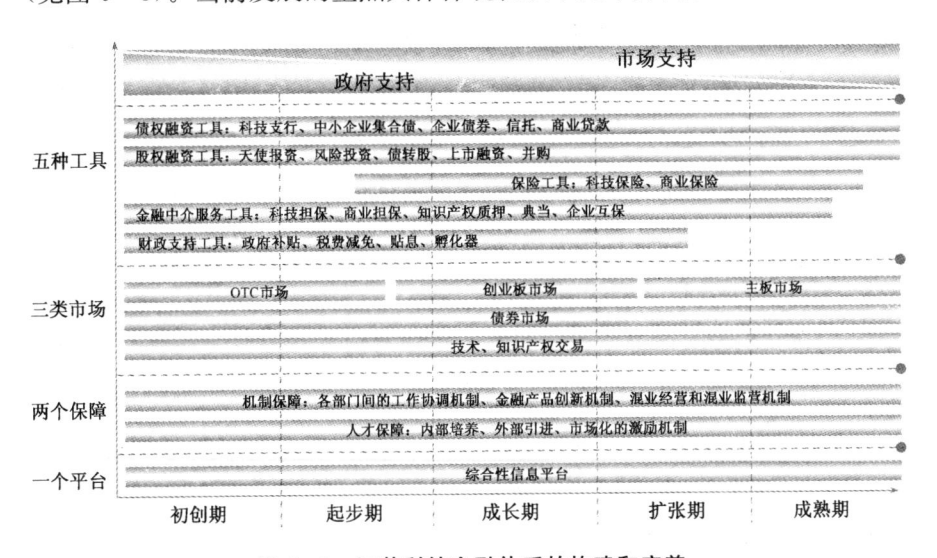

图6-3　江苏科技金融体系的构建和完善

1. 促进科技银行、科技信贷的发展与创新

（1）创新科技金融风险管理技术。一是各银行机构要积极引进专业的科技金融信用甄别和风险定价技术，积极探索以简洁的评分卡工具取代复杂的评审报告，淡化财务要素评分比重，强化对科技企业"三表"（水表、电表和煤气表）、"三品"（人品、产品和押品）、"三单"（税单、货运单和银行对账单）等非财务因素和管理团队素质等行为因素的评分。二是鼓励银行机构

积极探索外部评审制度,支持其建立共享的科技专家库,启动科技专家随机参与科技金融决策评审工作机制。

(2) 建设科技金融中介服务平台。一是积极推进在苏南地区建立区域性产权交易市场,面向全省,辐射全国。省市政府适当给予政策优惠,吸引国内外优秀评估、评级、会计、律师等中介机构落户聚集,为广大科技中小企业提供股权和知识产权等无形资产的登记、评估、交易、结算以及融资、信息等中介服务。二是鼓励各地积极培育和发展财务外包、法律咨询、技术认证等科技企业公共服务平台。三是各市县要对现有的登记评估部门进行有效规范和清理,加紧解决评估有效期限短、收费标准高、多头评估等问题。

(3) 完善科技金融信息共享平台。一是积极支持人民银行加快"中小企业信用体系试验区"建设,加快推进科技企业信用信息的整合和"落地",缓解科技金融领域的信息不对称。二是建立定期发布重点支持科技企业(项目)名单,特别是进入产业化阶段企业名单的信息通报制度,方便金融机构开展名单制管理,及时推进跟踪服务。三是建立担保机构信用评级结果发布制度,完善银保合作信息共享机制,推进银保合作更深入有效地开展。四是完善政银企沟通机制,开展丰富多彩的科技金融推介、沟通、洽谈活动,广泛宣传科技金融政策、产品和服务。

(4) 健全科技金融财政投入机制。各级政府要把科技金融投入作为财政预算保障的重点,确保科技金融奖补经费增长幅度明显高于财政经常性收入的增长幅度。加快建立省市县科技金融财政投入稳定增长机制,设立并不断充实省市县三级创投引导基金,大力发展多层次股权投资体系,重点鼓励对孵化期和成长初期科技企业的风险投资。

(5) 开展多样化科技金融正向激励机制。一是设立科技贷款贴息、科技保险补贴及科技金融专营机构风险奖补基金,对金融机构、小贷和担保公司发放科技贷款、提供科技担保(保险)以及为新设机构运营提供扶持资金。二是设立科技金融人才发展奖励基金,对急需人才的个人所得税,地方留成部分给予个人一定比例的返还,并根据贡献大小给予其他奖励。三是人民银行要积极发挥再贷款、再贴现等货币政策工具的作用,提供科技金融正向激励。四是支持金融部门开展科技不良贷款核销工作。

(6)大力创新科技金融产品与信贷模式。鼓励各银行机构积极创新工作机制、金融产品和服务方式,探索和开展科技型中小企业金融服务,加大对科技型中小企业的信贷支持。根据"政府引导,市场运作"的原则,为科技中小企业信贷支持开辟"绿色通道",围绕"创投+担保+贷款"模式、"政府推荐+担保+贷款"模式以及"统贷支持"模式积极研发新产品,加大对科技企业的信贷支持力度。目前,江苏省代表性的科技信贷产品包括农业银行的"金科通"、"点金石"和"好帮手"三大系列产品,交通银行的"科贷通"、"税融通"、"创业通"等产品。

(7)建立健全科技型企业信用担保体系。建立中小企业信用担保体系是发达国家扶持中小企业发展的通用做法。在科技信贷的供需双方之间,加入信用担保机构,可以有效减少信息不对称现象,顺畅高新技术企业和银行之间的信息传递渠道,是缓解科技型企业融资难的有效途径。要建立政府扶持下的市场化担保模式,提高高科技企业的信用等级,转变其信用观念,使其更容易获得资金支持。同时,还要建立有效的担保机构资本补充机制,通过吸收社会资本加入,鼓励大公司参股,以壮大担保公司的实力,提高其为高科技企业融资提供服务的能力。

(8)创新科技信贷风险管理技术,改进科技信贷方法。各家金融机构应积极引进专业的科技信贷信用甄别和风险定价技术,积极探索以简洁的评分卡工具取代复杂的评审报告,淡化财务要素评分比重,强化对科技企业"三表"、"三品"、"三单"等非财务因素和管理团队素质等行为因素的评分。同时鼓励金融机构加强与地方政府部门、园区管委会、专业化市场、行业协会开展合作,动员社会各方资源参与可贷企业筛选工作,引导金融机构对成长型科技企业提供批量、集群化"信贷工厂"服务,针对初创期、成长期和成熟期科技企业的不同特点和需求,提供多样化的信贷服务方案。

(9)构建专门的科技信贷绩效考核制度。由于科技信贷存在风险偏大、收益偏低的特点,各商业银行为了规避风险,满足总分行的考核要求,不愿或不敢将信贷资金投入到高科技企业中,这在客观上制约了科技信贷市场的发展。商业银行应建立健全独立的、有特色的科技贷款统计制度,加大对科技型中小企业的信贷支持力度,不断提高科技型企业信贷投放的占比。

要根据银行业金融机构的实际,制定科技信贷投放的中长期规划和年度目标任务,逐步建立适应科技型中小企业特点的风险评估、授信尽职和奖惩制度,适当提高对科技型中小企业不良贷款的风险容忍度,扩大科技金融结合试点地区基层行的授信审批权限。

(10) 创新风险控制方式。风险控制是银行实现持续发展的第一要务。为了保证科技信贷能持续发展,应建立有效的专项信贷风险补偿基金。例如中国农业银行与无锡市政府、新区政府各出资1 000万元共建了专项风险补偿基金;泰州、盐城两市政府也分别与农业银行合作成立了专项风险补偿基金,用于补偿农业银行科技支行科技信贷的损失。除了风险补偿基金,各商业银行还应进一步创新风险控制方式,逐步完善科技信贷风险控制体系。首先,应建立适合科技信贷的经营准则和内控制度,尽快建立科技金融评审专家库,在办理知识产权质押贷款、非上市公司股权质押贷款等新业务时探索对科技型中小企业的评估方法、风险评估标准和管理规范;其次,应采取组合业务,选择不同行业的科技企业和项目、利用不同风险程度的金融工具组合,分散风险;再次,联合产业资本、创投公司等专业投资机构共同投资,共同控制风险;最后,对在本行有贷款的科技企业的结算业务、中间业务以及企业发展情况进行实时监控,从企业业务流程和资金链上防控风险。

2. 促进科技保险的发展与创新

(1) 加大宣传和政府协调力度。目前,很多高科技企业还不知道有科技保险这一规避风险、融通资金的有效手段。因此在下一阶段的工作中,应加强宣传,使高科技企业充分认识到科技保险的必要性,形成良好的科技保险发展氛围。另外,科技保险的顺利开展需要同时协调多个部门,必须依靠政府牵头,制定合理、全面的科技保险配套政策来支持其发展。建议在省级层面上成立科技保险专项工作组,成员包括省科技厅、财政厅、金融办、人行南京分行、保监局等部门相关人员,负责方案设计和组织推动,对未来三年整体工作进行规划并编制补贴费用预算。通过组织保证、规划引导,使科技保险工作有序开展。

(2) 鼓励保险公司进行金融创新。目前政府对保险公司的监管还较为严格,应采取措施鼓励保险业开发新的金融工具来拓宽融资渠道,实现有效的风险分摊,促进科技保险的进一步发展。可以借鉴国外的先进经验,征收特别科技保险税,给予保险公司一定的补贴;加强保险市场和证券市场的联系,将科技保险证券化,设计科技保险期权和期货,分散科技保险的风险。保险公司应根据高科技企业的特点,设计出特定的保险产品,不仅是针对成熟期的企业,对初创期、成长期企业的保险需求也要适当满足,开发出更多适销对路的满足多阶段、多领域企业产品需求的新险种。

(3)加强对国外科技保险的研究和经验借鉴。尽管科技保险在国内外发展的速度都比较迟缓,但西方发达国家科技保险发展毕竟比中国早,其保险深度和广度都远远超过我国,其在科技保险的产品设计、费率厘定等方面都积累了丰富的经验,在知识产权等方面的业务上进行了有效的探索,值得我们学习和借鉴。另外在一些大型项目的保险中,如新型飞机的研发、卫星的发射等,一旦发生问题,保险公司要承担的损失非常大,国内保险公司应通过和国外保险公司合作来分担风险。

(4)简化流程,提高运营效率。科技保险财政补贴落实后,要为科技企业保费补贴提供方便,尽量简化手续,凭科技企业出具的保险费发票和保险公司承保的科技保险确认书,在一个月之内补贴到位,提高工作效率,吸引更多的高科技企业投保科技保险。

3. 促进科技证券资本的发展与创新

(1)加快形成江苏省多层次的科技资本市场,拓宽战略性新兴产业发展的投融资渠道。大力完善新兴产业企业上市创业板、中小企业板及主板市场的培育体系。建议省和有条件的市设置新兴产业企业上市培育基金、奖励基金,由政府相关部门联合证券公司建立上市企业培训机构,加快符合条件的战略性新兴产业企业进入直接融资市场的步伐。

(2)大力培育和挖掘江苏省新兴产业的策源地,形成新兴产业企业资源库,按其所处的种子期、初创期、扩张期和成熟期等不同创新创业阶段,采取有针对性的培育和扶持政策。制定培育战略性新兴行业领军企业和领军人物的年度计划和三年规划。鼓励已上市的新兴产业企业通过增发股份、兼并重组,加快做大做强的步伐。

(3)制定新兴产业企业上市行动计划,选择一批主要财务指标达到上市标准的企业，帮助其策划改制方案，实施资产重组和企业改制，尽快申报上市。选择一批具有高成长性的企业作为上市后备企业进行重点培养，加快其产业化发展，提高财务指标水平，策划改制上市方案。加强与证监部门和交易所的对接，争取缩短上市发行时间，提高发行效率。努力争取为科技金融发展创新综合示范区的战略性新兴产业企业提供发行的"绿色通道"。

（4）推动战略性新兴产业企业在境外上市。利用江苏省在全球软件和服务外包领域享有的较高声誉，选择一批规模较大、国际竞争力较强的软件和服务外包企业，帮助其策划和落实境外上市方案，争取尽快在纳斯达克或其他境外创业板上市。

（5）加快做好国家级高新区的各项准备工作，力争首批进入新三板扩大试点范围。按照国家试点工作要求，尽快申报和开展新三板试点。创造条件，努力争取江苏省国家级经济技术开发区进入国家"股份代办转让系统"试点。为园区广大成长潜力好的非上市战略性新兴产业企业，开拓更宽广的投融资和股份转让渠道，也为挂牌企业今后通过转板机制进入交易所主板市场创造条件。

（6）加快开展新三板试点的准备工作，依托国家级高新区整合全省战略性新兴产业企业，选择一批符合条件的企业进行培训，争取尽量多的企业到新三板挂牌，鼓励上市后备企业到新三板转板上市。

（7）健全科技产权交易市场，在产权交易所设立战略性新兴产业企业产权交易平台，为高新区及全省的新兴产业企业提供股权融资服务。江苏省科技产权交易市场要逐步与国内各个产权交易中心联网，提升服务功能，扩大交易规模，形成区域性科技产权交易市场。

（8）扩大科技企业债券市场融资规模，推进直接债务融资工具业务。积极组织推动各地"高科技企业集合短期融资券"、"高科技企业集合中期票据"、"高新技术企业集合债"等新型金融工具的承销与发行，有效拓展科技企业多元化融资渠道。

（9）加大战略性新兴产业企业政策支持力度。企业申请在境内外上市，进入上市受理阶段的，对企业和保荐券商给予一定补贴；进入发行上市阶段，再追加一定补贴。企业申请在新三板挂牌的视同企业上市，给予一定补贴。对战略性新兴产业企业上市和挂牌过程中因增资扩股、资产重组补缴的税费,实行地方税收留成先征后返政策,降低企业上市和挂牌成本。

(10)准确定位政府创业投资引导基金,强化其引导作用,控制社会资金的流向以及流入时机,引导创业风险投资来源趋向社会资本,集中于高新技术产业企业的初始和创建期。

五、结束语

250年前,第一次工业革命爆发于英国,创造了一个科学技术和经济繁荣远远胜过世界其他国家的强大帝国。多少年之后,人们在思考为什么那次工业革命恰恰出现在英国而不是世界上其他地方(例如中国或印度)这样的问题时,给出了各种各样的答案。先是外生条件改变论,即英国在工业革命爆发前一百年出现了政体上的突变,使英国成为第一个君主立宪制国家,防止了引起社会震动的革命,有利于技术在英国的演进,最终爆发了工业革命。但这种理论一经问世就没有多少人相信,无论是经分析研究还是简单观察,都可以看出君主立宪制与创新或工业革命之间没有因果关系,因为世界上还有很多君主立宪的国家。此外,还有用地理因素去解释的理论,即英国正好是一个煤储量丰富的国家,18世纪正好是煤派上大用场的时候,催生了英国的蒸汽机和工业革命。这种理论有独特的观察视角和研究方法,但最终还是没有流行起来,因为地理因素可能在起作用,但未必是决定性的。长期内比较流行的理论是发明创造说,即工业革命前夕英国出现了发明创造的高潮,蒸汽机、飞梭纺织机等技术进步推动了工业革命。在新制度经济学涉足这一领域之前,这种理论有很大的影响力,但随着新制度经济学开始探究200多年前的历史起因后,人们不禁提出了新的疑问:为什么英国在18世纪前后会出现有利于工业化大生产的许多发明创造和显著的技术进步?这些创新到底是原因还是结果?如果说发明创造是工业革命的原因的话,那为什么比英国早两个世纪的意大利也有众多的发明创造,却没有产生丝毫的工业革命迹象?还有,中国也曾经在科学技术方面明显领先于世界,尤其是在宋代和明代初期,但为什么除了创造出主要满足贵族和有闲阶层消费的繁荣手工业外,与真正的工业革命毫无关联?最后,新制度经济学的解释逐渐占了上风,并得到越来越多的学者的认同。

新制度经济学的观点是,正是制度的演进,而不是其他,为当时的英国创造了爆发工业革命的条件,其他地方,包括法国和西班牙,并不具备这些制度条件(中国则更不具备)。所以,人类历史上的第一次工业革命自然而然地选择了英国,而不可能是其他地方。

虽然在英国之前,意大利和法国也有许多发明创造,但多半是科学家和工匠的好奇心与探索精神所致,并不是制度安排的结果,因而具有很大的偶然性。17世纪,英国正式颁布专利法,结束了王室对发明专利的垄断。300多年前英国的专利法,其意义一点不亚于任何一场推翻封建王朝的革命,它把原先被禁锢在封建宫廷内的创新发明彻底解放了出来,使之成为工商阶级征服市场和繁荣经济的重要利器。差不多与此同时,股份制、证券交易所、商业银行、保险公司也在英国蓬勃地发展起来,这些制度条件和市场条件为英国成为工业革命故乡创造了必要条件。1688~1695年,英国的股份公司数量从22家猛增至150家,超过任何一个西欧国家,其影响力也超越了最早诞生股份制的荷兰,尽管荷兰也是世界上最早兴起资本主义和工业化的国家之一。

回顾250年前人类第一次大的创新高潮爆发在英国和西欧的背景,我们在看到制度安排在其中所起到关键作用的同时,还应看到其中市场条件或市场制度的独特地位。私有产权及其交易在制度上得到进一步确认,科学家与工匠的科学发明也有自己的产权,并可以在市场上进行交易,创新的资本可以不必全部来自创业家的积蓄,而逐步转向资本市场,这些业已形成的市场及市场制度为创新铺垫了通向繁荣的道路。因此,创新的真正密钥是建立在制度安排基础上的市场机制,是能够让创新价值在市场竞争中得以实现的交易机制。

今天,我们也有专利法,也有股份制、证券交易所和商业银行,但却缺失成熟的市场,市场还是不能鼓励具有创新潜能的要素积极参与创新活动,还是不能有效配置创新的资源,还是不能促使创新成为竞争中优胜劣汰的关键因素。之所以缺失有利于创新的市场,主要有两个原因:一是目前的主流市场不鼓励创新,在市场上取胜的主要还是基于成本优势的竞争,甚至冒仿、短期投机盛行。二是政府配置了过多的资源,包括创新资源,市场配置资源的机制没有得到很好利用甚至被挤压。当包括创新资源在内的各种资源可以通过游说政府获得的时候,没有人愿意以等价交换的方式从市场获得,而政府配置创新资源在多数情况下是失败的,或效益不高的。除了具有公益性和事关国家与地区重大发展方向性的创新,政府可以集中力量重点引导外,面向市场的创新应当主要由市场去解决,这也是保证创新成功的真正力量。韩国是一个后起的创新型国家,在世界创新舞台上有一席之地,其真正在世界上有创新地位的并非那些获得政府创新资源的大学和研究机构,而是主要依靠市场资源(并不排除部分来自政府)的知名企业。

简而言之,建设一个创新型省份,营造一个有利于创新的市场条件和市场机制要远比政府办一批研究机构重要得多,也有效得多。政府可以在人才、技术、信息、资本、中介服务等一系列创新要素上着力营造市场,创造市场机制。例如,政府应千方百计地促进技术创新人才向企业集中,包括采取积极措施帮助有条件的企业引进海外高端人才,并尽最大可能体现这些人才的市场价值。当前,实体经济企业的技术、人才状况令人担忧,国内一流大学的毕业生很少愿意去实体经济企业就业,更何况高端人才。政府花重金和利用财政资金引进的重点人才主要集中在高等院校和科研院所,人才预期远离市场。这种情况下,不用说出不了凭借创新跻身世界的知名企业,就连产业的一般创新也难走得远。同样,技术或创新成果的价值应当更多地由市场去认可,在市场竞争和交易中去实现。应当进一步地放开管制,用尽可能宽松的制度鼓励人才、技术、成果、产权进入市场,并在市场交易中最大限度地体现这些创新要素的价值。当一个有利于创新活动走向繁荣的市场框架和市场机制基本形成之后,创新型省份的建设也就水到渠成。

(执笔:徐康宁　冯　伟　李心丹)

参考文献

[1] Aghion, P., Howitt, P., 1992,"A Model of Growth through Creative Destruction", Econometrica, 60(2): 323-351.

[2] Aghion, P., Howitt, P., 1996, "Research and Development in the Growth Process", Journal of Economic Growth, 1: 49-73.

[3] Ambile, T. M., 1988, "A Model of Creativity and Innovation in Organization", in N. M. Stawand L. L. Cummings(eds.), Research in Organizational Behaviour, JAI Press, Greenwich, Conn.: 123-167.

[4] Anderson, P., Tushman, M. L., 1990, "Technological Discontinuities and Dominant Designs: a Cyclical Model of Technological Change", Administrative Science Quarterly, 35(4): 604-633.

[5] Aoki, M., 1988, Information, Incentives and Bargaining in the Japanese Economy, Cambridge University Press, Cambridge.

[6] Arrow, K. J., 1962, "The Economic Implications of Learning by Doing", The Review of Economic Studies, 29(3): 155-173.

[7] Barro, R. J., Salai Martin, X., 1992, "Public Finance in Models of Economic Growth", The Review of Economic Studies, 59(4): 645-661.

[8] Barro, R. J., 1990, Macroeconomic Policy, Harvard University Press.

[9] Berger A., G. Udell, 1998, "The Economics of Small Business Finance: The Roles of Private Equity and Debtmarkets in the Financial Growth Cycle", Journal of Banking & Finance, (22): 613-673.

[10] Brown, J. S., Duguid, P., 1991, "Organizational Learning and Communities of Practice: Towards a Unified View of Working, Learning and Innovation", Organization Science, 2(1): 40-57.

[11] Burgleman, R. A., 1991, "Intraorganizational Ecology of Strategy Making and

Organizational Adaptation: Theory and Research, ", Organization Science, 2(3): 239–262.

[12] Cassiman, B., Perez, D., Veugelers, R., 2002, "Endogenizing Know-how Flows through the Nature of R&D Investments", International Journal of Industrial Organization, 20(6): 775–99.

[13] Chaminade, C., Vang, J., 2008, "Globalization of Knowledge Production and Regional Innovation Policy: Supporting Specialized Hubsin the Bangalore Software Industry", Research Policy, 37(10): 1684–1696.

[14] Chandler, A., 1990, Scale and Scope: The Dynamics of Industrial Capitalism, Harvard University Press, Cambridge.

[15] Chandler, A., Amatori, F., Hikino, T. (eds), 1997, Big Business and the Wealth of Nations, Cambridge University Press, Cambridge.

[16] Charles Edquist., 1997, Systems o Innovation: Technologies, Institutions and Organizations, Routledge, London.

[17] Child, J., 1972, "Organizational Structure, Environment and Performance—The Role of Strategic Choice", Sociology, 6(1): 1–22.

[18] CITF, 1998, "Creative Industries Task Force", Creative Industries Mapping Document, London: Department of Culture, Media and Sport.

[19] Cockburn Iain., Ang Anderson., 1998, "Absorptive Capacity, Co-authoring Behavior, and the Organization of Research in Drug Discovery", Journal of Industrial Economics, 46: 157–182.

[20] Cooke, P., 2008, "Regional Innovation Systems, Clean Technology & Jacobian Cluster—Platform Policies", Regional Science Policy & Practice, 1(1): 23–45.

[21] Cooke, P., 2009, Network Regions, International Encyclopedia of Human Geography, Oxford: 399–404.

[22] Cooke, P., Heidenreich, M. (Eds), 1994, Regional Innovation Systems: The Role of Governance in a Globalized World, London UCL Press, London.

[23] Cornell University, INSEAD, WIPO, 2013, The Global Innovation Index 2013: The Local Dynamics of Innovation, Geneva, Ithaca, and Fontainebleau.

[24] David, P., Hall, B., Toole, A., 2000, "Is Public R&D a Complement or Substitute for Private R&D? A Review of the Econometric Evidence", Research

Policy, 29(4): 497-529.

[25] Davidson, C. , Segerstrom, P. , 1998, "R&D Subsidies and Economic Growth", The RAND Journal of Economics, 29(3): 548-577.

[26] Devereux, M. B. , Lapham, B. J. , 1994, "The Stability of Economic Integration and Endogenous Growth", The Quarterly Journal of Economics, 109 (1): 299-305.

[27] Dinopoulos, E. , Syropoulos, C. , 2007, "Rent Protection as a Barrier to Innovation and Growth", Economic Theory, 32(2): 309-332.

[28] Dose, G. , 1988, "Source, Procedures, and Microeconomic Effects of Innovation", Journal of Economic Literature, 26: 1120-1171.

[29] Dutta, S. , 2012, "The Global Innovation Index 2012: Stronger Innovation Linkages for Global Growth", INSEAD.

[30] Edquist, C. , 2001, "Systems of Innovation for Development(SID)", Background Paper for the UNIDO World Industrial Development Report (WIDR), United Nations Industrial Development Organization(UNIDO).

[31] Florida, R. , Tinagli, I. , 2005, "Europe in the Creative Age", Europe: Alfred. Sloan. Foundation, Demos: 211-219.

[32] Foray, D. , Lundvall, B. A. , 1996, "The Knowledge-based Economy: From the Economics of Knowledge to the Learning Economy", Employment and Growth in the Knowledge-based Economy: 11-32.

[33] Furman, Porter, Stern, 2002, " The Determinants of National Innovative Capacity", Research Policy, 31: 899 - 933.

[34] Gill, I. , Kharas, H. , 2007, "An East Asian Renaissance: Ideas for Economic Growth", The World Bank, Washington D. C. .

[35] Giovanna Bosco, M. , 2007, "Innovation, R&D and Technology Transfer: Policies towards a Regional Innovation System", The Case of Lombardy, European Planning Studies, 15(8): 1085-1111.

[36] Gorg, H. , Strobl, E. , 2007, "The Effect of R&D Subsidies on Private R&D", Economica, 74(5): 215-234.

[37] Gregersen, B. , Johnson, B. , 1997, "Learning Economies, Innovation Systems and European Integration", Regional Studies, 31(5): 479-490.

[38] Grossman, G. M., Helpman, E., 1991, "Quality Ladders in the Theory of Growth", The Review of Economic Studies, 58(1): 43-61.

[39] Grossman, G. M., Helpman, E., 1994, "Endogenous Innovation in the Theory of Growth", Journal of Economic Perspectives, 8(1): 23-44.

[40] Guinet, J., 1997, "Knowledge Flows in National Innovation Systems", Industrial Competitiveness in the Knowledge-based Economy: The New Role of Governments, OECD, Paris: 173-178.

[41] Hall, P., 2000, "Creative Cities and Economic Development", Urban Studies, 37: 639-649.

[42] Hall, P., 2001, "Cities and Civilization", From International, New York: 302.

[43] Hannan, M. T., Freeman, J. H., 1977, "The Population Ecology of Organizations", American Journal of Sociology, 82(5): 929-963.

[44] Hannan, M. T., Freeman, J. H., 1984, "Structual Inertia and Organizational Change", American Sociology Review, 49(2): 149-164.

[45] Hassink, R., 2005, "How to Unlock Regional Economies from Path Dependency? From Learning Region to Learning Cluster", European Planning Studies, 13(4): 521-535.

[46] Hudson, R., 1999, "The Learning Economy, the Learning Firm and the Learning Region, A Sympathetic Critique of the Limits to Learning", European Urban and Regional Studies, 6(1): 59-72.

[47] Jan Fagerberg, David, C., Richard Nelson, 2005, The Oxford Handbook of Innovation, Oxford University Press.

[48] Jeffery L. Furman, Richard Hayes, 2004, "Catching up or Standing Still? National Innovative Productivity among 'Follower' Countries", Research Policy, 33: 1329-1354.

[49] Jorgenson, D. W., Yun, K. Y., 1990, "Tax Reform and US Economic Growth", Journal of Political Economy: 151-193.

[50] Kang, Moonsung, 2006, "Trade Policy Mix: IPR Protection and R&D Subsidies", Canadian Journal of Economics, 39(3): 744-757.

[51] King R., Levine R., 1993, "Enterpreneurship and Growth: Theory and Evidence", Journal of Monetary Economics, (32): 513-542.

[52] Kirat, T., Lung, Y., 1999, "Innovation and Proximity Territories as Loci of Collective Learning Processes", European Urban and Regional Studies, 6(1): 27-38.

[53] Kogut, B., Zander, U., 1992, "Knowledge of the Film, Combinative Capabilities, and the Replication of Technology", Organization Science, 3(3): 383-397.

[54] Kuemmerle, W., 1996, "Home Base and Foreign Direct Investment in R&D", Unpublished PhD Dissertation, Harvard Business School, Boston.

[55] Lava, J., Wenger, E., 1991, Situated Learning: Legitimate Peripheral Participation, Cambridge University Press, New York.

[56] Lichtenberg, R., Donald, S., 1991, "The Impact of R&D Investment on Productivity: New Evidence Using Linked R&D-LRD Data", Economic Inquiry, 29(2): 203-228.

[57] Lichtenberg, R., 1988, "The Private R&D Investment Response to Federal Design and Technical Competitions", American Economic Review, 78(3): 550-559.

[58] Lucas, Jr. R. E., 1988, "On the Mechanics of Economic Development", Journal of Monetary Economics, 22(1): 3-42.

[59] Lundvall, 1992, "National Systems of Innovation: Towards a Theory of Innovation and Interactive Learning", Pinter Publishers, London: 1-19, 45-67.

[60] Mansfield, E., Switzer, L., 1984, "Effects of Federal Support on Company-financed R&D: The Case of Energy", Management Science, 30(5): 562-571.

[61] Marcus, N., Howard, P., 2003, "Industrial Policy in an Era of Globalization: Lessons from Asia", Working Paper, Institute for International Economics.

[62] Marshall, A., 1961, Principles of Economics, Macmillan, London.

[63] Mezias, S. L., Glynn, M. A., 1993, "The Three Faces of Corporate Renewal: Institution, Revolution, and Evolution", Strategic Management Journal, 14: 77-101.

[64] Mintzberg, H., 1979, The Structuring of Organization, Prentice Hall, Englewood Cliffs, NJ.

[65] Morales, F., 2004, "Research Policy and Endogenous Growth", Spanish Economic Review, 6(10): 179-209.

[66] Mowery, D., Rosenberg, N., 1979, "The Influence of Market Demand upon

Innovation: A Critical Review of Some Recent Empirical Studies", Research Policy, 8: 102-153.

[67] Narin, F., Hamilton, K. S., Olivastro, D., 1997, "The Increasing Linkage between US Technology and Public Science", Research Policy, 26(3): 317-330.

[68] Nelson, R., Winter, S., 1982, An Evolutionary Theory of Economic Change, Cambridge, Harvard University Press, Mass.

[69] Nonaka, I., Takeuchi, H., 1995, The Knowledge Creating Company, Oxford University Press, New York.

[70] Nonaka, I., 1994, "A Dynamic Theory of Organizational Knowledge Creation", Organization Science, 5: 14-37.

[71] North, D. C., 1990, Institutions, Institutional Change and Economic Performance, Cambridge University Press.

[72] Oliver, G., Maximilian, Z., 1999, "New Concepts and Trends in International R&D Organization", Research Policy, 3(28): 231-250.

[73] Park, G. W., 1998, "A Theoretical Model of Government Research and Growth", Journal of Economic Behavior and Organization, 34: 69-85.

[74] Pavitt, K., 1991, "Key Characteristics of the Large Innovation Firm", British Journal of Management, 2: 41-50.

[75] Pelloni, A., 1997, "Public Financing of Education and Research in a Model of Endogenous Growth", Labor, 11(3): 517-539.

[76] Penrose, E., 1959, The Theory of the Growth of the Film, Oxford University Press.

[77] Pinto, H., Guerreiro, J., 2010, "Innovation Regional Planning and Latent Dimensions: The Case of the Algarve Region", The Annals of Regional Science, 44(2): 315-329.

[78] Riccardo Viale, Henry Etzkowitz., 2010, The Capitalization of Knowledge: A Triple Helix of University-Industry-Government, Edward Elgar Publishing Limited.

[79] Robson, M., 1993, "Federal Funding and the Level of Private Expenditure on Basic Research", Southern Economic Journal, 60(1): 63-71.

[80] Rodrik, D., 2004, "Industrial Policy for the 21st Century", Working Paper,

September, John F. Kennedy School of Government, Harvard University.

[81] Romer, P., 1990, "Endogenous Technological Change", Journal of Political Economy, 98(5): 71-102.

[82] Romer, P. M., 1986, "Increasing Returns and Long-run Growth", The Journal of Political Economy: 1002-1037.

[83] Russo, M., Rossi, F., 2009, "Cooperation Networks and Innovation—A Complex Systems Perspective to the Analysis and Evaluation of a Regional Innovation Policy Programme", Evaluation, 15(1): 75-99.

[84] Rustichini, A., Schmitz, A., 1991, "Research and Imitation in Long-run Growth", Journal of Monetary Economics, 27(2): 271-292.

[85] Salai Martin X., Bilbao Osorio B., Blanke, J., et al., 2012, "The Global Competitiveness Index 2012 – 2013: Strengthening Recovery by Raising Productivity", The Global Competitiveness Report 2012 – 2013: 49-68.

[86] Saxenian, A., 1994, Regional Advantage: Culture and Competition in Silicon Valley and Route, Harvard University Press, Cambridge.

[87] Schumpeter, J., 1934, The Theory of Economic Development, Harvard University Press, Cambridge.

[88] Scott, A., 2006, "Creative Cities: Conceptual Issues and Policy Questions", Journal of Urban Affairs, 28: 1-17.

[89] Sea-Jin Chang, 2008, Sony vs. Samsung: The Inside Story of the Electronics Giants' Battle for Global Supremacy, John Wiley $ Sons.

[90] Solow, R. M., 1957, "Technical Change and the Aggregate Production Function", The Review of Economics and Statistics, 39(3): 312-320.

[91] Spence, Michael, 1973, "Job Market Signaling", Quarterly Journal of Economics, 87(3): 355-374.

[92] Storper, M., 1997, The Regional World: Territorial Development in a Global World, The Guilford Press, New York, London.

[93] Tassey, G., 1997, The Economics of R&D Policy, Greenwood Publishing Group Press.

[94] Tassey, G., 2004, "Policy Issues for R&D Investment in a Knowledge-based Economy", Journal of Technology Transfer, 29(2): 153-185.

[95] Teece, D. J., 1998, "Design Issues for Innovative Firms: Bureaucracy, Incentives and Industrial Structure", in A. D. Chandler Jr., P. Hagstrom, Solvell(eds.), The Dynamic Firm, Oxford University Press, Oxford: 134 – 165.

[96] Tidd, J., Bessant, J., Pavitt, K., 2005, Managing Innovation(3rd edition), John Wiley&Sons, Ltd.

[97] Tushman, M. L., Reilly, C. A. III., 1996, "Ambidextrous Organization: Managing Evolutionary and Revolutionary Change", California Management Review, 29(1): 29 – 44.

[98] Uyarra, E., 2010, "What is Evolutionary about 'Regional Systems of Innovation'? Implications for Regional Policy", Journal of Evolutionary Economics, 20(1): 115 – 137.

[99] Van De Ven, Poolley, D., Garud, S., Venkataraman, S., 1999, The Innovation Journey, Oxford University Press, New York.

[100] Van Marrewijk, Charles, Stibora, Joachim, deVaal, Albert, Viaene, Jean-Marie, 1997, "Producer Services, Comparative Advantage, and International Trade Patterns", Journal of International Economics, 42(1): 195 – 220.

[101] Wallsten, J., 1999, "Do Government-industry R&D Program Increase Private R&D: The Case of the Small Business Innovation Research Program", Working Paper, Department of Economics, Stanford University.

[102] Weick, K. E., 1979, The Social Psychology of Organizing, AddisonWesley.

[103] Yang, X., Borland, J., 1991, "A Microeconomic Mechanism for Economic Growth", Journal of Political Economy: 460 – 482.

[104] Zabala Iturriagagoitia, J. M., Voigt, P., Gutiérrez-Gracia, A., Jiménez-Sáez, F., 2007, "Regional Innovation Systems: How to Assess Performance", Regional Studies, 41(5): 661 – 672.

[105] 安格斯·麦迪森. 世界经济千年史. 中译本. 北京大学出版社,2003.

[106] 安同良. 中国企业的技术选择. 经济研究,2003(7).

[107] 安同良. 企业技术能力发展论. 人民出版社,2004.

[108] 安同良,施浩,Ludovico Alcorta. 中国制造业企业R&D行为模式的观测与实证. 经济研究,2006(2).

[109] 安同良,王文翌,王磊. 中国自主创新研究文献综述. 学海,2012(2).

[110] 白嘉菀,郗芙蓉.我国创新型城市建设研究综述.商业时代,2010(7).

[111] 毕亮亮,潘锡辉.关于我国创新型城市建设的思考.中国科技论坛,2010(12).

[112] 布朗·克里斯托弗,弗雷德里克·冯.创新之战.中译本.机械工业出版社,1994.

[113] 操龙灿,江英.企业自主创新体系及模式研究.科学学研究,2006(24).

[114] 曹丽燕.韩国的科技创新体系.科技管理研究,2007(6).

[115] 陈焕友.把握大机遇,策划大思路,推动大开放——呼应浦东开发发展江苏外向型经济的实践与思考.南京大学学报(哲学·人文科学·社会科学版),2001(2).

[116] 陈强,鲍悦华.德语区国家创新体系的比较研究.经济社会体制比较,2011(1).

[117] 创新城市评价课题组.中国创新城市评价报告.统计研究,2009(8).

[118] 大卫·艾杰顿.历史的震撼.中译版.上海科学技术文献出版社,2008.

[119] 大卫·史密斯.创新.上海财经大学出版社,2008.

[120] 代明.自主创新型城市的四大功能标志.特区经济,2005(12).

[121] 戴尔,葛瑞格森,克里斯坦森.创新者的基因.中译本.中信出版社,2013.

[122] 丹·赛诺,索尔·辛格.创业的国度——以色列经济奇迹的启示.中信出版社,2010.

[123] 范硕,李俊江.韩国创新模式:大学、集群与创新体系.亚太经济,2011(2).

[124] 范旭,谷飞.科研机构在创新型城市建设中的作用分析.科技管理研究,2010(13).

[125] 费希尔,迪亚兹,斯奈卡斯.大都市创新体系.上海人民出版社,2006.

[126] 冯涛.日本科技管理部门的职能和主要工作.全球科技经济瞭望,2000(7).

[127] 顾松年.苏南模式创新发展和苏南经济转型升级——30年改革开放带来苏锡常发展的历史性跨越.现代经济探讨,2009(1).

[128] 何颖.创新型城市构成要素与模式探析.商业现代化,2007(3).

[129] 洪银兴.产业创新与新增长周期.经济学动态,2009(10).

[130] 洪银兴.向创新型经济转型——后危机阶段的思考.南京社会科学,2009(11).

[131] 洪银兴.迎接新增长周期:发展创新型经济.学术月刊,2010(1).

[132] 洪银兴.关于创新驱动和创新型经济的几个重要概念.群众,2011(8).

[133] 洪银兴.科技创新与创新型经济.管理世界,2011(7).

[134] 洪银兴.论创新驱动经济发展战略.经济学家,2013(1).

[135] 洪银兴.科技金融及其培育.经济学家,2011(6).

[136] 洪银兴.论创新驱动经济发展.南京大学出版社,2013.

[137] 胡树华,牟仁艳.创新型城市的概念、构成要素及发展战略.经济纵横,2006(8).

[138] 胡晓辉,杜德斌.科技创新城市的功能内涵、评价体系及判定标准.经济地理,2011(10).

[139] 胡钰.创新型城市建设的内涵、经验和途径.中国软科学,2007(4).

[140] 胡志坚,苏靖.区域创新系统理论的提出与发展.中国科技论坛,1999(6).

[141] 简兆权,刘荣.建设创新型城市的深圳模式研究.科技管理研究,2009(11).

[142] 姜宁,魏守华.内生创新、本土创新与自主创新辨析.经济经纬,2009(2).

[143] 蒋玉涛,招富刚.创新驱动过程视角下的创新型区域评价指标体系研究.科技管理研究,2009(7).

[144] 金麟洙,理查德·R.尼尔森.技术、学习与创新.中译本.知识产权出版社,2011.

[145] 李碧花,董瀛飞.创新型区域的形成路径与运行机制——以生物技术产业的国际比较为例.山东社会科学,2011(7).

[146] 李中国,皮国萃.中国创新体系研究:进展与趋势.科技管理研究,2012(23).

[147] 理查德·R.纳尔森.经济增长的源泉.中国经济出版社,2001.

[148] 林毅夫,李永军.中小金融机构发展与中小企业融资.经济研究,2011(1).

[149] 刘红光,刘科伟,张继飞.国外推进自主创新的政策模式及其对我国建设创新型城市的启示.科学学与科学技术管理,2006(1).

[150] 刘骅,谢科范.区域自主创新平台构建中的系统机理分析.科学学与科学技术管理,2009(2).

[151] 刘志彪.从后发到先发:关于实施创新驱动战略的理论思考.产业经济研究,2011(4).

[152] 刘志彪.发展战略、转型升级与"长三角"转变服务业发展方式.学术月刊,2011(11).

[153] 刘志彪,郑江淮,魏守华.创新型经济:特征、发展目标与发展战略研究报告.研究报告,2010.

[154] 刘志彪.科技银行功能构建:商业银行支持战略性新兴产业发展的关键问题研究.南京社会科学,2011(4).

[155] 刘志彪,郑江淮,等.长三角转型升级研究.中国人民大学出版社,2012.

[156] 隆宏贤,张赛飞.韩国大田区域创新体系建设及其启示.科技管理研究,2012(10).

[157] 吕拉昌,李勇.基于城市创新职能的中国创新城市空间体系.地理学报,2010(2).

[158] 马克思.资本论.人民出版社,2004.

[159] 马有才,陈爱萍,曲玲玲.创新型城市建设理论研究综述与展望——基于与产业集

群升级互动的视角.商业时代,2012(9).

[160] 迈克尔·波特.国家竞争优势.中译本.中信出版社,2007.

[161] 裴平.加快江苏科技金融创新与发展.金融纵横,2011(10).

[162] 平澤冷,富澤宏之,樟良治.主要各国の科学技術政策関連組織の国際比較.日本科学技術研究所,1998.

[163] 钱维.创新型城市发展道路——美国典型城市转型经验和启示.改革与开放,2011(2).

[164] 钱志新.产业金融——医治金融危机的最佳良药.江苏人民出版社,2010.

[165] 沈坤荣,虞剑文,李子联.发展战略性新兴产业,提升江苏经济发展内生动力.江苏社会科学,2011(1).

[166] 束兰根.科技金融融合模式与中小科技企业发展研究.金融纵横,2011(5).

[167] 宋河发,穆荣平,任忠宝.国家创新型城市评价指标体系研究.中国科技论坛,2010(3).

[168] 孙殿义.政府在国家科技创新体系中的作用——德国创新体系建设对我国的若干启示.中国科学院院刊,2010(2).

[169] 孙易祥,黄当玲.创新型城市评价指标体系构建及实证研究.特区经济,2012(6).

[170] 苔莎·莫里斯-铃木.日本的技术变革.中译本.中国经济出版社,2002.

[171] 王程韡.反思创新型城市:以印度硅谷班加罗尔为例.科学学研究,2011(4).

[172] 王春法.关于国家创新体系理论的思考.中国软科学,2003(5).

[173] 王江红,薛风平.论创新型区域的特征、结构与建设.理论学刊,2009(1).

[174] 王守颂.北京创新型乡镇发展模式的探索与启示.安徽农业科学,2010(38).

[175] 王小平.钻石模型的理论基础.天津商学院学报,2006(2).

[176] 王晓珍,任瑜.市场导向创新型城市建设模式和经验研究——以美国硅谷为例.商品与质量,2011(8).

[177] 卫兴华.关注我国进入创新型经济发展阶段——《创新型经济:经济发展新阶段》评介.经济研究,2011(1).

[178] 魏守华.国家创新能力的影响因素.南京大学学报,2008(3).

[179] 吴先满,蔡则祥,刘骅,等.江苏科技金融发展与创新研究.东南大学学报(哲学·社会科学版),2012(5).

[180] 吴晓波.浙江省创新型经济蓝皮书2005.浙江大学出版社,2006.

[181] 吴宇军,胡树华,代晓晶.创新型城市创新驱动要素的差异化比较研究.中国科技论坛,2011(10).

[182] 熊军.群的概念、假设、理论及其启示.外国经济与管理,2001(4).

[183] 徐玉莲.区域科技创新与科技金融协同发展模式与机制研究.哈尔滨理工大学博士论文,2012.

[184] 杨冬梅,赵黎明,闫凌州.创新型城市:概念模型与发展模式.科学学与科学技术管理,2006(8).

[185] 杨华峰,邱丹,余艳.创新性城市的评价指标体系.统计与决策,2007(6).

[186] 伊特韦尔.新帕尔格雷夫经济学大词典.经济科学出版社,1996.

[187] 印德尔米特·吉米,霍米·卡拉斯.东亚复兴——关于经济增长的观点.中信出版社,2008.

[188] 尤建新,卢超,郑海鳌,陈震.创新型城市建设模式分析——以上海和深圳为例.中国软科学,2011(7).

[189] 詹·法格博格,戴维·莫利,理查德·纳尔逊.牛津创新手册.中译本.知识产权出版社,2009.

[190] 张国昌,林承亮.创新型城市建设模式的国际比较——以伦敦、波士顿、新加坡为例.第二届中国科技政策与管理学术研讨会暨科学学与科学计量学国际学术论坛2006年论文集,2006.

[191] 张卫平.2007年德国科技发展综述.全球科技经济瞭望,2008,23(5).

[192] 章亮,张明龙,张琼妮.美国灵活有序的科技创新组织体系分析.西北工业大学学报(社会科学版),2010(1).

[193] 章亚南,宋明华,孙小勇.创新型园区评价指标体系构建及对策研究.技术经济与管理研究,2011(6).

[194] 赵昌文.科技金融.科学出版社,2009.

[195] 赵华,洪银兴.要素短缺条件下建设创新型城市的政策思路与模式选择——常州建设创新型城市的经验和启示.学海,2010(4).

[196] 赵清.创新型城市的理论与实践分析.首都经济贸易大学学报,2010(2).

[197] 赵峥.国外主要创新型城市发展实践与借鉴.决策咨询,2011(1).

[198] 赵中建.创新引领世界:美国创新和竞争力战略.华中师范大学出版社,2007.

[199] 中国科技发展战略研究小组.2002年中国区域创新能力评价.科学学与科学技术管理,2003(4).

[200] 钟坚.关于深圳加快建设国家创新型城市的几点思考.管理世界,2009(3).

[201] 朱旭东.创新与转型的社会基础.上海人民出版社,2012.

后　记

　　本书为江苏省政府下达的关于江苏省建设创新型省份的规划研究课题的研究成果。

　　2013年初，受时任江苏省省长助理、省科技厅厅长徐南平院士的直接委托，本课题组着手研究江苏省建设创新型省份的规划。课题组成员由省科技厅、南京大学和东南大学的专家共同组成，由徐南平、洪银兴、刘志彪共同主持。参加本课题研究的成员包括省科技厅的专家夏冰、刘波、朱近忠、蒋历军、韩子睿、张华等，南京大学的专家李成、沈坤荣、安同良、毕军、李心丹、黄贤金、皮建才、魏守华、宗晓华等，以及东南大学的专家徐康宁、张宗庆等。本课题在2013年8月完成，其成果思想体现在当年江苏省编制的创新型省份建设规划中。

　　在本课题研究中，我们感到我国要转到创新驱动的经济发展方式，必须首先建设创新型省份和创新型城市，这是我国建设创新型国家的基础。这方面的研究还是处女地，很多领域值得研究，甚至连相关概念都还有待探讨。我们在进行这些方面的研究时，对这些重大的理论和实践问题已经有所涉及并有所体会。为此，我们将本课题的研究报告经过适当修改后正式出版。

　　徐南平院士专门为本书出版写了代前言。各章的作者都在所在章的末尾标示。安同良教授协助主编做了大量的具体工作。

课题组

2014 年夏